江西省民营经济研究会文库

新时代江西民营经济高质量发展研究

XINSHIDAI JIANGXI MINYING JINGJI GAOZHILIANG FAZHAN YANJIU

江西省工商业联合会
江西省民营经济研究会
● 主编

江西人民出版社
Jiangxi People's Publishing House
全国百佳出版社

前　言

以习近平新时代中国特色社会主义思想为指导，围绕江西民营经济发展面临的重点难点问题，深入开展实践调查和理论研究，提出破解难题推动发展的对策建议，是省民营经济研究会的重要职责和重点工作。2018 年，根据省工商联的部署和要求，省民营经济研究会在总结历年重点课题研究工作经验做法的基础上，在几个方面做了新的探索：一是减少课题数量，增加每题研究经费；二是课题征集和确定时，主动听取省委、省政府相关部门意见，使每一个课题都能够更好地体现针对性、实践性；三是首次采取全部课题向社会公开招标课题组的方法；四是对课题研究成果明确提出“三个一”的要求，即提交一份研究报告、一份专报稿、一份政协提案或人大议案稿；五是建立课题研究进展跟踪督促机制；六是及时转化课题研究成果，为省委、省政府及相关部门提供决策参考。

春华秋实。在各课题组组长的精心组织和全体研究人员的共同努力下，重点课题研究工作结出了丰硕果实，10 个课题组按期交付的研究报告，经专家评审通过。课题研究成果有的形成专报，得到省主要领导的肯定性批示；有的选登在研究会《内参》供各级领导参阅；有的转化成省“两会”的人大议案、政协提案或大会发言，提供省党政领导和部门参考，在推动江西民营经济改革发展建设中发挥了积极作用，得到了省领导和社会各界好评。

现出版的 2018 年重点课题研究报告集，内容大致分为三部分：第一部分“强基固本篇”，主要包括从国际视野研判江西民营经济发展所处方位与主攻方向、推动扶持民企优惠政策落地见效、弘扬江西企业家精神等；第二部分“攻坚克难篇”，主要包括提出江西民营企业转型升级、做大做强实体经济、把握军民融合发展机遇、激活民营资本投资等民企发展重大问题的对策建议；第三部分“比较研究篇”，主要包括赣深、赣浙、赣皖民营经济发展环境的比较研究，借鉴经验，扬长避短，推动跨越发展。这些内容，在当前乃至今后，对各级领导和民营企业家及理论研究者，都不乏参考作用。

当前，我国民营经济发展进入了新时代。前所未有的新机遇新挑战，对民营经济理论研究的前瞻性、创新性提出了新要求，各级党政领导和在社会主义市场经济主战场开拓奋进的民营企业家们，对民营经济研究成果的时代性、指导性有着新期待。实践孕育和呼唤理论，理论源于和指导实践。在省工商联的领导下，省民营经济研究会将聚集和依靠理论工作者和各位理事，紧贴江西经济社会特别是民营经济发展实际，聚焦深化改革高质量发展的重点难点，精心选题，深入调研，建言献策，更好地发挥“咨政”作用，为建设富裕美丽幸福现代化江西作出应有贡献。

目　录

强基固本篇

攻坚克难篇

比较研究篇

强基固本篇

全面开放新格局下，以国际思维、开放方法，实现江西民营经济跨越发展对策研究

开放发展是新发展理念的重要组成部分；推动形成全面开放新格局，是党的十九大报告中明确提出的战略安排。近年来，江西坚定不移实施大开放战略，坚持“引进来”与“走出去”并重，着力激发各类市场主体以国际化思维和开放方法参与国内国际经济竞争，全面开放格局初步形成。

2018 年 3 月，江西省工商联、江西省民营经济研究会发布重大课题研究招标公告，其中之一为《全面开放新格局下，以国际思维、开放办法，实现江西民营经济跨越发展对策研究》。江西省委党校积极响应，以副校长廖清成为组长的课题组承担起该课题的研究工作。5—7 月，课题组完成了部分原始资料的积累、拟定了调研及写作提纲。8—9 月，课题组多次开展省内外走访调研，与相关政府职能部门、企业经营者座谈，面对面了解政府部门在全面开放新格局下对民营企业发展的思路谋划和支持力度，以及民营企业对未来发展的思考。

本文以江西开放型经济发展现状为切入点，着重分析民营经济发展存在的现实问题和亟待解决的重大政策问题，提出政府、企业的因应对策，旨在通过理论探索为江西民营经济以更加国际化的思维、更加开放的办法实现跨越发展提供对策性建议。

一、改革开放 40 年来江西开放型经济发展现状

回顾改革开放 40 年历程，江西开放型经济实现跨越发展，主要指标总量居全国第 13 位，多项指标增速跃居全国前 10 位；个体私营企业占全省市场主体的比重达 94.2%，扩大开放成为我省经济发展的强劲引擎。

（一）从规模上看，实现了从无到有，从弱到强的逐步跨越

1. 借力招商引资构筑开放发展格局。自 1985 起至 2017 年，江西省实际利用外资从 0.05 亿美元增长到 114.6 亿美元，增长了 2217 倍。截至今年 9 月，累

计引进80家央企、148家国内500强企业和66家境外世界500强企业在赣落户兴业，赣商返乡投资项目365个，累计批准设立18203家外商投资企业。通过筑巢引凤、招商引资到招商选资、挑商选资，打造形成了一批新的高端产业聚集区，如：南昌市的移动智能终端产业、九江市的家电产业、上饶市的新能源汽车产业、吉安市和赣州市的电子信息产业等，都具备了相当规模。

2. 对外贸易连续跨越新台阶。据海关统计，自1980年起至2017年，江西外贸进出口从23.3万美元增长到444.7亿美元，增长了19万倍。截至目前，江西与世界上几乎所有的国家和地区都发生过贸易往来，现有出口实绩的外贸企业3966家，16家生产型企业出口额逾1亿美元。69家外贸企业在国（境）外建立网点近900个。自2008年江西省外贸出口规模首次突破100亿美元算起，迄今10年内跨越了200亿美元和300亿美元两个关口，外贸出口增速从全国第16位跃居前10位，总量实现了3年翻一番，在中部省份的排位从长期垫底跃居前列。2018年7月13日，国务院批准南昌市为全国22个新设跨境电商综合试验区之一，必将进一步提升我省外贸综合服务企业服务质量、水平和形象。

3. 国际工程承包亮点纷呈。江西的企业已经在70多个国家和地区开展国际工程承包，累计完成营业额超过230亿美元。江西省企业已在全球90个国家和地区设立了近700家境外企业或办事处，累计实现对外直接投资54.4亿美元。党的十八大以来，我省积极参与"一带一路"布局行动计划，擦亮了"江西建设""江西制造""江西援外""江西走出去联盟"四张国际合作名片。在最新公布的2018年最大250家国际承包商榜单中，江西国际、中煤建设、中鼎国际、江联国际、江西水建5家企业榜上有名，在中西部省份中入选企业数量继续排名领先。

4. 开发区建设如火如荼。全省现有各类开发区107个，实际开发区总面积628平方公里，投产企业11423个，从业人员230万人，规上工业企业数、工业增加值分别占全省70%、80%以上，已经成为全省产业集聚的主要载体、经济增长重要引擎。各级政府紧紧抓住开发区这个重要平台支撑，增强了经济载体的集聚效应。2017年，全省开发区实现主营业务收入2.8万亿元以上，同比增长11.4%，占江西省规上工业的80.8%；开发区投产工业企业11423户，占江西省已投产工业企业的90%。

5. 开放口岸建设迈出新步伐。江西省拥有国家开放口岸3个——南昌航空口岸、九江水运口岸、赣州铁路临时开放口岸；南昌昌北国际机场开通航班航线132条，通航城市68个（其中国际和地区12个），2017年旅客吞吐量达到

1093万人次、货邮52万吨。2018年上半年开通赣欧国际铁路货运班列72列，是2017年全年26列的2.8倍。

（二）从效率上看，突出体现为开创了“三减一提”的新气象

各级政府以全面深化改革为契机，简政放权，精减办事流程，“减窗口”“减环节”“减单证”“提效率”，开创了营商亲商新气象。南昌海关加快推进全面深度融合，取得了1+1>2的改革成效。改革开放40年，海关通关模式不断更新换代，通关效率大幅提升。从口岸报关、转关报关，到“属地申报，口岸验放”，2017年10月1日全面实施出口通关一体化，彻底消除了对企业申报通关的地域限制，实现了“全国是一关，一关通天下”。

（三）从通道上看，突出体现为交通基础设施建设取得巨大成就

经过改革开放40年的发展，全省路网结构进一步优化，基本形成了横贯东西、沟通南北的公路交通网络，提升了江西的发展空间。截至2017年底，全省公路总里程达到162285公里，是1978年公路里程的5.5倍，其中高速公路5916公里。根据省交通发展布局规划，2020年前后，江西将有望基本形成省内1小时通用航空覆盖，打造国内主要城市及港、澳、台地区3小时可达的航空经济圈；基本实现南昌至长江中游城市群中心城市1到2小时可达，至上海、广州、深圳等周边主要城市3到4小时可达，至北京、西安、昆明6小时可达的高速铁路经济圈；搭建省内相邻设区市之间、设区市至所辖县（市、区）1至2小时可达的通勤经济圈。

（四）从主体上看，准入环境宽松便捷，推动市场主体数量迅猛增长

改革红利持续释放，有效激发了市场活力，促进全省个体私营市场主体迅猛增长。从1979年起，我省开展个体工商户登记工作。40年来，我省个体私营经济经历了从无到有、从小到大的发展过程，经历了从无名无分到名正言顺的曲折过程，经过了从逐步恢复到蓬勃发展的奋进过程。截至2018年6月，全省实有个体工商户167.16万户，私营企业59.47万户，个体私营企业占全省市场主体的比重达94.2%，带动就业953万人，成为全省经济社会发展的重要组成部分。

自1978年12月十一届三中全会中国实行对内改革、对外开放的政策以来，40年间中国取得了举世瞩目、辉煌卓绝的伟大成就，江西经济发展实现大跨越，综合实力显著提升。这证明，江西的发展之路必定是扩大开放之路，江西的发展关键必定是坚持创新开放提升。当前，民营经济已成为中国社会主义市场经济中的一种重要形式，民营经济占据国民经济发展的半壁江山，推动发展开

放型经济,需要民营经济的积极参与,民营企业在开放型经济的广阔天地中也必将大有作为。

二、全面开放新格局下江西民营经济发展外向型经济面临的现实困难和问题

进入新时代,国内外市场竞争更加激烈,江西民营企业发展外向型经济面临的发展不均衡、营商环境不优、特色优势不突出、开拓创新能力滞后等问题愈发凸显。

(一)地区发展不均,外向型经济发展步伐不统一

江西民营经济与全国发达省市及周边省份相比,数量少、规模小。2017 年,全省有 6 家企业入围中国民营企业 500 强,入围数量排全国第 16 位,中部地区第 4 位,在排名前 100 名的企业中,江西仅 1 家。从资产规模看,2017 年上规模民营企业资产超过 100 亿元的有 9 家。详见表 1:江西与周边省份 2018 民营企业 100 强情况表。

江西省内各设区市民营经济发展不平衡。从全省来看,2017 年江西上规模民营企业营业收入总额南昌、宜春、上饶位列前三位,2017 年江西省民营企业 100 强全省 10 个设区市有企业入围,宜春、南昌、上饶、鹰潭均超过 10 家,其中宜春 27 家,位列第一;制造业 100 强中宜春、鹰潭超过 10 家。

江西民营经济行业之间发展不平衡。2017 年上规模民营企业集中在第二产业,491 家上规模民营企业属于第二产业的有 401 家,占比 81.67%;属于第一产业的有 26 家,占企业总数的 5.3%;属于第三产业的有 64 家,占比 13.03%。2017 年,共有 65 家制造业企业入围民营企业 100 强,和 2016 年入围企业数量保持一致。

表 1　江西与周边省份 2018 民营企业 100 强情况表

省　份	江西	湖南	湖北	河南	安徽
营业总额(亿元)	5551.26	6771.84	9785.43	8546.5	6339.02
同比增长	26.63%	/	22.9%	24.73%	21.5%
出口总额(亿美元)	/	146.63	13.15	/	76.62
百亿企业数(个)	9	11	25	27	12

续表

省　份	江西	湖南	湖北	河南	安徽
入围门槛（亿元）	14.17	13.52	19.11	16.52	24
榜首企业	正邦集团	新华联集团有限公司	九州通医药集团	双汇实业集团	全威（铜陵）铜业科技有限公司
榜首企业营业总额（亿元）	663.53	833.78	739.43	530.95	662.58

数据来源：江西省人民政府网《2018 年江西民营企业 100 强新闻发布会在南昌举行》2018.11.26

红网《湖南民企百强发布 11 家企业营收突破百亿元大关》2018.9.28

楚天都市报《刚刚发布！2018 湖北民营企业百强榜单出炉》2018.10.16

搜狐政务安徽省经信委《2018 安徽省民营企业百强排序发布》2018.11.13

河南日报客户端《重磅！2018 河南民营企业 100 强出炉》2018.9.21

（二）营商环境不优，“走出去”“引进来”质量不高

从外部来看，受全球经济增长放缓的影响，全球市场需求紧缩，经济下行压力大，世界经济第一大国一直奉行美国优先的贸易保护主义政策，其他国家纷纷效仿；国内沿海发达城市进入增长速度换挡期、结构调整阵痛期、前期刺激政策消化期，面临改革创新、转型升级的压力。江西民营企业面临国内外两个市场竞争，增加了江西民营企业“走出去”的困难，且民营出口大多是初级的、劳动密集的、高能耗的产品，产品结构较低，“走出去”质量不高。

从内部来看，江西地处中部地区，公路、航空、水路运输发展相对滞后，物流交通不便捷，很大程度上影响企业“引进来”的合作意向。2017 年，南昌昌北国际机场吞吐量 1093 万人次，长沙黄花国际机场和武汉天河国际机场吞吐量分别为 2377 万人次、2313 万人次。随着我国进入经济发展新常态，沿海地区民营企业面对转型升级和用地成本劳工薪资的差异，掀起了向内陆产业转移的高峰，大量传统制造业转移到内地，但这些企业大多为劳动密集型生产企业，普遍科技含量低、技术改造滞后。

（三）特色优势不显，管理理念和品牌建设滞后

江西省民营企业起步晚、规模小、生产经营领域窄，基本上集中在投资技术

门槛低的商贸、餐饮娱乐、运输修理、简单加工等领域，企业主要依赖于外延式的扩张模式，其发展理念局限在量的扩张上，在市场销售过程中强调追求价格的竞争优势，对品牌建设的投资力度不够，缺乏具有竞争力的品牌产品。在中国民营企业500强中排名第一的浙江省（93家），其民营企业正是利用产品的品牌优势，走出国门占领国际市场。而江西民营企业为了应对激烈的市场竞争环境，在不具备技术竞争和品牌优势的前提下，通常只有使用相对廉价的生产原料、劳动力以及不断压低生产成本来获得价格优势，导致产品质量和产品功能落后，使企业在转型升级很难有所突破。大部分民营企业未建立现代企业制度，企业经营机制和管理体制不适应外向型经济的发展，甚至缺乏明显的经营战略，有的民营企业虽然获得了进出口经营权，但经营管理没有跟上，难以抗击市场的波动，对我省民营经济整体素质的提高和大开放格局的形成拉动很小。

（四）创新力度不够，持续扩大开放后劲不足

一是创新意识淡薄。民营企业绝大多数是改革开放以后，靠着自己的商业头脑和拼搏，营销市场逐步发展壮大。随着市场经济的大发展，竞争日趋激烈，大多数民企靠拼价格、粗放扩张维持经营，没有可持续发展的战略规划，多数认为接单干活最省心，不重视技术开发及产品研发，缺少创新创造的意识。数据显示，全省仅有279家上规模民营企业填报了2017年研发费用。

二是创新能力有限。江西民营企业绝大多数处于生产经营的初级阶段，没有自己的核心技术作支撑。2017年有259家上规模民营企业的关键技术来源于自主研发与研制，占参与填报的上规模民营企业总数347家的56.40%，其次分别为引进人才172家，引进技术144家，产学研合作149家，另有企业是通过模仿、并购企业、企业合资获得关键技术。

三是创新投入不足。江西省大多数民营企业没有能力或不愿在技术研发人才引进上增加投入，因此大多数民营企业科研设施投资与建设进程缓慢，企业科技人才的短缺又导致了技术创新能力和成果开发转化能力很难得到提升。2017年，全省491家上规模民营企业，仅有196家民营企业研发投入占营业收入的比重超过1%，仅有19家超过5%。

三、全面开放格局下江西民营企业自身存在的突出问题及原因分析

通过调研访谈发现，在全面开放格局下，江西民营经济面临改革创新、转型升级、扩大开放等压力，民营经济发展不够全面不够深入，具体分析有以下方面原因。

（一）经济下行压力大，民营企业“不敢投”

从外部环境来看，金融危机以后，世界经济复苏乏力，全球经济增长速度持续低于3%，2017年全球经济增长速度达3%，这是自2011年以来的最快增长。世界经济持续低迷，增长形势不容乐观，缓慢复苏的状态直接影响各国投资，尤其是私人投资增速下滑严重。今年3月份以来，美国政府连续推出针对钢铁和铝产品征税、针对中国进口商品加征关税，贸易战风险成为全球经济增长的重要风险和制约。国内经济进入增长速度换挡期、结构调整阵痛期、前期刺激政策消化期“三期叠加”后，全国经济增速换挡回落，2012年至2017年国内生产总值分别增长7.7%、7.7%、7.4%、6.9%、6.7%、6.9%，可以看出，经济由高速增长向中高速增长转换的新常态已成为一个客观事实，企业的发展压力普遍加大，民营经济也不能幸免。

从江西省内看，民营经济同样面临严峻的形势，2017年全省GDP增长8.9%，同比下降0.1个百分点，比2015年下降0.2个百分点，比2014年下降0.8个百分点。江西民营经济受外部经济下行压力的影响，市场需求不活跃，生产成本过高，新的市场平台和新的投资方向不明朗，对外开拓新市场也变得困难重重，民营企业普遍投资信心不足、投资意愿不强，大多数采取紧缩策略持币观望。2018年上半年，民间投资增速9.9%，同比回落3.4个百分点，比全部投资低1.8个百分点。新开工项目3174个，同比减少1397个，其中，亿元以上新开工项目1054个，减少295个。

（二）融资渠道不通畅，民营企业“没钱投”

民营企业普遍缺少金融支持，企业融资难、融资贵的问题未得到根本解决，资金缺乏，投资底气不足，成为制约民营企业尤其是中小企业和小微企业发展的重要原因。

1. 融资渠道狭窄。民营企业的主要融资渠道以银行贷款和企业自身积累为主，两者占民企融资比重超过八成。2018年上半年，全省民营企业投资到位资金增速0.8%，低于投资增速10.9个百分点。截至2017年12月，全国各省市区上市公司数量最新排名显示，江西省上市公司总数39个，排名第20位，远远少于中部地区周边安徽（102个）、湖南（101个）、湖北（96个）等省份。这说明江西省大多数民营企业规模小，难以获得证券市场直接融资的资格，导致民营企业利用债券和股权等方式融资的难度大、空间小。

2. 银行放贷谨慎。受不良贷款和银行贷款责任追究终身制的影响，银行取消了企业贷款联保制度，“慎贷”“畏贷”心理加重，金融机构风控措施更加严格。银行的信贷投放长期向国有企业倾斜,大部分银行只做有政府背景的企业,而且银行对抵押物有严格限制,不接受异地抵押、专业设备抵押,民营企业融资门槛高。对资金紧缺的民营经济主体,尤其是一些小微企业,银行出现惜贷、压贷,甚至抽贷、断贷。导致中小型民营经济主体资金压力大,甚至不少规模以上的民营企业也受到融资难问题的困扰。

3. 融资成本高。银行贷款最突出的困难是手续繁杂、审批时间长、贷款额度小,同时还存在贷款期限短、评估费用高、抵押率低、续贷难,直接导致企业时间成本和财务成本提高,而且获批的难度大。一方面银行对企业的信用评估严格,另一方面融资成本太高,有的银行需2%的风险金、15%的保证金及一分一至一分五浮动的月息,即,企业向银行申请贷款100万,实际到手只有83万,而利息则是按100万来计算。面对银行贷款的重重困难,有些民营企业转向不规范的民间借贷,而非正规金融渠道往往融资成本更高、风险更大,导致民营企业负担更重。

(三)投资结构不合理,民营企业"不善投"

民营企业投资顾虑多、缺乏预见性、易随波逐流、短期投资明显,内在的脆弱性和局限性制约了民营企业发展。

1. 投资数量不高。江西民营企业经济总量小、外向程度低。2017年,全国规模以上私营工业企业22.2万家,江西省规模以上私营企业6128个,仅占全国规模以上私营企业的2.76%。根据全国工商联最新统计数据,中国民营企业500强榜单中,江西省入围6家,排名最高的正邦集团,仅位列全国第86位。由此可见,江西省民营企业基数低、底子薄、实力弱,缺乏在全国有影响力的民营企业,这就决定了江西民营经济外向程度低,开拓国际市场的广度、深度和力度不够,把握国际市场发展机遇的能力稍显不足,迎接国际市场变化挑战的实力略显薄弱。

2. 投资质量不高。江西省民营企业投资主要集中在传统产业,依靠新技术新业态的产业比重较低。大多数民营企业家倾向于一些投资不大、便于进入的商业贸易、餐饮、简单加工等领域,投资结构不均衡。大多数民营企业位于产业链的末端,研发能力差、缺乏核心技术和自主品牌,存在资源消耗高、环境污染大等问题。近年来,中央环保督查力度的加大和高质量发展的要求使一些传统制造业产能进一步缩减,短期内对经济增长将产生一定影响。2018年上半年,造纸和纸制品业增加值由去年同期的增长8.2%转为下降1.0%,回落9.2个百分点;医药制造业、橡胶和塑料制品业增加值同比回落9.6、11.4个百分点。民营企业面临转型升级的压力，一时难以找到新的投资项目，在这种大环境下，很多民企不知道投资什么行业，要么盲目投资、要么不去投资。

3. 投资方向不实。民营企业行业发展协调性不强，高技术、高附加值的行业和企业发展不足，规模偏小，缺少龙头领军企业，投资普遍脱实向虚。一些民营企业和个体户有闲置资金，但面对“各行业都不好赚钱”的共识，不愿投资实业，民间资本转向门槛低、技术含量不高、回报见效快的行业，如房地产、股市、批发零售业、餐饮及种养殖业等。由于跟风和趋同现象严重，部分领域和地区出现投资过度、产能过剩，大部分市县城市的楼市仍然面临巨大的去库存压力，这种情况还集中出现在批发和零售业、制造业、租赁和商务服务业等传统产业，存在较严重的同质化竞争。另外，中国 A 股市场多次巨幅震荡，甚至曾出现千股跌停，导致民营资本严重缩水，削弱了其投资实体经济的意愿和能力。

（四）创新驱动不活跃，民营企业“无力投”

民营企业掌握的原创性科技专利较少，自身研发能力较弱，主动适应甚至引领市场的能力欠缺，缺乏可持续发展动力，开拓新市场投资新项目往往深感无力，发展后劲不足。

1. 高技术人才储备不足。在全面开放的格局下，人才紧缺是制约江西民营经济快速发展、拓展海外市场的重要因素。江西省属于中部欠发达地区，人均工资水平偏低，创新创业的氛围不浓厚，各设区市普遍交通、物流不方便，因此，难以吸引高技术人才。加之江西民营企业普遍规模小实力弱，发展前景不乐观，甚至个别民营企业存在掠夺式使用人才、不爱惜人才的现象，这样即使招来了高技术人才，也难以让其安心扎根。同时，省内各大高校、科研院所的研究实力和研究方向，在某些领域又不能满足和适应企业发展需求。对于江西省大部分民营企业来说，缺乏高级经营管理人才和专业技术人才是一道急需解决的难题。

2. 自主创新能力较弱。江西民营企业以“草根”企业家居多，许多经营者缺乏专门的经营管理知识和市场决策能力培训，投资决策主要凭借个人经验，局限性较大，对新技术、新设备、新理念接受慢，缺乏创新创业的能力和信心。受制于此，江西民营企业无论是规模还是档次均处于较低水平。在企业经营管理模式上，许多传统行业的中小民营企业仍采用作坊式或家族式管理手段，“家长式”“经验式”管理比较普遍，财务管理混乱，信用度差，治理结构不科学，尚未建立现代企业管理制度，更不用谈自主创新研发新技术新产品。除少数规模较大的民营企业和掌握特殊技术的小微民营企业外，大多数中小民营企业没有自己的研发部门和研发团队，企业自身并不掌握核心技术，推进企业工艺进步和产品更新换代所需要的技术主要依靠外购。

3. 产学研协同创新不足。产学研协同创新的主体主要是高校、科研院所、行业产业，进行深入融合构建产学研协同创新平台与模式。在推进与高校等科研机构的协同创新中却存在各主体目的不一致现象。企业希望借助协同创新的平台，实现产品的创新、质量的升级，进而实现利润的扩张；高校等科研机构希望借助协同创新的平台，解决其在实验室中无法完成的科研难题。由于双方目的不同、要求不同，导致在协同创新中合作基础不牢固合作度偏低，甚至削弱了双方合作的意愿，产学研合作缺乏长期稳定机制。另外，受高精尖专业人才的制约，有些民营企业不得不在沿海发达城市建立产品研发基地，招聘研发技术人员在当地工作，如此造成企业产学研不统一不连贯，既影响研发成果转化，又增加企业成本，限制了民营企业扩大投资。

4. 知识产权保护不力。为保持和提高创新竞争力，很多企业通过采用多种形式对所拥有的知识产权和技术秘密进行保护。但是据调查显示，全省仍然有38%的企业未采取知识产权保护或相关措施。随着科技的进步和社会经济的发展，企业之间的知识产权纠纷越来越多，如果不能及时有效地化解，势必会影响企业创新的热情。而现实中，很多民营企业还处于“模仿创新”阶段，经常出现有意或无意地模仿同行的发明专利、实用新型、外观设计。执法部门或由于自身专业知识局限，或由于人员、经费紧张等主客观因素，知识产权执法侧重流通领域，对生产领域的侵权行为触及不多，因此侵权产品总是层出不穷，客观上影响了企业创新的积极性。

（五）政府服务不到位，民营企业“谨慎投”

1. 政策落实难。一是宣传不到位。为了促进民营经济的发展，激发大众的“双创”热情，江西省政府和有关职能部门都出台了不少相关支持政策。但有关职能部门宣传服务不到位，很多企业仅停留在“听过”，对政策的具体内容却不甚了解，尤其是其中的资金扶持、各类补贴等政策“干货”，分散在工业、科技、农业、知识产权等多个部门中，企业要分门别类，花大量的时间去研究、申报。二是管理不规范。为了深化“放管服”改革，落实好“权力清单”“责任清单”和“负面清单”，近年来，越来越多地涉及企业开办、运营的可行性评估工作，都交由市场专门机构来进行。但是相关部门仅做到了“放”权，没有做好“管”理监督，有些甚至由简政放权变成了放手不管，出现了部分中介机构运作不规范，高收费、低服务，市场秩序被打乱，损害民营企业利益。三是办事低效率。存在政府部门的“蜂窝煤”现象，部门内部能“一竿子到底”，但部门间沟通协调困难，使得涉及多部门的政策在落地中互相钳制、互相扯皮的现象比较普遍。有一些经济领域限制了民营企业准入，在政策落实中存在“玻璃门”“弹簧门”现象，很多经济领域民营资本有投资意向，但实际上对民营企业没有实质性开放，民营企业容易遭遇行业壁垒或市场准入限制。

2. 基础设施不完善。很多市县工业园区硬件基础设施和企业配套服务设施不健全，尤其是县级工业园存在基础设施简陋、交通不便、亮化绿化停滞等现象，与园区整体项目建设不同步，限制了民营企业投资和扩大生产。有的工业园区公交系统覆盖面小且生活设施少，导致从业人员生活及上下班非常不方便。有的地方公路、铁路、航空等对外交通不便利，缺乏大型的商贸物流中心，企业运输成本提高。

3. 有效引导力度不够。地方政府对 PPP 重视程度差异较大，推进民营企业参与 PPP 项目程度低，PPP 项目很多是国有企业运作，民营资本难以进入，参与项目少、领域窄。截至 2017 年，江西省入库项目共有 402 个，但仅有 17 个项目列入了财政部示范项目，我省 PPP 项目建设跟不上民间投资的步伐。另外，政府对金融杠杆的宏观管理和有效引导滞后，如此金融杠杆在房地产和股市容易出现杠杆率过高、投机性过强，导致扭曲社会资源配置、加重银行坏账风险、降低信贷资源的使用效率、影响股市、楼市的健康稳定发展。相反，如果政府部门强行干预市场，采取“一刀切”，单方面从严控制向中小民营企业发放贷款的做法，客观上会对有潜质的中小民营企业的发展造成制约，如有的地方金融杠杆的放大比例仅为 1.2 倍，与正常撬动 5 倍银行贷款的理想状态相距甚远，导致民营企业带动力不强。

四、全面开放新格局下江西民营经济跨越发展需要解决的政策问题

（一）政治法律滞后

民营企业的存在和快速发展首先在于其适应了我国社会主义初级阶段的生产力发展水平。1978 年以来，在我国从计划经济体制向市场经济体制变迁的过程中，政府在其中居于主导地位，这样的转型不同于西方市场经济体制的确立。我们并不是生产力发展到了一定阶段，先有市场经济，才有与之对应的一整套上层建筑，相反，是上层建筑主动寻求建立市场经济体制。这样反过来的过程，带来的一个突出问题就是经济体系与政治体系相互适应的滞后性。对于市场经济而言，首当其冲的是法律法规的滞后。我国推行市场经济体制改革是

渐进的，对于法律法规的修改也必然是渐进的，短期来看，这样的方式带来的改革成本小、阵痛短，易于被接受，比较容易推进，长远来看，总体的改革成本可能会相当大。改革不彻底，导致了诸如诸多歧视民营经济的政策长期存在，从根本上限制了整个国民经济的活力。这样的负面影响是全局性的，在中西部欠发达地区表现得尤为明显。

江西作为中部六省之一，虽然在推动民营经济发展的法规政策改革方面做了大量工作，但这一历史问题仍未得到很好的解决。近段时间以来，“民营经济离场论”这类奇葩论调甚嚣尘上，从某种程度上造成了国企与民企的对立情绪，加剧了民营企业的担忧。在调查中，许多民营企业首先就表达了对民营经济政策的关注。这种关注既反映出民营企业对政策的高期望，也透露出其对当前政策长期性、稳定性、适应性的忧虑。长期以来，由于经济体制和制度建构的影响，民营企业形成了相对弱势的地位，这种弱势在政治法律的表现上尤为突出，现行经济政策、法律法规对民营经济的制约作用较为明显，在产权性质、运营模式等各方面，民营企业经常被“区别对待”，这种问题在民营企业家们自己看来，就像“后妈的孩子”。

新时代，江西全面开放必然会打开新格局，是否能够快速解决制约民营经济发展的政治法律问题，加强对民营经济宏观指导的专项经济立法和政策规定，加大对民营经济发展的专项政策扶持，决定着这种新格局到来的时间早晚，决定着实现跨越发展、赶超发展的进位水平。据调查，江西民间资本总量已经到达了较高水平，虽然有着一系列扩张性的财政政策，刺激消费、扩大需求，但民间资本始终未能积极大规模跟进。要促进民营经济跨越式发展，势必建立起以法律为基础的体制。当前，江西民营经济欠发达，以法律法规保障为后盾，加强宏观经济调控，改革民营经济体制，对于解决制约民营经济发展的市场准入、公平竞争等焦点难点问题尤为重要。通过构筑保护民营经济生存和发展的法律框架，建设以法律为基础的宏观营商环境，才能推动江西民营经济在全面开放新格局下实现跨越发展。

（二）市场准入异化

据省统计局统计，2018 年上半年，江西非公有制经济完成增加值 5305.75 亿元，增长 9.8%，增幅同比提高 0.3 个百分点，高于地区生产总值 0.8 个百分点，占 GDP 比重达 59.2%。非公有制企业户数 208.93 万户，同比增加 0.87 万户；注册资本 30878.41 亿元，同比增长 43.6%；非公有制经济就业人员 1488.44 万人；非公有制经济出口创汇 184.37 亿美元，增长 25.0%。2018 年，江西 6 家企业成功入围中国民营企业五百强。近些年来，江西非公经济不断发展壮大，已成为支撑经济增长的重要力量。这些成绩的取得，是江西民营企业积极融入国家发展大局，不断激活市场经济活力，完善市场经济体制的结果。

成绩固然亮眼，但更应该看到取得这些成绩的背后，民营企业付出的辛酸努力。由于产权性质差异和经营的不确定、高风险性等因素，民营企业较之传统国有企业面临更多的困难和更大的挑战，包括"玻璃门""旋转门"和"弹簧门"这三重门现象的存在，以及许可证制度、无差异性政策等，甚至在一些地方依然存在着保护主义。这些市场准入限制就像一堵无形的墙，造成了市场分割和市场准入约束。我国对民营有限责任公司的注册资本要求位居世界第一。调研中，民营企业向我们展示了用工许可、环保许可、建厂许可等各种许可证，这些都是必不可少的。在直接出口方面，民营企业同样面临准入限制。当然，我们也清楚地知道，民营企业的市场准入受限既源于所有制差异的政策因素，也有自身技术水平和投资能力有限等客观因素。

公平竞争是市场经济的内在要求。今年 9 月，习近平总书记考察民营企业发表的关于"两个毫不动摇"的最新讲话，为发展民营经济、破除民营企业市场壁垒注入了"强心剂"。破除市场壁垒有赖于法律框架的构筑、市场机制的确立及市场主体观念和行为的法制化、规范化。在投资领域，传统国企垄断的许多领域是禁止民营企业投资进入的。主要包括：配置使用稀缺资源的工业、控制国民经济命脉的行业和提供公共产品的产业。虽然这样做有助于保障国家经济安全和人民群众利益，但实践中极易政策异化，演变成"一刀切"式的歧视性投资准入壁垒，损害民营企业的公平竞争权利。民营企业市场准入有诸多限制，一方面有政策方面的外部原因，另一方面则存在着民营企业缺乏强烈竞争意识的内部因素。调研中，民营企业家们普遍对以前禁入的如电信、保险、信托等产业是否真正做到公平竞争持保留意见，在投资选择上，均表示不愿意进入传统国企占据支配地位的领域。这种主观上的不愿意，也有着技术能力有限的因素。而这也是传统国企担忧的地方，它们反对民营企业进入自身领域，担心民营企业进行不正当竞争。民企与国企之间的相互不信任，影响了民营企业投资进入某些产业领域。只有加快破除制约江西民营经济发展的市场壁垒，促进形成统一开放、有序竞争的市场体系，才能促进江西民营经济放开手脚，跨步发展，主动融入江西全面开放新格局。

（三）融资既难又贵

无论是原始资本积累还是追加投资，江西民营企业普遍面临着融资困难的突出问题。在内部融资方面,一方面,江西大多数民营企业规模小,产业集中在服装、五金、铝材等劳动密集型领域,技术层次较低,管理粗放,最后归于企业的经营利润很低,企业自身能够用于发展壮大的资金投入明显不足。另一方面,这些民营企业由于自身局限,基本都是采用家庭共同投资经营、个人独资、合伙制管理等模式,这种模式虽然初创时期作用明显,但在民营企业发展壮大后带来的弊端也显而易见。调研中,很多企业家表示由于经营理念、利益分配等各种原因,投资人之间经常爆发难以调和的意见分歧,最终结果只能是分道扬镳,由此带来资金流失体量巨大,成为民营企业进一步发展壮大的"阿喀琉斯之踵"。内部融资难以解决民营企业的资金难题。

在外部融资方面,民营企业面临的情况同样不容乐观。长期以来,由于民营企业规模相对较小,企业信用资质较差,以银行为代表的金融机构在放贷方面一直是"重国企轻民企"。一方面,与发达省份相比,江西民营企业的规模、信用度、财务信息透明度、经营模式、法人治理结构等,更加处于劣势。各大银行为规避风险,往往对民营企业的贷款请求避而远之,纷纷取消企业贷款联保,对民营企业的信贷明显收紧;对一些难以提供有效质押物、银行评级低的中小企业,直接取消贷款发放。此外,现行政策对银行贷款的诱导倾向同样不利于民营企业。另一方面,由于银行严格"去杠杆",加上企业申请贷款周期长、成本高,民营企业的融资成本一直居高不下。走访中,很多企业反映,向国有商业银行申请贷款,自申请到审批时间跨度太大,若银行一旦不续贷,很容易造成企业资金链断裂。据上饶、抚州、景德镇等地企业反映,国有银行对中小企业一般是采用基准贷款利率的上浮最高限,上浮 30% 的利率予其贷款,地方信用社由于吸储成本高,更有的甚至于上浮基准利率 100%,这样的融资成本对于企业负担太重。纵使成本如此之高,依然有很多民营企业根本无法得到银行贷款,不得已转而求助非正规金融。而非正规金融渠道往往成本比正规金融高得多,有时甚至是正规金融的好几倍。这些通过非正规金融途径融资的民营企业犹如饮鸩止渴,负担更重,难以维系。正如大多数企业反映,民营企业融资困难,江西民营企业融资更加困难,这依旧是制约全面开放新格局下江西民营经济跨越发展的突出问题。

(四)创新能力薄弱

全面开放新格局下,江西民营经济必将走向国际,支撑江西民营企业走向国际的核心竞争力就是自主创新能力,核心力量就是高新尖技术产业企业。而对江西民营经济而言,最大的"短板"恰恰在此。从宏观上看,江西民营企业的传统技术产业比重过大，依靠新技术新业态的产业比重较低。从微观上看，许多中小民营企业掌握的原创性科技专利较少，自身研发能力较弱，企业发展仍主要依靠地方政府政策扶持，依靠市场经营环境，而主动适应甚至引领市场的能力比较欠缺，可持续发展动力较弱。再进一步，把这种"短板"分解来看，问题主要表现在以下几个方面：

缺乏高层次技术研发人才。由于江西欠发达地区的省情，加之各设区市普遍为三、四、五线城市，不仅收入低，而且创新创业的氛围也不浓厚，因此，难以吸引到高技术人才，即使招来了高技术人才，也难以让其安心扎根。同时，省内高校等科研院所的研究方向，在一些领域又不能适应企业的需求。对于非中心地市的一些地方而言，解决高层次人才问题成为一道近期乃至未来一段时期都要面临的难题。

自主研发能力较弱。问卷调研反馈信息显示，37.5%的企业反映科技在企业发展中支撑不够；52.8%的企业没有自主知识产权，也不拥有专利、软件著作权或专有技术；87.1%的企业没有省级以上技术中心或工业设计中心。访谈调研中也发现，除少数规模较大的民营企业和掌握特殊技术专长的小微企业外，大多数中小民营企业没有自己的研发部门和研发团队，企业自身并不掌握核心技术，推进企业工艺进步和产品更新换代所需要的技术主要依靠外购。

协同创新动力不足。许多企业反映在推进与高校等科研机构的协同创新中存在目的性不一致问题。企业希望借助协同创新的平台，实现产品的创新、质量的升级，进而实现利润的扩张；而协同创新的另一方——高校等科研机构，希望借助协同创新的平台，解决其在实验室中无法完成的科研难题，追求的是成果能否有助于其评奖、发论文、评职称。由于目的的不同，使得双方在协同创新中的要求不尽相同，甚至削弱了企业同高校等科研机构合作的意愿。

知识产权保护不力。随着科技进步和社会发展，企业间的知识产权纠纷越来越多，如果不能及时有效地化解，势必会影响企业创新的热情。而现实中，企业研发取得的发明专利、实用新型、外观设计，总容易受到同行的模仿。执法部门或由于自身专业知识局限，或由于人员、经费紧张等主客观因素，知识产权执法侧重于流通领域，对生产领域的侵权行为触及不多，因此侵权产品总是层出不穷，客观上影响了企业创新的积极性。

（五）企业文化欠缺

文化的力量是不容忽视的。企业文化是物质文化、制度文化和精神文化的综合体现，是企业生存的根本、竞争的动力、发展的灵魂。优秀的企业文化能够提高企业员工的精神素养和道德水准,对内能形成凝聚力、向心力和无形的约束力,形成企业发展不可或缺的精神力量和价值规范,能对企业产生积极的作用,使要素资源得到合理的配置,从而提高企业的创新创造力和核心竞争力。放眼世界,成功的企业必然有着优秀的企业文化。企业文化是企业核心竞争力的关键因素,为企业不断成长提供强大动力,是企业发展壮大的不竭源泉,在激烈的市场竞争中发挥着举足轻重的作用。三年企业看技术,五年企业看营销,十年企业看管理,百年企业看文化。全面开放新格局下,江西民营企业面对的是全国乃至全世界的激烈的市场竞争,从长远的角度考虑,必须建立优秀的企业文化,才能在走向世界的道路上立于不败之地。

然而相对其他类型市场主体,民营企业更加看重的是经济效益,对于企业文化的关注和考虑较少。江西民营企业在企业文化建设方面同样不容乐观。江西民营企业绝大多数带有浓厚的家族化和合伙人特征,这些颇具魄力的企业家们在创办企业的过程中往往建立了巨大的威信,而且创办的企业与自身、与家族命运紧密相连,在决定企业生死的重大问题上,说一不二,这种“一言堂”的决策行为极为普遍。在企业规模较小时,这种决策方式的积极作用还能较为明显,随着企业发展壮大,这种决策方式的弊端也显而易见,轻者容易在企业领导力量中造成对立,瓦解企业核心领导能力,严重的话,如果一旦决策领导水平没有跟上形势变化,一个决策失误往往会让企业陷入万劫不复之地。

法治意识的欠缺也是江西民营企业的一个“短板”。在我国,由于所有制的差异,加上农业转型、土地转型的红利消耗基本完毕,立法滞后、司法歧视等原因,民营企业的法治环境较为恶劣,现实中民营企业落入法治“陷阱”而破产的案例比比皆是。民营企业对法治的抗拒心理看似理所当然,其实是一个双输的恶性循环。由于现实中法治环境的不利影响,江西民营企业在渗透法治精神,依靠法律制度、规范、意识、价值观、心理等方面推进依法治企方面,所做工作微乎其微。在中小企业看来,依法治企就是“从严待己”,给企业发展套上“紧箍咒”,在封闭狭小的地域空间内,或许这样的企业也能“有声有色”,但在全面开放新格局下,面对全球企业的激烈竞争和冲击,不讲法治最终只能被市场所淘汰。哪怕万达、中兴这些巨无霸,也在走向国际的道路中因为落入法治陷阱而遭受重大损失。建设企业法治文化,核心是依法治企,关键是外尊法律、内严制度,既要遵守国家法律法规,又要严格按照企业管理制度办事,规避风险,这样才能在开放竞争中步稳行远。还有激励文化、团队文化等,这些都是江西民营企业需要着重关注的问题,也是全面开放新格局下走向更加广阔的舞台不可回避、必须解决的重大问题。

五、推进江西民营经济跨越发展的对策

江西省作为中国中部地区快速崛起的经济板块,正在以新的开放举措驱动经济新一轮增长。“新的希望、三个着力、四个坚持”,这是习近平总书记在视察江西时做出的全局性定位和部署。党的十九大为我国描绘了新时代的宏伟蓝图,做出了新时代的战略部署,江西区位优势明显,资源丰富,生态良好,是长江三角洲、珠江三角洲、闽东南三角地区的战略腹地,在形成陆海内外联动、东西双向互济的开放格局进程中大有可为,在“一带一路”建设中亦可大有所为。

(一)在政策层面,各地党委、政府要加强有助于民营企业开放发展的顶层设计

在新形势下,民营经济既面临商品、资源、技术、信息、资本等在全球范围内自由流动和配置的发展机遇,也面临更加激烈的经济竞争和人才争夺。如何推动民营经济发展,使民营经济成为富民兴赣的“生力军”、发展升级的“主力队”,需要我们顺应并融入全面开放的大格局,把握国家“一带一路”和长江经济带等战略带来的发展机遇,不断加大简政放权的力度,优化发展环境,稳步推进财税、金融和投资体制等领域改革,推动民营经济跨越式发展。

1. 立足高质量跨越发展战略,优化产业发展布局,提升民营经济整体层次

(1)优化民营经济战略布局。采取信息引导、技术引导与资金引导等一系列措施,引导民营经济由传统产业转化为以工业化为中心,引导其向现代化、专业化、特色化、科技化方向发展。

一要优化区域布局。南昌、赣州、上饶等中心城市凭借其区位优势和良好的基础设施,为民营经济的发展提供了较好的环境,出现了一批实力雄厚、销售总额超亿元的大型企业集团,而抚州、鹰潭等地由于各种原因民营经济的发展明显滞后。要发挥南昌都市圈对全省的核心引领和辐射带动作用,大力提升昌九地区民营经济的整体实力,集中要素资源支持赣江新区建设的深入推进与蓬勃发展,把赣江新区打造成全省对接“一带一路”、长江经济带的核心地区。推进赣东地区深度开发,加快与国家东部沿海地区的区域融合步伐,下大力气承接长三角、海西经济区民营经济的产业转移。支持赣西的新余、宜春、萍乡三市加强与长株潭城市经济圈合作,推进省际区域产业协作,同时依托京九、沪昆“十字形”两大高铁主干道,深度融合赣东、赣西双块区域、拓展双向开发,打造全省充满活力、具有鲜明区域特色的中部地区民营经济重要增长带。鼓励赣南

等原中央苏区拓展与珠三角、海西经济区开放合作，强化赣州市在“苏区振兴”战略中的核心引导作用，大力培植特色产业、深挖民营经济潜力。

二要优化产业结构。民营企业要将企业发展与当地的产业结构调整结合起来，以技术改造、企业创新、新兴产业发展为重点，围绕《江西省人民政府关于贯彻落实〈中国制造2025〉的实施意见》，使企业向科技型、外向型、规模型方向发展，推动民营经济提档升级，实现从劳动密集型产业向资金技术密集型产业转化，从传统家族管理向现代企业管理、企业股权结构的转化，实现对整体产业结构的改造提升。

首先是突出发展新兴产业。围绕新一代信息技术、生物和新医药、先进装备制造、节能环保、新能源、新材料等产业，加大选资引资力度，大力建设南昌航空城、南昌世界级VR基地、鹰潭全国物联网产业基地、吉泰走廊电子信息等新兴产业，促进滨湖四县电子信息、机电制造、现代物流等产业集群发展。大力发展网络协同制造、个性化定制等新业态。大力培育高端服务业民营企业，主要布局于电子商务、金融、大型城市综合体、物流配送、健康养老、旅游等产业，加快推动服务业领域开放。

其次是改造落后产业。我省传统产业布局主要集中在有色、石化、钢铁、建材、纺织、食品、家具、船舶等领域，要积极对接国家重大技术装备推广应用目录，引导传统企业加强技术装备更新升级。要充分发挥信息化在产业优化升级中的先导和牵引作用，加快大数据、物联网、云计算等在研发设计、生产制造、经营管理、市场营销、业务协同等环节的集成应用，深化互联网、大数据、人工智能与传统产业融合发展，加快用高新技术改造提升传统产业，加快重点行业兼并重组，推动传统产业向数字化、网络化、智能化转型，促进优势产业向高端化和规模化方向发展。

第三是做大特色产业。引导企业制定实施质量品牌战略，增强商标意识，品牌意识，集中人力物力进行品牌创新和塑造，重振“江西制造”品牌。抓好产业集群区域品牌建设试点，支持鼓励企业积极申请马德里商标国际注册。开展“江西制造”精品认定工作。加快发展工业设计，建设一批设计中心，推广一批设计成果，培育一批设计企业，并加强在重点传统产业融合应用，提升“江西制造”形象和附加值。要大力支持具有地方特色和风格、有潜力的中小民营企业加快发展，积极支持陶瓷文化、热敏灸医疗等具有江西特色的服务贸易发展，把现在具有一定优势的特色产业区块（如资溪的面包、景德镇的瓷器、樟树的药材、安义的塑钢、文港的毛笔等等）作为优秀品牌的摇篮，加快培育和扶持，使之成为拥有自主知识产权,具有较高市场竞争力和知名度的国内国际品牌。积极推动我省生态原产地产品保护工程,运用生态原产地产品保护和示范区建设,助推我省生态产业民营企业的集聚和发展。以生态原产业地产品保护助力品牌建设,推进绿色贸易和境外消费流回,打破国外技术壁垒,促进我省民营经济升级转型。

(2)积极融入国家"一带一路"战略。重点加强我省民营经济"走出去"步伐,利用园区建设民营经济集群,充分发挥行业协会商会的桥梁纽带作用,深入推进我省民营企业在基础设施、矿产资源、轻纺建材、农业开发等领域与相关国家的合作。

一是积极推进产业对接。积极承接长珠闽、长三角地区民营经济的产业转移,加强产业、能源、资源、开放通道等方面对接合作,加强与长珠闽地区、长三角地区的产业链培育,推动钢铁、石化、有色、冶金、建材、食品等产业向下游延伸,提高精深加工水平;促进家具、轻纺、船舶等向两端拓展,打造全产业链。把中国景德镇国际陶瓷博览会、赣台经贸文化合作交流大会、赣港经贸合作活动、江西麻纺博览会等服务平台打造成全省招商引资的前沿阵地。主动承接长珠闽地区优势民营企业的产品扩散,鼓励省内外民营企业之间以商标、品牌和资本等为纽带,互相投资,横向联合。依托南昌、赣州、上饶、宜春、吉安国家加工贸易产业转移重点承接区及赣州承接产业转移示范地,促进省外民营企业向省内的产业组团式转移。积极对接国家长江经济带现代产业走廊建设,大力加强与南京、上海等地现代民营服务业企业的连接,加快推动沿海地区的高端产业和技术向我省的转移,提升我省民营经济的产业承接能力。

二是发挥商会作用。江西省总商会牵头,发挥行业商会、地方商会等参与"一带一路"建设中的积极作用。鼓励商会在境外建立区域性或行业性中资商会组织,加强与境外中资商会的联系与合作,在"一带一路"沿线国家组建境外江西商会,提高民营企业"走出去"的组织化程度。鼓励和支持有条件的商会,参与国际行业标准、贸易规则、调解仲裁等磋商机制。可采取合资经营战略,在国内市场,通过与国有企业合资,既可利用民营企业的灵活机制,又可利用国企的融资渠道,实现优势互补,迅速发展壮大。

三是推动双向合作。以主动深度融入"一带一路"、长江经济带、"长珠闽"经济板块为切入点,在空间上面向沿海与面向沿边(向东向西)双向开放,从而形成推动全省产业双向转移、投资双向流动、贸易双向发力、区域双向互动、体制双向创新的新格局,实现产业链发展的"命运共同体"。突出各地首位产业和主攻产业,以园区为平台,大力培育核心骨干企业,带动关联协作企业和项目集聚,打造民营经济集群。加大将海外境外包括知名品牌、先进技术等的优质资源向省内转移的力度。引导民营企业发展外向经营,促进民营境外工业园区与国内产业融合发展,帮助境外工业园区开展国内招商和园区推介,引导中小企业依托园区抱团"走出去"、上下游产业链协同"走出去"、推动民营企业与国有企业联合"走出去",推进我省重点民营企业走向非洲、中亚和东南亚,在当地设立加工制造型经贸合作区。

2. 继续深化经济体制改革,优化投资经营环境,激活民间资本投资活力

(1)深化行政审批制度改革。进一步深化行政审批制度改革,不断清理不合理的行政性收费,大幅减少行政审批手续,提高办证办事效率,最大限度地推进行政审批向报备制度转变。大力推进商事议事制度改革的纵深拓展,促进民营企业注册登记的便捷化和规范化。进一步办好产权交易中心、建筑工程招投标中心、商用土地交易中心,加强市场体系建设,提高市场配置资源的效率和水平。尤其是产权交易市场,是资本市场的重要组成部分,有利于资产重组、盘活现有资源,值得大力发展。大力促进与自贸区战略相呼应的全省对外开放的新机制,积极主动适应世界经济与贸易发展新环境与规则新变化,推进南昌市开放型经济新体制试点。

(2)打造"保姆式"服务。继续"精准、深入"推进降成本优环境专项行动,大力扶持实体经济发展,推动技术流、资金流、信息流、人才流和物资流向优质实体、潜力企业汇聚,促进科技创新、现代金融、人力资源等要素资源与实体经济协同发展。出台我省完善产权保护制度依法保护产权的实施意见,依法加强对企业合法财产所有权和自主经营权的保护。搭建服务企业信息平台,培育和完善人才、劳动力、资本、产权、技术和信息市场,及时向广大民营企业提供各类资源保障。

(3)优化投资环境。地方政府要牵头推动担保体系建设,着力完善担保政策体系,加强对担保公司的监管,督促担保公司真正为民营企业融资提供优质服务。地方政府可根据当地财力状况,对担保公司提供必要的资金支持和优惠政策,引导金融、担保机构加大对民营经济的金融扶持。要开展民营企业信用数据库建设和信用评级。民营企业融资难的一大问题是民营企业自身信用状况不清晰。因此,建设民营企业信用数据库,开展民营企业信用评级是解决民营企业融资难的有效途径。我国尚没有建立对民营企业评级的标准,如果江西能够在这方面闯出一条新路,必定会形成对民营企业的强大吸引力。要深化银

行体制和运作机制的改革,打破行业垄断格局,简化信贷手续,让数据多跑路、让企业少跑路。一是对有前途有潜力的民营企业,政府可以直接财政投资、财政担保和财政贴息;二是制定民营企业贷款担保有效办法,通过多种途径积极筹措担保资金,认真组织实施担保贷款,解决中小民营企业贷款难的问题。三是大力支持风投公司在赣落户,为各路风投基金与企业接洽牵线搭桥。鼓励多采用PPP模式,激活民营资本,为民营资本进入项目建设预留充分的空间。支持中小民营企业多参与政府采购和政府招标项目,尤其增强对全省民营中小科技型的项目支持,并给予适当倾斜。进一步盘活民间资金,发展股权融资,积极吸引民间闲散资金进入投资领域;鼓励和支持民营企业实行资产重组,盘活存量,提高资本效率,实现企业的低成本扩张。

3. 实施创新驱动战略,加大人才引进力度,推进企业管理现代化

(1)增强自主创新意识。不断创新是增强我省民营企业发展的后劲的关键。大多数民营企业满足于现状,缺乏现代化的知识和思维,企业文化带有浓厚的经验和原始色彩,带有一般性、模仿性,缺乏个性和适应性。要全面推进技术创新、产品创新、工艺创新,着力在一批核心关键技术领域开展科研攻关,推广一批先进共性技术和新技术、新模式、新产品,加快向品牌、智能、集群方向发展升级。民营企业要重视通过研发能力、引进先进技术或买断专利等各种方式取得核心技术,开发“特、新”产品,提供新工艺,推进企业转型升级,提升在国内外市场竞争中的有利地位。小型民营企业的企业家,则应制定专业化发展战略,集中精力开发核心竞争力,走“专、精、特、新”发展之路。亦可制定跟随型发展战略,学习行业领先者创造的新知识,少走弯路,避免较大投资所带来的风险。政府部门要鼓励成立各类技术中介服务组织,为企业自主创新提供技术、知识产权、项目投资、技术转让、资产评估与剥离等服务,为企业融资、搭建自主创新平台,提供各方面的帮助,改变民营企业自主创新“单打独斗”或“全线出击”的局面,降低民营企业自主创新过程中的风险。另外,对企业自主创新加大激励政策,可以拿出部分财政资金建立自主创新过桥基金,扶持创办科技型民营企业,加快技术进步,提高其市场竞争力。

(2)创新企业管理模式。将技术创新和管理创新有机结合起来,是提高企业核心竞争力的两个“轮子”,而创新企业管理的作用在于把技术变成市场需要的产品,变成企业丰厚的利润,变成企业核心竞争力的坚实基础。许多民营企业,尤其是中小民营企业未建立现代企业制度,公司治理结构不健全。突出表现为家族式治理模式较多和企业运行“人情”大于制度。我省民营企业要想做

大做强,就必须推动企业由家族式企业向建立现代企业制度转变，建立适应民营企业可持续发展的新型的现代企业管理架构,逐步实现经营权和所有权的分离，管理家族化向企业化、专业化转变。制约民营企业发展的重要瓶颈还体现在民营企业家思想观念的僵化,中小民营企业的初期成功往往依靠某个好项目,但企业发展起来后局限在等待项目或者生产经营型管理中,缺乏长期发展计划和市场营销的战略,面向市场的管理机制尚未形成。因此,民营企业家必须解放思想,重视企业发展战略的学习思考,树立长远发展的眼光,对自己的发展目标合理定位,提升把握市场机会和抵御风险的能力。

(3)大力扶持企业上市。充分发挥江西联合股权交易中心扶持中小微企业政策措施综合运用平台优势,重点推动发展前景好、符合产业发展潮流和国家产业政策、盈利能力强的行业龙头企业在主板上市;积极推动科技型、成长型中小企业在中小板、创业板上市;推动初创型、创新型小微企业在新三板和江西联合股权交易中心挂牌;鼓励农业、旅游业、房地产业及外贸型企业到国(境)外资本市场上市;支持省内大型企业通过重组(借壳)等方式进入资本市场。促进新产业、新技术、新业态、新模式蓬勃发展,助力江西经济换挡提速、行稳致远,走出具有江西特色的高质量发展之路。

4. 帮助企业缓解要素瓶颈,落实并扩大政策供给,助推民企走上健康发展快车道

(1)解决融资难、融资贵问题。企业反映最突出、最迫切的问题仍然是生产成本过高、发展环境不优。政府部门要研究支持民企股权融资,实施民企债券融资支持计划,鼓励符合条件的私募基金管理人发起设立民企发展支持基金。进一步完善商业银行考核体系,提高民营企业授信业务的考核权重。对暂时遇到经营困难,但产品有市场、项目有发展前景、技术有市场竞争力的企业,不盲目停贷、压贷、抽贷、断贷。金融机构要把金融支持实体经济发展作为当前工作的重中之重，把助力供给侧结构性改革作为最紧迫的重点任务，着力提高服务实体经济效率。探索建立“1 + N”模式,通过设立 1 个产业发展财政投资母基金,加上私募基金、产业基金等 N 个子基金,形成相互配合的基金群,成倍放大财政资金的杠杆作用,用民间的钱办自己的事。银行等金融机构要有更加开放的思维和灵活的操作,不能嫌贫爱富,既要乐意花钱养“鸡”,也要投钱孵“蛋”,大力支持中小企业发展。

要推进信用体系建设。民营企业融资难的一大问题是民营企业自身信用状况不清晰。因此,建设民营企业信用数据库的任务尤为迫切,这也是解决民

营企业融资难的有效途径。地方政府可以尝试将分散在各个部门的零碎的企业信息，比如工商部门的企业注册、变更等信息，税务部门的纳税信息，统计局的数据报表，人社部门的劳资纠纷情况，银行的信贷情况和资金流量，商检、质监等的产品质量情况，安监的安全生产情况，法院的司法涉案情况，仲裁以及公证处等信息，还包括供电供水公司的用水用电信息等整合起来，此外，还可以收集行业协会的会员信息、会计师事务所的财务报告、资产评估机构的资产评价报告等民间信息，从而为每一家民营企业建立信息基础档案，为信用体系建设夯实基础。

(2)加大政策宣传和扶持力度。要坚持开门定政策，增强政策制定的实际问题解决导向和企业用户体验导向。要进行广泛而深入的调研，充分听取企业、行业协会和公众的意见和建议，使得政策更加贴近需求、切中要害。可以分行业，由相关政府部门、行业协会和代表性企业组成若干亲商小组，帮助政府制定和完善相关政策。政策制定后要加强宣传力度，政府制定的政策信息传递不到企业，企业没有享受到政策红利，抱怨政府缺少政策支持或帮扶不到位。许多企业主反映，如果不是主动问及，或是相互打听，很多时候根本无法从政府相关职能部门那里获得最新的惠企扶企政策信息。要完善政策落地评估机制。制定的各项政策，不但要出台具体内容，最好还要公布相应的路线图、任务分解表和进度时间表，以便于公众监督。可以学习借鉴营商环境良好国家和地区的经验，公开招标委托第三方对政策落地情况进行评估，同时指定一个政府部门牵头召集相关部门配合第三方评估，及时对评估报告进行研究，针对意见和建议督促整改。

(3)解决人才瓶颈制约。“人才资源是第一资源”，“得人才者得天下、失人才者失天下”，人才对企业生死存亡的重要性不言而喻。民营企业要发展，必须建立健全人才激励机制，建立健全技术创新的激励机制和保障机制，努力营造尊重知识、尊重人才的氛围。政府部门要加快完善以增加知识价值为导向的分配政策，落实“双创”支持政策，建设创新创业资源共享平台，打造更多的市场化专业化众创空间。推动各地出台实施更具吸引力的招才引智政策，切实发挥省人才基金作用，为人才落户江西提供全方位综合服务。

一要创新人才工作机制。着眼江西省优势产业发展，编制《江西省民营企业中长期人才发展规划纲要》，并与中央和省规划纲要搞好衔接；进一步明确各类人才队伍建设的目标任务和主要举措、人才机制和政策创新的重点；通过现有人才资源优势，着力探索建立分类管理、资源整合、机制创新的高端与紧缺人才开发体系和以政策引导、信息先导、市场主导为手段的高端紧缺人才柔性使用机制，明确和细化各职能部门的工作职责，强化人才工作的整体合力。各地方政府也要根据省民营企业中长期人才发展规划编制本地区的相应规划。

二要优先引进创新型人才。当今世界，围绕人才的竞争是一场没有硝烟的战争。要加大招才引才力度，有重点地组织重点企业到人才密集地区、经济发达地区参加大型人才招聘会，引进一批高素质高层次创新人才。建立完善人才引进绿色通道，对急需引进的高层次创新人才，引导企业转变传统招聘方式，采取委托猎头公司、通过高校直接联系等方式招聘。优先引进会展策划、先进装备制造、电子产品、生物医药、人工智能、VR 等领域的科技项目合作，采取兼职、讲学、咨询、科研和技术合作、技术参股、合作经营、聘请顾问等柔性方式，引进急需人才。建立本籍海外人才信息库，继续实施海外高层次人才引进计划，鼓励海外人才返乡创业。

三要加大本地人才培养。加强对全省规模以上企业经营管理者及海外人才创业带头人的国际化培训，着力提高科学管理、产品研发、市场开拓能力和水平。新建一批海外人才创业工程基地、大学生创业示范园、青年人才创业基地，对在基地工作、兼职甚至实习的高层次人才，由属地财政给予一定的工作经费资助。发挥省属高职院校作用，按照我省产业发展需要优化专业设置，扩大初级人才供给。

（二）在操作层面，各地党委、政府要着力构筑助于民营企业“走出去”的良好环境

1. 找准重点，着力培育一批代表江西形象的品牌

江西的历史、文化、生态环境都是江西的优势，江西省应该从中找准重点，着力推出一批能代表江西形象的老品牌。就江西景德镇的陶瓷产业发展现状来看，景德镇的陶瓷产业在“一带一路”建设中仍然可有所作为。目前，景德镇市陶瓷产业坚持传承与创新双腿跨越，形成了以高技术陶瓷为引领、以陈设艺术瓷和日用陶瓷为特色、以建卫陶瓷为补充、以创意陶瓷为后发优势的多元化融合发展格局。作为世界瓷都，景德镇拥有厚重的历史积淀和博大精深的陶瓷文化。从来没有一个城市能像景德镇一样，依靠一种产业维系生存一千多年而没有中断，世界对景德镇瓷器的记忆不变，景德镇世界瓷都的历史地位也没有变，但是，景德镇陶瓷产业在技术上相对落后，在体量上所占份额也比较小，景德镇瓷器的影响力也不如往昔，而“一带一路”建设，正好为景德镇陶瓷产业重新焕发光彩提供了一次难得的机遇。通过“一带一路”建设，促使景德镇陶瓷产

业创新升级,做大做强。要充分发挥景德镇的陶瓷文化优势,促进中国与东盟国家和“一带一路”沿线国家之间的文化艺术交流及陶瓷产业的合作和发展。此外,随着2018年世界VR产业大会在南昌的举办,VR作为人类未来生活不可或缺的辅助技术,其产业发展空间非常广阔,江西要抓住VR产业大会召开的历史机遇,借着相关领军人物汇聚南昌的契机,大力推动世界VR产业巨头在赣落户,擦亮江西产业的新品牌。

2. 找准方向,着力打造传统产业的“江西样板”

江西的传统产业在改革开放的浪潮中复苏,力量有待集聚。其中,作为传统产业的南康家具,就在改革开放的大潮中走出了自己的路子。通过比较研究发现,南康家具的产业链并不复杂,通过九大平台的构建,打造了完整的产业链,从原材料到现在的物流配送、研发和销售,形成了超过1000亿产值的产业集群。南康家具的发展没有很好的条件,但是他们创造条件着力培育这个产业,通过努力,在同行中已占据领先位置,抓住了一些先机。南康家具产业发展有如此成就,一是抓住了培育壮大产业体系、生产方式方法创新升级、产业经营体系与时俱进三个关键环节。二是科技创新推动了传统产业升级。家具产业是传统产业,传统产业不等于落后产能,传统产业转型升级最重要的就是科技创新。产业不光要上规模,关键是转型升级,南康现在实现了,正在朝这个路子走。三是敢想、敢干、能成事。为了打造南康“家具产业集群”,他们积极争取上级部门和政策支持在南康设海关、设国检,建立起了木材的第一内陆港;他们打苏区牌,创造了很多第一,比如,中科院的纳米喷涂技术,第一次在家具行业运用;国家家具质量检测中心是全国第五个、中部省唯一一个、县级国家级第一个。南康“家具产业集群”就是传统产业的“江西样板”,除此之外,还有其他地市有不少特色的传统产业,例如有药都之称的樟树等,这些传统产业要重焕光彩,借助“一带一路”战略的东风转型升级正是个不可错过的机会。

3. 创造条件,加快各设区市融入“一带一路”建设的步伐

江西省除了南昌被国家列入了“一带一路”重要节点城市外,其他地市都不在此列。那么,除了南昌外,其他地市如何融入“一带一路”建设?“一带一路”作为国家今后对外开放的一个总纲式的发展战略,我们要积极创造条件融入“一带一路”建设。当前,创造条件,积极融入“一带一路”建设做得最好取得成果最多的是赣州市。2017年4月,江西省对接“陆上丝绸之路经济带”首趟进口中欧班列,满载俄罗斯货物驶进赣州港;2017年5月,江西省政府同意了《关于支持赣州打造“一带一路”重要节点城市的实施方案》。赣州作为一个内陆地

区，创造条件设立赣州港，凭借赣州港的独特优势，深入对接“一带一路”，着力打造“一带一路”重要节点城市，为省内其他城市树立了开放发展的榜样。江西省的地理区位在“一带一路”国家战略中优势不明显，但是，江西省的地理区位在地区合作中的优势是很明显的，江西承东启西、连接南北，国家对江西省的定位是“内陆腹地战略支撑”，江西省可通过对接上海、广东、福建三个自贸区，加强与三省（直辖市）的合作，努力建设成为与长、珠、闽三大经济区联动发展、“一带一路”与长江经济带两大战略互动融合的重要纽带。为此，有不少研究指出，江西应该在“一带一路”的大背景下，积极加强与周边重点省市的对接和合作，打造“一带一路”的内陆贸易支点，把江西省的劣势变成优势，比如，一是依托长江黄金水道及毗邻东南沿海的优势，加强南昌港和九江港的建设，统筹推进各类交通设施建设和“铁海”“公铁”“陆海”多式联运，实现向东、向南与海上丝绸之路连接，向西与丝绸之路经济带融合，构建内陆进出口货物集散中心和物流商贸中心。二是依托南昌昌北国际机场和临空经济区，加快航空运输网络、电子口岸互联互通工程等建设，通过空中走廊和数字通道，推进跨境电子商务网络平台和跨境电子商务产业交易链的建设，构建联通内外、安全通畅的对外开放通道。三是借力南昌综合保税区通过验收之际，打造“一带一路”对内延伸的新支点。江西地处中部地区、长江经济带的中心位置，在南昌设立综合保税区，可以构建对接沿海产业转移、连接西部产业的通道，深化沿江向内陆纵深开放，打造“一带一路”对内延伸的贸易新支点。

4. 抓住机遇，完善自身相关交通基础设施建设和服务

改革开放初期，我们说“要想富先修路”，交通所带来的极大便利，给贫困落后地区的经济发展注入了活力，随着一条条道路的修通，各地资源优势转化成经济优势。“一带一路”建设，设施联通亦是“先行官”，江西省应该依托已经建成的海铁联运铁路和比较发达的高速公路网络，积极争取国家基础设施建设的重要项目落户，加快推动基础设施互联互通；推进水运口岸平台建设，加快环鄱阳湖港口建设，振兴赣江千年“黄金水道”，推动铁路、航空、港口、公路运输的无缝衔接，打造连接“一带一路”内陆大通道。身居内陆的江西，以前所未有的姿态加速推进信息流、资金流、货物流和人才流。2016 年，我省开工建设赣深客专，推进武九客专、蒙华铁路等项目建设；大力实施长江干支线航道等级提升工程，强化与上海洋山港等沿海港口对接；推进昌北国际机场 T1 国际航站楼改造工程，开通了我省至美洲直飞航线。全省 12 条铁海联运线路已有 4 条拓展为集装箱快速班列，我省至宁波港、厦门港铁海联运班列稳定开行。未来 3 年内，

要争取实现江西与澳洲、欧洲重要城市建立直航航线。另外，加强与“一带一路”沿线国家的交流沟通，就布局相关经贸合作区等平台建设进行积极对接，实现与沿线国家的优势互补和资源共享，并不断完善境外经贸合作区的设施配套服务和保障机制，深化“走出去”企业与沿线国家的经贸合作。

5. 明确自身优势，加强与相关重点国家的经贸和产能合作

每个省区市都有自身不同的比较优势，江西省也不例外。要充分利用江西资源丰富、生态优良的优势，发挥绿色食品、文化创意、新能源、新材料、生态健康旅游等优势，将优势产业作为向“一带一路”相关国家和地区开放的重要突破口，推动江西优势产业抢占全球价值链的中高端，加强与相关重点国家的经贸和产能合作，积极实施一批国际产能合作项目，推动我省富余产能流出去、优势产业走出去、品牌形象带出去，带动相关产品、服务贸易、劳务出口和对外投资。一是要推出一批重点产业。立足我省产业比较优势，推进与沿线国家在农业、先进制造业、服务业、基础设施、能源资源和传统优势项目产业等 6 大重点产业国际合作，促进双方优势互补、产业发展升级。二是要推出一批重点项目。2015 年，江西对外直接投资额 10.5 亿美元，增长 59.87%，总量跃居全国第 16 位。2016 年，江西省对“一带一路”进出口额达 115.9 亿美元，其中出口 100.9 亿美元。未来 3 年还要继续推进，包括陶瓷、茶叶、农产品、眼镜、箱包、建筑材料等优势产品。三是要推出一批骨干企业，鼓励龙头企业发挥示范带动作用。目前江西省已经支持江西铜业、江钨控股、江联重工、晶科能源、江西国际、华坚鞋业、正邦集团、赣粮实业、省出版集团等一批各领域重点龙头企业开展国际合作，树立我省开放型经济发展的企业典范。

课题组组长：

廖清成　中共江西省委党校（江西行政学院）副校院长

课题组成员：

许　立　中共江西省委党校（江西行政学院）研究室主任

刘　艺　中共江西省委党校（江西行政学院）研究室

周文超　中共江西省委党校（江西行政学院）研究室

戴志杰　中共江西省委党校（江西行政学院）研究室

元　勋　中共江西省委党校（江西行政学院）科研管理部

推动江西省“降成本、优环境”若干政策措施进一步落地见效研究

——基于九江、上饶、宜春、鹰潭、赣州等地的调研

2017 我省经济增速继续保持在全国“第一方阵”，经济总量超过 2 万亿元、城镇居民人均可支配收入超 3 万元，经济社会发展迈上新的台阶。然而相比周边兄弟省市，我省在经济增长质量与动力、产业结构层次、居民收入水平等方面仍存在着较大差距。而且，在经济新常态下，我省经济面临着多重压力，如何保持经济的中高速增长，切实需要我省实现全方位、深度的体制变革。“降成本、优环境”作为我国深化体制改革的一项重要举措，有利于释放经济增长的新活力。按照党中央国务院的布置，2016 年至今，我省已出台四份“降成本、优环境”的政策文件，政策效果明显，切实减轻了企业负担、优化了营商环境。然而，我省在“降成本、优环境”政策上存在供给侧结构性矛盾。本课题组通过对九江、上饶、宜春、鹰潭、赣州等五地市 20 余个工业园区及相关服务机构的调研发现，为了促进我省良性高质发展，全省各级政府部门出台的“降成本、优环境”举措并不少，但政策的供给侧结构性矛盾较为突出，高质量、针对性强、易落地的政策供给不足，许多政策仍只存在于文件中，政策落地效果有待提高，即存在政策供给侧矛盾。因此，在继续完善我省“降成本、优环境”政策措施时，更需要提高政策的落地成效。

一、出台“降成本、优环境”政策措施的背景与意义

（一）环境出台的背景

1. “降成本、优环境”是我国现阶段改革的重点

习近平总书记于 2015 年 11 月 10 日正式提出供给侧结构性改革。各级政府在部署的供给侧结构性改革重大战略中，将“降成本”作为其中的一个最为重要环节，以此来积极主动应对和破解我国在经济发展过程中所产生的各种问题

与矛盾。国务院于2016年8月就如何降成本问题专门印发了《降低实体经济企业成本工作方案》(国发〔2016〕48号),从降低企业税费负担、融资成本、制度性交易成本、人工成本、用地成本等十个方面提出了指导意见。在降成本的同时,中央也提出优化营商环境的要求,并在2016年3月公布的《国民经济和社会发展第十三个五年规划纲要》中,提出要“营造优良营商环境”,深化“放管服”改革。在十九大报告与2018年政府工作报告中,更是进一步强调了降低企业成本、优化发展环境的重要性。

习近平总书记多次在重要会议上强调,要改善我国的投资和市场环境,加快对外开放步伐,降低市场运行成本,营造稳定公平透明、可预期的营商环境,加快建设开放型经济新体制,推动我国经济持续健康发展。在博鳌亚洲论坛2018年年会开幕式上再次强调,习近平同志再次强调了,中国将继续扩大对外开放水平,创造更有吸引力的投资和市场环境。

李克强总理在2017年6月13日召开的全国深化“放管服”改革电视电话会议上提出了“营商环境就是生产力”的论点。这一论点显示出了优化营商环境的重要性与必要性。李克强总理要求“必须下大功夫、真功夫,进一步深化‘放管服’改革,持续优化我国的营商环境”。2018年首次国务院常务会议的首个议题便是优化营商环境,要求各地政府提高对营商环境优化意义的认识,并采取有针对性的举措。根据世界银行发布的《2018年营商环境报告》,我国营商环境在国际中的排名,已经从2013年的第96位上升至第78位,提升了18个位次。

2. 优化营商环境得到世界各国的密切关注

营商环境是世界银行关注的一个重点课题,每年均调研并发布全世界各国的营商环境状况及排名变化情况。该研究报告显示,良好的营商环境有利于投资与经济的增长,营商环境提高1%,则投资率将增长0.3%,GDP增长率将增加0.36%。因此世界各国与地区不断努力改善各自的营商环境,以提升自身在国际竞争力与经济增长率。在东亚地区,近20个经济体在2017年实施了超过45项营商环境优化的制度变革。如香港特区一直致力于优化其营商环境,不断提升政府效率,提高行政透明度。在过去的十年里,香港地区成为世界营商环境最优的地区之一。印度、俄罗斯等国家将营商环境的优化列为其政府的重点工作。如俄罗斯总统在2012年签署法令,要将俄罗斯的营商环境提升至全球前20名的位置。在一系列政策的实施下,2017年俄罗斯的营商环境已经提升至全球第35位。

（二）出台“降成本、优环境”政策的重要意义

1.“降成本、优环境”政策是应对经济新常态的重要手段

我国经济已经进入新常态，其中一个显著特征便是经济增速的回落。目前我国GDP增速大约保持在6.5%左右的水平，江西省的增速大约保持在9%的水平，而且面临着经济增长动力不足，外部环境多变与压力增大。(1)经济增长的动力开始弱化：劳动力、能耗等成本不断攀升；全要素生产率的驱动力不足等。以全要素生产率为例。国内学者如江飞涛等(2014)①，蔡昉(2014)②，黄群慧、贺俊(2015)认为“入世”以来，特别是2003年以后，中国制造业全要素生产率增速呈现较明显的下滑态势③。(2)外部环境多变且压力增大。发达国家通过加大科技创新和产业变革、修改国际投资贸易规则，积极争夺制造业竞争优势和价值链高端环节；发展中国家依靠资源、劳动力等比较优势，以更低成本承接制造业转移，形成“高端回流”和“中低端分流”的双向挤压态势，对我国制造业转型升级形成新的压力。美国的减税计划、新一轮的加息周期，导致国际资金回撤，外汇储备规模缩小，人民币汇率持续贬值，对我国的外商投资数额都将产生一定的负面影响。“逆全球化”思潮和贸易保护主义倾向抬头。中美之间的贸易争端不断升级，2018年8月2日，美国拟对中国超过2000亿美元的商品征收25%的关税，涉及的行业主要包括食品、饮料、烟草、木材加工、家具、纸制品、化学品、塑料、橡胶、金属制品计算机及电子设备等产业，将我国大部分的传统制造业纳入了关税目录。

在面临成本不断高企的情形下，降成本政策的出台有利于企业降低其生产经营成本，扩大了企业的生存空间，企业更有可能继续保持成本竞争的优势。营商环境的持续优化，改善了企业的生存与发展环境，激活了企业的创新动力，提高了政府对经济的服务能力，保护了企业的知识产权与财产权等，企业的获得感增加。因此“降成本、优环境”政策的出台将是我国应对经济新常态的一个重要手段。

2.“降成本、优环境”政策是发挥出我国制度优势的重要手段

我国正处于并将长期处于社会主义初级阶段，制度优势有待进一步提升。建立与完善社会主义市场经济体制是中国深化经济体制改革的一项重要内容，

① 江飞涛，武鹏，李晓萍．中国工业经济增长动力机制转换[J]．中国工业经济，2014(5).

② 蔡昉．破解中国经济发展之谜[M]．中国社会科学出版社，2014.

③ 黄群慧，贺俊．中国制造业的核心能力、功能定位与发展战略——兼评《中国制造2025》[J]．中国工业经济，2015(6).

是发挥我国社会主义制度优势的一个重要途径。“降成本、优环境”政策的出台将有利于社会主义市场经济体制的完善。(1)“降成本、优环境”政策有利于进一步理清政府与市场的关系。由于从计划经济体制向市场经济体制过渡时,许多地方政府角色与定位不清,或是呈现出对市场的过度干预态势。而降成本优环境是我国深化经济体制改革的重要内容,是供给侧改革的重要组成部分。李克强总理强调,“必须下大功夫、真功夫,进一步深化‘放管服’改革,持续优化我国的营商环境”。“放管服”改革正是进一步理清政府与市场关系的一项重要举措。(2)“降成本、优环境”政策提升企业在市场中的地位与作用。发挥企业在市场中的主体地位,激活企业的活力是市场经济建设的核心部分。“降成本、优环境”政策出台,有利于激活企业活力,为企业松绑;同时要求转变政府的职能,提升服务企业的能力,如各地推出的“保姆式”“店小二”服务模式。

3.“降成本、优环境”政策是扩大对外开放参与国际竞争的重要手段

李克强对于营商环境优化工作提出目标,“我们必须营造更有吸引力的国际化、法治化、便利化营商环境,降低制度性成本,培育提升我国国际竞争新优势。”当前,在全球竞争加剧的大背景下,要持续不断地优化营商环境,变革市场监管理念,创新监管方式,调整监管职能,尤其是要调整深层次的监管权力结构,推进简政放权,加快推进市场监管的转型与变革,从而形成法治化、国际化、便利化的营商环境。全球经贸投资竞争激烈,营造稳定公平透明、法治化、可预期的营商环境,是培育引资竞争新优势、加快建设开放型经济新体制的重中之重。

4.“降成本、优环境”政策是迎合新常态下企业诉求的重要手段

降成本、优环境的紧迫性不仅来自日趋激烈的国际竞争,也来自国内企业群众的共同呼声。“民有所呼,我有所应。”自经济进入新常态以来,一些潜在的矛盾被激活、问题更加激化,迫切需要解决。如许多企业反映我国的税收与隐形费用过高,导致企业承担了更多的成本。同时,在许多地方或部门,手续烦琐、效率低下、遇事“推绕拖”等办事难现象依然存在;有些地方政府部门缺乏诚信,有的干部新官不理旧账,决策上“翻烧饼”、瞎折腾等时有发生;有些部门不依法行政,随意执法、“小鬼难缠”;有些地方政府人为提高市场准入门槛,搞地方保护,各种隐性壁垒的“玻璃门”不同程度存在,等等。这些问题由来已久,群众意见不小,企业不堪重负,破坏了市场生态,已经成为发展的绊脚石。因此政府必须高度重视,采取有力措施加以解决,让营商环境有一个新提升、新气象。

二、江西省实施降成本优环境的政策举措及落地成效

(一)针对省情需要,陆续出台政策

降低企业成本、优化发展环境,是江西省委、省政府深入贯彻落实中央推进供给侧结构性改革、积极应对经济增速放缓、着力缓解实体经济困难、帮助企业降低成本,推进改革发展的一项重大工作部署。江西省委、省政府于2016年5月出台《省委、省政府关于降低企业成本优化发展环境的若干意见》(下文简称"80条")。"80条"主要涉及了税收优惠、涉企收费、融资成本、人工成本、用地成本、物流成本、财务成本等七大成本及包括行政服务效率、市场监管体系、企业内部挖潜、企业开拓市场及其他等五大营商环境问题。

为了进一步贯彻落实《国务院关于印发降低实体经济企业成本工作方案的通知》(国发〔2016〕48号)的精神,在前期工作基础上,坚持问题导向,省政府于2016年11月出台了《关于进一步降低企业成本优化发展环境的若干政策措施》(简称为"20条")。"20条"新政策对于降低企业税负、融资成本、人工成本、用能成本、物流成本、制度性交易成本等方面做出了更多的改革。"20条"政策措施与"80条"政策的延续与补充,两者互为补充、相辅相成,将进一步降低企业的各类成本、完善发展环境。"20条"政策的出台,使得我省"降成本、优环境"的政策体系更加完备。同时也表明了省委省政府推进供给侧结构性改革的鲜明态度和打造"四最"营商环境的坚定决心

继2016年连续出台两批共100条降成本优环境政策后,省政府于2017年11月出台《关于精准深入推进降低企业成本优化发展环境的补充意见》(简称"30条"),继续深化降成本、优环境工作。"30条"是对我省已出台100条政策的延续和补充,进一步加大了降成本的力度,营商环境优化布置也更加明晰。"30条"对降低企业税负,包括营改增、制度性交易成本、物流成本、融资成本、用能成本、用工成本等方面做出进一步的改革安排。

为了进一步优化营商环境,省委、省政府于2018年8月出台了《关于加强作风建设优化发展环境的意见》(简称"作风意见")。根据作风意见,我省将以作风建设步步深入为抓手,以改善营商环境为重点,以群众满意、市场主体满意为检验标准,着力打造忠诚干净、担当实干、思路开阔、勇于创新的干部队伍,着力打造忠诚型创新型担当型服务型过硬型政府,着力打造"四最"发展环境。可见此次作风意见的着力点与我省之前出台的"80条""20条"与"30条"有着较大的差别,即聚焦于干部队伍中作风突出问题,着力整治"怕、慢、假、庸、散"作

风突出问题。并且在优化营商政策上的细节更加清晰、具体、明确，如规定将企业开办时间压缩至5个工作日内；全面清理各类奇葩无谓证明；不动产一般登记与抵押登记业务办理时间分别压缩至15个工作日与7个工作日；通过资源整合，构建全省统一的“互联网+政务服务”平台，“让百姓少跑腿、信息多跑路”；实行一窗受理、集中服务、一窗能力模式等等。

（二）政策成效显著，企业获得感强

据江西省2017年与2018年政府工作报告及相关材料显示，2016年减轻企业负担500亿元以上；2017年共为企业减负1135亿元，两年累计为企业减负1600多亿元。2017年全省规模以上工业企业每百元主营业务收入中成本为86.97元，同比下降0.73元。

在首届世界赣商大会上发布的《江西省投资发展环境报告2017》报告中，从“投资落地”“投资成本”“投资效率”“投资发展”4个维度36个变量对江西省的投资发展环境做出评估。从其超过700家的省内企业样本的反馈来看，92.7%的企业对于江西投资发展环境表示满意。其中江西在经济发展活力、基础设施和城市环境方面的评分较高。江西省出台“降成本、优环境”的一系列举措，受到样本企业的欢迎，成果显著。“店小二”“保姆式”的服务模式已经在全省各地推行。

具体而言：“三单一网”在全国率先建成，江西省本级行政权力事项由3064项缩减至1736项，缩减率达45%；“一次不跑”改革继续推进，已经实现21个省直部门的173项政务服务事项“一次不跑”，“一次不跑”事项覆盖面将持续提高；在全省开展集中行政许可权改革试点，集中审批事项平均提速近40%；进一步提高企业登记、印章制作、申领发票等环节的行政效率，企业注册开办5个工作日完成。2017年，江西省地税部门取消行政审批事项52项，全面取消非行政许可审批，将税源管理基础事项整合前移至办税服务厅，大力推行网上行政许可，纳税人报送资料平均减少41%，办税环节平均压缩59%，办税时限平均缩减78%。2017年11月，江西省电子税务局正式上线，全省企业居民便可以享受更加方便快捷的智能办税服务，而江西省税务工作也因此正式进入智能云、大数据、移动互联的新时代。

（三）各设区市落实降成本优环境的举措与成效

1. 南昌市的一些典型举措与成效

南昌县作为江西唯一上榜的“中国营商环境百强县”，在全省率先成立行政审批局，落实“先照后证”“三证合一”，推出“妈妈式”服务。南昌县行政审批制度改革后,政府投资项目审批与企业投资项目审批,分别由原来的112个工作日与87个工作日,缩短至39个工作日与19个工作日。南昌县在金融创新服务区打造上,建立了小蓝科技银行,落实省里关于降低企业融资成本的精神,设立了产业发展基金、创业投资基金等。湾里区深入开展降成本优环境专项行动与放管服改革,发放财园信贷通贷款3260万元;落实"一次不跑"事项72项,行政服务中心累计受理各类审批事项超过6150件。

2. 宜春市的一些典型举措与成效

在国务院办公厅下发的《关于部分地方优化营商环境典型做法的通报》(国办函〔2018〕46号)中,宜春市推行的"不动产登记+交易一体化"做法入选全国优化营商环境28个典型做法,是江西省唯一入选的典型做法。自今年4月23日起,宜春市不动产登记与交易业务采用一体化办理模式,实行"一窗受理、一键缴费、一网办结"。将不动产登记与交易机构职责从"物理整合"到"化学融合",规范机构设置,配齐配强人员力量,着力提升服务质量水平。在对各类不动产登记业务流程科学论证的基础上,对审批流程再造,出台简洁、高效、方便的一整套完整规范的工作流程。同时,在确保不动产登记质量的前提下,精简收件材料,减少审批环节,压缩流程时间,实现了"四个一"目标,即"一扇门、一张表、一窗口、一套材料"。在资料齐全的情况下,企业群众最短3个工作日、最长7个工作日就能办结所有程序,总体办事效率提升了40%。

3. 九江市的一些典型举措与成效

九江市以"一次办"作为改革的抓手与目标。为了加快政务审批效率,提高企业群众的获得感,九江市行政服务中心全面推行"五个一"审批新模式,即"一次告知、一号申请、一窗受理、一网(厅)通办、一次办结"。市政府进一步细化梳理便民服务事项,鼓励和支持航空、南铁、公交、中石化、供电等服务部门充分借助和发挥"互联网+便民服务",通过手机APP和业务全覆盖全面实行网上办理,切实做到"一次不跑"。目前,市本级行政审批时限平均缩短50%,审批流程缩减三分之一以上。要求各部门开展"入企听诉"活动。落实市委、市政府"重大项目见效年"活动要求,以服务全市"5+1千亿特色产业集群"发展为重点,围绕构建"亲""清"新型政商关系要求,创新丰富政企"茶叙"制度的形式和内容,通过常态化、制度化的"入企听诉""企业评部门"等活动,与企业项目审批负责人进行零距离对话,了解企业的困难与诉求,要求各部门重视企业提出的建议与意见,并对关键问题进行跟踪督办。仅2018年上半年,已走访企业20余家,办结问题62个。大力推行"容缺办"服务模式。改变以往受理材料不齐全不能办理手续的固有模式,大力推行“边受理边完善材料”的新型办理模式。并借鉴“淘宝购物”模式,引入邮政快递寄送申请材料和送达办理结果,为办事群众和企业开辟“绿色通道”,提高审批效率。

4. 上饶市的一些典型举措与成效

据《2017 年上饶市降成本优环境专项行动工作总结》显示,上饶市自开展降成本优环境专项工作行动以来,各项工作有序展开,取得了良好的效果。如 2017 年上饶市将国务院与省政府下放 237 项行政审批事项精简为 63 项;将市本级的 328 项行政审批事项精简至 85 项,精简率达 74%;政府部门行政权力由 8090 项降至 4970 项,精简率达 39%。上饶已经成为全国行政审批事项最少的地区之一。为了优化营商环境,上饶市委、市政府于 2018 年 1 月出台了《关于构建新型政商关系的实施意见》,明确提出构建“清”“亲”的政商关系,狠抓干部作风建设,通过纪律监督员走访,百企评议活动等大力解决政府部门执行不力、官员担当不够、吃拿卡要等问题。

三、江西省“降成本、优环境”政策落地中存在的主要问题

经过全省各级政府的努力,江西省在行政审批、市场准入、金融体制、要素市场化配置等得到较大改善,企业与居民在获得感、满意度上均有良好反馈;许多企业的能耗成本、物流成本、用地成本等均有所下降,突出表现为每百元主营业务收入成本的下降。在“降成本、优环境”取得阶段性成就的同时,也应当看到,我省“降成本、优环境”政策存在着供给侧结构矛盾,即高质量、针对性强、易落地的政策供给不足,许多政策仍只存在于文件中而无法有效落地。本课题组通过对九江、上饶、宜春、鹰潭、赣州等五地市 20 余个工业园区及相关服务机构的调研,发现存在着以下几大方面的问题:

(一)政策落地存在的主要问题

1. 企业降成本仍有较大空间

纺织服装、食品、家具、建材、有色等传统产业在我省经济中占有较大的比重。此类产业对于成本的敏感性极强,故降低成本对于企业而言至关重要。但据本课题组调研,我省降成本仍有较大空间,具体表现在以下几个方面:

(1)企业的宏观税负仍有降幅空间

在调研中发现,税负高是许多企业的直接感受。表 1 是以政府一般预算收入与 GDP 的比值衡量企业宏观税负的情况。在 80 条政策出台后,我省降成本取得了初步的成效,2016 年直接减轻企业负担超过 500 亿元,企业宏观税负同

比降低了 1.23 个百分点。但是,相比于 2011 年,我省企业宏观税收上升了 3.54 个百分点。而且,在中部六省中,我省企业的宏观税负排名第二,河南省的企业宏观税负仅为我省的 66.98% 。因此,我省企业的宏观税收存在着较大的降幅空间。

表 1 江西企业宏观税负的横向与纵向比较

年份	2011	2012	2013	2014	2015	2016
江西	8.09%	10.53%	11.18%	11.90%	12.86%	11.63%
地区	山西	江西	安徽	湖北	湖南	河南
2016 年	11.93%	11.63%	10.95%	9.50%	8.55%	7.79%

数据来源:中国与各省统计年鉴。

在“80 条”政策出台后,我省继续出台了“20 条”“30 条”,进一步减轻企业负担。江西省 2017 年规模以上工业企业每百元主营业务收入中成本为 86.97 元,同比下降 0.73 元。但是与同期全国工业企业的百元主营业务收入成本 84.92 元相比,我省高出 2.05 元。在表 2 中所列的其他 10 个省市中,江西省的百元主营业务成本位列倒数第二位。江西省不仅同沿海地区的广东、浙江、福建等省份有着 2~3 元左右的差距,与同处于中部地区的湖南、湖北、安徽等省份也存在着不小的差距。

表 2 江西与全国及主要省市主营业务成本比较 (单位:元)

地区	全国	江西	陕西	浙江	湖南	广东
每百元主营业务收入成本	84.92	86.97	79.88	83.30	83.67	84.09
地区	四川	重庆	福建	湖北	安徽	山东
每百元主营业务收入成本	84.20	84.70	84.92	85.31	86.83	87.50

数据来源:根据中国与各省统计公报整理而得。

(2)企业的中介成本负担不轻

第三方中介机构,有利于发挥其专业技术能力,为企业的生产经营、政策申报等提供服务。在我省出台的降成本、优环境政策中,多次涉及降低中介成本的举措。但目前我省降低中介成本举措的落地效果仍不佳:一是“官中介”普遍存在。之前由政府部门办理的工作,转移由研究院所、检测机构、咨询公司、行业协会等来完成。但其中许多机构具有显现或隐现的官方背景,甚至有些评定工作必须由官方指定的机构来完成,才能保证项目通过审批。二是第三方评定的形式化。企业为了申请财政补贴与荣誉资质、通过环评等,需要第三方中介机构的支持,但不少的评定工作最后沦为"纸质工程"与"形式主义"。有官员反映,许多申报材料少则几十页,多则数百页,而真正有用的部分仅占十分之一左右。一方面企业为此付出不菲的评定费用,另一方面加大了各方的时间成本。三是中介收费居高不下。武宁县的某玻璃制品企业,为了响应"两化融合"建设,申请成为示范企业,聘请第三方中介机构编制项目申报书,但需要为此支出 20 余万元项目编制费,若加上后期的评审费用、相应的人员费用,项目的申请成本为 30 万元左右。而省、市等政府给予的补贴大约在 110 万,申报的费用占财政补贴的 30% 左右。

(3)不降反升的政策成本

就某些政策而言,政策负担增幅部分大于降成本部分,对降成本政策大打折扣。而有些政策则为在增量中降成本。以我省社保缴费为例。降成本"80条"中规定,企业负担由 20% 降至 19% 。对以劳动力密集型企业为主的江西省而言,该举措对降低成本具有较大的意义。但是省社保厅规定 2016 年缴费基数由 2370 元上升到 2547 元,增长 7.5%(增幅高于沿海的许多省市),企业缴纳的社保费用由 474 元/人,上升至 484 元/人,企业负担不降反增。另一方面,地方财政对企业的支持力度减弱间接提升企业成本。原先园区内的许多企业能享受到税收返还,由于营改增减少了地方政府的财政收入,进而地方政府降低补贴其辖区企业的能力,间接提升了工业企业的成本。

(4)降成本仍有较大空间

总体而言,如表 3 所示,与周边省市相比,我省降成本的比重居于前列。与我省的经济体量相比,无论是从 GDP 总量,抑或是二产增加值来看,我省降成本力度均居于前列。但是,我省 2016—2017 年期间,共减轻企业负担 1635 亿元,在表中所列省市中排名在中游位置,与广东、江苏、浙江等省份有着较大的差距。

表3 江西与周边省市降成本落地见效比较

地区	降成本总额(亿元)			降成本总额/GDP		降成本总额/二产增加值	
	2016年	2017年	两年总额	2016年	2017年	2016年	2017年
江西	500	1135	1635	2.72	5.45	5.66	11.38
江苏	1070	1300	2370	1.41	1.51	3.09	3.36
浙江	1010	1250	2260	2.17	2.41	4.77	5.56
广东	2125	2600	4725	2.67	2.89	6.05	6.74
福建	353	700	1053	1.24	2.17	2.50	4.44
湖北	800	1120	1920	2.48	3.07	5.46	6.89
河南	830	480	1310	2.07	1.07	4.31	2.24
安徽	790	1000	1790	3.28	3.63	6.68	7.41

资料来源:各地统计年鉴与统计公报。

2. 营商环境仍有待改善

(1)行政僵化问题仍需改善

多次中央经济工作会议均强调“微观政策要活”。放活微观政策是应对经济下行压力、积蓄发展新动能的现实需求。过于僵化的政策,将束缚企业的活动空间,增加企业的运营成本。近些年,随着国家对各种政策寻租空间的打击,政策的弹性不足问题开始显现,有时甚至出现“一刀切”问题。通过对永修有机硅产业进行调研,政策僵化问题得以充分暴露。由于有机硅产品的最大特性在于调整化学品的比例或增加一种新原料,新的合成品便可被认定为是一种新产品。但是现有政策规定,每个新产品都需环评。一方面,企业需支付15万元左右的环评费用;另一方面,环评周期长,有些产品的环评时间高达3个月,而有机硅产品的平均生命周期大约在3~5年。环评政策虽然有效阻止了产品对环境的污染,但企业的负担却是大大增加。环评的根本目的在于阻止有害物质进入环境,政府可以通过控制企业的“三废”排放量,而无须对每个产品都进行环评。类似的情况也出现在房产证的更新办理上。为了更新房产证,均须房管局、规划局、国土局三个部门到实地测量,但每个部门所测量的内容均一样,企业不仅要为此支付相关的测量费用,还需为此付出相应的行政成本与时间成本,有些企业还要为此支付“隐性费用”。

(2)行政与政策效率仍需提高

主要表现在两个方面:一是政策制定与落地周期过长。如我省于 2016 年就已着手于直购电政策的研究,计划在 2017 年年初出台具体的实施方案,但截至 2017 年下半年仍未得以落实。二是政策兑现周期过长。由于行政效率与沿海地区有着差距,政策的兑现效率有较大的提升空间。以申请补贴为例,部分企业反映,在我省申请补贴、审核通过、发放补贴这一程序大约需耗时 3 ~ 6 个月,而沿海地区一般仅需 30 ~ 45 天。政策的滞后性也反映了政策不能根据企业的合理需求及时做出调整,大大降低江西对沿海地区产业转移的吸引力、阻碍了企业转型升级的步伐、增加了企业的运营成本。

(3)营商环境优化成效仍需大力提升

比较江西与浙江、江苏、上海、湖北等省份的营商环境优化成效,发现我省营商环境还存在着较大的提升空间,如表 4 所示。以江苏为例,做对比。江苏省目前基本实现了"3550"的目标,即 3 个工作日内开办企业、5 个工作日内获得不动产登记、50 个工作日内取得工业建设项目施工许可证。其政策落实效果已经远远超过前期设定的目标。再如在企业开办时间上,江苏全省平均仅需 2. 1 个工作日,而我省在 2018 年 8 月出台的作风建设中则要求为 5 个工作日办结。因此我省在营商环境优化的成效上与周边省市相比还存在着较大的差距。

表 4　江西与周边省市营商环境优化结果比较

营商环境事项	江西	其他省市
企业开办时间	5 个工作日	江苏全省平均 2. 1 个工作日;武汉 3 个工作日;浙江 4 个工作日
不动产交易登记	7 个工作日	江苏全省平均 2. 5 个工作日;广东 3 个工作日;杭州、嘉兴、衢州实现了"1 小时领证"
建设项目施工许可	37 个工作日	江苏全省平均 29. 63 个工作日;济南最多 15 个工作日
最多跑一次/不见面审批	部分项目	浙江 2018 年年底所有的办事事项将都实现"最多跑一次";目前江苏大部分审批服务事项已经实现网上办理

资料来源:根据各省公开资料整理而得。

(二)政策落地见效难以提升的主要原因

1. 政府精细化管理有待提高

(1)"开药方"的能力仍须提升

习近平总书记在省部级主要领导干部学习贯彻十八届三中全会精神全面深化改革专题研讨班开班式上强调:“制定出一个好文件,只是万里长征走完了第一步,关键还在于落实文件。”可见,好政策的制定(顶层设计)与落实(基层探索)均关系到政策的有效性。我省在“开药方”的能力上仍有较大提升空间。政策在制定时,失之毫厘,差之千里,关键在于找准病根,并对症下药。从政策效果来看,我省在“病根”与“药方”的把控能力均较为薄弱。以产业集群发展为例。与江西接壤的安徽、湖南、湖北等省份,均建立起在区域范围内拥有话语权的产业集群,如安徽的家电与汽车产业集群、长珠潭的机械工程与轨道交通产业集群、湖北的汽车与光电产业集群等,在全国乃至全世界都拥有一定的市场份额。但我省60个重点发展的产业集群中,绝大多数仅能称为企业集聚。“开药方”能力不强与调研工作存在缺陷有着密切关系。我省在政策出台前的调研对象名单已经存在着“固化”的现象,即参与调研的企业基本上是“老面孔”,反映的问题都是老问题。

从政策效果来看,我省在“病根”与“药方”的把控上还有较大提升空间。例如,我省与重庆市都将电子信息产业列为重点发展产业。在2010年重庆市的电子信息产业收入为216亿元,低于我省的377亿元。为了打造出全国电子信息产业基地,重庆市先后出台了标准厂房、固定资产投资、融资、用工等方面提供一系列的补贴与支持。重庆市电子信息产业在全国的比重,由2010年的0.39%提高至2016年的7.01%,而我省仅从0.68%提升至3.14%。因此重庆市的“开药方”能力值得我省学习与借鉴。

(2)某些政策的“拿来主义”

在经济发展政策的制定上,我省借鉴了沿海地区的诸多宝贵经验。但课题组对比了近两年江西与广东、浙江、江苏等省关于产业发展方向与产业扶持的10余项政策,发现在具体措施上有许多相似之处,有些政策在借鉴时断章取义,未考虑到江西的产业结构、市场经济环境等与沿海地区的差别,部分政策表现出“水土不服”。如我省的创新公共服务平台、科技公共服务平台等了解的企业和人群少,访问浏览量不足、使用率低,但责任部门却为此付出了大量的人力、物力。

(3)政策含金量不足

首先,政策的规模和所有制歧视。我省出台的政策主要受益者为大型企业与国有企业,中小微企业从中受益较少。相对大型与国有企业的总成本或收入而言,财政收益所占的比例较小,具有锦上添花的作用,因此存在着“没有满意”。同时,大部分政策将中小微企业拒之于外,政策不能雪中送炭,因此存在着“不满意”。其次,过多的“空、大、口号”型政策。我省供给的政策数量不少,但企业真正能享受实惠的地方不多,企业普遍认为政策中的“干货太少”“含金量不高”。如在“80+20+30条”的降成本优环境政策出台后,县市也出台相应的配套政策,一些园区的企业名义上可以享受多则近200条的政策。但大部分企业反映,对企业有影响的政策仅3~5条,因此政策的实用性有待提高。课题组对比了与江西省具有相近财政收入的安徽省,其产业发展的财政支持力度远高于我省,政策条款中处处体现出“真金白银”。再次,“政策户”的马太效应。省市出台的政策,大部分集中于某类群体的企业,长而久之,这类企业便拥有了享受各类政策的“户口”,几乎囊括所有的政策红利。因此某类企业将享受越来越多的政策红利,马太效应尽现。“政策户”型企业是否在当地经济发展中承担其应尽的义务,这一问题对于各部门在制定政策时,应重点考虑。

2.“以会议落实会议”现象有待转变

不少地方政府在学习、贯彻中央与省委的降成本优环境政策时,存在着“以会议落实会议、以文件落实文件”的现象。

(1)政策在执行过程中阻力重重

由于各市县有自身的利益所在,导致政策在不同利益集团之间的博弈,常常无法有效执行,削弱了政策的效果。如2015年,江西省政府出台关于加快产业集群发展的意见(赣府发〔2014〕19号),明确要求地市级重点发展2~3个产业,县区重点发展1~2个产业,围绕做大做强、延链补链的方向努力。但我们发现,有些园区存在着“贪多求全”,规划的支柱产业少则3~4个,多则近十个,力量分散,最后都难成支柱产业。部分园区存在着“贪大求洋”,一味追求产业结构高度化,刚刚落户了一两家企业,地方政府就开始规划打造高科技产业,没有人才、技术、配套产业的支持,最终无法形成规模。战略方向迷失后,屡屡付出巨大的代价。

(2)政策在执行过程中变向执行

政策执行中存在敷衍执行、选择执行、附加执行、替代执行、机械执行等问题。政策落实“最后一公里”障碍依然较为严重,许多政策的意义便成为“一张纸”。以财源信贷通为例。多数企业对政府出台财源信贷通纷纷点赞,认为有效缓解了中小微企业的融资难、融资贵的问题。因此其被认为是降低企业融资成本的一项重要举措。但课题组调研发现,财源信贷通在执行过程中,存在着双重担保,且问题较为严重。企业申请财源信贷通时,银行要求企业以固定资产作为抵押的同时，再走一遍财源信贷通的程序，银行获得了财政和固定资产的双重担保。据调研的工业园区反映，有50%左右的贷款存在着双重担保的问题。

3. 营商环境优化工作系统性不强、目标性不足

优化营商环境是系统性工程，需要顶层设计，并注重工作的系统性、整体性、协同性。与沿海省市的最多跑一次、一次不用跑、不见面审批、零跑动等系统性工程与目标相比，我省在优化营商环境工作上系统性与目标性仍不足，抓手不明确。具体表现在：

(1)营商环境优化工作中碎片化特征比较明显

改革过程中工作条块化而未形成体系。调研中了解到，一方面涉及多部门、多环节的审批事项权限下放不配套、不同步，部分审批权限下放基层难以承接，上下级部门之间对接还存在困难，个别政务大厅授权不充分、运行不规范、监督评价系统缺位。另一方面各类领域的项目审批程序虽经压缩，但各种审批要件、程序和环节还是繁多。全省并联审批和网上审批工作进展不平衡，网上政务服务存在数据信息壁垒，“信息孤岛”是我省营商环境系统化建设的重要障碍，部门与部门之间，上间与下级之间还未建立起有效的信息共享机制，无法实现“让信息跑”，因此让群众跑就成为必然。

(2)缺乏关于优化营商环境的整体规划与目标

我省按照国家关于营商环境改革的要求与先进省市的做法，在优化营商环境方面的许多工作取得了实质性的突破，但是其中更多的是部分、细节性的优化，在有些工作中呈现出“修修补补”的特征，因而在系统性、整体性上还有所欠缺。

一是抓手不清。在2018年8月出台作风意见之前，我省在营商环境的优化工作中缺乏抓手。在“130条”降成本、优环境的举措中，实施细则和配套政策不够完善，造成不接地气、衔接不畅；或是缺乏对政策的详细解释说明，企业群众不了解，政策效果自然“打折扣”。但是在作风意见中，明确了以作风建设作为优化我省发展环境的抓手。

二是目标不足。各省在营商环境的优化工作中，树立明确的目标。如江苏省的“不见面审批”，浙江的“最多跑一次”，广东的“零跑动”等。在大目标下，将目标层层分解为小目标与阶段目标。如江苏省的“不见面审批”目标下，包括了“3550”“1+8”目标的阶段目标。反观我省，也出台了优化营商环境的政策，但却未树立明确目标。目标的不明确，可能导致营商环境优化落地成效无法有

效评价与考核,进而使得营商环境优化提升缓慢。

4. 观念滞后、作风问题导致营商环境优化进程放缓

“领导干部是第一环境”的观念在我省扎根不深,部分干部优化营商环境的思想站位不高,一些基层干部对营商环境的重要性认识不够。省委书记刘奇同志总结的“怕、慢、假、庸、散”干部作风问题均在营商环境中有所体现。

(1)速度不快

行动慢半拍。以行政审批局的设立为例。湖北、江苏、浙江等地分别于2014年9月、2015年8月、2016年4月成立首个行政审批局,而江西省首家行政审批局南昌县行政审批局于2018年4月19日挂牌成立。政策慢半拍。我省已出台降成本、优环境“130条”,但至今却未出台优化营商环境的专门政策文件。而全国各地政府在2018年下半年密集出台进一步优化营商环境的政策。如四川、广西、湖北、广东等省区均于2018年5—7月份出台了进一步优化营商环境的政策。创新慢半拍。据2018年8月发布的《国务院办公厅关于部分地方优化营商环境典型做法的通报》,浙江、江苏、上海、福建、湖北、贵州等省市均有典型的做法受到表扬。尽管江西省有不动产登记与政务咨询平台两项列入典型做法,但与周边省市在营商环境优化创新相比,在数量、创新程度等方面仍存在着明显差距。

(2)程度不深

外改内不改。整体优化营商环境程度总体不深,有些地方表现出外改内不改的特征。如许多地区将行政审批相关部门机构整合到同一办公地点,虽然节省了“跑部门”的时间,但是依然存在着“进一扇门、取多个号、排多次队、交多套件、多窗受理、多次缴费”现象,企业群众办事程序一件也不少,效率提升不足。上易下不易。优化营商环境中对企业的需求了解不足,如有部分企业反映“注册容易注销难”,现在我省注册程序简化走在全国前列,但注销程序烦琐,一两年无法结案是常事,让投资者望而却步。还有些企业由于工作意外或疏忽而进入企业征信黑名单,却没有相应的补错机制与措施,可谓上网点一点,下网难上难,因而错失诸多商机。上急下不急。省委主要领导对抚州、鹰潭、上饶等县市的营商环境展开调研,要求全省全力打造良好的营商环境,加快推动全省经济实现高质量发展。然而,许多地方政府仍然对营商环境的重要性认识不足,尚未理解抓环境就是抓发展的要义,简单将其理解为提升行政效率或是简化审批程序。有些地方政府在优化营商环境工作中表面文章较多,而实质性工作较少。

(3)落实不足

一方面由于政府部门出台的一些政策措施缺乏全省统筹协同和有机统一,配套措施不同步,缺乏实施细则和操作办法,或是在制定政策时征求各利益相关方的意见不够,针对性和操作性不强,政策虽然"闻着香",企业却"吃不到嘴"。另一方面,地方企业普遍规模较小,而税收、技改、研发、人才等政策性补助的准入门槛相对较高,企业普遍反映很难拿到相关补助。政策也呈现出兑现周期长、成本高的现象。有些部门与企业反映,我省出台的降成本、优环境"130条",只有工信委涉及的"20条"能兑现,而许多地方财政并没有解决配套资金问题,因此政策无法全部兑现。在诚信社会建设领域,个别地方政府对民营企业已承诺的土地、税收、用电、用水、用气、用热等优惠政策落实不到位。

四、其他省市在推动"降成本、优环境"政策落地的经验介绍

(一)浙江的经验

浙江省作为中国经济最为发达的省市之一,其在降成本、优环境的举措与成效上一直走在全国前列。近年来,浙江省密集出台降成本政策,并积极推进"放管服"改革,着力解决营商环境优化中的"痛点""堵点""难点",努力打造全国"四最"营商环境。浙江省在推动"降成本、优环境"政策措施落地见效主要有以下几个方面的经验作法:

1. 以"最多跑一次"作为政策落地的出发点与落脚点

2016年12月,时任浙江省代省长车俊提出,要以"最多跑一次"的理念和目标深化政府自身改革,从而拉开了浙江省"最多跑一次"的序幕①。"最多跑一次"改革包括三个阶段:第一阶段是深化行政审批制度改革,目的在于减少审批事项与环节;第二阶段是推进"四张清单一张网"改革,理清政府、市场与社会三者之间的关系;第三阶段是推进"最多跑一次改革",以增强人民群众的满意度为突破口,进一步加快政府自身的改革步伐②。

浙江省在营商环境的优化工作上,坚持以"最多跑一次"作为政策制定的出发点。同时,在评估政策优化结果上,以是否达到"最多跑一次"作为落地见效的最终目标。在确定了政策落地的出发点与落脚点后,倒逼全省各地机关部门

---

① 浙江省发展和改革委员会投资处. 优化营商环境 提升企业获得感[J]. 浙江经济,2018年第5期

② "最多跑一次"改革:重大的制度创新[EB/OL]. 浙江在线,http://zjnews.zjol.com.cn/zjnews/zjxw/201709/t20170913_5057614.shtml

实施全面改革，在合理合法的范围内，创新工作机制，确保达到“最多跑一次”的目标。

2. 以“最多跑一次”作为各地领导干部的考核标准

浙江省在推行“最多跑一次”改革之后，明确工作任务，落实各项改革的责任部门，部门落实至具体责任人，建立动态监督与反馈机制。采取多种形式，开展高密度、高频率的跟踪督查、动态督查，及时跟踪考核工作落实情况，对发现的问题及时纠正与解决。

以杭州市为例。杭州市政府为了推动“最多跑一次”政策落地见效，于2018年3月出台《杭州市“最多跑一次”改革考核办法（试行）》（杭跑改办〔2018〕7号，以下简称“考核办法”）。在考核办法中，列出了6大专项领域及负责的部门，包括市编办负责领域考核、市审管办负责移动办事之城考核、市数据资源局负责数据管理考核、市场监管局负责商事登记考核、市发改委负责投资项目审批考核、市国土资源局负责不动产登记考核等，并以附件的形式列出以上6大专项领域的具体考核方式、考核要求与细则。

3. 集中力量解决政策目标的关键性问题

以信息库建设为例。信息孤岛问题是许多省市在营商环境优化过程中“老大难”的问题。企业群众多跑路、进多扇门、盖多个章、交多次材料等问题的主要原因在于部门之间未实现数据共享。为了破除信息孤岛问题，浙江省共召集26个省级部门集中攻坚。从2017年11月22日起，26个厅局集中办公，联合攻关，历时30余天，按照统一标准，逐项逐条改格式、改接口、改系统，将70多亿条数据汇入统一的数据库中。浙江省以数据共享，打破信息孤岛，助力“最多跑一次”改革目标实现。在数据建设中，实施物理分散、逻辑集中、资源共享的政务信息资源大数据。制定“1253”数据共享体系顶层方案，“1”是全省一个大数据中心；“2”是全省数据交换和共享两大平台；“5”是电子证照库、办事材料库、人口综合库、法人综合库、信用库等五大主题库；“3”是标准、安全和运维三大体系。建设统一的省级公共数据基础平台和贯通省市县三级的公共数据平台。据浙江省数据管理中心统计，截至2018年5月底，电子证照库已提供了47本常用证照的共享使用。普通高等学校毕业证被共享调用136万余次；法人综合库涵盖了全省1254万多家法人单位的信息；人口综合库包括了4970余万人口的基本信息。数据的总量已超过了80亿条，省数据交换平台日均交换数据达

2000 万条[1]。截至 2018 年 5 月底,浙江政务服务网注册用户超过 1720 余万,日均浏览量超过 1000 万,日均访问人数超过 100 万。

4. 精准施策提高政策的落地成效

浙江省人民政府办公厅分别于 2016 年 4 月、12 月出台《关于进一步降低企业成本优化发展环境的若干意见》《关于进一步减轻企业负担降低企业成本的若干意见》。2016 年浙江全年实际减轻企业成本和负担 1010 亿元。为了加大降成本的力度,浙江省政府于 2017 年 6 月出台了《关于深化企业减负担降成本改革的若干意见》。2017 年共减轻企业负担和成本 1250 亿元。2017 年浙江省工业企业每百元主营业务收入成本仅为 83. 30 元,比同期全国平均水平低 1. 62 元,比江西省同期水平低 3. 67 元。就全国范围而言,浙江是同期出台政策数量最多、减负力度最大、政策成效最为显著的省份之一。

政策制定部门结合浙江省省情,创新性地出台了各类政策以减轻企业成本。如浙江省金融办根据企业在融资中存在的费用、续贷等问题,通过规范和减免金融机构收费项目、推出“无还款续贷”、鼓励开展直接融资等方式,缓解企业融资难,降低融资成本。

(二)江苏的经验

2018 年 8 月,国务院办公厅下发的《关于部分地方优化营商环境典型做法的通报》(国办函〔2018〕46 号)中,重点表扬了江苏省“不见面审批”的做法。截至 2017 年底,江苏省、市、县三级行政机关不见面审批(服务)业务已经覆盖 110610 项,企业群众可通过网上办理大部分审批服务事项。从“517”改革(即建立 5 张清单、搭建 1 个平台、推进 7 项相关改革),到深化简政放权的“十八条意见”(即《关于深化行政审批制度改革加快简政放权激发市场活力的意见》),都减轻了企业负担,优化了营商环境,激发了市场活力。江苏省在降成本优环境政策取得的落地成效,与以下几个因素分不开:

1. 政策出台前的大量调研工作

从 2016 年 8 月到 2017 年 3 月,江苏省编办历时 8 个月,先后开展了“问诊于企”“问需于企”“问政于企”三次大调研,走访了 1518 户企业,与 390 多名企业家座谈,发现了许多营商环境不足之处,集中体现在审批上的“时间长、盖章多、材料多、收费多、中介多”等问题。针对调研中出现的难点、堵点、痛点,企业

---

① 金加和. 浙江政务信息系统整合共享新模式、新方法和新目标[EB/OL]. 国脉电子政务网,http://www.echinagov.com/viewpoint/213311.htm

群众提出的建议与意见，江苏梳理出197项需要取消、下放的行政许可，探索出“不见面审批”模式。江苏省致力于打造成为全国审批事项最少、办事效率最高、创新创业活力最强的省份之一。

2. 建立优化营商环境的系统性工程

“不见面审批”看似简单，但其背后却是一项系统性工程，实际上包含了“网上办、集中批、联合审、区域评、代办制、不见面”为主要内容的“不见面审批(服务)”模式。“网上办”就是其中的重要环节。2017年6月，江苏政务服务网正式上线运行，一年访问量达4.6亿人次。这张网将江苏65个省直部门和所有市县的政务网纳入其中，实现了数据与资源共享的目标。截至2017去年底，已有110610项业务实现了不见面审批(服务)。为了提升政务服务网的服务成效，江苏省政府更进一步提出线上“一网通办”、线下“只进一扇门”的目标，并要求已有和新建的PC端、APP端、微信端的政务服务应用，全部进驻政务服务网，实行一体化运营。2018年底前，省市县三级政务服务事项网上可办率不低于80%。“不见面审批”改革除了“不见面”，另一个重要内涵是，通过“集中批、联合审、区域评”等环节，大大缩短了审批流程。

3. 目标层层分解确保有的放矢

在行政审批制度改革中，“3550”改革目标是优化营商环境的重要阶段性目标。在确定“3550”改革目标后，进一步提出“1+8”：“1”指《加快推进“不见面审批(服务)”进一步优化营商环境的实施意见》。按照实施意见，争取2018年底江苏省在开办企业、施工许可、获得电力、不动产登记、纳税、跨境贸易、获得信贷等7项指标达到国际先进水平的目标。“8”包括：省税务局、省电力公司、省金融办、南京海关、省信息中心分别制定的推进纳税便利化、优化电力接入、改善中小微企业融资服务、优化报关通关、推进信息共享应用等5个方面的政策文件；省工商局、省国土厅、省住建厅分别牵头制定的推进“3550”改革的行动方案。

4. 快速高质的政策反应体系

自2013年起，江苏开始大力推行行政审批制度改革。江苏省政府于2016年2月，率先在全国出台了《关于降低实体经济企业成本的意见》，并于当年11月又发布《关于进一步降低实体经济企业成本的意见》。2017年8月，再出台了《关于切实减轻企业负担的意见》。三份文件主要从降低企业用工、物流、用能、用地、融资、税费、制度交易等七大成本制定具体可行的举措。其特点包括：(1)普惠性，政策措施覆盖面广，确保广大企业都能从中受益；(2)含金量高，给予了企业最大程度的政策优惠;(3)连续性,不断根据中央布置与江苏省的实际省情,动态调整完善,陆续出台政策,建立长效保障机制。2016 年全省共为企业减负 1070 亿元。2017 年共为企业降低成本超过 1300 亿元。

其高质快速的政策反应体系可以归结为:一是谋划早。江苏省是全国省级层面第一个出台专门降成本文件的省份。在政策出台前,多次召开会议专题研究,有针对性地展开专项调研活动,并同兄弟省市沟通,形成"加减并举"的总体降成本举措,切实从七大方面帮助企业降低了各类生产经营成本。二是政策实。江苏省根据省情与企业需求,综合施策,精准发力,打出一套降低企业成本的"组合拳",发挥出了政策的综合效应。如在降低企业社保费负担上,在养老保险费率、失业保险费率等方面均做出明确规定,为企业节省用工成本超过 150 亿元。三是责任明。在江苏省三份降成本文件中,各项举措均有对应的行动单位与责任主体,并将降成本纳入年度重点工作和考核体系中,提高政策执行力,统筹推进各项政策落地落实,并提高政策落实的督查力度,通过专项督查、重点调研、信息通报等方式,对全省各地及各部门的政策落实调研情况进行动态监测与跟踪,确保政策在执行过程中不拖时间、不打折扣、不搞变通。四是服务优。坚持不断提高服务质量的理念,大力践行"马上就办、真抓实干"的作风,为企业提供"一窗式""一门式"和网上办事等多种服务模式,坚持精细服务,全面建立面向基层企业的普遍走访和重点联系制度,摸清企业所需所盼,深入开展送政策、送培训、送人才、送服务"四送服务"。

(三)广东的经验

广东作为中国改革开放的前沿阵地,其营商环境一直被国内企业所称赞。以广州市为例,据粤港澳大湾区研究院发布的《2017 年中国城市营商环境报告》显示,广州市的营商环境在中国所有地级市中位列第一;华南美国商会发布的《2018 年中国营商环境白皮书》中,广州市是中国大陆最受投资者欢迎的城市。广东省的强市放权改革、审批服务标准化、民生服务"指尖"办理等多项营商环境举措作为典型案例受到国务院的通报。而且,为响应党中央国务院的号召,先后出台了若干项降成本举措,在所有省市中其降成本总额高居榜首。广东省人民政府于 2016 年 2 月至 2018 年 8 月陆续出台《供给侧结构性改革降成本行动计划(2016—2018 年)》《广东省降低实体经济企业成本工作方案的通知》《广东省降低制造业企业成本支持实体经济发展若干政策措施的通知》《广东省降低制造业企业成本支持实体经济发展的若干政策措施(修订版)》等降成本政策。2016 年减负约 2125 亿元,2017 年为企业减负超过 2600 亿元,共计减负4725亿元。其降成本优环境落地成效高的原因可以归结为以下几个方面：

1. 解放思想是保证政策落地见效的根本

解放思想、开放创新一直是广东省的最大优势。现在也正先行先试，在粤港澳大湾区打造全球最好的营商环境①。

敢为天下先。为了提升降成本、优环境的政策落地效果，广东省各级领导高度重视。早在2012年9—10月，广东省针对本省未来发展具有先导性和战略性意义的关键问题，密集发布了《广东省建设法治化国际化营商环境五年行动计划》《广东省改善创新环境五年行动计划》等八个行动计划，包括了党建、投资与发展环境、科技创新、人才培养、城市发展等多方面内容。因此敢为天下先是广东优良营商环境的重要保证。

积极主动对标国际一流营商环境。在营商环境优化工作中树立高标准、高目标。自党的十八大以来，广东聚焦于工商登记条件过高、开办企业周期长、证照办理流程烦琐、市场监管效率过低等问题，参考世行标准与国际先进规则，于2012年率先在全国推行商事制度改革。

2. 以"零跑动"作为政策落地见效的主要目标与抓手

为了建设"四最"的营商环境，广东推出"零跑动"的目标，争取企业群众足不出户就能办好事情。如广东省食药监局在梳理各项办事流程后，将办事大厅搬到网上，全部网上申办事项到现场办理次数不超过1次，95.2%的事项已经实现在网上办理、"零跑动"。而广东实现"零跑动"目标与其政务网的建设密切离不开。广东政务服务网全面汇聚省市县镇村五级政务服务事项，其覆盖深度高于江苏省的省市县三级。广东省紧紧围绕省委全面深化改革目标任务和深化营商环境综合改革行动方案，将"广东政务服务网"建设作为协同推进各项改革任务的着力点，为企业群众提供包括网上备案、网上中介服务超市、不动产登记、市场监管等13类主题服务，18.5%的行政许可事项"零跑动"，85%最多跑一次。通过广东政务服务网，企业群众可享受全流程、全天候、全地域的网上政务服务，实现"前端统一受理、后台分类审批、窗口统一出件、线上线下融合"的一体化政务服务，让企业群众办事像网购一样便利。

五、缓解政策供给侧矛盾，提升政策落地见效

当前，我省处于新旧动能转换时期，面临着保持增速与提高质量的双重要

---

① 广东出台"外资十条"打造营商环境新优势亮点解读[EB/OL]. 南方网，http://news.southcn.com/gd/content/2017-12/05/content_179350479_2.htm

求。各级政府须紧紧牵住“政策”这个牛鼻子，以提高政策的质量为抓手、以增强政策的有效性为突破口，减少无效和低端供给，扩大有效和中高端供给，提高精细管理与服务能力，切实推动降成本优、环境政策措施进一步落地见效。

（一）提升政策各环节质量

1. 突出问题导向，提升政策质量

以我省经济社会现有问题与矛盾为导向，大力提升政策的针对性与质量。首先，提高“开药方”能力。一方面鼓励官员“走出门”，不仅要多读资料，也应深入一线调研，了解基层真实情况。走访发达省市，理解其政策制定的背景、原理。另一方面充分发挥省内外专家的作用。邀请各方面的专家就本地区、本部门重大改革措施进行全面、系统、深入的调查研究，找出问题背后的原因，然后结合本地区、本部门的实际，出台有层次、有重点、有针对性、易落地的政策文件。其次，规范政策制定流程，严格执行政策制定环节，在借鉴其他省市发展的经验与政策时，切忌“拿来主义”地全盘接受，应加强政策的科学论证，在保证政策质量时，也应提高时效性。再次，提高政策的稳定性与连续性。建立政策的长效稳定机制，在政策制定时，充分考虑政策前后的连贯性，避免新官不理旧事现象。

2. 强化过程管理，健全政策评估机制

评估是防止“文件落实文件、会议落实会议”现象的主要抓手。首先，继续完善政策评估机制。根据政策执行前后的对比，企业群众对政策的满意度，建立多维度的评价标准，并进一步发现政策的制定、实施、落地等存在的问题。积极探索群众参与监督途径，并通过量化计入考核评分等方式，形成确保政策执行不走样的外部约束。其次，引入第三方评估机制。针对我省重政策制定、轻政策过程监管的现象，建议不仅应加大内部评估的力度，更应引入第三方评估机制，对我省政府的运行成本与效率进行评估，切实保障政策制定的有效性，政策执行的实效性。再次，在政策执行中，建立上下沟通联动机制。完善决策系统内的信息反馈制度，全面系统地梳理与总结企业群众对政策执行的反馈信息，借助微信、微博、论坛等各类网络信息化载体，通过多渠道、多方面收集意见与建议，不断调整决策的方向，提高政策质量与落地成效。

3. 加强结果管理，完善政策问责机制

建立健全问责机制、强化结果管理和后果追责，对我省各项改革政策的预期效果具有重要意义。一是根据“责任清单”明确问责的主体、客体、范围、程序和方式，对财源信贷通的双重担保、政策落实周期长等问题展开彻查，明确问题的主体责任人;二是列出落实不力的政策内容及整改方向的清单,一有利于被问责人发现问题、找出原因,二有利于将清单事项作为下次督查工作的必查内容,提高督查效率。

4. 提高适用效果,建立政策调整机制

首先,强化精准施策,对政策实施实际效果不佳的政策及时调整。要求对一些特别的企业群众问题,采取“具体问题、具体分析”的原则,提升政策的针对性。其次,做好经济发展的相关政策研究和储备,密切跟踪政策实施的实际情况,及时发现并掌握趋势性、方向性问题,对可能的改革风险和挑战的事先做好充分的准备工作。

(二)提高精细化管理与服务能力

1. 提倡政府精细化管理理念

树立“工匠精神”,培养公务员精细化的工作作风与习惯,不断改进公务员绩效管理方式。理念引导行动,从粗放式经验式管理到精细化民主科学治理,确立精细化理念,将“精细文化”建设贯穿于政府管理过程的始终,不断强化公务员培训,将精细管理内化于心外化于行,切实转变工作作风,持续改进精细化管理技术及其标准。

2. 切实提高行政与政策效率

进一步完善公共资源平台,全面推行网上审批,继续推进交易全过程电子化,降低交易成本。借鉴浙江与福建经验,在全省范围内试行并实行“一趟不用跑”和“最多跑一趟”政策。开展行政许可权改革试点,实行“一枚印章管审批”。对市县政府部门缺乏承接能力或缺少专业技术人才的管理职能,尽快配备专业技术人才或开展相应培训,提高政策精细化实施能力。

(三)对标国内外一流营商环境,全面评估摸家底

在参照世界银行标准基础上,围绕改革要求、立足省情实际,制定“江西版”评价体系,找出我省营商环境的痛点、堵点、难点,努力打造“四最”营商环境。

1. 引入第三方评估机构对全省各市及主要部门开展营商环境质量评估

借鉴浙江省、广东省、湖北省、辽宁省等做法,参照世界银行《2018 年全球营商环境报告》评估标准,从企业创业、获得场地、获得融资、日常运营和出现问题等五大生命周期阶段进行客观评估。对标国际高标准、锚定江浙沪等地的先进经验,找出我省营商环境的痛点、难点、堵点,明确我省营商环境优化的目标与方向。

2. 寻找并解决我省营商环境政策落实中的关键节点

一方面找出政策的空白、漏洞,政策落实中在人力、财力、机制、信息等整体

系统建设中的不足,转变营商环境优化中碎片化特征,将条条块块整合成系统性工作。另一方面提升政策的灵活性,在法律允许范围内,发挥基层部门的机动性、创新性,建立政策容错机制,提升政策的弹性。

（四）以观念转变与作风建设为抓手,做好优化营商环境乘法工作

1. 以观念转变为先驱

一是将营商环境当作经济工作的头等大事对待,全省上下统一思想,我省经济持续增长的一个关键点将来源于营商环境优化,在同周边省市的营商环境竞争中我省已经处于“等不得、慢不得”的关键时期。二是从条块修补到整体性工程的转变,加强顶层设计,把握战略性方向与目标,政策在制定与实施过程中,强调各个子政策之间的系统性联系。

2. 以作风建设为基础

树立敢于担当的良好导向,建立和完善容错纠错机制,增强政策弹性;发挥基层部门在营商环境优化中的积极性、创造性,总结先进经验并加以推广;大力提拔、破格提拔一群思想觉悟高、有能力、敢作为的领导干部,以点带面,久久为功,形成良好氛围;实施专项整治工作,在全省范围内对于拖累营商环境优化的行为抓典型,转变江西省干部作风问题。

（五）加快出台相关政策,成立省营商环境建设监督局

1. 加快出台进一步优化营商环境政策及其细则

按照中央关于优化营商环境的部署,结合我省省情,提高营商环境的系统性、整体性、目标性。把握营商环境优化的总体原则:一是繁变简,在材料提交、程序审核、部门受理等问题上由繁变简,彻底实现提交一次材料,一个窗口受理,内部部门无缝对接审核,一网办结。二是多合一,推进审批流程再造,实行多评合一、多图联审、并联审批、联合踏勘、联合验收、区域评估、全程代办等多合一的创新做法。三是少跑腿,借鉴沿海地区“最多跑一次”“一次不用跑”“不见面审批”等先进作法,建议结合江西省政务网,引入华为大数据平台,解决省、市、县及部门之间的“数据孤岛”问题,让数据跑起来、让数据多跑腿。四是强评估,定期评估各市县及主要部门营商环境情况,建立并完善全省范围“标准量化、综合排名、定期通报、末位约谈”的营商环境考核体系。五是重落实,一方面强调政策在制定时能“接地气”,降低门槛,让更多企业享受政策红利;另一方面明确各级的责任主体,对全省各级优化营商环境的落实情况及时通报、纠正。

2. 建议成立江西省营商环境建设监督局

借鉴辽宁省作法,建议在不增加人员和编制的情况下,在江西省法制办下

成立江西省营商环境建设监督局。从省级层面推动,协调省直有关部门,督促各市,改善和优化经济发展软环境。主要职责为负责全省营商环境建设工作实施统筹谋划、协调指导、监督检查、综合考评、接受投诉、暗访调查、公开曝光、问责处理。

(六)建议出台政策落地标准化建设文件

为了推进政策落地规范化、精细化管理,提升我省政策落地效果,建议省委省政府出台《江西省政策落地标准化建设》文件(以下简称"标准化建设")。建议以省委办公厅为牵头单位,省政府办公厅、省编办、省发改委、省工信委等为单位共同参与制定标准化建设。标准化建设主要包括四个方面:一是执行标准,包括任务分解、网上办理、窗口办理、平台建设、市区同步等五大内容;二是支付标准,包括资金往来与结算、职责分工、事后监管等三大内容;三是评估标准,包括评估组织、评估内容、民意测评、评后管理等四大内容。

课题组组长:

黄信灶　江西师范大学讲师

课题组成员:

赵　波　江西师范大学主任、教授

罗小娟　江西师范大学讲师

刘黎平　江西财经大学讲师

丁　霞　江西师范大学研究生

黄珊珊　江西师范大学研究生

新时代江西企业家精神创新和发展研究

一、导论

(一)研究背景及目的

1. 研究背景

改革开放40年来,我国民营经济获得了快速发展,民营经济已成为我国经济的重要组成部分。江西近年来民营经济发展迅速,2017年上半年江西全省非公经济实现增加值5305.75亿元,占全省GDP比重59.2%,上缴税金1095.4亿元,占全省比重68.9%;全省拥有各类市场主体208.93万户,注册资金30878.41亿元,全省民营企业50.05万户,全省个体工商户158.29万户。

当前,我省正处于高质量跨越式发展的关键时期,正因民营经济在整个国民经济中的重要地位,民营企业表现如何,成为事关经济转型和产业升级的重要战略能否成功的关键。什么是推动企业转型升级的内在动力?是企业家精神。经过改革开放40多年的市场历练,江西民营企业家形成了具有显著特点的企业家精神。但面对经济新常态,中美贸易摩擦加剧,民营企业家精神被赋予更加特殊的重大意义与作用。2014年11月习近平总书记在亚太经合组织工商领导人峰会上的谈话中指出:"我们全面深化改革,就要激发市场蕴藏的活力。市场活力来自于人,特别是来自于企业家,来自于企业家精神。激发市场活力就是把该放的权放到位,该营造的环境营造好,该制定的规则制定好,让企业家有用武之地"①。近年来,对企业家和企业家精神,习近平总书记有过多次重要论述,今年政府工作报告中的"企业家精神"这一热词,也成为非公经济人士关注的焦点。2017年9月,中共中央、国务院印发了《中共中央国务院关于

---

① 在亚太经合组织工商领导人峰会上讲话. 人民日报,2014年11月10日

营造企业家健康成长环境弘扬优秀企业家精神更好发挥企业家作用的意见》，这是中央首次以专门文件明确企业家精神的地位和价值，并全面阐述了它无可替代的社会价值。十九大报告指出，要“激发和保护企业家精神，鼓励更多社会主体投身创新创业”①。中央对于“企业家精神”的密集关注，反映出党和国家对企业家群体的重视，也反映出新时代发展迫切需要创新与发展的企业家精神。对企业家精神的重视，来自于国际国内经济变化的理性判断。

当前，世界经济发生深刻变化，并对我国经济发展产生诸多影响，但困难和挑战中形成的倒逼机制既是风险，也蕴含着新的机遇和有利条件，由此创新驱动成为国家战略，供给侧结构性改革成为改革的重中之重。企业作为市场的主体，必将在这场发展变革中发挥决定性的作用，而创新创业的企业家精神则是推动企业发展的核心动力。激发和保护民营企业企业家精神，不仅是当前形势的迫切需要，也是今后经济与社会发展的关键要素。

创新和发展是企业家精神的核心要素，决定了企业的衰败存亡。新时代江西要实现高质量跨越式发展，实现“决胜全面小康建设富裕美丽幸福现代化江西”的发展目标，就必须要有一大批具有创新和发展精神的企业家们，就必须大力培育与弘扬具有江西特色的企业家精神。本课题正是在此背景下展开研究。

2. 研究目的

本课题研究的目的主要是运用多学科知识从政治、经济、社会、文化、生态等方面对江西民营企业企业家精神现状的内因与外因进行系统和深入的探索，形成有理论价值的成果，为我省各级政府部门、领导干部及企业家们在新时代如何促进企业家精神创新和发展提出符合实际的对策建议，以推进我省经济尤其是民营企业经济转型升级发展。

（二）研究的意义、方法及资料来源

1. 研究的意义

（1）理论研究意义

企业家精神的创新和发展研究是一项系统性的工程，涉及政治、经济、文化、社会、生态各个方面。本课题一方面用多学科理论对影响江西企业家精神的创新和发展的因素进行了系统的梳理和总结；另一方面，通过总结当代江西企业家精神的创新和发展的外部环境因素，分析了外部环境对企业家精神影响

---

① 决胜全面建成小康社会　夺取新时代中国特色社会主义伟大胜利. 人民日报，2017 年 10 月 18 日

的重大作用，从而为企业家精神的研究提供一些理性化的思路。

（2）现实研究意义

当代江西经济正处于高质量跨越式发展的关键时期，江西企业家精神创新和发展非常必要与紧迫。本课题一方面，可为江西各级政府部门制定促进企业尤其民营企业发展政策时提供可供参考的指标体系，找出现阶段江西营商环境的短板，找准制度创新的方向，更好地实现发展目标；另一方面，也为江西企业家在新时代适应经济新常态，提升综合竞争能力提供有力指引，具有较强的现实指导意义。

2. 研究方法及资料来源

（1）研究方法

一是采用调查研究法、课题组成员深入全省各级政府部门、广大企业（主要是民营企业）调查搜集企业家精神创新与发展的相关资料。

二是运用文献研究法，广泛查阅国内外相关文件材料、新闻报道、调查报告、统计资料和学术论著等，对中国企业家精神的现状进行深入的理论研究。

三是案例分析法，通过对部分企业家的成功或失败案例具体分析得出适用于本课题的结论。

四是跨学科研究法，融合经济学、文化学、历史学、社会学等理论知识，解决本课题核心问题。

（2）资料来源

一是课题组成员通过深入全省各级政府部门、广大企业（主要是民营企业）调查搜集得来的关于企业家精神创新与发展的一手相关资料。

二是国内外及江西省内相关文件材料、新闻报道、调查报告、统计资料和学术论著等。

（三）国内外相关研究现状

目前，学术界对企业家精神的理论研究已相对成熟，尤其是西方国家，对企业家精神的相关研究长达百十余年。国内外大量学者都从自身研究领域对企业家精神进行了归纳总结，本课题主要从国家与社会这一层面对新时代江西企业家精神的创新和发展进行研究，因此，本课题研究主要参阅这一类文献，综述也是按照这个层面逻辑展开。

1. 国外相关研究现状

国外学者在国家和社会层面的研究主要集中于创业企业家如何在变化的环境中捕捉企业发展机会，分析了国家、制度、政策、产业结构和社会文化等环境因素是如何影响企业家精神的创新与发展。Russell S. Sobel(2004)认为,政府是建设创新创业型社会的主体,要推动国家或地区经济的持续健康发展,就必须发挥政府作用,大力建设具有企业家精神特征的创新创业型国家。如通过一系列的创业园区、创业基金、税收和培训教育机构等政策措施,引进创业资本、激励企业家创新创业内生动力,以推进国家经济的持久发展。Mark A. Dutz等(2000)则从两个方面论述了政府政策对促进企业家精神创新与发展的重要性:一是通过制定保护财产权、知识产权、合同、商业自由等方面的政策,使企业家减少无效益活动,把主要精力投入到企业生产经营、创新创业上。二是制定鼓励大众创新创业的政策,包括开放信息获得的渠道,降低国家垄断行业的门槛,自由流通的市场竞争环境等等,为大众创新创业提供机会。Sang M. Lee。和Suzanne J. Peterson(2000)则认为一个国家或地区的文化环境对企业家精神具有决定性的影响。一个国家或地区社会文化如果更倾向敢于冒险创新、独立自主的精神,那么这个国家和地区的企业家就更活跃,竞争力就更强。Christophe Estay(2004) 分析了美国和法国的不同文化对企业家创新创业环境的影响,认为美国企业家精神强于法国不是由于法律制度的原因,而是缘于社会文化,以及企业家们对创业机会的敏锐把握等。Noel J. Lindsay(2005) 用 EAO 方法建立了一个传统影响企业家精神的模型,并利用得来的数据,证明传统对企业家精神的影响,认为企业家精神存在一定的先天因素。Covin and Slevin(1990)认为,产业结构也是影响企业家精神创新与发展的重要因素,产业结构决定着企业家的创新创业活动,因此,在产业的不同阶段生命周期企业家精神也会有不同表现,产业发展处于上升期时,企业家精神就会高涨,反之,企业家精神就会下降。Lumpkin 和 Tess(2001)发现:企业家不同的爱好与创业动机也会影响企业家精神的创新与发展,企业家精神的产生是需要企业家充分发挥自身主观能动性,不断突破环境约束。Audretsch 和 Thurik (2011)等人的内生增长理论,提出了定量研究企业家精神对经济增长影响的"最优产业结构"模型。该模型认为,企业家精神即能促进经济增长又能抑制经济发展,因此,经济活动中的企业家精神必须要有一个度。

2. 国内相关研究现状

国内一些学者在国家和社会层面对一些影响企业家精神的创新和发展因素也进行了相关研究。高辉分析了中国是世界上最大的转型经济体,正在经历由计划经济体制向市场经济体制的转变。在转变的过程中,一方面,不断完善的以规则为基础的制度结构激励了企业家精神,促使企业采取以市场或创业为导向的战略；另一方面，正式制度存在的大量空缺、计划经济体制的残留和传统文化的支配使得非正式制度仍发挥重要作用，从而促使企业选择以关系为导向的战略（《中国情境下的制度环境与企业创新绩效关系研究》，吉林大学，2017年6月博士论文）。李后建认为腐败与相关制度的市场化改革进程滞后有着直接关系，腐败会打击企业家创新和创业精神；同时，随着市场化体制的不断完善，腐败对企业家精神的影响会逐渐减少，直至完全消失。（《市场化、腐败与企业家精神》，经济科学，2013年2月）。丁栋虹则指出综合效应因素、创新因素、文化因素、社会服务因素和社会公共关系因素5个因素影响企业家精神的创新与发展，而在五个因素中起主要作用的是综合效应因素，企业家为企业与社会创造价值的多少由它来考量（《企业家精神》，清华大学出版社，2010年）。杨鹏鹏则分析了我国西部中小企业在创新创业过程中伊斯兰文化对它的影响，这种影响一方面包括企业文化，另一方面包括企业家自身的长期文化积淀。（《伊斯兰文化对中国西部中小企业成长的作用解析》，兰州大学学报：社科版，2008年3月）。汤一介认为当下的企业建设应追求依法治理、以德教人，用儒家善思德育、人文教化为本，以修身养性、自强不息的人格养成为辅，开拓出和谐、真善、道德的企业家必备思想之风，创建我国大情怀的健康企业（《儒家思想与中国企业家精神》，江苏师范大学学报，2007年3月）。李新春等人认为发扬企业家精神，仅靠优惠政策远远不够，还需要把市场和政府相结合，彻底改善企业家的生存环境，从而激发企业家精神的发展以带动企业的经济效益。激励机制即奖惩分明，制度有序，相对于国企的影响较弱，对于私人企业具有正向的促进力量；相反，保健机制对于国企中的企业家精神具有倒"U"形显著效果，以保障基本要求为前提促进企业家精神的建立和养成。（《高科技创业的地区差异》，中国社会科学，2004年3月）。

从上述研究综述可发现，国内外学者关于企业家精神的研究大多充分强调了企业家精神对经济增长的积极促进作用，强调了企业家精神通过知识溢出和市场机制带来的收益递增效应，同时指出良好的制度和政策支持环境对企业家精神的作用发挥也是非常重要的。国内外学者对企业家精神的这些探索都是非常有益和富有启发的，但是，大多都是从纵向的专业领域切入去研究，从整体的国家与社会层面分析的相关理论文章和研究成果不多，关于江西企业家精神的却更是少之又少。

二、江西企业家精神的内涵及具体表现

（一）江西企业家精神的多层次内涵

企业家精神是企业家组织建立和经营管理企业的综合才能的表述方法，它是一种无形的生产要素，是企业家区别于一般管理者的重要特征。新时代，分析其内涵可以从三个层面进行考量。

1. 价值层面

独特的个性特征，如渴望创业成功、不断创新、敢冒风险、坚忍不拔、自我控制力强等，都是从价值层面对企业家精神的概括。这是不论外部环境如何变化，企业家自身不变的精神因子。

2. 行为与能力层面

企业家精神与一般社会行为的区别，表现在行为与能力层面。包括机会认识 能力（即敏锐性）、机会把握能力（即行为能力），以及如何在把握机会的基础上实现自身价值和为社会创造财富的能力。

3. 过程层面

企业家精神是通过获取机会、创办企业、创造价值的过程体现出来的。这一过程包括创办企业、从事独立和完整的创新和创业活动，以及管理过程，包括战略制订与更新、人力资源管理、技术创新等一系列过程。在这种视角下，企业家精神是一种连贯的，前后相联系的动态演变因素。

（二）新时代江西企业家精神的具体表现

习近平总书记在十九大报告中指出："经过长期努力，中国特色社会主义进入了新时代，这是我国发展新的历史方位。"[①]在新的时代，"我国社会主要矛盾已经转化为人民日益增长的美好生活需要和不平衡不充分的发展之间的矛盾"[②]。过去由于我国发展的"后发优势"和政府的保驾护航，企业发展取得了很大成功，经济发展取得巨大成就，随着改革开放的不断深入推进，单纯地依靠模仿别国的技术、产品和管理经验的"后发优势"正在逐步丧失，面临着向"先发优势"的转型跨越，即通过自主创新带来持久的竞争优势。这就需要我们大力推进企业家精神创新和发展，并对江西企业家精神进行新的概括与提炼。新时代，我们研究江西企业家精神，不应仅仅只是简单把企业家精神几个要素相加

①② 决胜全面建成小康社会　夺取新时代中国特色社会主义伟大胜利．人民日报，2017 年 10 月 18 日

起来,而应在继承过去企业家精神的基础上,依据时代的变化与发展,不断丰富,不断拓展它的特征。具体来说,新时代企业家精神主要表现在以下几个方面:创新精神、学习精神、实干精神、法治精神、爱国精神、人文精神、担当精神、合作精神、宽容精神、时代精神。

1. 创新精神

要具有不断突破、敢于进取的创新精神。创新是企业发展的不竭动力,是企业家精神的核心要素,在我省的经济社会发展中,正是因为有了一大批企业尤其是民营企业不断进行管理创新、结构创新、技术创新、产品创新、经营模式创新等,才使我省经济不断发展壮大,并实现几次质的飞跃。新时代,面对国际国内复杂经济形势,江西民营企业家更要发扬不断突破、敢于进取的创新创业精神,这是企业成功转型升级的关键。

2. 爱国精神

要具有热爱祖国,为国家甘于奉献的爱国主义精神。爱国精神是中华民族几千年形成的对自己国家的深厚感情,是我们宝贵的精神财富,是一种崇高的思想品德。它在漫长的历史长河中,无数次激发了我们民族奋发图强、创新创造的信心与能力,使我们摆脱了一次又一次民族危机。新时代,江西民营企业家必须发扬爱国精神,把企业的发展与国家命运紧紧地联系在一起,尽职尽责,为国奉献,才能创造企业的辉煌。

3. 学习精神

要具有不断了解、接受新生事物的学习精神。企业所处的内、外环境始终在变化,学习精神直接关系到应对变化的意识、能力。学习是获得信息的主要渠道,是更新观念的主要途径,是提升资源整合能力的重要方法。寻求新机会、开发新产品、引进新工艺、提高劳动生产力,都需要不断学习。

4. 时代精神

要具有合乎时代潮流、顺应民众意愿的时代精神。企业家精神的创新与发展,应紧密结合新的历史条件和实践需要。新时代,我们国家发生了根本性的变化,社会的主要矛盾已转化为人民日益增长的美好生活需要和不平衡不充分的发展之间的矛盾。江西民营企业家只有充分发挥改革创新的时代精神,围绕新时代社会主要矛盾的迫切需要,进行生产经营活动,才能推进企业发展,实现自身价值。

5. 实干精神

要具有奋发图强、百折不挠的实干精神。实干是企业家成功的重要因素,企业在竞争与生产经营过程中，必定会遇到许多问题与挫折，甚至可能遭遇失败，这就需要企业家发扬吃苦耐劳、顽强拼搏的实干精神。新时代，我省民营企业家应继承老一辈民营企业家耐劳敬业、厚德实干的传统，发扬工匠精神，精益求精的打造企业产品，推动企业转型升级高质量发展。

6. 法治精神

要具有公平正义、有章可循、规范有序的法治精神。在依法治国的环境下，法治精神一方面保护企业家精神和企业发展。企业在生产经营销售时必然会受到许多外部因素的干扰，这种干扰有时会影响企业的生存，这就需要发挥法治的力量，保障企业和企业家的合法权益。一方面，又是企业家必备的素质。企业在生产经营中，应坚持依法经营，遵守国家的法律法规，保障员工正当的权益。只有政府和企业家都带头守法，一切以法律为准则，做到有法可依，任何事项都通过法律解决，才能促进企业健康发展。

7. 人文精神

要具有以人为本和对人的全面发展的终极关怀的人文精神。江西是文化资源大省，具有丰厚的文化资源和人文传统，新时代，江西民营企业家应不忘初心承秉赣商厚德载物、义利天下人文精神，并根据时代的发展，进行创造性转化、创新性发展，在企业的经营管理过程中，将企业家精神与江西优秀传统文化有机结合，关怀、爱护员工；在企业的发展过程中将企业家精神与社会需求结合起来，不断满足人民日益增长的美好生活需要，在为大众服务的过程中实现自身价值。

8. 责任精神

要具有自觉把使命放在心上、把担当扛在肩上的责任精神。面对当前新形势、新情况、新问题，江西民营企业家要有所作为、有所发展，就必须要有求真务实、敢于担当的优秀品质。要主动求变、大胆探索，经济发展越是困难，企业家就越要有责任意识，敢于较真碰硬、敢于直面困难，为国分忧，为社会担责，积极履行公益慈善、环保节约、扶贫救助等社会责任，承担起自己应尽的责任，从而得到人们与社会的认同和尊重。

9. 合作精神

要具有顾全大局、协同奋斗的合作精神。市场是充满竞争的，但竞争力的另一重要表现是合作精神。从企业内部而言，合作精神就是与全体员工精诚协作实现共同目标的号召力；对外部环境而言，就是整合各种资源、在利益共享的基础上实现多赢的吸引力。当今时代，合作精神好坏，直接关系到商业机会的多少,以及竞争力的高低。

10. 宽容精神

要具有宽以待人,海纳百川的宽容精神。宽容是淡化矛盾,解决问题的良策。在当今世界信息一体化、经济全球化时代,企业家们需要不断反省自己,提升自己,以海纳百川的博大胸怀包容一切,只有能接纳世界的人才能得到世界,只有具有博大的宽容精神的企业家,才能成就大业、发展企业。

新时代企业家精神主要应包括以上10个方面的要素内容,其中创新精神则是新时代企业家精神的核心要素,创新是企业发展的源泉,创新精神是企业家的灵魂,是企业家精神的集中表现。

三、新时代江西企业家精神创新与发展的重要性与迫切性

随着经济发展进入新常态,国际上中美贸易摩擦加剧、国内经济增长内生动力不足的严峻复杂局势,大力推进我省民营企业企业家精神创新与发展尤显重要与迫切。

(一)实现经济社会平稳健康持续发展的关键因素

面对国际上中美贸易摩擦加剧、国内经济增长内生动力不足的局面,中央政治局2018年7月31日会议提出稳就业、稳金融、稳外贸、稳外资、稳投资、稳预期的六个“稳”的工作方针,为我们今后的工作指明了方向。经过多年以消耗资源为代价的粗放型发展,江西资源环境承载力已大大减弱,传统的发展模式难以为继。要实现经济平稳健康发展,不能仅仅是靠有形要素资源的投入,更重要的是要依靠技术、管理及制度等的创新来推动经济高质量发展。创新发展,离不开企业、企业家精神,企业家是创新活动的参与者和引领者,只有企业家紧密结合市场需要和规律开展创新、实现创新,推动经济结构从内部进行“创造性的破坏”,才能突破传统的发展模式,使创新工作产生实际的生产力、提升就业能力,促进经济社会健康平稳持续发展。

(二)新常态下推进供给侧结构性改革的重要支撑

供给侧结构性改革是当前建设现代化经济体系的主线,推进供给侧结构性改革是以习近平同志为核心的党中央综合研判世界经济形势和我国经济发展新常态做出的重大理论创新和决策部署,供给侧结构性改革的最终目标是使供给能力满足广大人民群众日益增长的个性化的物质文化需要。企业家是供给侧结构性改革最活跃的因素。供给侧结构性改革的关键在于提质增效,创新是提升质量和效率的根本动力。我们要坚持供给侧的创新驱动,提高供给体系的

质量与效率,企业是供给侧最重要的市场主体,"企业家善于识别和捕捉市场机会,能够高效组织配置资源要素,提供适应市场需求变化的产品和服务,促进优胜劣汰,可以从根本上解决供需错配矛盾,为实现经济新常态下供给侧结构性改革提供坚实支撑"①。

(三)打造高质量高知名度江西品牌的基本前提

江西要建设现代化经济体系,实现高质量跨越式发展,就必须打造一批高质量的知名品牌。一个国家和地区的强大与富裕,主要体现在这个国家和地区要涌现出一大批高质量高知名度的品牌。习近平总书记 2014 年 5 月在河南考察时指出要推动中国制造向中国创造转变、中国速度向中国质量转变、中国产品向中国品牌转变。在 2018 年两会政府工作报告中李克强总理提到要:"全面开展高质量高知名度质量提升行动,推进与国际先进水平对标达标,弘扬工匠精神,来一场中国制造的品质革命"②。经过多年发展我们已经逐渐认识到,企业的高质量发展离不开企业家,离不开企业家精神,企业家精神是打造高质量高知名度品牌的源头活水,也是推动经济高质量发展的重要保障。目前江西高质量高知名度的品牌产品不多,打造高质量高知名度的江西品牌,就必须发扬企业家精益求精的精神,激励民营企业家积极投身打造高质量企业。

(四)落实江西高质量跨越式发展战略的重要举措

江西省委十四届六次全会审时度势,从当前世情、国情、省情出发,提出了推进江西经济高质量跨越式"六大突破、三大提升"的发展战略,高质量跨越式发展战略的实现,离不开企业家,离不开企业家精神。江西要在发展方式、经济结构、增长动力来一场的深刻变革,就必须做实做强实体经济,企业是经济发展的重要主体,企业家精神推动企业发展的核心要素,在这场深刻变革中企业家精神将起到更深层次的关键性作用。企业家们在现实供求条件和政策环境下通过自身的不断努力与创新进行资源整合和价值创造,使企业竞争力大大提升;同时,他们不断地创新创业行为能够影响和引导各类要素升级和变迁,推动着社会的进步与发展,从而为整个社会经济转型升级和质量提升提供源源不竭的动力。弘扬企业家精神,提高企业家创新创业活力,既是落实推进高质量跨越式发展战略的重要举措,也是远期企业家精神生产力的关键要素。

---

① 营造企业家健康成长环境 推进供给侧改革.《发改委网站》,2017 年 9 月 26 日

② 政府工作报告. 人民日报,2018 年 3 月 6 日

四、江西企业家精神现状及存在问题

多年来,江西一大批优秀民营企业家秉承与发扬“厚德实干、义利天下”的“赣商精神”,为推进我省经济发展发挥了重要作用,做出了巨大贡献。进入新时代,随着我国社会主要矛盾的变化,面对发生变化的市场需求、生产条件、资源环境,我省一些民营企业企业家的精神状况出现了许多问题。

(一)江西企业家精神现状

1. 江西民营企业企业家精神的现状调查

为了准确客观了解江西企业家的精神现状及存在问题,本课题组采用实地调研、调查问卷的方式进行分析研究。

(1)调查问卷的设置

本课题组主要以江西民营企业家为研究对象,查阅分析了大量国内外关于企业家精神的文献资料,从中筛选出最有代表企业家精神特征的语句。在此基础上,制作了《江西民营企业企业家精神现状的调查问卷》。这一问卷主要从创新、合作、学习、实干、责任精神五个方面设置了 25 个问卷项目。问卷运用 Likcrt5 点评分法编制,每个问卷项目的评分标准为“5 一非常认同”“4—比较认同”“3 一般”“2 一比较不认同”“1 一非常不认同”。

(2)问卷调查

为了进一步验证调查问卷的适用性,在调查活动开始之前,我们查阅了大量关于江西民营企业家队伍、赣商群体的研究文献,与相关政府部门负责人进行交谈,走访了部分企业。在选取调查对象时,考虑了企业规模、各市的地域分布、行业分布等因素。通过实地调研、邮寄、电话回访等形式,发放调查问卷 300 份,共收回问卷 176 份,其中有效问卷 147 份,有效回收率为 49% 。

2. 江西企业家精神现状特点

(1)吃苦耐劳,在一定程度上导致国际视野的欠缺

江西民营企业中,除了小部分是由国有企业与集体企业改制而来,大部分是“草根”出身。因此孕育了“吃苦耐劳,厚德实干”的精神,同时也决定了其国际视野、全球眼光的欠缺,缺少带领企业走向现代化企业的能力。

调查走访中,在江西民营企业家关于实干精神的自我评价中,认同度量高的两个陈述是“以企业为家”和“旺盛的工作热情”,这说明江西民营企业家的“草根精神”仍在;但在关于学习和创新精神的自我评价中,“对新知识保持强烈兴趣”和“对社会热点问题有独到的见解”的认同度相对较低,说明江西民营企

业家更重于“埋头苦干”,“抬头看天”的意识和能力稍逊。

(2)低调务实,在一定程度上导致挑战意识的欠缺

江西民营企业家普遍比较低调,除了少数企业家的名声盖过企业本身以外,大部分企业名声在外,但企业家却很少让人熟知,甚至连名字都不太出现在媒体或公众视野中。

调研中,在江西民营企业家关于责任意识的自我评价中,对“重视公益事业”的认同度较高,但多数受访的民营企业家表示,做好事后不想留名。一方面,这与我国慈善事业有待于体制突破有关,多数人担心“出名”后,上门要求捐款或资助的人会越来越多,超过企业承受能力;另一方面,也与相当一部分民营企业家仍深信“人怕出名猪怕壮”的思想观念有关,企业公众意识仍有待提高,接受公众监督与评判的底气仍不足。

低调务实所表现出来的另一重要特点是挑战意识欠缺。调查中发现,在江西民营企业家关于创新精神的自我评价中,对“敢于实施高风险高回报的项目”的认同度较低,说明相当一部分江西民营企业家仍存在小富即安、不愿冒风险的现状。

(3)义利兼顾,在一定程度上导致合作精神的欠缺

江西民营企业家有较强的社会责任意识,在重视利润、功利的同时,也看重社会价值。采访调查中,他们对“具有国家荣誉感和民族使命感”“重视公益事业”“注重个人财富并看重社会贡献”的认同度均较高。

但趋利是资本的天性,追求利润是企业最原始的动力。因此,社会责任意识非常强烈的江西民营企业,相对缺少在利益面前抱团出击、合作发展的动力,尤其是与以抱团出击著称的浙江商人相比。这并非完全因为浙江商人异常团结,而与浙江庞大的民间资本无处可去有关,更与浙江商人相对重利轻义有关——面对一个能赚钱的项目,一个或几个人的资本不够,大家一起上,大家一起赚。

采访调查中,在关于江西民营企业家合作精神的自我评价中,“愿意与竞争对手合作”“如果同行需要,愿意伸援手”的认同度较低。这在一定程度上说明江西民营企业家合作精神的欠缺。

(4)善于模仿,在一定程度上导致创新能力的欠缺

江西民营企业的产业集群大多是在模仿的基础上发展而来,快速获得了利润。采访中,江西民营企业家对“善于模仿”的认同度较高。但这种短、平、快的获利方式,阻碍了企业核心竞争能力的创新步伐。虽然接受调查的江西民营企

业家对“敢于做出变革”“强调技术创新、新产品开发”的认同度较高，但这在一定程度上仅是企业家个人的良好愿望，从愿望到成功实施，还需具备各方面要素。采访结果显示，依靠简单模仿、缺少核心竞争力的民营企业仍不在少数。

（二）江西企业家精神存在的主要问题

通过以上调查剖析，我们进一步分析得出江西企业家精神主要存在以下几方面的问题：

1. 推崇官本位，破坏“亲”“清”新型政商关系

江西是我国官本位思想比较严重的地区之一，“万般皆下品，唯有入仕高”，“十年寒窗无人问，一朝成名天下知”。作为一种社会现象，江西人重“官”、怕官，对仕途的渴望，对官员的崇拜已经深入江西人的潜意识中。另外，过去垄断的计划经济体制也固化了官本位思想，不少领导干部行政主导意识强烈，实际工作中仍然直接通过行政命令和行政决定干预经济生活。这使一些企业家形成了对政府的路径依赖，面对已发生重大变化的市场环境，企业搞不好不去找市场而去找市长。一些企业家不相信市场机制的作用，仍专注于官商结合、与领导搞好关系，形成以权力为中心的人身依附关系，甚至于大搞权钱、权色交易等违法乱纪行为。

2. 诚信缺失，道德水平下降

诚信是信用、信誉的别称，是市场经济的基石。调查发现，我省一些民营企业家为追求短期利润，诚信缺失，道德水平不断下降，有的还相当严重。一些企业违法经营、偷税骗汇、伪造账目，以次充好，恶意欺骗消费者、银行和政府等；一些企业借债不还、拖欠工资，一味地压低劳动力价格，延长劳动时间等。诚信是企业的无形资产，是企业提高竞争力的前提。诚信缺失使企业失去预期的客户、员工和投资者，严重制约了民营企业的发展。

3. 实业精神和创新创业意愿不强

网络经济时代要求企业家不断开拓、创新，但目前江西一些企业家跟不上时代要求，不敢冒险、创新，产生“打下江山”后的“坐江山”思想。从敢于拼搏、勇于开拓，变得优柔寡断，一味地担心个人得失，以至于错过很多的商业机会。一些企业由于受企业规模、技术水平限制，习惯于出苦力、做粗活、挣小钱，仅依靠简单的低成本为国内外一些企业加工贴牌等获取收益，尽管风险低，但一旦竞争加剧或市场饱和，将被无情淘汰出局；独创、原创企业更是凤毛麟角，面对国内外同行与竞争对手，一些企业缺乏赶超信心，信奉“拿来主义”，简单模仿追随、抄袭照搬，使市场充斥大量山寨产品，导致企业长期落后。

4. 只关注短期利润,社会责任意识淡漠

阿里巴巴创始人马云将企业家分为三类，一类是生意人，什么钱都赚;一类是商人，有所为有所不为;一类是企业家，关注长远，关注社会责任。没有一个稳定的社会体制，任何的商业都不会成功，因此,企业家在追求自己的利益时应以对社会有所贡献为前提。在履行社会责任过程中,我省一些民营企业家存在不少问题。一些只关注企业利润,不关心企业员工工伤医疗、劳动保险等方面应该承担的相关责任。一些企业家利用国家政策和法规的漏洞,不照章纳税,尽可能减少社会性支出。一些企业家发财致富后,从不参与社会公益事业,回馈社会。社会责任是企业家道德的具体体现与社会载体,引领企业发展方向。社会责任的缺失,严重影响了企业形象,导致了人们对企业家的不满。

5. 危机感不强,战略意识不够

随着我国经济发展进入了新常态,经济全球化。企业面临的挑战愈加严峻;而一些企业家危机意识淡漠,面对挑战准备不够,新办法好办法不多,不善于主动改革迎接挑战,化危为机。部分民营企业家由于自身文化素质、自身能力的限制,对于经营过程出现的分歧喜好一言堂、专断独行,只注重追求眼前利益,而忽视了企业的长远发展。使得企业无法在“做大做强”上做文章,以至于错失许多发展机会,极大地限制了企业的成长空间。

6. 缺乏契约精神,合作意识淡薄

由于中国传统文化的不彻底性,江西许多企业家身上有着较浓厚的小农意识,在企业经营时只相信血缘、地域等关系。建立在血缘、地域等关系上的信任是十分脆弱的,由于对契约缺乏尊重和保护,出现许多个人不履约、政府不履约、企业股东之间不履约的行为,使许多企业之间、合伙人之间缺乏信任、不愿合作,整个社会商业信誉遭到破坏。导致一些企业不能充分利用有限资源要素,在产业链分工合作上发力,停留在低水平同质化上竞争,生存环境更加艰难。

五、当前影响江西民营企业家精神创新发展的原因分析

造成江西民营企业家精神现状的原因,具体而言既有传统文化方面的,也有传统体制方面的;既有教育培训机制方面的,也有生成机制方面的,总括起来可主要分为内因和外因两大方面。

（一）影响江西企业家精神创新和发展的内因

影响民营企业企业家精神创新和发展的内因包括企业家年龄、受教育程

度、地域，企业所处行业、社会文化、历史传统、发展阶段等。

1. 企业家年龄

从调查情况来看，36 岁至 45 岁、46 岁至 55 岁所占比例仅刚刚超过一半，而 56 岁以上的则占到了四成。年龄偏大，是受调查的江西民营企业家队伍的特点之一，他们中大部分是企业创始人。所以，能吃苦、对企业有感情、有胆略是他们的共性，但创业激情、创新精神、挑战意识相对有所欠缺。

2. 所处行业

江西民营企业大多从“小”起步，从事的是“小”行业：小商品、小作坊、小企业。这种以加工贸易为主的行业特点，形成了江西民营企业家精明、务实、独立奋斗的特质，但也影响了品牌提升、技术进步、现代管理等转型升级所需要素的积累。

3. 发展阶毁

在所调查的企业中，企业年龄为 6 至 10 年的最多；11 年至 20 年的次之。这说明受调查的江西民营企业大多已完成原始积累阶段。按一般民营企业 7 年一道坎的规律，正面临企业发展的第一个或第二个重要关口。企业处于不同的发展阶段，企业规模不同、所拥有的资源不同、外部环境不同，均会影响企业家精神。

4. 地域环境

地域环境是指土地、山脉、气候、矿藏、河流、湖泊以及各种动植物资源的总和，它是人类社会赖以存在和发展的必要的和经常的物质条件。一方水土养育一方人，不同的自然环境孕育不同的文化，并塑造不同的人群性格，地域环境对企业家精神有明显影响。江西位于中国中部内陆地区，东、南、西三面环山，地形以丘陵山地为主，气候温暖湿润，土壤肥沃，物产丰富，江湖众多，以鄱阳湖为中心呈向心水系，形成一个四周有自然屏障，内有完整体系结构的地理单元。江西自古以来就是重要的粮食生产基地，鄱阳湖平原及诸多红色盆地是重要的粮食和经济作物产地，作物可一年二至三熟。“优裕的农业社会环境和小盆地环境结合一起，温饱却闭塞，恋土意识和安分守己观念比较浓厚。这种小富即安的心态和选择对企业家精神的培育是相当不利的”①。

调查中的企业家除了一些共性，各自的特性也较明显。上饶、九江、吉安、抚州企业家更善于模仿，并且采访中他们对“善于模仿”表示“非常认同”，合作

---

① 许怀林. 江西历史文化特征概说[J]. 江西广播电视大学学报，1999 年第 2 期

精神也较强;南昌、宜春、鹰潭、萍乡企业家对“信守承诺”表示“非常认同”,但在创新精神、学习精神上表现出来的差别较大;赣州、景德镇、新余企业家对“对新知识保持强烈兴趣”都表示“非常认同”,但在“信守承诺”“注重个人财富并看重社会贡献”方面的认同度相对较低。

5. 社会文化

文化是指人们所选择与遵从的特定价值观体系,人们的价值观总是要受到一定社会文化环境影响。目前在社会文化方面制约江西企业家精神创新发展主要为:一是传统文化。江西是传统的农业大省,“中国传统农业文化中表现出了强烈的重义轻利、农本商末、重农抑商的观念。这对于对中央政权有强烈向心意识的赣文化来说,观念意识里表现得更加浓重,也成为企业家精神培育的主要障碍”①。二是计划经济思维模式。目前,江西国有企业的领导人基本上还是由上级任命,因此,一些国企领导者在企业经营时习惯于围着政府转,而不是围着市场转。一些民营企业家在政府产业政策的指导下,尽量制定与采用与政府政策一致的企业发展方向方案,以获取政府支持与财政补贴,放弃了自身的主动性和创造性。在这样的文化氛围下,使得江西企业家因循守旧、个性压抑、不敢创新。

6. 历史传统

历史传统对于一个国家、一个地区、一个人的行为意识和路径选择具有巨大影响。在历史传统方面,江西长期自给自足的小农经济,形成了独特的农耕、客家、宗族三种文化相互交错、融合的历史传统,制约着江西企业家精神的创新和发展。

一是农耕文化。江西人长期聚族而居,以“男耕女织”为中心,这种内敛式足的生活方式孕育了应时、取宜、守则、和谐的农耕文化,这种文化既有值得充分肯定和借鉴的自强不息、吃苦耐劳、艰苦奋斗、勤俭节约、邻里相帮等优良因子,但又有依赖、顺从、保守、封闭等不利于企业家精神创新与发展的劣根性。

二是客家文化。客家一千多年来不断由中原向外迁徙,遍布大半个中国和世界各地,江西是客家人重要聚居地。江西客家文化既继承了古代汉族文化,又融合了南方土著文化,它继承和发扬了中华文化兼收并蓄、团结奋进的精华,但长期的迁移养成了客家人随遇而安的客居心态,江西特有的地理文化环境又

① 孙步忠等. 基于文化创新视角下的江西企业家精神培育[J]. 商场现代化,2008年8月(下旬刊)总第549期

使客家文化带有显著的耕读传家特点，这一定程度抑制了企业家精神的发展。

三是宗族文化。宗族文化是同宗、同族经过千百年的提炼与整理约定俗成的民俗文化。宗族文化在江西的历史上曾经极为繁荣，据有关专家统计元代江西族谱数量位列全国第一。① 宗族文化强调以家族为中心、血缘为纽带，具有超稳定性和封闭性特征。长期以来，宗族文化及其变种渗透到江西民众社会伦理、道德规范等社会生活的各个方面，极大地影响了企业家精神生成。

（二）影响江西企业家精神创新和发展的外因

影响民营企业企业家精神的外因包括政策环境、市场环境、经济环境、政府服务、产业结构、教育培训制度等方面。

1. 政策环境方面

政府政策直接或间接影响企业的健康发展。受调查的江西民营企业有相当一部分认为，政策环境是影响企业家精神的主要因素。经济体制和经济政策的连续性与稳健性，是增强企业家信心指数的基础。企业家精神的活跃与旺盛是以对整个社会体制以及经济发展前景的乐观预期为基础的，这一预期又取决于社会能否为企业家提供宽松、健康的政策环境。朝令夕改、忽视经济规律的政策环境，对企业家精神有较大的消极影响。政策环境还包括一系列法律制度的安排，包括知识产权制度、产权交易制度等。真正的企业家精神是以市场经济为土壤的。在社会主义初级阶段的市场经济中，市场秩序仍不规范。虽然进一步放宽民营资本投资领域的呼声已久，政策也屡屡出台，但不少垄断领域仍无法让民营资本介入，政府行为对市场规律的干预。

2. 市场环境方面

在受调查的江西民营企业中，有个别企业家认为，企业家精神对企业而言是次要的；也有人认为，目前的市场环境下，做企业家很累，许多时候得考虑如何与政府部门打交道，向“政府关系”要效益，而不是通过创新要效益，更遑论企业家精神。

3. 经济环境方面

走访的几家较大江西民营企业，无一例外均涉足房地产业。企业家表示，这一现象的产生一方面是由于房地产的利润率超过制造业或其他实业，另一方面与整个经济环境有关，投资实业不如投资房地产。如此发展下去，真正的企业家会越来越少，多起来的只是暴发户：一个房地产项目抓住机会发财了，就经

① 常建华．宋以后宗族的形成及地域比较[M]．北京：人民出版社，2013 年版：101

营钱生钱的金融或其他投资去了,原来的实业则被放在一边。这与企业家的使命——价值创造是相悖的。价值创造就是有效地满足社会需求,离开这一点,企业家精神就会衰弱,社会将趋向寄生和停滞,经济也将失去活力。

4. 政府服务方面

在调查走访中我们发现,由于受官本位及计划经济思维影响,低效率错位越位缺位的行政制度,不完善的法律保障机制等仍然存在。一是一些地方企业行政审批部门多、时间长,随意干预企业依法经营活动,以评比、达标、表彰等形式向企业变相收费,一些已取消的收费项目继续收费。二是一些执法、司法部门随意对企业家采取查封、扣押、冻结企业财产等强制措施,有的甚至对企业家敲诈勒索、威胁恐吓,行为极其恶劣。这些极大地挫伤了企业家的生产积极性。

5. 产业结构方面

产业结构是指各产业的构成及各产业之间的联系和比例关系。当前,由于信息化发展以及经济发展新常态,推进产业结构转型升级已成为一个国家和地区经济发展的主旋律。在调查走访中,我们发现江西省企业产业结构主要存在以下几方面问题:一是体制机制不活、市场活力不足、产业定位雷同等,导致企业产业结构单一、低水平同质化企业多、行业龙头企业少、产业集群发展水平不高、技术创新能力不足。二是大型国企多属于高污染、高耗能、低技术门槛的高度垄断行业及政府主导的城市土地化房地产企业。三是民营企业多处于产业链前端和价值链低端,科技型、创客型企业少。这极不利于经济的转型升级,也抑制了企业家精神的创新与发展。

6. 教育培训制度方面

企业家属于稀有人才,需要不断地充实提高其理论水平、管理水平,进而提高其创新能力。但江西的企业家教育与机制培训相对落后。

一方面,MBA 的培养很大程度上脱离现实,具体表现在:一是录取人数上升,但教学质量未变;二是 MBA 教育的课程设置不科学,理论课程比例较大,创新课程较少;三是教师大多没有从商经历,一部分是从大学的商学院、经济系转行,缺少实际经验。

另一方面, 企业家选拔、激励机制尚未完全形成。政府没有形成定期举办企业家培训班的制度,只是上面出了政策,来了要求就召集企业家们座谈、学习一下。企业家选拔机制尚未形成,难以选拔出富有创新、开拓等精神的优秀企业经营者。

六、推进江西民营企业企业家精神创新和发展的对策建议

综合以上调研分析，我们看到，企业家精神某些特质是先天性的，但更多的特质是可以后天培育和塑造的。毋庸置疑，江西民营企业家精神现状还存在许多问题，但只要我们营造好民营企业家健康成长的环境、大力弘扬企业家精神，就一定能激活我省民营企业家的创新创造活力，推进我省经济社会持续健康稳定发展。新时代，推进江西民营企业企业家精神创新和发展，应从政府、社会、企业家个人三个层面展开。

（一）政府层面

习近平总书记2018年11月1日在民营企业座谈会上的重要讲话指出，要打破政府部门各种各样的"卷帘门""玻璃门""旋转门"，各级政府部门应打破横亘在民营经济中的"三重门"，把我省打造为"中部最优营商环境"，以推进企业家精神创新与发展。

1. 清理各种政策障碍　营造公平公正市场环境

公平公正是人们对社会运行机制的最基本要求，也是企业家精神成长与发展的前提条件。一是进一步调整完善经济政策体系。应从过去"以产业政策为主导"向"以竞争经济政策为基础"转型，使国企、民企等市场主体平等参与竞争。二是清理废除各种妨碍市场公平竞争的规定。制定并落实公平竞争审查制度，使民营企业与国有企业在行业准入、关键资源获取、融资贷款上享有同等权利，在使用生产要素、参与市场竞争等方面同等受到法律保护。三是解决民营企业痛点难点堵点问题。减轻企业税费负担，推进增值税等实质性减税，确保企业社保缴费实际负担有实质性下降，加快推进涉企行政事业性收费零收费；改革和完善金融机构监管考核和内部激励机制，健全担保机制，采取补充抵质押品等增信方式，允许保险资金设立专项产品参与化解上市公司和民营企业股票质押流动性风险，解决不敢贷、不愿贷的问题；拓宽民营企业融资渠道，逐步降低融资成本，帮助民营企业解决融资难、融资贵等问题；对当前一些暂时遇到困难但发展前景好、技术潜力大的民营企业，要精准施策、纾难解困。

2. 保护企业家权益　激发企业家创新的原动力

有恒产者有恒心，产权明确的企业是企业家和企业家精神产生的前提。一是应加快制定平等保护各种所有制经济产权的长效机制。对社会反映强烈的关于民营企业家产权纠纷申诉案件要及时甄别纠正，严禁将经济纠纷当作犯罪处理，严禁将民事责任变为刑事责任，"凡有悖于平等保护民营经济的条款，要

及时废止”。对民营企业符合从宽处理的案件依法坚决从宽,不该封的账号、财产一律不能封,不该采取强制措施的一律不采取。要依法补偿因政府政策变化、规划调整造成的企业合法权益受到的损失,让民营企业家有“安全感”和“方向感”。二是保护民营企业创新权。探索在现有法律法规框架下以知识产权的市场价值为参照确定损害赔偿额度,研究制定商业模式、文化创意等创新成果的知识产权保护办法,要像治理酒驾那样打假,降低企业创新发展成本。三是保护经营权。建立完善政府对企业的收费、检查监督等清单制度,严防执法扰企,对于民企一般违法行为要以教育为主。防止执法“一刀切”,对任何随意干预企业依法经营活动的部门与人员给予严厉处罚,使民营企业家安心经营、创业。

3. 创新体制机制　转变政府职能

我们要从实际出发创新体制机制,细化、量化政策措施,给民营企业发展创造充足市场空间。一是简政放权营造优良营商环境。简政放权是营造优良营商环境的源头活水,对一些地方政府审批监管分离、部门间监管职能交错、信息不共享等突出问题,应全面推行清单管理制度,在审批目录清单的基础上,逐步向权力清单和负面清单管理模式迈进,使政府做到“法无授权不可为,法有规定必须为”,企业实现“法无禁止即可为”。二是改善政府管理方式。全面推开“双随机、一公开”监管,加强跨部门跨地区的市场协同监管,清除多重多头执法,提高综合执法效率,减轻企业负担。按照“大数据、大监管、大运用”理念,推出企业监管警示系统,加强对企业的事中事后联动监管和联合惩戒,三是积极推进混合所有制改革。鼓励民营企业参与国有企业改革,通过出资入股、收购股权、认购可转债、股权置换等多种方式,参与国有企业改制重组或国有控股上市公司增资扩股以及企业经营管理。实行同股同权,切实维护各类股东合法权益。在铁路、电信、资源开发、公用事业等领域,向非国有资本推出符合产业政策、有利于转型升级的项目。同时,鼓励国有企业通过投资入股、联合投资、重组等多种方式,与非国有企业进行股权融合、战略合作、资源整合。

4. 构建“亲”“清”新型政商关系　解决民营企业实际困难

习近平总书记在2018年11月1日召开的民营企业座谈会上指出:“我们要求领导干部同民营企业家打交道要守住底线、把好分寸,并不意味着领导干部可以对民营企业家的正当要求置若罔闻,对他们的合法权益不予保护,而是要积极主动为民营企业服务。”习近平总书记提出的新型政商关系“亲”“清”说,为构建政商关系“新生态”指明了方向。一是各级领导干部要深入开展联系调研,坚持重心下移、力量下沉,既要到基层宣讲中央精神,把党和政府支持非公有制经济发展的方针政策送到基层,鼓励民营企业改革创新、转型升级,又要深入企业联系走访,及时了解企业状况,帮助企业解决生产经营中遇到的困难和问题。二是建立向企业家问计求策的程序规范。建立完善定期联系商会会长制度、定期与企业家相谈制度、定期通报企业经济政策信息工作制度。把独立、客观的第三方机构(如行业协会、商会等)的评估,作为政府优化营商环境的"第一粒纽扣"。三是政府官员同企业和企业家之间要公私分明,既不能拿原则问题做交易以权谋私或者搞权钱交易;又不能推诿扯皮、敷衍塞责,门好进、脸好看但就是不办事。四是要以帮助党和政府联系沟通民营企业搭建了多少平台,解决了多少实际困难,自身又能清白做人做事来考核干部的业绩、能力和廉洁从业状况。只有制度化、公开化、规范化的营商环境,清而无忧的"亲""清"新型政商关系,才能催生激发我省民营企业企业家精神的创新与发展。

(二)社会层面

企业家精神产生于特定的文化与经济环境。因此,在社会层面,要为培育企业家精神提供良好的环境。

1. 厚植企业家精神土壤　形成尊崇企业家的社会舆论氛围

良好的社会舆论氛围是企业家精神形成的土壤,也是弘扬企业家精神、发挥企业家作用的保障。一是各级政府人员要树立企业服务员意识。经济社会的发展离不开创新与发展的企业家精神,各级政府部门要摈弃官本位、计划经济思维模式,树立企业家是"民族英雄",领导是企业家的"店小二、服务员"意识,帮助解决企业实际困难,使企业家专心创新创业,安心经营、放心投资。二是宽容支持企业家经营中出现的失误失败。对民营企业家在生产经营中出现的种种失误、甚至失败,全社会都应给予更多的理解、宽容和支持。只有这样才能不断催生经济增长的内生动力。三是宣传优秀企业家先进事迹和突出贡献。通过报纸、电台、电视台、自媒体等,加强对优秀民营企业家为经济发展做出的贡献进行宣传报道,举办"改革开放四十周年全省优秀民营企业家表彰大会"等活动,给予匹配的物质与社会荣誉激励,增强社会对企业家的认同感和企业家自身的光荣感,在全社会树立对企业家的正向激励导向。

2. 完善优秀企业家发现机制　拓展企业家精神生长空间

优秀民营企业家是我省经济发展的重要推动力和"关键少数",拓展企业家精神的生长空间是优秀企业家成长的关键。一是制定造就优秀企业家的战略规划。根据现实发展需要制定造就优秀企业家的战略规划,将发现培养优秀企业家纳入全省总体发展战略,积极创新载体,搭建平台,开展大规模专项创新创业活动,在实践中培养发现一批优秀企业家;二是完善健全市场竞争下淘汰机制。市场经济的基本法则是优胜劣汰,在市场经济条件下平等竞争,对于企业家来说既是压力,也是动力。企业家精神的诞生和成长离不开市场竞争,通过市场竞争,淘汰不适应者,使富有创新精神的企业家脱颖而出。三是采用企业家孵化器模式。企业家孵化器是将创新理念预先在一小块范围内孕育,成长到一定程度之后再推向市场。企业家孵化器是培养现代企业家的有效方式,可以在各类孵化平台(如高新技术创业园、科技园)中,将企业家精神的培育融合进去,打造集风险投资、创业培训、企业家精神培育、集团化管理等于一体的孵化平台。在批量创办企业的过程中培育出职业企业家。四是加强优秀企业家成长规律研究。要深入研究剖析我省优秀民营企业家的精神特质和典型案例,总结、发现具有江西特色、符合时代发展要求的江西企业家成长规律。

3. 完善沟通协商机制　开展多种促进民营企业发展活动

一是各级工商联、商会和行业协会组织要积极搭建政企沟通平台,建立政企定期沟通机制,有效利用与党和政府有关部门的合作机制,通过座谈会、专题汇报、政企直通车等形式,加强党委政府与民营企业沟通协商,传递行业声音,反映企业诉求,协商解决问题。二是完善重塑企业家精神的培训机制。各级社会团体要根据各自职责,创造为企业家提供学习、培训的机会。如成立企业家学院,组织民营企业家进党校(行政学院)、高校学习,或者组织民营企业家及子女赴国外进修考察。三是进一步完善和创新招商活动和形式。组织民营企业家积极参加世界 VR 大会、绿博会、赣商大会、华赣会、赣台会、瓷博会,举办首届“中国民营经济成果展览会”“江西民营企业成果交流会”等活动。

(三)企业家层面

新时代,企业家们要努力学习、提高素质,大力弘扬勇于创新、敢于拼搏、爱国敬业优秀企业家精神。

1. 加强学习　提高自身素质与思想境界

企业家的素质与境界决定着企业的高度与气度。一是要不断完善知识结构。现代科技的迅猛发展,促使企业家知识结构的提升和更新。尤其是在转型期,企业家需要日积月累地充实和完善知识结构。既要“博”,又要“专”。二要严格自律,提升自我修养。修齐治平,起点是修身——做事先做人,当有感恩之心、自律之德,才能立于高处、集众人之长。三要具备法律意识、养成法律思维习惯。国家的宏观规则往往表现为政策与法律;市场主体之间的微观规则常常表现为契约。无论治理企业还是拓展市场乃至博弈维权,企业家都需要熟悉并掌握必要的法律法规。四是要研究分析国内外政治、经济动态。具体包括:国内政治体制的变动、国际政治格局的变化;经济发展趋势及侧重点的转移、新的经济增长点的出现等。

2. 加强赣商精神研究 构建企业家精神培育工程

一是挖掘传统赣商精神,增强文化自信。历史上的江西企业家作为闻名天下的"江右商帮",历经千年的历史积淀,形成了厚道重德,以义取利,以义制利,见利思义等显著特点。在当前经济下行,民营企业发展陷入困境之时,我们要深入开展传统赣商精神的研究传播,使它成为我们宝贵的精神财富,以激励今天我省民营企业家砥砺奋进、铿锵前行。二是要培育企业家履行责任勇于担当服务社会的精神。要教育企业家不忘初心、胸怀全局,自觉把个人、企业命运融入国家民族命运。要激发企业家致富思源的情怀、履行社会责任的荣誉感和使命感,使企业家自觉成为光彩事业、扶贫开发、捐资助学、慈善捐助等行为的模范。三是要培育企业家创新发展追求卓越敢于冒险的精神。要不断拓展赣商精神的内涵,引导企业家追求卓越,提供人无我有、人有我优、人优我特、人特我新的产品和服务,积极投身军民融合、乡村振兴、"一带一路"及长江经济带等国家重大战略建设,为江西经济发展拓展新空间。四是传承红色基因,实现企业转型升级发展。江西是红土圣地,有中国革命的摇篮井冈山、中国人民解放军的摇篮南昌、中华人民共和国的摇篮瑞金、中国工人运动的摇篮安源,孕育了伟大的井冈山精神、苏区精神等宝贵的精神财富。新时代,面对严峻的经济形势,面对转型升级时的困难重重,江西民营企业家应发扬光荣传统、传承好红色基因,把红色作为人生底色,不断提高经营水平和技术创新能力,为我省实现高质量跨越式战略提供新的动力。

3. 加强党的领导 引导民营企业完善现代企业制度

一是健全党管企业家领导体制。要积极引导教育民营企业家拥护党的领导,支持民营企业党建工作;发挥民营企业党组织的政治核心和政治引领作用,宣传好党的路线方针政策和法律法规;强化对党员企业家日常教育管理,把党建工作落实到经营管理各项工作中。二是发挥党员企业家先锋模范作用。党员企业家要将党性光辉融入企业家精神,率先垂范,在执政为民、坚定理想信念、创造优秀工作业绩和开拓创新等方面用实际行动彰显党员先锋模范作用。党风正,则企风正、企业旺。三是引导企业完善现代企业制度。好的制度,才会产生优秀的企业家,激发企业家精神创新和发展。应帮助企业建立起以产权结构优化为核心的现代企业制度，使企业家能够有一个与时俱进、因事而变的内部环境。制定《江西中小企业现代化发展促进条例》，为企业创造一个靠市场机制选择管理者的外部环境，以此助推江西民营经济与企业家精神的发展。

结　语

改革开放四十年来，江西涌现出一大批具有竞争力的民营企业，一大批优秀民营企业家在市场竞争中迅速成长。他们为积累社会财富、创造就业岗位、促进经济社会发展、增强综合省力做出了重要贡献。历史经验表明，我省企业家既是改革的受益者，也是改革的重要推动者。新时代，江西要实现“建设富裕美丽幸福现代化江西”的发展目标，就必须要有一大批具有企业家精神的优秀企业家在市场经济的大潮中敢闯敢试、勇搏激流。企业家精神作为企业持续发展的动力源泉，不仅能促进创业与创新精神的高涨、更能激发一个民族的创新活力，推动整个社会的文明与进步。我们要正确认识企业家及企业家精神，正确认识企业家和企业家精神在江西改革、经济发展过程中的作用，把企业家精神作为一门科学进行理论和方法的总结，企业家本身要意识到自己的使命与任务，主动改变自己的思维模式创新发展，为江西经济社会发展做出贡献。我们要进一步加大改革开放，简政放权力度，营造“中西部最优营商环境”，让企业家有信心、有决心、有恒心；才能推进江西高质量跨越式发展，树立江西崭新形象。

参考文献：

[1]熊彼特，牛张力等译．经济发展理论[M]．中国社会出版社，1999

[2]弗里曼，华宏勋译．工业创新经济学[M]．北京大学出版社，2004

[3]戴维·奥斯本，特德·盖布勒．改革政府[M]．上海译文出版社，2006 年 11 月

[4]贾杭胜．民营中小企业创新发展机制研究[D]．合肥工业大学博士论文，2015 年 10 月

[5]李兰等．新常态下的企业创新：现状、问题与对策[J]．管理世界，2015(6)

[6]高辉．中国情境下的制度环境与企业创新绩效关系研究[D]．吉林大学，2017(6)

[7]李后建．市场化、腐败与企业家精神[J]．经济科学，2013(2)

[8]丁栋虹．企业家精神[M]．清华大学出版社，2010 年

[9]杨鹏鹏．伊斯兰文化对中国西部中小企业成长的作用解析[J]．兰州大学学报：社科版，2008 (3)

[10]汤一介．儒家思想与中国企业家精神[J]．江苏师范大学学报，2007(3)

[11]李新春等. 高科技创业的地区差异[J]. 中国社会科学,2004(3)

[12]迟福林. 以高质量发展为核心目标建设现代化经济体系[J]. 行政管理改革,2017(12)

[13]蓝蔚青. 构建新型政商关系需要正确认识企业家[J]. 观察与思考,2018(6)

[14]曹卫星. 我国为何缺乏企业家精神[J]. 中国科技产业,2018

[15]武志军. 中国品牌日 中国品牌在你身边[J]. 中国品牌, 2018(6)

[16]陈怡安. 法治如何影响海归企业家精神空间溢出效应——来自中国的经验证据[J]. 劳动经济评论,2018(7)

[17]周跃辉. 推动经济高质量发展与供给侧结构性改革[J]. 紫光阁,2018(1)

[18]王俊霞. 激发和保护企业家精神的思考[J]. 辽宁行政学院学报, 2018(1)

[19]简政放权深化行政审批制度改革发布会实录(2)[J]. 中国机构改革与管理,2014(11)

[20]文建奇. 基于社会责任的企业家精神培育[J]. 湖湘论坛,2011(5)

[21]李韶辉. 弘扬优秀企业家精神 更好发挥企业家作用[J]. 中国改革报,2017

[22]马琼玺. 我国为何缺乏企业家精神[J]. 农村经济与科技, 2018(6)

[23]广东省政府研究室调研组. 关于弘扬企业家精神发挥企业家作用构建新型营商环境的对策建议[J]. 广东经济,2018(5)

[24]林泽炎. 新时代"继创者"的使命与担当 [J]. 中国发展观察,2018(4)

[25]钟强. 弘扬企业家精神推动高质量发展的思考[N]. 企业家日报,2018 年 6 月 28 日

[26]国家发展改革委有关负责人就《中共中央国务院关于营造企业家健康成长环境弘扬优秀企业家精神更好发挥企业家作用的意见》答记者问[J]. 中国产经,2017 年 10 月 15 日

课题组组长:

刘加夫　中共江西省委党校江西经济与社会发展研究所,副研究员

课题组成员:

黄世贤　中共江西省委党校江西经济与社会发展研究所,研究员

欧阳兵　中共江西省委党校江西经济与社会发展研究所,研究员

李　维　中共江西省委党校江西经济与社会发展研究所,博士,副研究员

孙志杰　中共江西省委党校江西经济与社会发展研究所,博士,助理研究员

攻坚克难篇

江西省推动民营企业转型升级新路径和对策研究

民营企业是我国经济中发展最迅速、最具有活力的一部分，是市场经济的重要主体，已经成为推动我国经济发展的重要力量。然而民营企业在当前面临着税费重、成本高、资金不足、融资难、市场开拓难、营商环境不佳等问题，影响了民营企业的转型升级发展。面对民营经济发展的瓶颈问题，习总书记强调：党中央毫不动摇地鼓励、支持、引导、保护民营经济的发展，民营企业也要把握时代大势，坚定发展信心，心无旁骛创新创造，为实现中华民族伟大复兴的中国梦做出新的更大贡献。在习总书记的发展思路指引下，江西省针对民营企业当前发展中的瓶颈问题，出台一系列政策措施，企业也纷纷寻求企业转型升级的发展对策。课题组通过选取第一产业、第二产业、第三产业典型企业进行调研，基于企业实际难题，针对企业的实际发展需要，借鉴外省推进民营企业转型升级的成功做法，提出江西省推进民营企业转型升级发展的新路径和对策。

一、江西省民营企业发展总体现状

民营企业指的是除公有制性质以外的其他企业。除了"国有独资企业""国有控股企业"以外，只要不含有国有资本成分的其他种类的企业，皆可纳入民营企业的范围。从作用上来看，民营企业自然成为国民经济中必不可少的重要组成部分，在某一些特殊的领域，民营企业甚至起到了支柱作用。

改革开放以来，国家大力推行多种所有制并存及市场化，大力倡导"大众创业、万众创新"，这使得民营新增市场主体快速增加。民营企业的发展状况可谓空前繁荣，不管是从数量上还是规模上都有了大幅度的增长。国家官方公布的资料显示：截至2017年底，我国的民营企业共有285.9万家，较上一次调查增加了92.3万家。截至2017年底，我国民营企业注册资本超过165万亿元，GDP中民营经济所占的比重超过了60%，强力撑起了我国经济的"半壁江山"。

2017年度我国规模以上的民营企业实现利润总额23753亿元，其中，民营企业500强纳税总额达到7995.75亿元，占全国税收比重的6.13%。500强民营企业的员工总人数达到888.17万人，占全国就业人员比重的1.14%。在城镇就业结构中，民营经济占比已超过80%，新增就业贡献率更是超过了90%。民营企业近几年来在增加财政收入、优化资源配置和吸纳就业人员等方面的诸多骄人成绩成就了民营经济在国民经济发展中"56789"的重要地位，即：民营经济税收贡献超过50%，国民生产总值占比超过60%，创新引导的新产品开发数量超过70%，提供就业岗位超过80%，民营企业数量超过90%。经过40年的发展，民营经济在整个国民经济发展中发挥的作用不可小觑。

近几年，在江西省委、省政府的领导下，江西省民营经济有了长足的发展。截至2017年底，江西省民营经济实现增加值12394.63亿元，占全省GDP比重的59.5%；民营经济纳税2058.81亿元，占全省税收总额的72%；民营经济完成固定资产投资16888.27亿元，占全省固定资产投资的77.6%；民营经济城镇从业人员为902.65万人，占全省城镇就业人数的80.4%。目前，江西省已建有39个省级、7个国家级小微企业双创示范基地，入驻小微企业5959户；共培育认定40个省级、14个国家级中小企业公共服务示范平台。近几年，江西积极参与"一带一路"建设，江西企业在"一带一路"沿线国家投资或承建的"江西路"累计达6000公里、"江西桥"150座、"江西机场"6个、"江西电站"53座、"江西大坝"20座、"江西医院"50所、"江西水井"超过5000口，各类建筑物总建筑面积累计超过1000万平方米。在这些江西企业中，民营企业成为重要的力量。可见，在江西，民营经济已经成为市场经济的重要主体，是社会经济中最活跃、最积极的组成部分。

江西省省委书记刘奇同志指出，当前，我国经济已由高速增长阶段转向高质量发展阶段。民营企业要牢牢把握江西良好发展态势、国家和省内重大政策导向、新技术革命，以及"一带一路"建设、长江经济带发展等带来的良好机遇，开拓进取，不断做优、做强、做大。要始终坚持创新引领，强化科技创新和成果转化，创新营销模式、商业模式和管理制度，努力提升发展质量和效益。要围绕主业创品牌，做强"拳头产品"，努力打造"百年老店"；立足主业聚要素，努力向产业链高端、向"微笑曲线"两端延伸，争做企业"排头兵"；抓牢实体强根基，坚守实业，努力成为"实干家"。要大力弘扬赣商精神，重信、守诺、尚和，合法经营、依法纳税，在兴学助教、扶贫帮困等社会公益事业方面承担更多社会责任，推动企业绿色发展，确保安全生产，做到以义制利、善利天下。刘奇书记还强调，各级政府要义不容辞地鼓励和支持民营经济发展，这是责任。政府一定要在思想上真正尊重企业家，在工作上真心服务企业家，在发展中真情帮助企业家，进一步完善支持民营企业发展的政策体系，强化民营企业发展的要素保障，优化民营经济发展的营商环境，保护好民营企业的合法权益，切实为民营企业发展优环境、办实事、解难题，推动民营经济加快转型升级、实现高质量发展。

江西省省长易炼红同志强调指出：江西经济要活，民营经济必须活；江西经济要旺，民营经济必须旺。江西要以习总书记新时代中国特色社会主义思想为指导，从更高层次贯彻落实习总书记对江西工作的要求，按照省委十四届六次全会的决策部署，坚持问题导向、需求导向、担当作为、务实高效，为民营经济高质量、跨越式发展提供最充足、最适宜的“阳光雨露”，推动全省高质量、跨越式发展，描绘江西新时代物华天宝、人杰地灵的新画卷。

易炼红同志还强调，江西省对待民营企业要高看一眼、厚爱三分，坚定不移为民营经济高质量、跨越式发展保驾护航。目前，民营企业尤其是中小企业，面临“三山”（融资的高山、转型的火山、市场的冰山）、“三门”（市场准入门槛高如玻璃门、弹簧门、旋转门）、“三荒、两高、一低”（用工荒、用钱荒、用地荒，成本高、税费高，利润低）的问题很突出……急功近利、短期行为、拔苗助长，杀鸡取卵、竭泽而渔，不重视长远规划、不重视基础研究的现象要改善，营商环境要改进。帮扶企业要持续用力、精准发力，下决心放开市场准入，下功夫解决融资难题，大力推进企业创新，帮助民营企业融化“市场的冰山”、削低“融资的高山”、跨越“转型的火山”。优化环境要将心比心、真心耐心，以更大力度深化“放管服”改革，持续推进降成本优环境专项行动，以真心服务企业，以恒心落实政策，以公心营造“亲”“清”新型政商关系。平台服务要高效协同、开放共赢，完善技术创新平台、人才集聚平台、政务服务平台，助力民营企业做优、做强、做大。权益保护要态度鲜明、行动坚决，坚决维护市场秩序、规范涉企执法行为、保护民营企业家合法权益。易炼红同志勉励全省广大民营企业家要主动适应新常态顺势而为，善于抓住新机遇变中取胜，敢于迎接新挑战奋发图强，坚定发展信心、坚守实体阵地、强化自主创新、夯实基础支撑、履行社会责任，为推动全省高质量、跨越式发展做出更大贡献。

江西省委、省政府大力发展江西省民营经济的态度明确、坚决，期望将民营经济作为经济增长的动力，提供大量的就业岗位，减缓就业压力，增加江西省的财政收入，带动江西省经济发展，提高江西省综合竞争力。近几年，江西省下发的《关于大力促进非公有制经济更好更快发展的意见》《关于创新重点领域投融资机制鼓励社会投资的实施意见》《关于进一步降低企业成本优化发展环境的若干政策措施》等,对促进江西省民营经济的发展起到了一定作用,在江西经济的增长、增加税收、解决就业等方面做出了重要贡献。但综观江西省民营企业发展总体状况,江西省整体经济实力还比较落后,与其他省份相比有较大差距,在发展过程中遇到了很多制约因素,使得民营经济仍存在着"税费重、成本高、资金不足、融资难、市场开拓难、营商环境不佳"等困境。江西民营企业要走出困境,实现可持续发展,转型发展之路是必然选择。

二、民营企业转型升级的必要性

(一)民营企业是推动我国经济发展的重要力量,没有民营企业的发展就没有我国整个经济的稳定发展

我国非公有制经济,是改革开放以来在党的方针政策指引下发展起来的。公有制为主体、多种所有制经济共同发展的基本经济制度,是中国特色社会主义制度的重要组成部分,也是完善社会主义市场经济体制的必然要求。党的十八大以来,习近平总书记多次强调要坚持基本经济制度,坚持"两个毫不动摇"。党的十八届三中全会提出,公有制经济和非公有制经济都是社会主义市场经济的重要组成部分,都是我国经济社会发展的重要基础。民营企业的迅猛发展,已成为我国经济中发展最迅速、最有活力的一部分,成为推动我国经济发展的重要力量,也促进了我国经济的快速发展。改革开放 40 年来,民营企业蓬勃发展,民营经济从小到大、由弱变强,在稳定增长、促进创新、增加就业、改善民生等方面发挥了重要作用,成为推动经济社会发展的重要力量。支持民营企业发展,是推进供给侧结构性改革、推动高质量发展、建设现代化经济体系的重要主体,是我国寻求经济发展的必然选择,如果没有民营企业的发展,就没有整个经济的稳定发展;如果没有高质量的民营企业体系,就没有现代产业体系,支持民营企业发展就是支持整个国民经济的发展。因此,我国民营经济只能壮大、不能弱化,不仅不能"离场",而且要走向更加广阔的舞台。但是,民营企业在发展中也面临着多方面的压力。

(二)民营企业面临的种种难题抑制企业发展,需要民营企业积极进行转型升级,突破发展桎梏,获得持续、长远的发展。

当前民营企业面临着国内外环境的变化,面临着国内外环境、经营成本高、融资难、盈利难等诸多难题,迫使民营企业必须加快转型升级,才能获得企业的快速、健康、长远发展。具体体现在以下几个方面:

1. 国际环境变化迫使民营企业加快转型升级

自2008年9月发生国际金融危机以来,我国民营企业面临着更为严峻的经营环境。金融危机使世界经济格局发生了重大变化,全球经济进入中低速增长阶段,国际贸易保护主义壁垒日益深化,人民币升值压力加大,直接影响我国的对外贸易,出口难度加大。民营企业占我国出口总额的45%,一些民营出口企业不可避免地受到影响,那些为出口企业配套或处在产业链上的民营企业也受到拖累。国际市场的压力从客观上要求民营企业必须加快转型升级步伐。

2. 经营的高成本要求民营企业加快转型升级

长期以来,民营企业大多属于劳动密集型企业,所从事的行业多为传统产业,企业管理多为家族式管理,主要依赖低工资成本、低环境成本、低资源成本获得竞争优势。虽然近些年民营企业取得快速发展,但是不可忽视的是企业的运营成本也在急剧增加,尤其是在土地成本、人工成本、电力成本、环境保护支出、原辅材料价格等方面。此外,国有企业大多集中在产业链上游,如钢铁、煤炭、有色金属等企业,在去产能政策下,都出现了产品价格上涨、企业盈利能力上升的现象,这对于主要处于产业链下游的民营企业来说,在市场需求没有发生变化的情况下,上游企业一旦价格上涨,会给下游民营企业带来成本增加、风险加大的危险。这些阻碍都成为民营企业发展的绊脚石,民营企业急切需要进行转型升级。

3. 融资难和盈利难要求民营企业加快转型升级

当前一些民营企业面临严峻的生存困境,突出表现为“两难”,即融资难和盈利难。“两难”的外因是“两高”,即成本高和税费高,内因是“两低”,即产品附加值低和科技含量低。民营企业本身弱小,产品竞争力弱,市场风险高,他们的融资需求绝大多数得不到金融部门的认同和支持,其融资成本普遍比国有企业高,民营企业面临着“融资的高山”。民营企业产品的低附加值和低科技含量也直接导致民营企业产品盈利难。这就需要民营企业积极开展技术创新,制定实施技术领先战略,利用技术创新手段改造企业传统产品和业务,通过转型升级提升产品科技含量和产品附加值是民营企业实现可持续性发展的必然选择。

4. 民营企业只有转型升级才能获得市场竞争优势

长期以来,民营企业大多属于劳动密集型企业,所从事的行业多为传统产业,基本处于产业链分工的低端位置,缺乏核心技术和自主品牌,企业管理多为家族式管理,管理水平不高,缺乏适应市场能力和竞争能力,严重制约了产业形态由粗放型向集约型的转变,并且已不能适应激烈市场竞争的要求,甚至危及企业的生存,不转型就有可能被市场所淘汰。

由此可见,民营企业在发展中遇到的上述压力,当前民营企业的转型是生存倒逼之下的转型。为破除这些难题,民营企业只有加快转型升级,增强企业竞争力才能使民营企业真正摆脱困境,并具有持续发展的能力。

三、江西省民营企业转型升级发展瓶颈及原因分析

为了解江西省民营企业转型升级发展中的问题,课题组选取了煌上煌集团(第一产业)、联创集团(第二产业)、思创公司(第三产业)三家企业进行调研,发放问卷调查表,开展深度访谈。课题组依据问卷调查和访谈结果,归纳出民营企业转型升级发展的八个瓶颈问题:人力资源、营商环境、税费、成本、融资、市场开拓、技术创新、企业管理。由于人力资源缺乏,迫使企业花费更多资金留住人才,这大大增加了民营企业的成本;同时,高精尖人才的缺乏影响了企业技术进步和管理创新;成本和税费的压力过重致使企业利润空间有限,换言之资金变少,阻碍了企业进一步开拓市场和研发投入,缺乏足够的资金进行企业战略推进和企业转型升级;民营企业融资难度大,使得规模本身就小的中小企业缺乏有效资金来源,影响了企业市场开拓和技术创新,甚至拖慢了企业管理模式的改革与进步;营商环境差不仅影响对民营企业的政策实施力度,也影响国家政策实施的有效度,只有改善营商环境才能切实地为企业发展服务,促进企业解决成本税费、融资难的问题,从而改善企业现状,促进企业转型升级;同样,市场扩大有利于增加企业资金流入,缓解企业融资困境,增加研发投入、提升企业创新能力,改善企业管理,使企业更适应外界环境变化。这八个瓶颈问题相互关联、相互渗透,以下就八个瓶颈问题的成因一一进行阐述。

(一)民营企业人力资源瓶颈

1. 民营企业难以留住人才,员工流动性较大

相对于其他经济较发达城市,江西省整体经济发展水平较落后,人均薪资水平较低,职业发展机会较沿海地区少,因而江西目前是人才输出大省,江西省被称为"人才发展的后花园",主要为其他发达省份培养和输送人才。大部分民营企业花费大量培训成本培养人才,却难以留住人才。为了留住人才,公司相应采取了许多措施,提供了许多福利、住房、工资奖励,但是江西发展的大环境不佳,人才流动仍然非常频繁,民营企业尤为显著。

2. 高校对高职高专招生比例过低,限制了民营企业对普通工人的招收

我国高校招生不断扩大本科生招生规模,据教育部发布的最新数据,2017

年普通本专科的招生数分别为4107534人和3507359人，本科招生人数远高于高职高专招生人数。然而，江西省大量的民营制造业企业如联创电子更需要具有操作技能的高职高专毕业生从事企业基层制造、组装等普通技术工作。国家每年高职高专招生人数的不足导致民营企业普通技工招聘难、用工缺口很大，不能满足民营企业对普通技工的需求。

3. 高校培养的人才与民营企业人才需求脱节

随着时代的快速发展，知识更新也不断加快，高校教师在“象牙塔”里，难以时刻跟踪国际国内市场最新的知识和技术、及时学习企业中实际运用的知识，导致高校里教师传授的知识与市场脱节。高校沉重的教学科研任务也使得大部分教师忙于日常教学科研工作，没有时间和精力去了解市场和企业对知识的需求，不能将专业课结合企业实际需求来讲授，因而高校很难培养出符合企业知识需要的应用型人才。常常是企业把毕业生招聘来之后，花费长达两三年的时间培训人才，培养出来之后，人才又跳槽了，给企业造成严重损失。某些江西省重点发展的战略性新兴产业，如集成电路设计，极度缺乏人才。

4. 民营企业年轻员工思想不稳定，跳槽频繁

随着时代的发展，市场经济的观念深入人心，年轻人生活条件变好，对生活品质的追求较高，部分员工没有耐心在一个岗位待上很久，频繁跳槽成为青年员工的常态。工作上稍有不顺心，遇上不如意的事，就可能触发青年员工离职。

5. 民营企业普通技术骨干子女不能享受就近入学优惠政策

民营企业普通技术骨干子女就近入学，相对于高管的优惠力度而言，优惠政策明显落后，其中子女入学问题尤为严重。无法就近入学的普通技术骨干子女大多返回家乡就读，由此造成了大部分普通技术骨干的工作不安心、不稳定，常常为了子女的学习教育问题而离职、返回家乡就业，从而导致民营企业人才流失，不利于企业长期稳定地发展。

（二）民营企业营商环境欠佳

1. 政府人员绩效考核内容不完善，影响为民营企业服务的办事效率

现有政府工作人员的绩效考核内容与其对口的企业发展情况没有直接关联，导致相关政府部门的工作人员对于民营企业项目审批、建设采取“不担当、不作为，能躲就躲”的行为态度，直接影响了为民营企业服务办事的效率，阻碍了民营企业的发展成长。

2. 政府基层人员对企业业务不熟悉，政府政策落实不到位

企业接收省委、省政府文件经历的环节过多，在信息传递过程中，容易对文

件精神产生误解，而政府基层办事人员对政府文件不熟，对企业业务了解也不深，无法对症下药解决企业的问题，政府政策落实不到位。

3. 政府官员缺乏企业工作经历，与企业高管沟通不畅

当前政府人员绝大多数没有在企业工作的相关经历，不了解企业经营，很难理解企业的实际难处和需求，无法站在企业的角度思考问题，再加上政府工作人员大多只顾通知上级下发的文件，而操作上不加以思考，因而政府官员常常给企业设限，不利于企业顺利发展。

4. 企业家环境建设欠缺，不利于企业合作

江西省经济发展较为落后，在企业家环境建设上明显不足，缺乏企业家合作商谈需要的休闲交流的场所，因而减少了企业家之间的交往交流，不利于民营企业之间合作的促成。

5. 民营企业与国有企业之间存在地位差距，不受重视

民营企业与国企地位上存在差异，国家出台的大部分政策优先支持国有企业，而民营企业处于弱势的地位，受重视程度不足。

6. 政府成立的商会协会对企业帮助不大

和大部分城市一样，江西省政府建立了各种各样的商会协会，但是对企业帮助不大，反而因为交各种会费而增加了企业负担。加入商会协会成了企业获得行业资质的门槛，并没有帮助企业拓展社会关系网。虽然江西省2017年举办了赣商大会，但是相比于北京等地区，江西地区既无庞大的市场，又无令人舒适的休闲文化场所，更无企业家俱乐部等企业家环境，导致赣籍商人很少产生回本地创业的想法。

（三）民营企业税费负担过重

1. 税收政策尚未针对专门行业解决税费负担的问题

目前，国家税收政策还比较笼统，没有精准地考虑不同行业以及不同规模企业的实际状况出台不同的税收优惠政策。例如“营改增”税收政策重点放在了工业企业，而未考虑到高端的服务型企业，其中有些税收政策并不适用于现代服务业，对企业的发展没有起到应有的扶持作用，税收政策的制定缺乏针对性、专门化和差异化。

2. 企业承担的税率过高

当前，我国税费制度不合理，一刀切的方法不利于实际性降低企业税费，民营企业规模不同，税费承受能力不同。中间环节多，存在重复收税现象，不当征税严重影响了企业的正常运行。在税收上，表现为企业承担的税率过高。例如

在房地产的1.5万/平方米的成本中，开地成本占了一半，大约为6000－8000元，而卖房赋税要收20%（大约3000元），加上项目运营成本和建设成本，总成本很高，极大地增加了民营企业的负担。

（四）民营企业成本高

1. 人工成本居高不下

民营企业在经营过程中承担着巨大的人工成本，如员工工资、所得税、五险一金等。相关的政策没有发挥切实的作用，企业的人工成本费用依然居高不下，对于企业来说是巨大的负担。据国家有关部门统计，江西省政府要求在岗人员工资每年必须增长8%，南昌现有在岗人员工资人均6000元左右，江西省员工工资逐步接近周边省份，因此如果企业没有持续、足够的盈利增长，企业负担会越来越重。

2. 民营企业商业成本过高

民营企业相对于国有企业，企业规模小，制度不完善、不规范，洽谈商业的成本高；政府管理监督方式不当，对民营企业和国有企业没有做到平等保护产权、平等竞争，政策落实不到位，也增加了民营企业的商业成本；民营企业进入外地市场时，外地保护主义过强也增加了民营企业的商业成本。此外，原材料成本上升、市场低迷等因素也变相地拉高民营企业商业成本。压缩企业的利润空间。

3. 民营企业管理成本高

民营企业由于企业规模小，管理模式多为粗放式经营，企业热衷于铺摊子、上规模，盲目追求大而不是精，一定程度上突破了自己承受上限，导致企业成本急剧上升。

（五）民营企业融资难

1. 轻资产行业缺乏资产进行抵押，企业融资难

在企业融资的过程中，不同于工业企业有厂房抵押，许多中小企业、科技型企业并没有大型固定资产，而传统银行只能进行抵押贷款。科技银行可以进行无抵押贷款，经过专家评审，进行小额信用贷款，将科技项目知识产权进行抵押。江西虽然有形式上的科技银行，但是落实起来较为困难，使中小企业生存艰难。

2. 银行偏好增加企业融资难度

大部分民营企业融资渠道主要依靠银行，而银行多在企业资金充足时放贷，很少有银行会在企业资金紧缺时雪中送炭。银行看重风险和企业绩效，一

旦发现企业经营状况不佳，直接撤贷，这对民营企业经营是致命伤害。

（六）民营企业市场开拓需要政府扶持

1. 政府缺乏对江西本地企业的保护与扶植措施

当前政府为加快经济发展，投入大量资金招商引资，引进发达企业，当外地发达企业参与本地市场竞争时，增加了本地民营企业的项目竞标成本，本地企业极难在竞标中获胜。有些上市公司恶性竞争，出于进入某些领域进行长期产业布局考虑，对某些有前景的项目超低价竞标，产生不公平竞争，本地中小企业很难中标、生存艰难。缺乏政府对本地企业保护和扶植措施，不利于本地企业尤其是中小企业的发展。

2. 企业外地市场开拓缺乏政府的中介作用

当本地企业试图开拓外地市场时，如果本地政府没有起到中介联系宣传的作用，往往会受到外地政府的保护主义措施掣肘，阻碍市场开拓进程。

（七）民营企业技术创新瓶颈

1. 企业的技术创新跟不上市场的变化发展

现阶段，随着信息科技的飞速发展，市场经济也呈现出快速变化的态势，跟不上时代变化的企业只能被市场淘汰。大多数民营企业虽然了解市场发展先机，但是缺乏足够的资金进行科技创新，以及缺少相应的渠道进行企业转型升级，导致企业无法跟上市场发展的步伐，进而被淘汰。

2. 高校科研管理导向与企业偏离，实质性的“校企合作”难以达成

目前大部分高校没有做到“去行政化”，高校的科研带头人绝大多数肩负行政职务，这导致了高校与企业合作研发时存在诸多问题：高校的科研骨干忙于行政事务，能到企业参与研发的时间很少，造成合作研发效率较低下、日常工作难协调、经费分配难等等。相对于其他发达城市，江西省优秀高校数量较少，教授、博士总量相对不足，同时教授、博士大多以做科研评职称为首要任务，与企业的合作研究成果不纳入考核范畴，教授、博士们对企业的科研需求关注不多。教授、博士们获得的课题绝大多数来源于政府，课题研究内容和经费均由政府决定，没有用于解决企业实际问题。此外，大部分高校与企业合作的博士后工作站流于形式，大多“纸上谈兵”，并不能真正解决企业的问题。上述原因导致实质性的“校企合作”难以达成。

（八）政府对企业管理水平支持不足

政府行为对民营企业管理也产生了一定的影响。首先，一些民营企业历史上曾经有过一些不规范行为，这些行为延续下来了，导致政府按照老印象、老办

法处理与民营企业的关系，使得民营企业经营管理得不到政府支持。再者，政府部分官员对民营企业不“亲”的现象仍然存在，部分政府官员只顾下达上级文件，不顾及政策是否适用于该企业，政策之间有时还存在冲突却未进行协调，政府也没有更多关注企业发展状况，工作方式单一，因而民营企业无法真正落实政策，难以针对性改变和提升企业管理模式，在一定程度上阻碍了企业管理水平的提升。另外，企业党建活动是营造企业文化、提升企业凝聚力、竞争力的重要途径。当前政府缺乏对民营企业党建活动的重视，没有像对国有企业一样给予党建活动资金投入、学习培训机会，不利于民营企业文化氛围的营造，不利于企业管理水平的提升。

四、江西省推动民营企业转型升级新路径和对策

根据对民营企业瓶颈的分析，课题组提出了八条对策：缓解人力资源瓶颈、改善营商环境、降低企业税率负担、降低企业成本、缓解企业融资困境、政府扶助企业开拓市场、增强企业技术创新水平、政府扶助企业提升管理水平。这八个对策互相促进、相辅相成，共同促进企业转型升级。例如：企业转型升级关键需要人才，高精尖人才是技术创新的主体，是提升企业管理水平必备人员，为企业开拓更广阔的市场；企业税率降低，有利于企业降低成本，缓解企业资金压力，帮助企业将更多资源投入研发创造，让企业更快融入市场，增强竞争实力。

课题组把民营企业转型升级的新路径和对策概括为：民营企业应审时度势，走产业创新转型升级之路，积极招募科技创新各类人才；建立现代企业制度，转家族管理模式为科学管理模式；降低成本税费，完善民营企业转型升级的金融支持，拓展民营企业融资渠道；强化民营企业转型升级的政府服务支撑，优化营商环境；加强品牌建设，在政府扶持下积极拓展国内外市场，最终达到提升民营企业核心竞争能力、持续健康发展的目的。

（一）缓解人力资源瓶颈

1. 积极培养符合企业实际需要的人才

（1）针对企业对普通技工招工难的现象，建议国家调高对高职高专学生的招生比例，满足企业对普通技工的需求。

（2）建议政府引导高校转变人才培养方针，以市场需求为导向培养人才，课程设置和教师授课内容紧跟市场新知识、新技术，注重学生实践能力的训练，学生在校期间就安排学生参与实际项目的开发，培养实战能力、积累工作经验。为缓解企业某些专业人才极度缺乏的问题，高校应该设立相应学科，提供源源

不断的高级专门人才。

2. 政府帮助企业招募人才

(1)政府扶持成立“人力资源派遣公司”,培养具有较高技术能力的人才,帮助企业降低招聘、培训成本,降低薪酬支出,规避裁员(特别是用人单位大批量裁员)的风险。

(2)加强江西省与中部六省人力资源服务合作,鼓励省市政府寻找对口省市,合作搭建人才信息共享交流平台,扩宽人才获取渠道,引导省内外人才向江西汇聚。尤其要加强引导中部六省院士、专家等高层次人才对口支持江西省民营企业的发展。

3. 政府帮助企业留住人才

(1)政府对于企业已经引进的骨干人才给予适当补贴,帮助解决他们购房、子女就近入学问题,为他们解决后顾之忧,让他们安心工作。

(2)政府帮助企业组织青年员工进行思想教育培训以及相关的团建活动,增强青年员工对企业的归属感,稳定青年员工思想,稳定员工队伍。

(二)改善营商环境

1. 完善政府公务员绩效考核制度下,提高服务企业的效率

(1)转变政府公务员的考核指标导向,加强对基层公务员的业务培训,将考核指标与政府公务员服务的企业发展业绩、服务效果挂钩,让公务员从主观上愿意主动为企业服务。政府官员在执行政策时要考虑可能产生的负面影响,考虑实际执行同政策初衷的差别,考虑同其他政策是不是有叠加效应,不断提高政策水平。各地区政府各部门要提高工作艺术和管理水平,从实际出发,加强政策协调性,细化、量化政策措施,制定相关配套举措,推动各项政策落地、落细、落实,让民营企业从政策中增强获得感。

(2)优先选拔有企业工作经历的公务员担任政府官员,或派遣公务员到企业承担实质性的工作,使政府官员拥有真实的企业管理经历,真正拥有企业家思维,能用企业家思维支持企业发展。

(3)加强政府自身建设,深入推进政府职能转变,简化审批环节。国有和民营经济一视同仁,平等对待大中小企业,尤其支持中小企业健康发展,并为此加强组织保障和监督问责。

(4)建议政府加强文化建设,加快思想进步,增强江西省的企业文化、市场经济文化氛围,开放、营建一些适合企业家洽谈合作的商业文化场所,促进企业间合作的形成,引导赣商回流。

(5)行业内龙头企业给予"一企一策"的扶持措施。建议在全省范围内梳理、遴选一批创新能力强、具有自主知识产权、发展前景好、能参与全球合作与竞争的上市公司或龙头骨干企业,集中省、市、区有限资金,采取"一企一策"给予重点支持,培育扶持企业快速发展壮大。

(6)做强、做大产业链配套区。江西近期引进了许多终端制造厂商,如移动通信智能终端制造厂商,由于江西移动通信智能终端上下游产业链比较齐全,可以形成具有江西特色的电子信息产业竞争优势。对于类似的产业链,建议政府出面组织、引导产业链上下游的产业配套,同时加大省内产业链配套的奖励力度,鼓励产业链的形成。

(7)建议政府加强对商会协会的管理,积极协调委派相关优秀企业管理人员在商会协会进行相关培训,提升商会协会对行业企业发展的作用,将商会协会建成海内外赣商汇聚的总会。

(三)降低企业税率负担

1. 区分细化行业制定专门化的行业税率

建议改革完善增值税,按照三档并两档的方向调整税率水平,对行业制定更加细化和专门化的行业税率,重新制定小规模纳税人的年销售额标准,扩大享受减半征税优惠的小微企业范围。落实好减税降费措施,尤其是对营改增等减税措施要抓紧到位。

2. 降低企业税费

(1)建议对高等院校、科研机构、企事业单位的科技人员和留学归国人员投资创办的科技型企业,或以其技术成果、专利参与投资入股以及为民营企业提供技术服务的,对其征收的个人所得税地方留成部分,3 年内由同级财政部门给予全额奖励。

(2)对于民营企业新产品开发、新技术研制所产生的费用,以及对科技成果引进、转化、生产过程中所形成的相关技术开发费用,建议按实计入管理费用,不受比例限制。民营企业研制过程中,对开发成功的国家级重点新产品和省级高新技术产品,自认定之日起 2 年内,由同级财政对增值税地方留成部分给予补助。

(3)建议鼓励市内外民间资本投资创立担保公司,民营担保公司自成立之日起,3 年内免征营业税,免收各项行政事业性规费。

(4)建议对小微企业、科技型初创企业可以实施普惠性税收免除。要根据实际情况,降低社保缴费名义费率,稳定缴费方式,确保企业社保缴费实际负担有实质性下降。

（四）降低企业成本

1. 降低人工成本

（1）研发人员的工资成本是高新技术企业、高端服务型企业成本中最大的一部分，建议政府出台政策允许将研发人员、技术骨干等人员的所得税进行税前抵扣，减少高新企业的人工成本。

（2）建议政府出资培训人才的计划指标向民营企业从业人员开放，民营企业用于员工培训的经费，可按实列入成本。

2. 降低交易成本

（1）切实降低企业制度性交易成本。建议清除影响民间资本公平进入和竞争的各种障碍，促进各类市场主体公平竞争，深化“放、管、服”改革，放宽市场准入，加强事中和事后监管，保障企业的投资主体地位，降低企业制度性交易成本。

（2）建议科学合理确定车辆通行收费水平，将选择部分高速公路路段开展分时段差异化收费试点，争创全国首批物流业降本增效综合改革试点省，为企业降低物流成本。

（3）建议进一步清理、精简涉及民间投资管理的行政审批事项和涉企收费，规范中间环节、中介组织行为，减轻企业负担，加快推进涉企行政事业性收费零收费，降低企业成本。

（五）缓解企业融资困境

1. 成立服务于民营企业的专业性银行

（1）建议成立民营银行，推进金融业供给侧改革，增强服务民营业经济特别是中小微企业能力，切实为中小企业融资“减压扩径”，缓解中小微企业融资门槛高、成本高、过程难等难题。

（2）建议针对高新技术企业建立“科技银行”，运用新型的抵押模式：经过专家评审的新技术，如具有发展前景，可以进行小额的信用贷款，可以用科技项目、知识产权进行抵押贷款。

2. 降低民营企业融资难度

（1）建议政府设立专项基金扶持企业，如可设立民营企业“走出去”发展专项资金、创新发展专项资金等，向通过专家评审后的企业提供资金，并成为股东，如企业发展失败，则与企业共同承担风险；如若企业发展良好，则可以退出资金，可由企业用1∶1的价格买回股份。对于优质的并已成功“走出去”的民营企业进行重点扶持，形成引导效应。对有股权质押平仓风险的民营企业，有政府相关部门要抓紧研究采取特殊措施，帮助企业渡过难关，避免发生企业所有权转移等问题。除国开行等政策性银行，希望更多商业银行也能为民营企业“走出去”提供低成本融资，以提高“走出去”竞争力。

（2）建议地方政府对符合经济结构优化升级方向、有前景的民营企业进行必要财务救助。省政府和计划单列市可以自筹资金组建政策性救助基金，综合运用多种手段，在严格防止违规举债、严格防范国有资产流失前提下，帮助区域内产业龙头、就业大户、战略新兴行业等关键重点民营企业纾困。建议政府高度重视三角债问题，纠正一些政府部门、大企业利用优势地位以大欺小、拖欠民营企业款项的行为。建议政府设立产业发展基金，缓解企业资金不足的压力。例如，集成电路产业在企业发展的初期需要投入大量的资金，大部分民营企业由于资金不足而放弃发展集成电路产业。因此，建议政府主动投资设立集成电路产业基金，一方面缓解企业的资金压力，另一方面鼓励有潜力的企业发展集成电路，建立南昌市集成电路产业集群，促进产业发展。

（3）采用“无还本续贷”的方式支持民营企业，“无还本续贷”是指贷款到期后，企业要获得银行的续贷，不必像以往一样必须“先还后贷”，而是依据该业务事先的约定可直接获得银行续贷。

（4）加强融资担保扶持力度。建议扩大金融市场准入，拓宽民营企业融资途径，发挥民营银行、小额贷款公司、风险投资、股权和债券等融资渠道作用。建议政府着力扶持一批资本金额过亿元、管理符合国家规范、金融信用良好的信用担保机构。在为初创企业和小微企业提供的融资服务过程中，政府能够根据担保机构反馈情况，给予一定的资金奖励。由工商机关办理股权出资和动产抵押登记，为初创企业和小微企业提供新的融资渠道。

（5）建议改革和完善金融机构监管考核和内部激励机制，把银行业绩考核同支持民营经济发展挂钩，解决对民营企业不敢贷、不愿贷的问题。

（六）政府扶助企业开拓市场

1. 政府加强本地企业的保护与扶植

（1）鉴于市场竞争激烈，建议政府优先扶植、发展本地的企业，进行市场保护，有条件的情况下，本省项目向本省企业倾斜，扶持本省企业壮大。建议政府对民间商会、协会进行指导与分管，协调外地企业与本地企业进行项目的合作，促进企业间的交流合作。政府的意识要与时俱进，尽快从传统的工业经济意识转换成市场经济意识，营造更适合企业发展的营商环境，维护市场秩序、规范执法行为、保护民营企业家合法权益。

(2)政府扶助企业推进“一带一路”建设,扶助企业参与国际合作,积极开拓国际周边市场,扩宽市场开放程度。建议继续组织举办“赣商大会”等展会,吸引东部地区企业、机构参加展会,同时支持江西省民营企业也参加东部地区展会。推动江西民营企业与长三角地区企业融合发展,加强基础设施联通、产业转移承接、科技研发与成果转化等重点领域的合作。支持江西民营企业与中部经济带、长江经济带、珠三角地区企业机构的经贸投资合作。

2. 政府为企业开拓外地市场提供中介作用

对于企业在外地开拓市场受到地方保护主义影响的问题,建议政府帮助企业与当地政府联系,帮助宣传企业产品,让本地人了解产品,在当地获得能开放的市场政策,合理竞争,避免恶性竞争。

(七)增强企业技术创新实力

1. 提供科技创新资金补助

建议政府对民营企业新增研发设备,经确认为市科技研究开发机构的,可按照研发设备实际投入额的10%—30%予以补助,补助金额最高1000万元;新增研发设备属于已设立但未带产业化项目的研发机构,按照实际投入额的10%~30%予以补助,补助金额最高500万元;经考核评估,对于提供公共开放式服务的研发机构,在以上补助的基础上,追加10%的补助比例。

2. 调动高校的科技力量,促进“校企合作”实质性合作

(1)建议政府推动高等院校的“去行政化”工作,使高校科研带头人不再陷于行政工作中,有足够的时间和精力与企业合作研发;建议政府引导高校改变教师科研考核、职称评定导向,把与企业合作的创新成果及产业化水平也纳入教师科研考核、职称评定范畴,真正引导高校的科研力量支持企业技术创新。

(2)鼓励江西省高校与省内以及对口合作省市建立科技创新合作机制,加强产学研用合作,促进跨区域科研合作和成果转化,加大高校与企业、本省与外省科技对接交流活动的力度。鼓励江西省高校和民营企业借鉴东部发达地区在科技成果处置权、收益权、股权激励等方面的经验做法,推动科技成果产业化。

(八)政府扶助企业提升管理水平

1. 政府出面邀请管理专家对企业管理人员、负责企业发展的相关政府管理人员进行专门的培训,提高管理水平;为企业发展辅导、诊断,帮助企业发展。建议政府根据民营企业发展阶段,本着“一企一策”的原则,建立一套评审制度

以深入了解和评估民营企业运营状况，总结民营企业管理方面的问题，对症下药帮助民营企业提升管理水平。

2. 建议政府对民营企业党建活动能给予资助，参照国企给党务工作者和党务经费适当补贴。在给党务工作者培训方面，能像国有企业一样重视，给予一定的学习机会，提供一定的学习平台。通过帮助民营企业发展党建，政府帮助民营企业提高管理质量。

3. 建议政府把构建“亲”“清”新型政商关系的要求落到实处，把关心支持民营企业经营管理作为一项重要任务，花更多时间和精力了解、关心、指导民营企业发展和民营企业家成长，政府官员同民营企业家打交道在守住底线、把好分寸的同时，对民营企业家的正当述求耐心倾听，积极主动为民营企业提供经营管理和发展的指导、服务，帮助民营企业管理发展更科学、有效、长远。

案例一：联创电子科技股份有限公司转型升级案例

一、联创公司的发展历程

（一）联创公司发展历史

2006 年，江西省电子集团与台商英孚国际公司合资设立联创电子有限公司，注册资本为 3 亿元。2009 年，联创电子再次引进台商——金冠国际公司，成为公司股东，公司开始生产光学镜头。2010 年公司业务向 2.5D 触摸屏拓展，2011 年 5 月，省电子集团整体，联创电子的高层管理人员成为公司股东，公司性质从国有体制转变为混合所有制民营企业。随后，硅谷天堂、浙商创投等专业风险投资机构进入公司，为联创电子未来上市做准备，并于 2013 年完成股份公司改制，正式更名为“江西联创电子股份有限公司”。2015 年“江西联创电子股份有限公司”借壳“汉麻产业投资股份有限公司”，进行重大资产置换及非公开发行股份购买资产，在深圳证券交易所成功上市。从公司创立到 2015 年，联创电子主要业务涉及触控显示屏和光学器件两大领域，从 2016 年起，公司更名为“联创电子科技股份有限公司”，并设立江西省第一家集成电路产业基金——江西联创硅谷天堂集成电路产业基金，业务领域向芯片、无线充电、无触点继电器等集成电路相关配套产品方向发展。2017 年，公司总部注册地址由宁波市鄞州区回迁到南昌市高新区，成为江西省第 38 家 A 股上市公司。

（二）联创公司业务领域及经营情况

联创电子重点发展光学镜头及摄像模组、触控显示器等新型光学光电子元器件,产品可广泛应用于智能终端、智能汽车、智慧家庭领域,注重技术创新和管理创新,提升企业核心竞争力,已具备年产高清广角镜头及手机镜头1.0亿颗、触摸屏6000万片、显示模组8000万片、触控显示一体化8000万片的生产能力,着力打造中国一流的移动通信关键零部件制造基地。目前,联创电子在江西省南昌、万年、重庆三地拥有四个产业园区,占地700亩,2017年销售收入达50亿元。公司最近三年的经营业绩情况:

联创公司近三年财务资产情况表　　单位:万元

年度	总资产	净资产	资产负债率%	销售收入	利润
2015	286116.6	156180.6	45.41	142332.7	19226
2016	386546.3	178477.3	53.82	297151.5	25863
2017	491526.6	188376.5	61.68	505438.4	34474

二、联创公司享受的政策优惠

(一)高新区政策优惠

对照兑现政策条款估算,2017年联创电子在高新区享受到的兑现降成本、优环境、促发展若干政策优惠765.76万元,主要有:

1. 对新上项目予以投资补贴

对新上项目予以投资补贴。对于企业新上项目(属于区重点支持的主导产业,含技改扩产项目、异地搬迁扩产项目),建设周期1年内、固定资产投资5000万元—1亿元以上的项目,给予企业实际完成投资额5%的补贴。建设周期2年内、固定资产投资1亿元至5亿元(含)以内的项目,给予企业实际完成投资额不超过8%的补贴;建设周期3年内、固定资产投资在5亿元以上的项目,给予企业实际完成投资额10%的补贴。单个项目补贴额最高不超过5000万元,重大项目一事一议。

2. 业绩、税收增长奖励

企业年主营业务收入(不含税)已达1亿元以上且年增长20%以上、5亿元以上且年增长15%以上、已达10亿元以上且年增长10%以上、50亿元以上且保持增长,给予一次性20万元、30万元、40万元、60万元的奖励。重点贡献企业"一事一议"另行确定奖励标准。

年纳税额达1000万元以上且年增长30%以上的企业或年纳税额达5000万元以上的企业(不含房地产),由区财政一次性给予20万元的奖励;纳税额每增加1000万元，加奖10万元，最高奖励额不超过100万元，用于奖励企业经营班子成员。对当年实际缴纳工业增值税增长超过前三年纳税平均数15%以上的规模以上工业企业给予年度纳税激励奖励。业绩奖励与纳税贡献奖励不重复享受，奖励标准就高不就低。

3. 出口奖励

企业年度实际出口3亿美元（含）以下的，每出口1美元给予企业0.02元人民币的出口奖励；企业年度实际出口3亿美元以上的，3亿美元（含）以下部分按每出口1美元奖励0.02元人民币标准执行；3亿美元以上部分，每出口1美元给予企业0.03元人民币的出口奖励。

被评定为江西省重点出口品牌企业的给予最高支持不超过5万元奖励，被评定为ISO系列管理体系认证的给予最高支持不超过10万元奖励。

4. 申请省级两化融合示范企业奖励

对新获得国家、省、市级两化融合示范的企业，分别给予企业30万元、20万元、10万元的一次性奖励。

5. 给予工业企业进行水、电、气补贴奖励

凡符合国家产业政策和节能减排要求，年主营业务收入（不含税）达1亿元以上且年增长10%以上的工业企业，对其生产性的水、电、气费用予以补贴。补贴标准以上年所耗水、电、气的数量为基数，对当年超出基数部分进行补贴。电费按不超过0.15元/度进行补贴，燃气按不超过0.2元/立方米进行补贴，工业生产用水按不超过0.5元/吨进行补贴，全部补贴最高不超过200万元/年。

6. 省级优秀新产品认定一、二、三等奖奖励

对当年获得省级优秀新产品认定一、二、三等奖的企业，给予企业10万元、5万元、3万元的一次性奖励。（同一项目多次获奖从高且不重复奖励）。

7. 科技人员创新奖励

对高新区内企业（含机构）新获得国家科技进步或国家发明特等奖、一等奖、二等奖的，分别一次性给予获奖者100万元、80万元、50万元奖励。新获得省科技进步奖一等奖、二等奖、三等奖的，分别一次性给予获奖者20万元、10万元、5万元奖励。

（二）南昌市政策优惠

在南昌市享受到的扶持工业企业发展政策兑现217.88万元，主要有：

1. 内陆运费补贴

对年出口额500万美元及以上的自营出口工业企业，资助其50%以内、不

超过100万元的外销内陆段运费。

2. 收入增长奖励

设立南昌市重点工业企业上台阶奖，对年主营业务收入首次突破500亿元的企业奖励100万元，突破200亿元奖励60万元，突破100亿元奖励40万元，突破50亿元和10亿元的企业，分别奖励20万元和10万元，为了进一步鼓励企业发展，每上一个台阶奖励一次。设立市重点工业企业增长奖，对当年主营业务收入较上年增幅达到30%及以上的，一次性奖励20万元。

3. 增产增效奖励

市重点产业引导资金扶持项目，每年发布本地主机企业配套产品需求，对民营企业针对本地主机企业配套需求进行产品开发、转产扩能的项目，可优先列为市重点产业引导资金扶持项目。我市工业企业全年采购无资产关联本地工业企业产品金额超过500万元的，按采购额500万元以上部分的5‰给予奖励，单户企业奖励不超过200万元。

4. 融资租赁补贴

以《产业结构调整指导目录》为依据，对工业企业新上的鼓励类技术研发改造项目给予补助，具体补助为：若其设备投入超过300万元，按购买设备发票额300万元以上部分的6%进行补助，同时最大补助金额不超过300万元。若企业按照融资租赁方式购买生产设备，则按中国人民银行同期贷款基准利率计算利息额的20%，给予不超过100万元的贴息支持。

5. 认定高新技术企业奖励

严格按规定落实高新技术企业减按15%税率征收企业所得税。积极帮助企业申报国家高新技术企业，对在外地已获得科技部国家高新技术企业认定的企业，在南昌市新设立的全资或控股子公司，所从事的生产经营业务未改变并与母公司生产同类产品的，经核定后，三年内由受益财政按企业实际缴纳的企业所得税税率与国家高新技术企业优惠税率的差额予以补差。

6. 认定重点新产品奖励

对新评为省、市优秀新产品一等奖的企业，分别一次性奖励3万元、2万元。

(三)上市公司总部迁入奖励

联创电子是借宁波"汉麻产业"的壳上市的，在迁回江西南昌的过程中受到了省、市、区政府和省商务厅的高度重视，最终成为江西第38家上市公司，迁址完成后，省、市和高新区都给了相应的奖励支持。

(四)获省重创资金和市重点产业引导资金的支持

1.《年产2640万颗高清广角镜头、2880万套摄像模组产品产业化项目》被

省工信委列为省重创项目和省重点骨干项目

对省级中国制造2025专项资金进行统一安排部署，以质押或股权投资方式，对20个左右重点创新成果产业化项目，给予1000万—2000万元的资金支持；对5个左右重点产业骨干工程，按照“一项一策”来执行，采用质押、股权投资或贴息等方式，给予5000万元的资金扶持，不受年份限制，扶持资金总额不超过项目总投资的30%。

2.《新型高清广角镜头及模组产业化》得到了南昌市重点产业引导资金的支持

引导资金管理机构与项目承担企业签订协议，对选定项目进行直接股权投资或债权投资或管委会指定的其他方式，投资额视项目情况确定，股权投资不能成为第一大股东；子基金投资额度以合同或协议为依据。

（五）高新企业税收优惠

享受高新技术企业税收优惠、研发费加计扣除等可降低税费负担2134.52万元。高新技术企业减按15%税率征收企业所得税。对企业开展研发活动中符合规定条件的研发费用，未形成无形资产计入当期损益的，在按规定据实扣除的基础上，按照本年度实际发生额的50%，从本年度应纳税所得额中扣除；形成无形资产的，按照无形资产成本的150%在税前摊销。企业符合研发加计扣除条件的工业设计费用，按照税法规定享受企业所得税前加计扣除政策。对符合条件的纳税人提供技术转让、技术开发和与之相关的技术咨询、技术服务免征增值税。

二、联创公司在转型升级发展过程中面临的问题

（一）普通技术骨干子女就近入学的优惠政策落实不到位

相对于企业高管子女就近入学的政策优惠力度，普通技术骨干的优惠政策明显落后，其中子女入学问题尤为严重，无法落实就近入学问题的子女大多返回家乡就读，由此造成了大部分普通技术骨干的工作不稳定性，为了子女的学习教育问题而返回家乡就业，导致企业人才流失，不利于企业的健康发展。

（二）企业年轻普通技工流动性较强，稳定性差

联创电子作为一家精密器件的制造业企业，需要大量的普通技工进行器件的制造、组装和监控等，现阶段拥有5000多名员工，其中普通技工占了绝大部分，这些普通技工大多为20岁左右的年轻人，由于年轻人生活压力较少、心理不稳定、制造业基层工作大多重复机械等原因，这些普通技工常常跳槽、选择新

工作尝试，进而导致企业普通技工的工作缺乏稳定性，流动性较强。

（三）普通技工招聘较难，国家培养大专及中专学历的技术工人不足

我国高校的招生不断扩大本科生招生规模，据教育部发布的最新数据，2017 年普通本专科的招生数分别为 4107534 人和 3507359 人，本科招生人数远高于专科招生人数。然而实际上，类似联创电子等制造业企业更需要具有实践能力的大、中专科毕业生从事基层制造、组装等普通技术工作，普通技工招聘难、缺口很大，但是国家对大、中专科生招生不足，不能满足企业对普通技工的需求。

（四）资金筹措压力大，政策落实不够

随着联创电子规模的逐步扩大，公司通过筹措资金实现多个重大项目的产业化，其中部分资金通过银行借款、发行企业债、配股和利润盈余等方式筹措，另一部分则通过申请省、市、区产业引导资金进行筹措，同时，多次联合多个企业设立产业发展基金，但是由于政策落实不到位，产业基金运行受阻，资金到位时间延后，进而严重影响了产业化项目的实施进度。

三、促进联创公司转型升级发展的建议

（一）行业内龙头企业给予"一企一策"的扶持措施

建议在全省范围内梳理、遴选一批创新能力强、具有自主知识产权、发展前景好、能参与全球合作与竞争的上市公司或龙头骨干企业，集中省、市、区有限资金，采取"一企一策"给予重点支持，培育扶持企业快速发展壮大。

（二）做强、做大江西移动通讯智能产业链配套区

江西近期引进了许多移动通信智能终端制造厂商，江西移动通信智能终端上下游产业链比较齐全，形成具有江西特色的电子信息产业竞争优势，建议政府出面组织、引导产业链上下游的产业配套，同时加大省内产业链配套的奖励力度，鼓励产业链的形成。

（三）积极落实优秀人才子女入学等问题

随着公司产业规模的不断扩大，人才缺口急剧增大，为了更好地招募优秀人才、稳定优秀人才，建议请高新管委会出面协调解决联创电子优秀人才的子女就近就读小学、初中、高中的问题，解决优秀人才的后顾之忧。

（四）积极建设集成电路公共服务平台

随着当今世界全球网络化、信息化、知识化浪潮兴起，集成电路产业战略地位的重要性越发突显，建设集成电路公共服务平台有利于促进南昌市集成电路

企业发展,对推进江西省集成电路产业发展具有重要意义。政府应该加强对集成电路产业的重视,积极解决原5000万建设集成电路公共服务平台的资金投入问题,落实资金到位。

(五)设立产业发展基金,缓解企业资金压力

企业发展集成电路产业的初期需要投入大量的资金,大部分民营企业由于资金不足而放弃发展集成电路产业。目前,联创电子发展集成电路产业的资金主要由江西联创硅谷天堂集成电路产业基金提供,而该项基金的投资基本由企业出资,增加了企业的资金压力,提高了产业成本,因此,建议政府主动投资设立集成电路产业基金,一方面缓解企业的资金压力,另一方面鼓励有潜力的企业发展集成电路,建立南昌市集成电路产业集群,促进产业发展。

(六)加大对各类专业人才的引进和培育

集成电路是国家战略性新兴产业,而制约其发展的一大问题是集成电路设计人才的极度缺乏。高校应该加强集成电路一流人才的培养,设立如微电子等类型的学科,培养集成电路所需的高级专门人才,为南昌市集成电路产业可持续发展提供源源不断的高级专门人才力量。另外针对企业对普通技工招工难的现象,建议国家调高对大、中专科生的招生比例,满足企业对普通技工的需求。

附录1:外省促进民营企业转型升级发展的政策参考借鉴

1. 厦门市:对科技研发机构提供资金补助

集成电路:经确认为厦门市科技研究开发机构的,可按照其新增研发设备等实际投入额的30%予以补助,补助金额最高2000万元;对于在厦门设立未带产业化项目的研发机构,按照新增研发设备等实际投入额的30%予以补助,补助金额最高1000万元;经考核评估,对于提供开放式服务的研发机构,在以上补助的基础上,追加10%的补助比例。

2. 陕西省:对推动中小企业上市提供金融支持

陕西省积极推动中小企业上市,实施"中小企业融资渠道拓展行动计划",通过建立省级拟挂牌新三板后备企业资源库和专家团,出台奖励政策、分层培训、推动银行业金融机构推出特色产品等举措,强力推进中小企业在"新三板"挂牌。

3. 四川省:降低企业成本

四川省加大降税清费力度,合理规定过往车辆收费标准,针对目前"一刀

切”的收费现状，该省将选择部分高速公路路段，率先开展分时段、差异化的收费试点，在全国范围内争创首批物流“降本增效”综合改革的试点省份，为企业降低物流成本。

4. 重庆市：全面优化营商环境促进民营经济发展

针对以政府、开发园区、政府平台公司为源头的资金拖欠问题，政府每年集中清理一次，在政府投资工程中，对于核定拖欠民营企业的款项，督促其依法依规分类及时清偿。

引导政府机关工作人员站在企业角度分析问题，与民营企业及其负责人开诚布公交流，帮助其解决实际困难，优化政府的服务功能。

根据实际条件对高速公路收费标准进行调整和优化，对往来本市高速公路的货物运输车辆在通行费上给予一定优惠，降低企业物流成本。

进一步建立和完善民营企业尤其是小微企业的续贷政策，制定贷款条件门槛，为满足贷款条件的企业办理转贷服务，允许“无还本续贷”和使用“应急转贷”。

5. 天津市：增加资金投入、优化服务、缓解税收成本、人才政策

提升创新创业平台服务管理能力，划拨专项基金支持创新创业，引入各类信用良好的投资机构，允许其对创新创业项目参股投资。

实施创新创业平台经营者培训计划，提高经营管理水平。建设小微企业公共服务平台和创业创新示范基地，在影响企业发展的关键因素方面给予大力支持，比如在场所、用地和税费等方面给予一定优惠，免费提供管理指导、技能培训、市场开拓、标准咨询、检验检测认证等服务。

政策方面大力支持民营企业育才聚才，出台鼓励民营企业专业技术人员积极申报职称的政策；对民营企业有突出贡献的专家，支持其申报政府特殊津贴；在有突出技术专家的民营企业建立企业首席技师制度，并根据其贡献状况，对首席技师给予奖励；根据职业紧缺程度及员工技能等级状况，在办理居住证积分落户时，对民营企业中获得高级技工及以上职业资格证书的高技能人才，给予相应政策支持。

6. 广东省河源市：对企业技术创新提供资金支持

市本级财政每年安排5000万元，通过股权投资、贷款贴息、事后奖补等方式，鼓励企业更新设备、转型升级，实施“机器换人”和“互联网+”战略，开展智能化改造。每年安排300万元民营经济发展专项资金，鼓励小型民企开展自主创新和技术改造。每年安排科技创新专项资金，全额补贴小微企业首件发明专

利授权的申请费和代理费，对每年授权的发明专利达到5件以上、增长率超过30%的中小微企业给予一次性资助3万元，对年授权发明专利达到10件以上、增长率超过50%的企业给予资助10万元。

附录2：江西省促进民营企业转型升级发展的政策

1.《江西省人民政府关于进一步加快民营经济发展的若干意见》

(1)民营科技型企业进行技术转让以及在技术转让过程中发生的与技术转让有关的技术咨询、技术服务、技术培训的所得，年净收入在30万元以下的，暂免征收所得税，超过30万元的部分，依法征收所得税。

(2)在人才引进方面，对引进急需紧缺高层次人才，提出了较优惠的支持措施，其中，对引进的院士给予1000万元的项目资助和300万元安家费，配备工作助手和工作用车；对引进的国家"千人计划"专家，给予500万元到1000万元的创新创业项目资助。

2.《关于支持民营小企业创业基地建设的若干意见》

鼓励各地建设高起点、高标准的民营小企业创业基地，重点支持利用各类闲置场地改造建设成为民营小企业创业基地。省级财政要在扩大中小企业发展专项资金规模基础上，统筹安排部分资金用于支持民营小企业创业基地的基础配套设施建设、创业环境改造、创业辅导培训、厂房场地租金等方面的补助和对优秀民营小企业创业基地的奖励。市县政府也要在扩大中小企业发展专项资金规模基础上加大资金支持力度，同时引导民间资本投资建设民营小企业创业基地。

3.《中共江西省委、江西省人民政府关于大力促进非公有制经济更好更快发展的意见》

鼓励引导民间资本进入法律未明确禁止准入行业和领域；放宽经营条件，企业工商登记时由"先证后照"改为"先照后证"；企业注册资本实缴登记制度转变为认缴登记制度等。新政不仅对民营经济"非禁即入"，而且还透出"宽进+严管"的政策导向，将极大促进江西省民营经济的发展。

4.《关于加快推进企业上市的若干措施》

在江西省发展升级引导基金的框架下，设立企业上市省级专项引导基金，通过市场化运作，采取直接投资、跟进投资及投贷联动等方式，重点投向上市后备资源库企业，加快推动企业上市。各地要充分发挥财政资金杠杆作用，设立企业上市专项基金，积极引导各类社会资本共同参与拟上市企业股份制改造，帮助企业提升对接资本市场能力。

按照“培育一批、股改一批、申报一批、上市一批”梯次推动模式，建立江西省重点上市后备企业资源库(以下简称上市后备资源库)，由省政府金融办会同省发改委、省工信委、省财政厅、省科技厅、省商务厅、江西证监局等部门，在企业自愿、设区市集中申报的基础上，每年遴选一批主营业务突出、竞争能力较强、发展前景较好的重点拟上市企业入库，实行动态管理，优先享受有关优惠政策。

案例二：思创公司转型升级发展案例

一、思创公司简介

思创公司全称为思创数码科技股份公司，于 1991 年成立，是一家专门从事软件系统研发、实施与服务，大型信息系统和建筑智能化系统的规划设计、集成与服务，IT 产品销售的高科技公司，涉及诸多领域，在国内为许多行业提供涵盖 IT 咨询、设计、建设与服务一体化、全过程的解决方案服务。该公司还拥有国家计算机信息系统集成壹级资质、建筑智能化工程专业承包壹级资质、建筑智能化系统设计专项甲级资质，是连续七年属于中国软件百强企业，属国家规划布局内重点软件企业。

(一)企业发展历程

思创公司的产品转型发展过程是：硬件及硬件的服务技术→硬件集成→应用软件、集成软件→大数据、云计算、互联网产品。

具体发展历程如下：

1991—1994 年，开始涉足网络工程、行业软件开发、并成为康柏、HP、IBM、联想等国内外知名品牌的授权代理，公司四维业务初具规模。

1995—1998 年，公司成功进行了股份制改造，成立了按业务方向划分的三大中心：系统集成中心、技术服务中心和营销中心。

1999—2002 年，公司行业业务、服务业务、分销业务、零售业务以每年超过 50% 的增长速度蓬勃发展，走上了良性发展的快车道。

2003 年，思创与宜春清华公司成立江西宜春思创泰华信息产业有限公司，与浙大网新公司(上市公司)强强联合成立江西网新思创信息科技有限公司，投资控股江西华科电子有限公司，思创科技园区项目(位于南昌高新开发区)也正式启动。

2004 年,思创科技园主体竣工,思创数码成为江西省财政厅指定唯一网络安全系统集成商。

2005 年,公司与微软公司共同组建“江西微软技术中心(Jiangxi Microsoft Technology Center)”,思创被东湖区委、东湖区政府授予 2004 年度“十强民营企业”及 30 户“重点个私民营企业”称号。

2006 年,思创科技园启用,创数码科技股份有限公司揭牌,荣获联想“2006 年度分销合作金奖”。

2007 年,公司喜获“2007 年度中国软件业务收入前百家企业”殊荣,与奥地索签订软件服务外包协议。

2008 年,思创数码科技股份有限公司被确定为“博士后科技工作站”设站单位;思创数码科技股份有限公司 CMMI - L2 认证材料通过美国 SEI 机构评定。

2009 年,公司再次荣登中国软件业务收入百强榜,再次被认定为“国家规划布局内重点软件企业”;公司正式通过了 SEI CMMI - L3 评估,公司被确定为国家创新型试点企业,一批重点软件产品入围江西省首批自主创新产品。

2010 年,思创以良好的经营业绩入围中国软件业务收入前百家企业,这是公司连续四年荣登中国软件百强榜。

2011 年,公司第五次荣登全国软件百强榜,开启“物联网感知航道”。

2012 年,公司启动上市进程,于 7 月在省证监局正式备案。

2013 年,中国航天科技集团神舟软件与思创数码科技股份有限公司签署战略合作协议。

2014 年,思创公司中标国家发改委宏观经济信息资源库先导工程全国投资项目信息联网系统,标志着公司已跻身全国软件行业第一梯队的行列。

2015 年,思创公司荣获 CMMI4 级认证,这标志着思创软件开发在标准化、规范化、国际化的发展道路上走在了行业前列,已具有进军国际化业务的通行证。

(二)业务领域

1. 软件与服务

软件业务是思创长远发展的战略业务。公司拥有一系列自主知识产权,涵盖交通、民政、人社、档案、旅游、区域金融等多个行业,取得了良好的社会与市场效益,如:Thinvent“互联网 + 投资”重大重点项目管理系统,Thinvent 云数据交换平台,Thinvent 集约化电子政务解决方案等等。

2. IT 服务

作为华东、华中地区系统集成与服务领域的龙头企业，思创在大型信息系统建设、信息安全集成、高性能计算、云数据中心建设等方面具备国内先进水平。目前已形成了包括硬件维保、信息安全服务、技术支持服务和管理咨询服务在内的完善的服务产品体系，如：IT 外包服务，硬件维保，信息安全服务等等。

3. 建筑智能化集成与服务

建筑智能化集成与服务是思创公司快速发展的支柱型业务，多年来在政府、医疗、交通、教育、金融、酒店、军队、应急指挥、节能环保等行业开展了大量业务，如，智能化集成管理系统，智慧城市，智慧政府，智慧社区等等。

4. 信息系统集成与服务

信息系统集成与服务系思创公司的传统业务，紧跟技术发展新趋势，服务于政府、金融、教育、运营商、能源交通、企业、医疗卫生等行业的信息化建设，如：计算系统，存储容量，网络系统等等。

5. IT 教育

公司借鉴微软等世界级软件企业的人才培训机制，以企业岗位需求为导向，与数十所高等院校联手，建立高校学生及 IT 从业人员的软件人才培训平台，培养创新型、实战型软件人才，缩小高校教育与企业岗位需求之间的差距，满足社会对 IT 人才的需求。

（三）公司规模

思创公司现为国家级重点高新技术企业，也是重点软件企业，在国家规划布局内具有重要地位，在北京、上海、广东、江苏、湖北、湖南、浙江、安徽、四川、广西、江西等省份拥有十多家子公司，公司颇具规模，现有员工 1000 余人，业务面覆盖广，主要以信息技术服务著称，以华东、华中为主，辐射华北、华南、西南，是全国知名的 IT 服务提供商。

二、思创公司目前享受的江西省支持民营经济发展政策

1. 根据《关于加快高新技术企业发展的二十条措施》，思创公司享受政策：

（1）作为重点培育对象，政府每年进行 1 ~ 2 次集中培训和若干次分散培训，实施一对一的帮扶指导；

（2）享受减按 15% 优惠税率缴纳企业所得税；

（3）优先安排科技项目资金，等等。

2. 根据《南昌高新区降成本、优环境、促发展若干政策》，思创公司享受

政策：

(1)设立总金额不低于6.5亿元的产业发展扶持专项资金；

(2)纳税重大贡献奖励(年纳税额达1000万元以上且年增长30%以上的企业或年纳税额达5000万元以上的企业，由区财政一次性给予20万元的奖励；纳税额每增加1000万元，加奖10万元，最高奖励额不超过100万元，用于奖励企业经营班子成员)；

(3)对获得国家、省、市引导资金扶持的现代服务业项目给予配套资金；

(4)支持软件信息技术和服务外包产业"走出去"升级发展(对软件信息技术、服务外包企业年服务外包出口执行额首次达到100万美元、500万美元，给予10万元、20万元的一次性奖励)；等等。

3. 根据《关于大力促进实体经济发展的若干措施》，思创公司享受政策：

(1)企业研发费加计扣除，对企业开展研发活动中符合规定条件的研发费用，未形成无形资产计入当期损益的，在按规定据实扣除的基础上，按照本年度实际发生额的50%，从本年度应纳税所得额中扣除；形成无形资产的，按照无形资产成本的150%在税前摊销。

(2)企业发生的职工教育经费支出，不超过工资薪金总额2.5%部分，准予扣除；超过部分，准予在以后纳税年度结转扣除。高新技术企业、技术先进型服务企业发生的职工教育经费支出不超过工资薪金总额8%部分，准予扣除；超过部分，准予在以后纳税年度结转扣除。

(3)推进政务服务标准化建设，优化行政审批流程，加强事中事后监管，实行"一个窗口受理，一套材料报审，一张网上审批，一座中介超市"新模式，明确并公开各环节审批时限和进度。

(4)鼓励共建校企合作基地，实习、实训基地，高技能人才培养示范基地，鼓励社会团体、行业组织参与校企对接，等等。

4. 赣府发〔2016〕21号文件着重从扩大投资领域、放宽经营条件、鼓励扶持创业、设立专项资金、拓宽融资渠道、支持科技创新、推进品牌提升、提高政府办事效率、建立商会协同机制等24个方面出台了诸多鼓励民营经济发展的政策，进一步取消行政许可事项17项，取消其他行政权力事项46项。

5. 江西省举办世界赣商大会和华赣会，吸引海内外赣商赣才和侨商侨胞参与投资家乡项目建设，实现互利共赢，共同发展，为江西省经济发展注入新活力。

6. 江西省深化"放管服"改革，建设服务型政府，制定减赋降税等政策措施,构建“亲”“清”的新型政商关系。江西省发改委要求全面放开市场准入,在法律未明确禁止的范围内鼓励和支持民间投资进入,不得对民间资本单独设置任何附加条件等,破除民间投资进入的不合理限制。依托江西省非公有制企业维权中心,为非公有制企业提供服务,并定期召开企业家座谈会,促进企业间人才信息交流,打造一流营商环境。

三、思创公司在转型升级发展中遇到的困难和问题

1. 民营企业在转型升级过程中,尤其像思创公司这类从事IT行业的公司,其业务模式需要跟进技术的更新换代,落后于技术的发展就会被市场淘汰。

2. 思创的主要模式为“人脑+电脑”,所以在经营过程中面对着巨大的人工成本,而有关工资、所得税、五险一金等相关的政策没有发挥切实的作用,企业的人工成本费用依然高居不下,对于企业来说是巨大的负担。

3. “营改增”政策重点放在了工业企业,而未考虑到高端的服务型企业,有些税收政策并不适用于现代服务业,对企业的发展没有起到应有的扶植作用,税收政策的制定不具有针对性、专门化、差异化(行业差异化和企业规模差异化)。

4. 难招聘到符合企业要求的人才,大部分员工需要企业一定时间的再培训,这就需要企业负担人才培养的经费。企业中高层的研发工程师等实干型人才没有享受到政策覆盖,企业人才外流严重,部分企业的员工会因为当地经济的不景气和与经济发达城市存在的待遇差异而跳槽离职。教育与技术革新、市场需求脱钩,人才与企业要求的匹配度低,形成巨大的人才缺口。

5. 由于高校的管理与导向问题,企业无法实现有效的“校企合作”。主要是高校没有做到“去行政化”,导致与企业合作研发时存在诸多问题:效率较低下、日常工作难协调、经费分配难,等等。

6. 市场经济环境不够好,政府没有做到对本地企业的保护与扶植,当外地企业参与本地市场竞争时,会不利于本地企业尤其是小微企业的发展。

7. IT行业属于轻资产行业,没有足够的资产进行抵押,所以企业在融资方面仍存在较大困难。

8. 商会、协会与政府脱钩,缺少政府的有效指导与管理。

9. 本地企业文化氛围薄弱,没有适合企业家之间的更深层次交谈的文化场所。

四、促进思创公司转型升级发展的建议

（一）支持、推动企业技术创新

民营企业的业务模式要紧跟技术创新，不能安于现状，通过技术创新带动企业转型升级。当前思创公司在技术创新促进企业转型升级方面的战略是：响应国家"中国制造 2025"战略，推动企业由"低端制造"转型向"高端制造"，生产过程中融入新一代信息科技，促进工业化与信息化的"两化融合"和"深度融合"。推动"生产型制造"向"服务型制造"的方向转变，推进高端装备制造业的产品数控化、生产绿色化和企业信息化。

为保证上述技术创新战略的顺利实施，实现"产学研"结合，建议政府要推动高等院校的"去行政化"工作，使高层次学科带头人不再陷于行政工作中，有足够的时间和精力与企业合作研发；建议政府引导高校改变教师科研考核、职称评定导向，把与企业合作的创新成果及产业化水平也纳入教师科研考核、职称评定范畴，真正引导高校的科研力量支持企业技术创新。

（二）降低税费等企业成本

建议思创公司在推动"工业物联网"的发展中，通过提高制造效率，改善产品质量，降低产品成本和资源消耗。研发人员的工资成本是高新技术企业、高端服务型企业成本中最大的一块，建议政府出台政策允许将研发人员、技术骨干、高管等人员的所得税进行税前抵扣，减少高新企业的人工成本。此外，建议政府真正落实减税方面的政策，积极兑现，减轻企业负担，促进企业发展。

（三）缓解企业融资压力

建议政府根据实立专项基金扶植企业，如可设立民营企业"走出去"发展专项资金、创新发展专项资金等，向通过专家评审后的企业提供资金，并成为股东，如企业发展失败，则与企业共同承担风险；如若企业发展良好，则可以退出资金，可由企业用 1∶1 的价格买回股份。

建立民营银行，推进金融业供给侧改革，增强服务实体经济特别是中小微企业意识，切实为中小企业融资"减压扩径"，缓解了中小微企业融资门槛高、成本高、过程难等难题。针对高新技术企业建立"科技银行"，运用新型的抵押模式：经过专家评审的新一代信息技术，如具有发展前景，可以进行小额的信用贷款，可以用科技项目、知识产权进行抵押贷款。

（四）帮助企业吸引人才、留住人才、培养人才

企业的竞争尤其是高新企业的竞争归根结底是人才的竞争，而当前高校输

出的毕业生的知识结构与市场不接轨，很多都落后于市场所需的最新技术，毕业生的动手能力普遍较弱，缺乏实战经验。建议政府引导高校转变人才培养方针，知识传授要与时俱进，紧跟最新技术，以市场需求为导向培养人才，注重学生动手能力的训练，学生在校期间就安排学生参与实际项目的开发，培养实战能力和积累工作经验。

对于企业已经引进的骨干人才帮助适当给予补贴，帮助解决他们购房、子女就近入学问题，帮助他们解决后顾之忧，让他们安心工作。

政府扶持成立“人力资源派遣公司”，培养具有较高技术能力的人才，帮助企业降低招聘、培训成本，降低薪酬支出，规避裁员（特别是用人单位大批量裁员）的风险。

（五）扶助企业开拓市场

鉴于高新技术企业市场竞争激烈，建议政府优先扶植、发展本地的企业，进行市场保护，有条件的情况下，本省项目向本省企业倾斜，扶持本省企业壮大。政府要对民间商会、协会进行指导与分管，协调外地企业与本地企业进行项目的合作，促进企业间的交流合作。政府的意识要与时俱进，尽快从传统的工业经济意识转换成市场经济意识，营造更适合企业发展的营商环境，维护市场秩序、规范涉企执法行为、保护民营企业家合法权益。

（六）强化政府对企业服务

建议政府加强文化建设，加快思想进步，增强江西省的企业文化、市场经济文化氛围。政府官员要有企业家思维，有真实的企业管理经历，用企业家思维发展经济；转变官员的考核指标导向，以实际对企业发展、经济发展做出的贡献为考核导向。政府出面邀请管理大师对企业进行专门的培训、辅导、诊断，帮助企业发展。

加强政府自身建设，深入推进政府职能转变，简化审批环节。国有和民营经济一视同仁，平等对待大中小企业，尤其支持中小企业健康发展，并为此加强组织保障和监督问责。

附录 1：外省促进民营企业转型升级发展的政策与措施参考借鉴

（一）外省可借鉴的促进民营企业转型升级发展的政策与做法

1. 上海市成立专注于服务科技创新产业的浦发硅谷银行，专注于服务从初创期到成熟期各个阶段的创新企业，以及投资这些企业的风险资本和私募股权基金。

2. 山东省筹建蓝海银行，对于培育新动能，推进金融业供给侧改革，增强服务实体经济特别是中小微企业裨益颇多。

3. 深圳成立前海微众银行，是国内第一家由民间资本发起设立并自担风险的民营银行，以重点服务个人消费者和小微企业为特色，通过自身的科技平台，显著提升客户体验、降低业务成本。

4. 天津市的金城银行，专注服务中小微企业的“政购通”创新产品体系，切实为中小企业融资“减压扩径”，缓解中小微企业融资门槛高、成本高、过程难等问题。

5. 北京市支持中关村银行做强小微企业融资功能，鼓励符合条件的民营企业在京发起设立民营银行，优化企业融资环境。

6. 山东省德州市采用“无还本续贷”的方式支持实体经济，“无还本续贷”是指贷款到期后，企业要获得银行的续贷，不必像以往一样必须“先还后贷”，而是依据该业务事先的约定可直接获得银行续贷。这在一定程度上可以缓解民营企业融资难的问题。

7. 浙江省台州市建设了小微企业金融服务改革创新实验区，通过发展专营化金融机构和互联网金融服务新模式、支持小微企业在境内外直接融资、完善信用体系等举措，探索缓解小微企业融资难题。

8. 对于重点民营企业，云南各级政府积极协调银行业金融机构按照“一企一策”原则实施金融帮扶，并鼓励民间资本通过 PPP 模式参与公共服务、基础设施、保障性安居工程、棚户区改造、水利工程等领域重点项目建设。

9. 广东省投入 6.8 亿元专项资金支持民营经济及中小微企业发展，加大对民营经济及中小微企业的支持力度。

10. 山西省提出，支持“双创”示范基地、产业园区公共服务平台建设，提高对“小升规”企业的奖励额度。省级安排的扶持众创空间发展专项资金和科技企业孵化器专项资金要重点向民办众创空间和民办科技企业孵化器倾斜，倾斜比例要达到 50% 以上。

11. 深圳设立专项资金扶持民营和中小微企业发展，资助范围涵盖民营及中小企业专业化服务、国内市场开拓、改制上市培育、信息化建设等，鼓励小微企业走“专精特新”道路。

12. 广东省工商联会同省建行推出“云税贷”，帮助企业降低融资成本，为小微企业解决融资难问题。“云税贷”是建设银行与国家税务部门合作，专门为小微企业、个体工商户提供的“因税获贷”纯信用贷款。个体工商户、纳税等级为A和B级的小微企业，可以通过建行网银、手机银行申请“云税贷”，无须任何抵质押。贷款金额最高为企业近两年年均纳税额的9倍，最多可贷200万元，贷款利率日息不到万分之二，按天计息、按月结息，并且贷款在一年之内可循环使用，随借随还。

13. 四川省加大降税清费力度，科学合理确定车辆通行收费水平，将选择部分高速公路路段开展分时段、差异化收费试点，争创全国首批物流业降本增效综合改革试点省，为企业降低物流成本。

14. 江苏省连云港市推进“不见面”审批改革，开展企业投资项目信用承诺制试点，变“先批后建”为“先建后验”。积极推行代办服务，全面实施“多证合一”，实行“一照一码”登记模式。

15. 广东省在全国率先全面实施“三证合一、一照一码”登记制度改革，新登记企业快速增加，市场主体活力进一步激发，有效促进了大众创业、万众创新。

16. 广东省在全国率先全面实施“三证合一、一照一码”登记制度改革，新登记企业快速增加，市场主体活力进一步激发，有效促进了大众创业、万众创新。

17. 吉林省在全国率先推行“多证合一”改革，将32个涉企证照的信息全部整合到营业执照上，实现企业“一照一码”走天下。

18. 浙江省一方面大力推进以“个转企、小升规、规改股、股上市”为主要内容的市场主体升级，强力推进经济转型升级。另一方面，积极营造实体经济回归实业的政策环境，引导企业脱虚回实。

19. 江苏省强化创新驱动，突出企业主体，增强创新能力，构建创新平台，实现科技同经济、创新成果同产业的同步增长，做大新增长点。

20. 天津市委、市政府一方面推行“天津市科技小巨人成长计划”，先让科技型中小企业普遍发展起来，再让小巨人顶天立地地站起来，可以带动天津市经济转型、产业升级。

21. 福建省通过制定有针对性的政策措施，对不同行业和企业的实际情况采用不同的方案，着力于“抓龙头、搭平台、铸链条、建集群”，促进产业转型升级；同时加大科研资金投入，通过校企联合共建的模式，不断升级技术工艺，推动企业创新发展。深入实施“海纳百川”高端人才集聚计划，培养引进经济社会发展紧缺的各类人才。

22. 厦门市建立湖里区高新园区，专门针对高新技术产业园出台相关的引导和招商引资政策，重奖入驻园区的重点企业和入园的高管和技术骨干。同时，凡符合条件企业租用湖里区技术园办公，还能享受到租金补贴等福利。该区还提供交通、教育、生活休闲等较完备的配套政策，促进五缘湾片区和湖里区的创新能力提升及产业转型升级。

23. 浙江省出台了一系列的政策推动民营经济转型升级，积极组织领导班子专题学习，营造亲商氛围；划定红线，提出 8 个“严禁”和 5 个“不为”，像“店小二”一样服务企业，构建了新型政商关系，不断密切联系工商联和浙商总会，汇聚海内外浙商力量。

附录 2：江西省促进民营企业转型升级发展的政策与措施

除了上述思创公司目前已经享受到的政策外，江西省的政策与措施还包括以下若干点：

1. 江西省筹建裕民银行，业务方向确定为“主要服务于农业产业及中小微企业，解决中小微企业及农业等短小频急的融资需求”。

2. 省发改委要求全面放开市场准入，在法律未明确禁止的范围内鼓励和支持民间投资进入，不得对民间资本单独设置任何附加条件等，破除民间投资进入的不合理限制。

3. 依托江西省非公有制企业维权中心，为非公有制企业提供服务，并定期召开企业家座谈会，促进企业间人才信息交流，合理打造一流营商环境；并由省政府制定出台民营企业有关配套政策及实施细则，降低企业运营成本，优化发展环境。

4. 江西省成立了江西军民融合高技术产业联盟，将各参与企业的资源集聚起来，发挥军民的各自优势，以促进相互之间的交流合作，实现军民深度融合发展。

5. 江西省加快推进民企入赣和赣商回归，积极建设跨区域产品流通基础设施，拓宽民企市场，并成立“江西省新经济研究中心”，发展新技术和新产业，增强了民营经济的市场活力。

6. 江西省民营经济较东部发达省份的差距较大，首要的是解放思想，将促进民营经济发展放在更加重要的位置，消除各种隐形壁垒，并重视培育企业家精神，传承赣商精神。推进“同心谷 · 商联中心”项目建设，为广大赣商提供传承赣商精神的载体、企业抱团发展的模式、商会创优服务的平台。此外，坚持开放之路，深度融合“长珠闽”经济区。

7. 开展“万名干部进万企”、“万企培训”、“万企听宣讲”、民营经济发展环境监测及第三方评估、江西民营企业100强发布等一系列活动。

8. 刘奇书记在玉山县调研时指出,企业需要集聚高端创新人才,提升产品品质,要着力破除民间投资的痛点和难点,发挥民间投资在民营企业运营过程中的障碍。

9. 江西省以工业园区和小企业创业基地为重点,积极搭建创业平台,扶持和引导非公企业发展。

10. 瑞金市组建企业服务中心,实行“一站式”办公、“一条龙”服务,首问责任制和限时办结制,激发市场主体活力。

11. 赣州市南康区采用拆违入园、转型升归、腾笼换鸟、以“港”兴城的组合方式为民营经济提供了全新的发展平台。

12. 抚州市在人才集聚方面,开展了“抚商返乡创业,才子返乡创新”的主题活动;在产业发展方面,以园区为基础,淘汰落后产能,促进产业转型升级,并积极对接海西经济区;在环境保护方面,坚持绿色发展,大力发展生态经济。

13. 鹰潭市紧跟国家政策,通过推行“二十八证合一”改革,全面实现了国家“多证合一、一照一码”的要求,并积极建设以信用为核心的新型市场监管机制,进一步优化了营商环境。

案例三:煌上煌集团思创公司转型升级发展案例

一、煌上煌集团有限公司简介

江西煌上煌集团食品股份有限公司始创于1993年,注册资本1亿元人民币,是一家以农牧种养、畜禽肉制品加工为主的企业,公司先后在江西南昌、广东东莞、福建福清、辽宁沈阳、陕西西安、河南郑州建立了现代化的食品生产加工基地,在江西拥有占地近300亩的中式烤卤食品工业园和家禽屠宰深加工厂区,肉制品加工能力4.2万吨。煌上煌集团连锁专卖店分布在全国25省及直辖市,形成以江西为核心,以广东、福建、辽宁为重点,覆盖全国的连锁销售网络。公司控股母公司煌上煌集团目前产业涵盖畜产品加工、农牧种养、酒店餐饮及旅游度假、房地产开发、海外投资、文化创意等六大产业集群。公司注重科技研发,近年来承担多项省市级科技项目,与南昌大学、江西师范大学、江西农业大学等高校建立了产学研合作平台,获得江西省博士后创新实践基地、南昌市酱卤肉制品工程技术研究中心,成立了南昌市酱卤肉制品加工技术创新团队。

（一）企业发展历程

1993 年江西煌上煌集团食品股份有限公司注册成立。

2008 年公司“皇禽”商标获得了国家工商管理总局颁发的“中国驰名商标”称号。

2012 年 9 月 5 日，集团旗下核心企业“江西煌上煌集团食品股份有限公司”成功在深交所挂牌上市，成为酱卤肉制品行业第一股。公司控股母公司煌上煌集团目前产业涵盖农牧种养、畜产品加工、酒店餐饮及旅游度假、房地产开发、海外投资、文化创意等六大产业集群，企业从“小产品”做成了“大品牌”，迈入了快速发展的轨道。

2016 年公司积极参与国家走出去及一带一路战略，2016 年收购了位于哈努瓦的新西兰麦努卡公司，用于生产高品质麦卢卡蜂蜜和葡萄酒，目前，麦努卡新西兰公司蜂蜜已通过电商形式在国内和澳大利亚地区销售，为全世界消费者提供最高品质的麦努卡蜂蜜及附属产品。

2016 年公司大力推进工业 4.0 及信息化项目建设，获得工信部《中国制造 2025》绿色系统集成项目支持；通过 ERP 升级、车间 MES 智能化改造，不断提升智能化制造水平，是江西省两化融合示范企业；公司被评为江西省智能制造示范项目企业；不断推进“智慧门店”项目，2017 年行业内首先推出无人智能售卖门店。

2017 年公司荣登中国制造业企业 500 强，中国民营制造业企业 500 强，是国家农业产业化龙头企业、国家高新技术企业，先后通过了 ISO9001 质量管理体系认证、HACCP 食品安全管理体系认证、ISO22000 食品安全管理体系认证。

（二）企业经营业务领域

煌上煌集团经历了生产由单一到多样，业务由低端到高精尖的经营过程。由最初的卤品制作销售发展成为集“产业投资管理，油茶树的种植，林业技术开发，自有房地产租赁服务，物流代理服务、仓储服务，食用农产品的加工（凭许可证经营），工业设计服务，信息技术咨询服务，五金、交电、化工（不含危险化学品及易制毒品）、百货、普通机械、金属材料、纺织品销售，房地产开发（凭许可证经营），家禽、水产养殖及销售，苗木、农作物种植及销售，经营本企业自产产品及技术的出口业务，经营本企业所需的机械设备、零配件、原辅料及技术的进口业务（不含专营、专卖、专控、特许产品）”为一体的多元化经营集团公司。煌上煌公司以酱卤肉制品、佐餐凉菜等快捷消费食品及米制品的开发、生产和销售为主要业务，具体而言，公司产品涵盖了鸡、鸭、鹅、牛、羊、猪等快捷消费酱卤肉制品，以及部分水产、蔬菜、豆制品等凉菜食品，和粽子、青团、麻薯、八宝饭、月饼等米制品，目前，销售品种已达到两百多个。形成了“一个核心、一个重点、多类型产品”的格局。主要为顾客提供便利快捷的消费产品、营养卫生安全的食品，口味众多，足以面向广大普通消费者。

（三）公司主要经营模式

公司主要经营模式包含以下三种：直营连锁模式、特许经营连锁模式和经销商经营模式。

直营连锁模式是一种较高的控制模式，指的是由公司投资设立连锁店，各直营店的控制权归公司所有，有一套统一的财务核算报告，公司享有门店产生的利润，但需要承担门店产生的一切开支费用，实行价格、进货、配送、管理、形象全方位的统一。

特许经营连锁模式，指的是加盟商必须与公司签订《特许专卖合同》，由公司授权加盟商在规定区域内开设的加盟店，并允许其使用公司的商标、商号、经营技术、服务标记、食品安全标准、销售公司的产品，使用统一形象来销售煌上煌品牌的产品以及提供相应服务。加盟店的所有权和收益权归加盟商所有，财务上独立核算，门店经营自负盈亏，公司营销总部在营销方面对其进行业务指导。公司与加盟店进行产品购销，货款结算采取“批提批结”，即当日报单提货必须结清上次货款。

经销商模式是一种签订经销合同形式，由公司授予特定的单位或个人经销资格，并纳入公司营销网络，在一定时间和范围内将公司的产品销售给下级经销商或终端消费者的经营销售方式。

二、煌上煌集团享受的政策优惠

（一）减税

江西煌上煌集团食品股份有限公司于 2013 年 12 月被认定为高新技术企业，有效期为三年。2016 年公司根据相关法律、法规的规定，积极开展高新技术企业的重新认定工作，并于 2017 年 3 月 6 日收到由江西省科学技术厅、江西省财政厅、江西省国家税务局、江西省地方税务局联合颁发的《高新技术企业证书》。根据国家对高新技术企业的相关税收优惠政策，高新技术企业自认定合格当年起三年内，按 15% 的税率征收企业所得税。煌上煌参与高科技合作研发可以享受抵税，因此煌上煌股份公司享有江西省减税政策，以前缴企业所得税

25%，现在企业所得税只需要缴15%。

集团本部注册地在新余，新余市政府规定，对于注册在新余本地的企业给返税优惠，因此煌上煌股份公司本部享有该项优惠，而集团其他子公司未享受该项税收优惠。

煌上煌公司拥有专利四十余项，体现在生产设备、生产线生产、统一配送方面的专利成果，最近在开展冷链物流的研发。公司与南大食品系合作，获得江西省科技进步奖，主要合作研发卤制配方、加工时间，加工设备的升级等。

（二）降成本

政府对企业员工培训进行补贴，帮助企业提高员工技能，凡员工培训效果得到第三方认定，政府支付培训补贴1000余元/人。

江西省对于优质品牌实施奖励，对于实施“走出去”战略的企业，国际差旅费由政府承担70%～80%。参展时，政府为公司提供出最佳展柜及优惠的参展费。

（三）引进人才、技术

公司成立了院士工作站，与大连工业大学食品专业教授合作开展研发。公司将依托食品质量安全检验与研发工程技术中心募投项目，不断加大对新产品的研究开发力度，着重开展原材料选择，辅料运用分析，加工工艺改进，食品口感调整，产品包装设计等方面的研究，通过将中式风味和西式工艺进行结合来提升产品的风味口感，使得公司产品更加丰富。此外，公司还注重与院士工作站的合作，与南昌大学中德食品工程中心、江西农业大学食品科学与工程学院等科研院所建立了长期的合作关系，以保持产品在行业内的领先技术优势，不断提升产品技术水准。

（四）融资渠道

煌上煌集团是上市公司，融资比中小企业容易，现金流充裕。

（五）科技创新

公司卤制业正在进行智能化、绿色化、信息化改造，是江西省两化融合深度示范企业。

根据南昌市工业和信息化委员会、南昌市环境保护局、南昌市市场和质量监督管理局、南昌市财政局《关于下达淘汰改造限燃区内高污染燃料锅炉任务的通知》（洪工信发〔2015〕141号），公司获得改造淘汰老旧锅炉资金100万元。

根据南昌市财政局和市工信委关于《南昌市人民政府办公厅抄告单》（洪府厅抄字〔2017〕40号）对支持制造业发展条款2015年度政策奖励进行兑现，针对煌上煌企业的《畜禽肉类食品安全追溯与评价系统的信息化改造财政补贴》有关规定给予补助115.7万元。

根据《江西省财政厅关于下达2017年工业转型升级资金的通知》(赣财经指〔2017〕32号),补贴煌上煌600万元用于《鸭肉酱卤食品绿色设计平台建设项目》。

三、煌上煌集团在转型升级发展过程中面临的问题

(一)税率过高

在税收上,集团承担的税率过高,在房地产的15000每平方米的成本中,开地成本占了一半大约6000—8000元,而卖房赋税要收20%(大约3000),加上运营成本、建设成本,总成本很高。

(二)政府服务不到位

企业接收省委、省政府文件时经历的环节过多,信息传播过程中,容易对文件精神产生误解,而中间办事人员的业务不熟,县里办事人员对企业了解不深,无法对症下药,故而政策落实不到位。

另外,民营企业与国企地位上存在差异,国家优先支持国企,而民营企业处于十分弱势地位,受到重视不足。

(三)融资渠道

煌上煌集团与上市公司分开,资金不能互流。因此,在融资方面,集团处境不如上市公司。

1. 集团融资渠道单一,主要依靠银行,而银行多在资金充足时为房贷锦上添花,很少在资金紧缺时雪中送炭。银行更加注重风险,一旦情况不对,直接撤贷。银行撤贷对民营企业是致命伤害。

2. 融资成本高,中央近来放贷紧缩。银行一般关注企业绩效,不轻易放款。

3. 政策性银行的服务对象主要为是基本设施建设,没有覆盖到民营企业。

4. 民营企业融资成本高,约5%,比境外高出30%左右。

(四)市场开拓

公司实施走出去战略,目前在新西兰,并有意向巴西拓展市场。目前公司资金出境困难,要通过发改委对资金的监管审批。

(五)人员招聘

公司聘员工难度大,高层技术人才少,员工流动性大。学历高的人不愿意从事生产行业,企业留住人才的经费不足。

四、促进煌上煌集团转型升级发展的建议

(一)政府给予政策支持,帮助企业建立商圈

公司近期在实施整合供应链的战略,大力发展冷链物流。公司已获地 300 亩,正在筹建一个十万吨级别的冷链物流。在项目建设方面,企业期望得到政府的审批支持。其次,在技术方面,有不少需要突破的技术难题,期望政府能给予技术合作上的支持。第三,在完善冷链物流相应配套企业方面,期望政府给公司政策上的支持,以使本公司服务整个昌南片区,带动整个江西省冷链物流发展。

(二)政府帮助企业进行宣传,开拓市场

公司产品在某些外地市场如东北市场销售业绩不佳,需要请政府帮助与当地政府联系,帮助宣传煌上煌产品,让本地人了解煌上煌产品,对于当地政府的保护主义措施,期望政府帮助建立市场开放的环境,合理竞争,防止恶性竞争。

(三)政府帮助企业提升管理水平

企业党建活动是营造企业文化、提升企业凝聚力的重要途径。希望政府对企业党建活动能给予资助,参照国企给党务工作者和党务经费适当补贴。另外,在给党务工作者培训方面,能更加重视,给予一定的学习机会,提供一定的学习平台。

课题组组长:

陈　华　南昌大学管理学院教授

课题组成员:

闵　伟　南昌大学管理学院研究生

朱钊颍　南昌大学管理学院研究生

陶晨晨　南昌大学管理学院研究生

贾春晓　南昌大学前湖学院本科生

徐潇语　南昌大学前湖学院本科生

支持江西民营企业做大做强实体经济研究

一、关于推动江西省实体经济高质量发展的报告

我国自改革开放以来，经济经历了近四十年的高速增长。前些年在国家中部崛起战略和扩大内需政策的影响带动下，中部六省区域经济呈现快速增长的趋势。然而中部六省的发展也显现出差异化和不平衡的现象。近年来江西省原材料、人力、融资成本的不断上升，省内中小微型企业的利润率逐渐降低，实体经济下滑幅度较大。反观房地产市场，房价居高不下，资本回报率远远高于实体经济资本回报率，资本脱实向虚，阻碍了实体经济的发展。综合比较中部六省区域经济发展现状及特点，借鉴兄弟省份的经验做法，有利于江西推进高质量发展战略，加速创新引领，提高实体经济发展质量。

(一)中部六省区域经济基本情况指标对比分析

表1　2017年中部六省区域经济基本情况及排名

地区	河南省	山西省	安徽省	湖南省	江西省
地区生产总值(亿元)	44988.16	14973.5	27518.7	34590.6	20818.5
GDP增速(%)	7.8	7	8.5	8	8.9
第一产业增加值(亿元)	4339.49	777.86	2611.7	3689.96	1953.9
第一产业产值增速(%)	4.3	3	4	3.6	4.4
第二产业增加值(亿元)	21449.99	6181.8	13486.6	14145.5	9972.1

续表

地区	河南省	山西省	安徽省	湖南省	江西省
第二产业产值增速(%)	7.3	6.5	8.6	6.7	8.3
第三产业增加值(亿元)	19198.68	8013.85	11420.4	16755.1	8892.6
第三产业产值增速(%)	9.2	7.8	9.7	10.3	10.7

资料来源:各省统计局。

由上述数据可知,2017 年山西省 GDP 总量及增速均处于中部最后一位,第一、第二、第三产业所占 GDP 比重分别为 5.2% ,41.3% 和 53.5%,第一产业所占比重在中部最小,第三产业所占比重在中部最大。在综合经济水平较弱的情况下,第一产业基础薄弱,第三产业过于膨胀,说明山西省产业结构面临着深层次的矛盾。安徽省是中部六省中面积最小的省份,17 年 GDP 增速位居中部第二,但地区生产总值排名第四位,三次产业中,第二产业占比 49.01%,排名第一位,但第三产业占比 41.50% 却是中部六省中的最后一位,说明安徽经济虽然增速加快,但总量不足,第三产业发展滞后。河南省是中部面积第三,人口数量最多的省份,既是农业大省也是工业大省。数据显示,17 年河南省 GDP 总量居中部首位,第二产业占比适中,第一产业增加值稳居第一,农业省的身份极其明显。湖北省 17 年 GDP 总量居中部第二位,第一产业占比在中部排名第二位,第二产业占比排名第四位,第三产业排名第三位。其经济发展水平较为平稳,三次产业发展较为协调。17 年湖南省地区生产总值排名中部第三,GDP 增速排名第五位,这对于在中部地区中面积最大,人口数量第二的省份来说,发展优势并不明显。第二产业增加值排名第三,增长缓慢,工业化进程居后。在三次产业结构中,第二产业占比和增速均处于较弱地位,说明工业仍然是湖南的薄弱环节。

江西的地区生产总值排名靠后,处于中部第五位,但是 GDP 增速位居中部首位,经济发展势头较好。数据显示江西经济总量偏小,第二产业稳步推进,但是第三产业占比靠后,说明江西省的第三产业有待加强。与其他各省相比,江西产业结构水平依旧偏低,并且由于资本短缺,投资水平较低,抑制了资源优势、产业优势的进一步发挥。要找到我省经济发展的制约因素以及适合自身发展的路子，才能发挥比较优势，挖掘发展潜力。

（二）江西实体经济高质量发展的优势与现状分析

习总书记在十九大指出，促进我国经济的高质量发展，是实现中华民族伟大复兴的必经之路。在步入经济新时代、构建现代化经济体系的过程中，江西省经济改革持续深化，工业发展势态良好，产业结构不断优化，基础设施建设逐渐完善。截至 2018 年上半年，全省非公经济增加值达 6004.16 亿元，增长 9.1%，增速高于 GDP 0.1 个百分点，占 GDP 比重达到 59.3%，对经济增长的贡献近六成，达到 59.1%，拉动 GDP 增长 5.3 个百分点；非公经济固定资产投资增长 10.2%，占全部投资比重 74.9%，主导地位进一步巩固，但增速有所放缓；非公经济上缴税收总额为 1461.91 亿元，增长 33.5%，增幅同比提高 26.5 个百分点，占全省税收总额比重 75.1%；非公有制经济出口创汇达 206.51 亿美元，占我省全部出口的 95.8%，增长 19.3%；江西省非公经济大致在全省经济中呈现出“GDP 的六成、税收的七成、城镇就业的八成、出口创汇的九成”的良好格局，已不仅是“重要补充”，而是“主要内容”。

表 2　2018 年中国民营企业 500 强情况

中部地区	中国非公经济前 500 强个数（家）	位次	比重（%）	中国非公经济前 500 强营业收入总额（亿元）	位次	比重（%）
山西	5	5	9.62	915.52	5	5.37
安徽	4	6	7.69	894.62	6	5.25
江西	6	4	11.54	2366.2	4	13.87
河南	15	1	28.85	4328.4	2	25.38
湖北	15	1	28.85	5179.6	1	30.37
湖南	7	3	13.46	3371.7	3	19.77
合计	52	—	100	17056	—	100

如上表 2 所示，在全国民营企业 500 强个数方面，湖北省在中部地区遥遥领先，其民营企业营业收入总额也在中部位居首位，这可能与湖北的市场发育较为成熟，融资渠道较为通畅，人才市场较为完善有密切的关系。而江西省总共有 6 家企业纳入“2018 年民营企业 500 强”的名单，入围企业数占中部地区入围企业总数的 11.54%，企业营业收入总额占比 13.87%，均处于中部地区的中

下游位置。这些数据从侧面反映了江西民营企业总体规模偏小，经济实力偏弱的现状。

表 3　2018 年江西民营企业 100 强情况一览

设区市	江西非公经济 100 强企业数（家）	位次	比重（%）	江西非公经济 100 强营业收入（万元）	位次	比重（%）
南昌市	24	2	28.92	28227506	1	62.62
景德镇市	2	8	2.41	464386	8	1.03
萍乡市	0	9	0	0	9	0
九江市	7	4	8.43	3260005	3	7.23
新余市	3	7	3.61	1331642	6	2.95
鹰潭市	12	3	14.46	2594304	4	5.76
赣州市	4	5	4.82	854373	7	1.9
吉安市	4	5	4.82	1683373	5	3.73
宜春市	27	1	32.53	6662525	2	14.78

如表 3 所示，在江西民营企业 100 强企业数量方面，2018 年宜春市入围企业有 27 家，遥遥领先，占总企业数的 32.53%。省会城市南昌的入围企业数位居全省第二，占比 28.92%，大部分城市占比均不足 10%。其中景德镇市的民营 100 强企业数为 2，萍乡市为 0，表明江西民营经济存在发展不均衡、地区差异较大的情况；在营业收入方面，江西民营企业 100 强营业收入占比大于 10% 的只有南昌和宜春，分别占总营业收入的 62.26% 和 14.78%。南昌市入围企业数量少于宜春市，但营业收入却是宜春市的 4.23 倍，这也从侧面反映出江西民营企业普遍规模不大，盈利不足。

表 4　2016—2018 年江西民营业 100 强情况一览

设区市	2016（家）	2017（家）	2018（家）	位次	增幅（%）	趋势
南昌市	36	26	24	2	-7.69	↓
景德镇市	0	1	2	10	100	↑
萍乡市	0	0	0	11	0	-
九江市	9	5	7	5	40	↑

续表

设区市	2016(家)	2017(家)	2018(家)	位次	增幅(%)	趋势
新余市	3	5	3	9	-40	↓
鹰潭市	12	6	12	3	100	↑
赣州市	1	5	4	7	-20	↓
吉安市	3	3	4	7	33.33	↑
宜春市	22	37	27	1	-27.03	↓
抚州市	2	2	5	6	150	↑
上饶市	12	10	12	3	20	↑

从时间维度出发，在2016—2018年江西民营企业数量方面，江西省只有抚州、吉安、景德镇这三个设区市的民营企业100强数量实现持续增长。除这二者之外，上饶、宜春等几个设区市在2016至2018年内民营一百强企业的数量呈现先减后增的波动趋势。除此之外，还有四个设区市的民营企业100强数量出现不同幅度的下降，其中下降幅度超过20%的设区市有三个，分别是宜春、赣州和新余市。

表5　2016—2018江西民营企业100强营业收入情况一览

设区市	2016(万元)	2017(万元)	2018(万元)	位次	增幅(%)	趋势
南昌市	22029920	23114934	28227506	1	22.12	↑
九江市	3730912	2465552	3260005	4	32.22	↑
新余市	435939	1615077	1331642	8	-17.55	↓
鹰潭市	2711531	1070753	2594304	5	142.29	↑
赣州市	373756	1139836	854373	9	-25.04	↓
吉安市	1042721	523697	1683373	7	221.44	↑
宜春市	3996208	6507298	6662525	3	2.39	↑
抚州市	737890	1045056	1902183	6	82.02	↑
上饶市	5821030	6183679	8532268	2	37.98	↑

如上表所示，在营业收入方面，江西共有7个设区市的民营企业100强营业收入实现增长，分别是南昌、九江、鹰潭、吉安、抚州、上饶和宜春，其中吉安增长的幅度最大，增长了221.44%，主要是该市民营企业的数量少，故而相比2017年增幅较大。江西共有两个设区市的营业收入下降，(由于缺乏景德镇市民营

企业营业收入的相关数据,故而此处对景德镇市不做相关统计),分别是赣州和新余,其中赣州市的下降幅度达到了25.04%,营业收入由1139836万元下降到了854373万元;新余市的下降幅度为17.55%,营业收入从1615077万元下降到了1331642万元。

(三)江西实体经济实现高质量发展亟待解决的主要问题

1. 人才短缺,经济转型升级困难

从宏观上看,江西实体经济最大的短板是缺人才。江西高校资源较少,没有985高校,211院校也仅有一所。而湖南有湖南大学,湖北有武汉大学,安徽有中国科技大学等。省内高校创新环境不佳,并且人才流失严重。我省国家级实验室仅有4个,而长沙、合肥都有30个以上。由于江西欠发达地区的省情,加之各设区市普遍为三、四、五线城市,不仅收入低,并且创新创业的氛围也不浓厚,很难吸引高技术人才,转型升级存在很大困难。

2. 创新乏力,科技成果转化率低

对于企业而言,除少数规模较大的民营企业外,我省大多数中小民营企业都没有自己的研发团队,使得企业无法掌握核心技术。故解决创新乏力,科技成果转化率低问题以及提高企业的自主研发能力是江西重振实体经济亟待解决的难题。除此之外,知识产权保护不力问题也日益凸显,由于相应的知识产权制度不完善,许多科技成果未能形成产业化,这些问题都影响了企业创新的积极性,进而影响江西的经济发展。

3. 融资难,民营企业融资渠道少

在直接融资方面,江西民营企业规模总体上偏小,难以从资本市场上分一杯羹。截至2018年七月份,江西上市公司总量仅有40家,远少于周边的安徽(106家),湖北(97家),湖南(103家),河南(78家)等省份。在间接融资方面,民营经济主体往往由于规模小,财务制度不健全,申请贷款的审核更严格,获得资金的难度很大。至于政府扶持资金方面,虽然今年来江西扶持民营经济发展的力度不断加大,但作为一个欠发达的省份,财政实力有限。而且有些扶持政策也常常和需求脱节以及部门之间的不协调、不配套而导致效果不理想。所以江西省内大多数的民营经济主体都主要依赖于自筹性融资渠道,这无疑对民营经济的发展是不利的。

4. 地区不平衡、非公经济协调发展差

2018年江西民营企业100强的名单中,省会城市——南昌境内的入围企业数排名第二,企业营业总收入遥遥领先,并且营业总收入占了江西民营企业100

强中所有企业营业总收入的半壁江山。但是反观萍乡市,景德镇市和吉安市的民营企业经营状况不容乐观,入围100强的企业数少之又少,与南昌、宜春等市相比,差距很大。说明省内非公经济发展极不平衡,各设区市协调发展才能实现江西在中部崛起的愿景。

5. 政府支持力度仍不足,政策落实难

江西与东部沿海地区相比,开放程度较低。由于规模和所有制问题,还存在政府部门对待部分企业不公平甚至歧视的现象。一些地方政府在与中小企业接触过程中,更多是扮演管理者的角色,服务意识薄弱,在很大程度上打击了中小企业的积极性。同时省内支持中小型民营企业的政策体系不完善,落实情况也不尽人意。虽然各级政府相继出台了各种支持政策,但是没有进行政策的落实管理与效果评估,故而政策效果大打折扣。

(四)推动江西实体经济高质量发展的对策建议

1. 留住优秀人才,促进企业技术进步

要留住人才首先要制定优惠政策,创造宽松的环境吸引人才,特别要吸引江西籍的优秀大学生回赣工作。同时也要积极引进高端人才,鼓励国内高等院所在江西设立分支机构,与我省开展合作办学,促进教育资源互动交流。开展战略咨询、合作研发、科技服务、人才培养,促进更多的科技成果在赣转移转化。要重视科技优秀人才,对科技创新有突出贡献的优秀人才应给予重大奖励,加快江西省实现技术创新的步伐。

2. 实施创新发展战略,加快培育新动能

江西可以考虑对接粤港澳大湾区,加强与大湾区的交流合作,引进和建设一批国内顶尖的大院名所和重大科学装置,在重点领域突破一批关键核心技术,掌握一批自主知识产权,培育一大批创新型企业。利用赣州紧邻粤港澳的区位独特优势,率先开展探索和试验,加快把粤港澳大湾区科技创新中心成功经验复制推广,全面激发全省的科技创新动力、活力和潜力。促进发展动力由要素驱动向创新驱动转变,推动我省经济发展动力变革。

3. 加快城市建设,培养增长极

要破解江西省内区域发展不平衡问题,在顶层设计上下功夫。从产业布局来看,可以借鉴安徽省产业布局的经验。以南昌、九江、宜春等发展较好的设区市为核心产业区,同时加快以这些城市为主的大都市圈的建设步伐,利用好增长极的扩散效应,带动区域周边城市的发展,打破区域内部发展不平衡的现状,进而实现江西在中部地区的崛起。

4. 优化融资扶持政策,完善融资辅助体系

江西在资本市场发展滞后,特别是上市公司数量偏少。要加快企业上市工作,弥补这方面的不足,尽量缩小我省资本市场与发达地区的差距,加强学习。江西可以采取与发达市场跨省签约的模式,依托如上海、广东前海股权交易中心等资源丰富、具备一定规模的市场,进一步活跃省内的股权交易,增强金融服务实体经济能力,提高直接融资比重,切实发挥出金融服务实体经济的积极作用。

5. 进一步加大降成本力度,重塑实体经济竞争新优势

要加强各部门协同配合,全力打好降低企业制度性交易、人工、税负、社会保险、财务、生产要素、物流等成本"组合拳",全面减轻民营企业负担。例如,在企业税收政策上,应建立税收调控的长效机制,而不是大量的临时性减免政策。地方政府除了落实上级政府的降成本政策外,还需要结合地方实际情况,探寻进一步降成本的政策领域和空间,在中央降成本政策基础上的地方增量,避免"一刀切"。

二、加快推进我省金融支持实体经济发展的对策建议

我省金融业的改革与发展取得了长足的进步,在培育战略性新兴产业、扶持中小微企业等方面支持实体经济发展也取得了一系列成绩。但也存在不少问题:住户贷款增速加快、比重上升,新增信贷资金过多流入房地产行业;贷款结构区域结构固化,忽视对传统优势产业的金融支持;传统金融行业发展深度、广度不足,新兴金融业态发展有限;在服务小微企业、企业科技创新等重点领域与薄弱环节上,存在种种的局限与障碍。下面便先论述我省在金融总量、贷款结构与质量、社会融资等方面的发展情况,再细致分析金融在支持实体经济发展方面存在的短板与不足之处,而后对症出策,给出我省金融推进实体经济发展的一些针对性建议。

(一)我省金融发展现状

1. 金融总量发展

近年来,我省金融发展十分迅速,各项存款余额、贷款指标增速在中部地区甚至在全国都较为靠前,金融机构本外币各项存款余额分别在 2014 年、2017 年突破 20000 亿元、30000 亿元,各项贷款余额也快速增长,且增速快于同期存款增速。从图 1 来看,2017 年我省金融机构本外币各项存款余额达到 32535. 69 亿元、贷款余额 25900. 44 亿元,分别增长 11. 79% 、18. 55% ,增速分列全国第

三、二位；其中，年末金融机构人民币各项存款余额32324.9亿元、贷款余额25712.6亿元，分别增长11.9%、18.4%；占全国存款余额的1.92%，同比上升0.05个百分点，占全国贷款余额的2.06%，同比上升0.11个百分点。在社会固定资产投资中，金融业固定资产投资达到62.5亿元，增长27.9%。

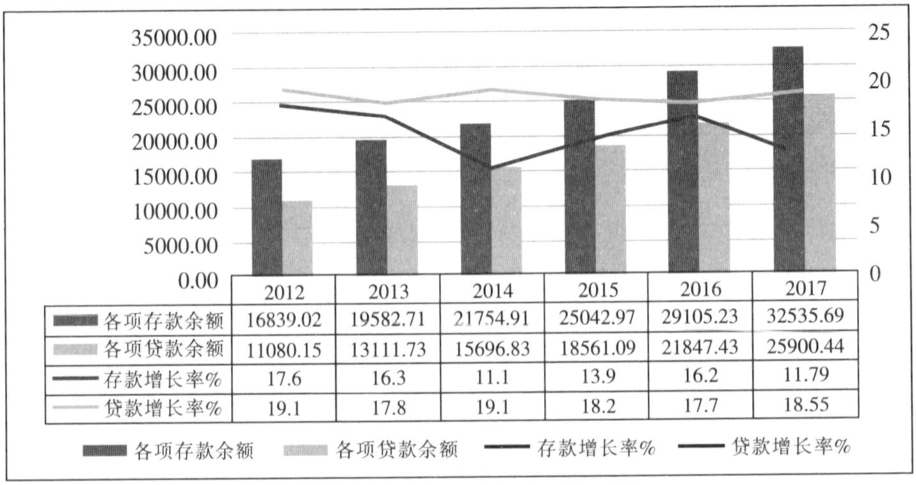

	2012	2013	2014	2015	2016	2017
各项存款余额	16839.02	19582.71	21754.91	25042.97	29105.23	32535.69
各项贷款余额	11080.15	13111.73	15696.83	18561.09	21847.43	25900.44
存款增长率%	17.6	16.3	11.1	13.9	16.2	11.79
贷款增长率%	19.1	17.8	19.1	18.2	17.7	18.55

图1　2012—2017年江西省金融机构本外币各项余额

数据来源：江西省统计年鉴、江西省2017年国民经济和社会发展统计公报。

2. 贷款结构与质量

首先，从贷款对象结构来看，近两年住户贷款比重增加了两个百分点以上，从2015年的37.327%提升至2017年的39.543%，且增长速度逐年加快，2017年增速为23.2%，超过了贷款平均增速；其中，短期贷款比重下降，中长期贷款比重上升。对于非金融机构及机关团体贷款，其增速逐年放缓，已连续三年慢于同期贷款平均增速，占整个贷款比重从2015年的62.569%下降至60.23%；其中，短期贷款从2015年的24.941%下降至19.36%，幅度最大，中长期贷款比重上升，从2015年的32.969%提升至2017年的37.12%，而票据融资、融资租赁增长的绝对量不多，但增速可观。那么，其中反映的第一个问题便是，当前住房贷款增速较高，实体经济领域贷款增速相对放缓，新增的信贷资金或流动性相对更多地进入了房地产市场，虽然我省住房贷款占比仍低于全国平均水平，但若沿着这个趋势下去，我省贷款的对象结构将不断恶化。根据人行南昌中心支行数据，2018年5月末，全省个人消费人民币贷款余额为7447.76亿元，当月增加128.08亿元，当年新增658.89亿元。其中，个人住房贷款余额为6004.14

亿元，当月增加108.77亿元，当年新增588.51亿元；个人汽车消费贷款余额为63.92亿元，当月新增0.03亿元，当年新增6.64亿元。新增贷款中住房贷款的情况部分反映了这个问题。第二个问题，整个贷款结构期限偏向于中长期，短期经营贷款比例逐渐下降，虽然中长期的贷款结构可以减轻贷款者短期经营压力，但研究表明，偏向长期的贷款结构下，实体经济发展对货币量增加反应不敏感，这可能不利于有效地发挥货币政策的作用。

表6 2015—2017年江西省贷款对象结构

类型	2015 占比	增长%	2016 占比	增长%	2017 占比	增长%
各项贷款	100.000%	18.2	100.000%	17.7	100.00%	18.6
境内贷款	99.897%	18.3	99.806%	17.6	99.79%	18.5
住户贷款	37.327%	15.4	38.038%	19.95	39.54%	23.2
短期贷款	14.643%	11	13.108%	5.4	12.37%	11.8
中长期贷款	22.684%	18.5	24.931%	29.4	27.18%	29.2
非金融机构及机关团体贷款	62.569%	20	61.767%	16.2	60.23%	15.6
短期贷款	24.941%	11	21.505%	1.2	19.36%	6.7
中长期贷款	32.969%	20.9	35.157%	25.8	37.12%	25.1
票据融资	4.339%	90.8	4.620%	25.3	3.26%	-16.4
融资租赁	0.097%	——	0.319%	287.2	0.38%	41.0
各项垫款	0.223%	79.3	0.166%	-12.4	0.11%	-19.4
非银行业金融机构贷款	0.001%	-78.8	0.001%	-1.4	0.02%	2590
境外贷款	0.103%	0.8	0.194%	103.0	0.21	29.2

数据来源：江西省统计年鉴。

其次，我省整体金融发展水平不高，但是区域之间同样也存在很大的差距，单就各地区的信贷资金占比来看，如下表7所示。省会南昌近几年来信贷资金占比略有下降，但仍占很大比重，维持在40%左右，而赣州信贷资金占比小幅增加，2017年也不过到了13.22%，其他的城市没有比重在10%以上的，如九江、上饶、宜春所占的比重只是在百分之七八间。另外，各地市贷款绝对数都保持着较快的增长，但信贷资金增长的基数不同，所以未来一段时间贷款的区域结构虽不至于固化，也会保持这样不大平衡的结构。

表 7　2013—2016 年我省省贷款区域结构

地　区	2013	2014	2015	2016	2017
全　省	100. 00%	100. 00%	100. 00%	100. 00%	100. 00%
南昌市	42. 42%	41. 40%	40. 71%	39. 85%	40. 02%
景德镇市	2. 77%	2. 71%	2. 69%	2. 63%	2. 66%
萍乡市	2. 90%	2. 92%	2. 93%	2. 86%	2. 80%
九江市	8. 14%	7. 84%	7. 87%	8. 05%	8. 03%
新余市	4. 18%	3. 84%	3. 60%	3. 27%	2. 97%
鹰潭市	2. 51%	2. 55%	2. 43%	2. 43%	2. 31%
赣州市	12. 26%	12. 32%	12. 41%	13. 03%	13. 22%
吉安市	5. 47%	5. 61%	5. 70%	5. 84%	6. 05%
宜春市	7. 00%	7. 00%	7. 11%	7. 17%	7. 39%
抚州市	4. 58%	4. 82%	5. 06%	5. 18%	5. 29%
上饶市	7. 69%	7. 87%	7. 96%	7. 99%	8. 53%

数据来源:江西省统计年鉴。

最后,银行业资产质量有所改善,银行业绩有所提升,但潜在风险防控压力依然较大。根据《2017 中国区域金融运行报告》,2016 年,全省金融机构税后净利润同比增长 3. 4% ,2015 年下降 4. 5% ;年末不良贷款率为 2. 2% ,比年初下降 0. 2 个百分点。但关注类贷款占比为 3. 2% 。而整个中部地区同期不良贷款率为 2. 71% ,同比下降 0. 2 个百分点,关注类贷款比率为 5. 55% ,同比上升 0. 14 个百分点。我省的全部企业新增不良贷款中,小微企业不良贷款风险暴露较多,占比达 66. 8% ,比 2015 年提高 39. 2 个百分点。2017 年经过一系列工作努力,这样的局面已得到一定程度的改善,但总体来说,金融风险防范压力不容忽视。

3. 社会融资

社会融资规模方面,我省社会融资主要以间接融资为主,直接融资为重要补充。2017 年融资增量为 5347. 11 亿元,比上年多 1471. 36 亿元,创历史新高;其中全年间接融资增加 5213. 71 亿元,直接融资增加 133. 39 亿元。相比 2016 年直接融资取得的突破性成绩,融资量实现翻番达 2768. 2 亿元,2017 年表现不佳,直接融资规模收缩,企业债券净融资、非金融企业境内股票融资都大幅下降,未能进一步发挥资本市场对实体经济的支撑力。

表 8 2014—2017 年江西省社会融资情况 单位:亿元

	2014 年	2015 年	2016 年	2017 年
直接融资增量	—	648.79	606.53	133.39
间接融资增量	—	2370.92	3269.22	5213.71
社会融资增量	3976.1	3019.71	3875.75	5347.11

数据来源:人行南昌中心支行网站。

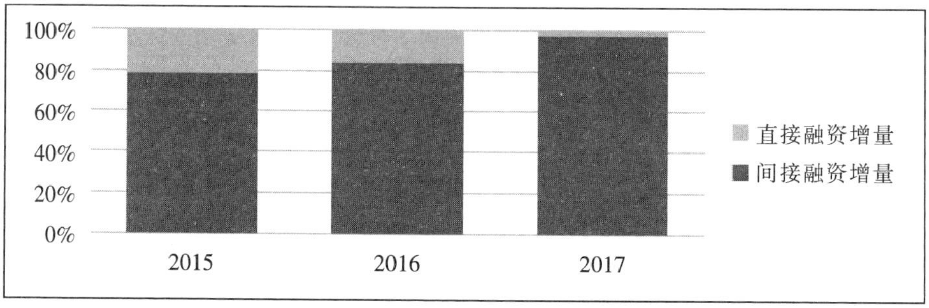

图 2 2015—2017 年江西省社会融资增量结构

数据来源:人行南昌中心支行网站。

(二)我省金融支持实体经济发展存在的问题

为促进金融支持实体经济发展,我省先后针对经济结构调整和转型升级、小微企业发展、缓解企业融资成本高等问题出台了一系列指导意见和实施意见,如 2016 年 7 月出台了《金融支持实体经济发展的若干意见》,制定了八个方面的 25 条融资支持措施,2017 年 3 月又提出《关于加强金融支持制造业发展的实施意见》等政策文件。然而,直至目前,我省在金融支持实体经济发展方面仍存在以下问题。

一是部分新增信贷资金主要流向了房地产业,从而减少了流向实体经济部门的资金,存在着一定程度脱实务虚的金融倾向,这些从前文的贷款对象结构的分析可见一斑。虽然 2017 年金融对实体领域支持明显改善,全省小微企业贷款增长高于全部贷款增速 5.3 个百分点,但全省制造业继 2016 年贷款增长乏力后并没有很好的改观,依旧低于同期全省人民币贷款增速。另外,贷款的期限结构偏向于中长期,可能难以满足一部分实体企业的短期融资需求,同时使得实体部门不能对信贷扩张做出及时的反应。

二是金融发展水平低与贷款区域差距可能会进一步加剧区域实体经济发展不平衡,且信贷调整以支持供给侧结构性改革时一定程度上忽略了对我省传统优势产业的支持。在新增贷款总量一定的情况下,信贷要支持南昌大力发挥核心增长极的优势、振兴赣南等原中央苏区,势必会对省内其他地方的信贷额度增长造成一定的挤压,满足不了地区实体经济发展的融资需求,造成区域性的融资难、融资贵局面。另外,对于供给侧结构性改革中我省传统优势产业的融资需求不够重视,而这部分产业仍然具有很大的活力,适应经济结构调整与产业升级同样需要强有力的金融支持。

三是我省传统金融业发展深度、广度不足,新兴金融业态发展有限。截至2017年末,省内证券公司仅有2家、期货公司1家,一方面这与我省民营经济发展水平低有关,另外一方面这也制约了省内有上市潜力的民营企业的资本化进程。省内企业以及企业家缺乏对资本市场的认识和实际操作能力,最终企业过度依赖以银行贷款为主的间接融资而缺少了直接融资(债券或股票)这条成本更低的途径,以2017年为例,债务融资工具发行加权平均利率低于金融机构贷款加权平均利率约1.2个百分点。另外,我省的新兴金融业态同样发展不足,互联网金融从业机构主要为网络借贷信息中介机构,集中分布于南昌、赣州两地,呈现出数量少、规模小等特点。

四是多年来全省和中央不断加大对农村实体经济的资金支持,我省农村金融发展也已取得了较大进步,但"三农"实体经济领域内民营企业需要的各种金融支持依然不够,农村金融发展度也不高,存在"脱节"现象。主要体现为:涉农信贷风险补偿机制不健全,财政性保障措施不够;农业产业化企业利用资本市场的理念和认识不足;农业保险保障范围较窄,地方特色农业保险规模较小;涉农贷款抵押难、担保难,地方农业担保机构实力弱,风险分担机制不完善;此外,农村金融生态环境亟待进一步优化,农户的信用意识弱,而且缺乏全省统一的农村信用体系。

五是金融服务科技创新的力度与广度均不足。企业进行自主创新面临巨大风险,研发能否成功、有无市场前景、成果转化效率如何等具有很大的不确定性,而以银行为主导的金融体系具有很强的风险规避倾向,尤其是银行贷款往往需要相应的担保或抵押,因而"轻资产、高发展、重创意"的科技创新企业多数不能满足相应的融资条件、从银行获取资金。具体问题如下:其一金融机构对科技金融的重视程度不够,对科技金融未达成广泛共识;其二金融机构与科技企业信息不对称,缺乏信息沟通平台,科技金融尚未形成有效的协同机制;其三缺乏针对科技型中小企业"轻资产、无抵质押"等特点的个性化金融产品,同时缺乏灵活、有效、有比较稳健的支持科技创新的金融手段。

（三）推进我省金融支持实体经济发展的建议

根据我省近年来的金融发展改革实况，针对金融支持实体经济发展现存问题的分析，提出以下几点建议。

一是在发挥金融支持区域建设、发展重点板块作用时，要注意区域内部有限金融资源的合理配置，信贷资金的保压要根据产业发展的实际。虽说区域金融支持不能撒胡椒面，搞平均主义，但也不能单靠一条腿走路，而忽视了其他地区同样迫切的金融支持需求。为此，对落后地区应加大政策扶持和信贷资金投放。此外，在运用信贷投放助力供给侧结构性改革时，要注意识别出传统优势产业，不能一味地缩减信贷额度，应针对具体产业的调整升级需要、实际发展状况、未来前景做出实际的调整。

二是完善我省现有金融体系、增加新业态新内容。围绕深化地方金融改革，做大做强省级法人金融机构、推进中小金融机构县域全覆盖、大力发展规范的“草根”金融组织，以推进信贷服务体系多元化；完善我省多层次资本市场间对接机制，加快股权投资创新，强化资本市场对科技创新支持力度，设置和引入符合科技创新型中小微企业需求的制度安排，推动建立与其他多层次资本市场间的对接机制。

三是提升金融服务农村实体经济的水平与能力，补足农村金融体系的短板，多方拓宽融资渠道，解决农村金融“脱节”问题。其一要围绕重点领域、重点产业、重点项目和新型农业生产经营主体等，建立健全涉农贷款财政贴息、风险补偿等财政支持制度；其二完善农村金融组织体系，逐步实现村镇银行县域全覆盖，支持设立专业支农小额贷款公司，发挥省再担保公司、省农业信贷担保公司以及各类融资性担保公司作用，为涉农企业和农户提供有效担保；其三做好资本市场扶贫工作，抓住证监会资本市场扶贫政策，推动贫困地区企业进行 IPO 和券商对接扶贫；其四探索新型农地和农房信贷抵押模式，推动实施“两权”抵押贷款业务，完善“财政惠农信贷通”融资机制，撬动更多银行资金，推广并实地创新“油茶贷”、产业扶贫信贷通等金融产品。

四是高度重视小微企业金融服务，继续构建和完善多元化、多渠道、多层次的新型小微服务体系。其一要抓好小微企业金融服务政策的贯彻落实，完善小微企业金融服务奖励考核指标，开展小微企业续贷政策以及规范小微企业收费等政策的督导检查。其二加快完善小微企业金融服务体系，鼓励银行优化产品设计。其三着力发挥保险对小微企业的支持力度、完善融资担保体系，将小微企业信用体系建设从全省工业园区以内扩充到园外。

五是服务建设创新型省份，发展具有我省特色的科技金融体系。其一，打造科技金融复合型人才团队，借助省“双千计划”金融类人才评审平台，不断引进和培养既懂科技又懂金融的科技金融专业复合型人才，加深对科技金融的了解和操作能力；其二，打造一个综合平台，根据“市场化和去行政化”的原则，赋予平台融资对接、融资增信、资产评估、产业流转、评估投资、信息交互等功能，并引入风险投资公司、私募股权基金、产业投资基金、融资担保公司，为企业科技创新提供全方位金融服务。

资源是稀缺的，金融资源亦然，而我省的金融资源尤其缺乏。常言道对症下药，目前，我省实体经济正快速发展，民营企业的金融需求旺盛，但依据现有的资料来看，有效的金融供给与实体经济的金融需求之间的缺口有多大尚不确知。应该协调统计局对实体经济部门的融资需求予以特别调查，摸清这方面的“家底”和缺口，从而据此进一步设计政策以改善金融供给与实体需求的匹配状况，保证金融支持实体经济的效率、纵深推进产业与金融协调发展。

三、江西科技人才发展综合评价分析

科技人才是经济发展的第一资源。江西出台的《关于深化人才发展体制机制改革的实施意见》，围绕人才引进培养、评价激励、服务保障等方面提出了46条改革措施，再次明确了人才发展的战略地位。人才队伍建设凸显高层次创新型人才的重要性，完善人才培养、选拔、评价、激励、流动、保障机制，全面促进人才可持续发展以及江西经济社会的健康发展。近年来江西科技人才工作和人才队伍建设取得了显著成绩，但高层次创新型人才匮乏等问题仍然存在。解决这些问题，有必要编制并实施人才规划。人才投入的较大差距以及高低层次人才发展的不合理等现象阻碍了江西科技人才的健康发展。究其原因，人才发展的评价工作不合理、不到位、不严格严重限制了人才发展具体政策的实施。本报告正是基于这样的考虑，以人才发展评价指标体系的建立为着眼点，以江西近几年的科技人才发展状况为依托从而建立合理有效的人才发展评价指标体系，对江西科技人才发展进行客观、公平、公正的评价，并在此基础上提出相应的对策建议。

（一）江西科技人才指标体系的构建

根据江西科技人才发展的现状和目标，结合科技人才发展评价指标体系构建的具体原则，同时依据瑞士洛桑国际管理发展学院开发的MD型模型和钻石模型中的相关指标，本研究将指标体系设计为两层框架结构，基本内容包括4

个一级指标，23 个二级指标，具体指标如下。

A1：科技人才发展存量。反映了一个地区的人力资源状况和科技人才引进状况，是地区科技人才竞争力的基础性指标。该指标包含 5 个二级指标，分别从各个角度对人才发展存量进行评估（A11：R&D 人员全时当量；A12：研究人员占 R&D 人员比重；A13：规上工业企业 R&D 人员占 R&D 人员比重；A14：研究生在校人数；A15：每十万人口高等学校平均在校生数）。

A2：科技人才发展投入。这是指通过教育、培训、科研开发等形成的有经济价值的知识、技能的人力资本，对进一步提升科技人才竞争力和区域创新能力具有重要的意义。我们从科研投入、教育经费投入和人才培训投入来评价江西科技人才发展状况（A21：R&D 经费支出；A22：地方财政科学技术支出；A23：科技经费支出占财政支出比重；A24：教育经费支出；A25：普通高等学校专任教师数）。

A3：科技人才发展产出。指科技人才所产生的经济效益和社会效益，能够反映未来科技创新的基础能力和发展潜力，从而体现出科技人才对当地经济社会发展的贡献大小（A31：国内专利申请受理量；A32：国内专利申请授权量；A33：发表科技论文和著作数；A34：高新技术产业出口额；A35：新产品销售收入；A36：技术市场合同成交额）。

A4：科技人才发展环境。科技人才发展环境能够有效地激励人才的自我塑造和成长，对科技人才发展是不可或缺的环境因素，反映区域环境对科技人才聚集的影响力（A41：城镇居民人均可支配收入；A42：人均拥有公共图书馆藏量；A43：每万人医疗机构床位数；A44：高新技术企业个数；A45：人均 GDP；A46：科研机构数；A47：普通高等学校数）。

本研究主要根据专家评分法和层次分析法。首先，通过专家打分确定相对重要程度。选择了高校人力资源教授、政府人力资源专员、企业人力资源主管三类专家，每类专家分别发放 10 份问卷，计 30 份问卷，全部收回，问卷填写内容全部符合要求。根据问卷中的打分，确定每一个指标的相对重要程度。其通过层次分析法确定指标权重。具体权重指标如下表 9 所示。

表9　一级指标和二级指标权重列表

一级指标	权重	二级指标	权重
科技人才发展存量	0.188	R&D 人员全时当量	0.0502
		研究人员占 R&D 人员比重	0.0384
		规上工业企业 R&D 人员占 R&D 人员比重	0.0406
		研究生在校人数	0.0303
		每十万人口高等学校平均在校生数	0.0286
科技人才发展投入	0.263	R&D 经费支出	0.0771
		地方财政科学技术支出	0.0668
		科技经费支出占财政支出比重	0.0534
		教育经费支出	0.0339
		普通高等学校专任教师数	0.0318
科技人才发展产出	0.322	国内专利申请受理量	0.0332
		国内专利申请授权量	0.0467
		发表科技论文和著作数	0.0428
		高新技术产业出口额	0.0802
		新产品销售收入	0.0557
		技术市场合同成交额	0.0634
科技人才发展环境	0.227	城镇居民人均可支配收入	0.0313
		人均拥有公共图书馆藏量	0.0281
		每万人医疗机构床位数	0.0220
		高技术企业个数	0.0502
		人均 GDP	0.0179
		科研机构数	0.0397
		普通高等学校数	0.0377

（三）江西科技人才发展评价指标体系的初步应用与结果分析

1. 江西科技人才发展的总体评价与比较

以江西2011—2016年六年的数据为依据，对四个一级指标的数值进行均值化处理，通过要素加权模型最后得到四个一级指标的具体得分。2011年、2012年、2013年、2014年、2015年和2016年得分分别为0.467、0.449、0.464、0.487、0.483和0.484。从江西科技人才发展得分的趋势分析来看，江西科技人才发展总体得分呈现整体增长的态势，从 2011 年的 0.467 上升至 2016 年的 0.484。这说明，近几年江西在科技人才发展方面取得了不错的进步。

表 10 2011—2016 年江西及周边省份科技人才发展得分比较

	浙江	安徽	福建	江西	湖北	湖南	广东
2011	1.327	0.706	0.654	0.467	0.856	0.670	2.311
2012	1.280	0.693	0.625	0.449	0.828	0.630	2.232
2013	1.244	0.687	0.604	0.464	0.869	0.630	2.237
2014	1.228	0.718	0.609	0.487	0.965	0.638	2.091
2015	1.199	0.693	0.603	0.483	0.937	0.621	2.200
2016	1.172	0.732	0.589	0.484	0.920	0.603	2.236

在科技人才发展的横向比较中，选取 2011—2016 年江西及周边省份的科技人才发展指标评价数据、进行了对比。分别考虑了科技人才存量、科技人才投入、科技人才产出、科技人才环境等因素，并根据确定的权重，加权计算了这七个地区的总体得分。2011 年江西、浙江、安徽、福建、湖北、湖南和广东的科技人才发展得分分别为 0.467、1.327、0.706 、0.654、0.856、0.670 和 2.311，而在 2016 年江西、浙江、安徽、福建、湖北、湖南和广东的科技人才发展得分分别为 0.484、1.172、0.732、0.589、0.920 、0.603 和 2.236。从结果中发现，2011 年江西科技人才发展总得分为 0.467，远低于广东（2.311）和浙江（1.327）这两个发达省份，同时也与福建省以及安徽、湖北、湖南这三个中部地区兄弟省份存在不小的差距。到了 2016 年，江西在科技人才发展得分上得到了一定的提升，虽然仍处于七个省份的最低位置，但在其他省份整体得分下行的情况下，江西却保持着上升趋势，正在逐渐拉小与其他省份的差距，也从侧面反映了近几年江西科技人才发展总体态势良好。

2. 江西科技人才发展单项指标评价与比较

（1）科技人才存量的比较分析

表 11 显示，从科技人才发展存量方面来看，2016 年江西科技人才存量得分是 0.135，低于浙江（0.223）、湖北（0.202）和广州（0.272），略低于安徽（0.160）、福建（0.156）和湖南（0.168）。这主要是由于近几年江西科技人才数量增长速度较慢，最终表现为科技人才存量得分偏低。在科技活动人员方面，2016 年江西 R&D 人员全时当量为 50620 人，与相邻六省的 R&D 人员总量存在

较大差距,这将不利于后期江西科技人才发展后发优势的发挥。

表 11　2016 年江西及周边省份科技人才发展指标分析

	项目	浙江	安徽	福建	江西	湖北	湖南	广东
科技人才发展存量情况	科技人才存量得分	0.223	0.160	0.156	0.135	0.202	0.168	0.272
	R&D 人员全时当量	376553	135829	132155	50620	136608	119345	515649
	研究人员占 R&D 人员比重	31.9%	41.8%	37.5%	44.1%	46.0%	46.2%	36.7%
科技人才发展投入情况	科技人才投入得分	0.322	0.254	0.142	0.122	0.233	0.148	0.621
	R&D 经费支出	1131	475	454	207	600	469	2035
	科技经费支出占财政支出比重	3.9%	4.7%	1.7%	1.8%	3.0%	1.1%	5.5%
	教育经费投入占 GDP 比重	4.2%	5.2%	3.6%	5.6%	4.5%	4.5%	4.2%
科技人才发展产出情况	科技人才发展产出得分	0.386	0.179	0.128	0.085	0.327	0.135	1.014
	申请专利数	393147	172552	130376	60494	95157	67779	505667
	授予专利数	221456	60983	67142	31472	41822	34050	259032
	专利申请成功比例	56.3%	35.3%	51.5%	52.0%	44.0%	50.2%	51.2%
	高新技术产业出口额	11.2	4.0	8.3	2.9	6.3	1.8	141.9
科技人才发展环境情况	科技人才环境得分	0.240	0.139	0.163	0.142	0.160	0.152	0.329
	城镇居民人均可支配收入	47237	29156	36014	28673	29386	31284	37684
	每万人医疗机构床位数	1.25	0.35	0.79	0.47	0.56	0.42	0.72
	高技术企业个数	2595	1398	858	1064	1063	1027	6570

(2)科技人才发展投入的比较分析

从科技人才发展的投入方面来进行横向对比,可以清楚地看到,江西科技人才投入得分略低于福建和湖南,但与其他四省差距明显。在科研经费方面,虽然 2016 年江西 R&D 经费支出相对较少,但在 2016 年各地区的科技经费支出占财政支出比重中,江西为 1.8%,高于湖南(1.1%)和福建(1.7%);在教育经费投入方面,2016 年江西教育经费支出为 1030 亿元,低于平均水平,但其教育经费支出占 GDP 比重为 5.6%,高于其余六个省份。

(3)科技人才发展产出的比较分析

科技人才发展产出是衡量区域科技人才发展情况的最直接、最客观的指标,在这方面江西科技人才发展得分为0.085,而浙江和湖北的该项得分分别为0.386和0.327,广东甚至高达1.014分,而这也体现了在科技人才发展产出方面,江西与其他省份的差距最为明显。2016年江西科研成果产出虽有较大的提高,但总量不大,其国内专利申请数量为60494项,低于于广东(505667项)、浙江(393147项)、安徽(172552项)、福建(130376项)和湖北(95157项),略低于湖南(67779项),这说明江西在科研成果规模方面存在一定劣势。值得肯定的是,江西2016年专利申请成功率为52.0%,仅次于浙江(56.3%),位居第二。

(4)科技人才发展环境比较

良好的环境能够促进科技人才高质量的发展,从表11中可以看出江西科技人才发展环境得分高于安徽,为0.142,略低于福建(0.163)、湖北(0.160)与湖南(0.152),但是与浙江(0.240)及广东(0.329)比较还有一定的差距,其差距主要表现在城镇居民人均可支配收入、信息环境支撑程度和高等学校数等方面。城镇居民人均可支配收入浙江和广东分别是47237元和37684元,江西是28673元;信息环境支撑程度用互联网宽带接入用户数来衡量,反映了地区科技人才获得信息的便利程度,江西互联网宽带接入用户数为822.5万户,落后于广东(2779.39万户)、浙江(2159.71万户)、福建(1144.62万户)、湖北(1131.88万户)、安徽(1075.03万户)、湖南(1066.88万户)。高等学校数方面江西也处于劣势地位,但在高新技术企业数方面,江西共有1064个,超过了福建(858个)、湖南(1027个)和湖北(1064个),位列第四。

(四)江西科技人才发展存在的问题

虽然过去江西科技人才发展处于落后地位,但是人才发展前景广阔,后发优势强劲。目前,江西科技人才发展综合评价处于领先地位,但是在人才发展存量基数方面,还是与江苏和湖北有较大的差距。具体存在以下几个方面的问题:

1. 海外高端人才引进乏力

一是科技人才结构性短缺突出,高层次人才比例不高,海外顶尖人才比较紧缺。二是缺乏海外人才团队的引进,大多数人才"单打独斗",本土化程度也不够。三是本土人才国际化步伐比较滞后,与国际合作的项目还不多见。

2. 人才创新高地培育滞后

一是科技人才集聚度较低,没有形成特色鲜明的领军团队。二是科技人才在产学研中的分布失衡,高校创新人才多、企业创新人才少,创新人才多、创业人才少,校企合作人才培养基地阻碍因素较多。三是特别缺乏重大的人才创新基地和人才发展改革综合试验区,在人才发展上未能大胆突破。

3. 人才发展环境依然不足

一是科技人才发挥作用的平台数量不足、质量不高。二是科技人才薪酬管理体系不合理,人才的付出和回报不匹配,甚至出现"劣币驱逐良币"的现象。三是科技人才的医疗、住房、教育等人才环境有待改善。四是科技人才的创新创业环境不优,投资融资瓶颈突出,财税优惠难落实。

4. 人才政策体系有待优化

一是政策协同性不够,政出多门,交叉重复和越位缺位的现象时有发生。二是人才政策物理组合的多,化学结合的少,既没有保持动态的延续性,也缺乏体系的间接性。三是人才政策实施的效率较低,事后评估几乎没有。

5. 人才体制机制亟须突破

一是没有建立分类科学以能力、业绩为核心的评价体系,人才项目评估缺乏科学有效手段,没有整套扶持机制和人才退出机制。二是科研资助体制机制上过度市场化、竞争化和短期化,缺乏长期稳定的研发支持,人才培育机制的系统性长效性不足,零碎化、短期化现象较为普遍。三是人才资源配置存在行政干预过多,市场运作失灵的倾向,身份壁垒、地域壁垒、部门壁垒客观存在。

(五)推进江西科技人才发展的对策建议

为了保持自身的竞争优势,江西人才强省的战略目标刻不容缓,江西应该保持目前的发展态势,不断增强本省人才的竞争力。为此,江西应该加大对高层次、创新型和高科技人才的培养,建立相应的管理和激励机制,具体建议如下。

1. 制定海外高端人才引智行动计划

一是推进海外高层次人才引智工程。运用履历数据分析,测度国内外科技人才的职业发展、学术潜力和科研合作。搭建"网(人才履历网页)—库(专家数据库)—图(引智分布图)"引进体系。此外,要发挥公安局在人才引进方面的数据跟踪作用。把传统人才工作与互联网、大数据结合起来,构建线上线下多渠道的人才追踪服务体系。二是探索多渠道海外高层次人才引智模式。应改变政府行政引才单一方式,拓宽引进海外人才模式,建立海外工作窗口,加强与中国驻外使领馆、国家外专局、出国留学人员组织、华人华侨组合等的联系,采取直接引进、依托项目、名誉聘用和短期培训等,鼓励通过共享外国占据资源、国际合作办学、与世界知名公司合作，发挥侨联优势等吸纳海外人才。三是定期发布海外高端人才引智指南，举办国际英才创新创业活动周，搭建海外科技人才联谊交流活动平台，努力形成江西宜居的生态环境与海外人才的科技创业融洽的氛围。

2. 实施人才创新高地培育工程

一是争创中部地区人才创新试验区。人才定位很重要，如广东提出建设全球人才目的地；上海提出打造全球人才枢纽站。应积极争创中部人才创新试验区，制定人才创新试验区指导意见，促进人才集聚性发展，构建人才创新试验区与自主赣江新区联动机制，形成人才创新试验区的人才引培与赣江新区的创新创业的“内循环”。二是打造高层次人才创新创业基地。鼓励和支持产学研合作，创新委托培养、订单培养、合作培养、定向培养等方式建设“创新人才教育学院”“高层次人才培训中心”“领军人才实验室”等，打造国家高层次人才创新创业基地。三是建立人才引培飞地。与国家部委、知名高校、研究所、跨国公司等建立人才培育战略联盟，构建区域性、全国性、国际性人才联络机构，建立人才引培飞地，鼓励企业建设海外研发中心，集聚海外科技人才。

3. 切实改善人才发展环境

一是注重人才发展的平台建设。强化创新引领，积极开展“平台建设年”活动，围绕新材料、智能装备、航空、电子信息、大数据、大健康等领域努力培育和提升一批层次结构合理，功能较为完备的科技创新平台，为人才发挥作用提供强有力的空间。二是妥善解决人才发展的后顾之忧。上海建科嘉人才公寓解决“夹心层”青年人才的住房难，武汉大学设5亿人才基金包揽高端人才的子女教育等做法层出不穷。借鉴先进省份的经验，开辟绿色通道，解决科技人才的医疗、住房、配偶就业、子女教育等问题。三是积极营造赣商文化环境。要将赣商文化和科技创新结合起来，实施创新创业软环境系统工程，为创新创业提供宽松的创新创业条件，积极推动金融支撑实体经济发展，鼓励赣籍人才回乡创业。

4. 做实做优人才政策体系

一是优化现有人才政策体系。保留并强化现有人才政策中切实管用的部分，删除或修改现有人才政策中不能解放思想、与时俱进的部分。为此，必须基于以下三个原则：(1)顺应国家人才发展纲要；(2)符合江西人才发展实际；(3)把握未来人才发展态势。二是突破现有人才政策的“束缚”。例如浙江省试点国有企业高层次人才协议工资制、项目工资制，对有重要贡献的人才奖励可在单位工资总额外单列。上海市对国有企业、事业单位科研人员和领导人因公出国分类管理。河南省支持高校科研人员在岗或离岗创业,3—5 年内保留待遇。我省应积极实施人才富裕工程,探索高层次人才协议工资制等办法。完善科技成果收益分配制度,下放科技成果转化处置权。探索科技人员以专利、标准等知识产权和研发能力作价出资、入股办企业的办法,研究实施股权奖励递延纳税试点政策,对高新企业转化成果给予个人的股权奖励递延至取得股权分红或转让股权时纳税等。三是建立人才政策的评估反馈制度。应建立人才政策的后评估体系,主要根据产品效果、市场行情来看,引入滚动考核、优胜劣汰并辅之以激励手段。同时,引入第三方评估,进一步加强对政策落实的监督、推动,不断提高人才政策的实效和力度。

5. 深化人才体制机制改革创新

一是推进人才体制中的"放管服"改革。尽快下放人才使用的权力清单,明确条流程。完善党委政府联系专家制度,提高一站式政务窗口的服务质量和效率。优化政务环境,消除创新创业中的"弹簧门""肠梗阻",打造"旋转门""直通车"。二是完善人才评价机制。根据人才不同类型,以分类评价、长周期评价、市场主题评价为原则,建立以市场和出资人认可为核心,以能力和业绩为导向,以同行评议为主的专业技术人才评价新机制。完善同行评议专家库,建立专家评议持续跟踪制和星际制。三是探索科技人才的市场化配置。鼓励科研人员按市场配置自由流动,支持科研人员离岗创业,鼓励企业人才在高校兼职,推动创新创业人才的培育及成果转化;探索政策与高校"旋转门"制度,推动高校智库与政府对接。

四、我省外贸进出口形势分析及应对中美贸易战

在国际贸易摩擦不断升级,国内外经济形势更加复杂严峻、不确定和不稳定的因素持续增多的大环境下,2017 年江西省进出口总值达到 3020.0 亿元,较上年增长 14.5%,其中:出口 2222.6 亿元,增长 13.3%;进口 797.5 亿元,增长 17.9%,这也是进入"十三五"以来,我省外贸进出口实现的较大突破,形成了回稳向好的基本态势。如何在中美贸易战期间我省外贸进出口保持健康、平稳增长趋势值得研究。

(一)外贸总体情况

1. 增速位居全国中上水平

2017 年,江西省外贸进出口增速(14.5%)比全国(14.2%)快 0.3 个百分

点，其中，全年出口增速（13.3%）比全国（10.8%）快2.5个百分点；进口增速（17.9%）比全国（18.7%）慢0.8个百分点。在2017上半年，江西进出口增速以及出口增速均取得全国第8位的良好成绩。

2. 总值排名中部靠后

2017年，在中部地区，江西省进出口值排名第4，落后河南省（5232.8亿元）、安徽省（3631.6亿元）、湖北省（3134.3亿元），领先湖南省（2434.3亿元）、山西省（1161.9亿元）。从增速看，江西省进出口值在中部六省中同样排名第4位，落后湖南省（39.8%），领先安徽省（23.7%）、湖北省（20.6%），领先河南省（10.9%）、山西省（5.6%）。

其中，江西省出口值排名第2，落后河南省（3171.8亿元），领先安徽省（2065.2亿元）、湖北省（2064.1亿元）、湖南省（1565.5亿元）、山西省（690.3亿元）。从增速看，江西省出口值在中部六省中排名第3位，落后湖南省（33.3%）、湖北省（20.2%），领先河南省（11.8%）、安徽省（9.8%）、山西省（5.3%）。江西省进口值排名第5，落后河南省（2061亿元）、安徽省（1566.4亿元）、湖北省（1070.2亿元）、湖南省（868.8亿元），领先山西省（471.5亿元）。从增速看，江西省排名第4位，落后湖南省（53.3%）、安徽省（48.3%）、湖北省（21.4%），领先河南省（9.6%）、山西省（6.0%）。

表12　2017年中部六省外贸值情况　　单位：亿元；%

	进出口值	同比	排名	出口值	同比	排名	进口值	同比	排名
江西	3020.0	14.5	4	2222.6	13.3	4	797.5	17.9	5
湖南	2434.3	39.8	5	1565.5	33.3	5	868.8	53.3	4
湖北	3134.3	20.6	3	2064.1	20.2	3	1070.2	21.4	3
安徽	3631.6	23.7	2	2065.2	9.8	2	1566.4	48.3	2
河南	5232.8	10.9	1	3171.8	11.8	1	2061.0	9.6	1
山西	1161.9	5.6	6	690.3	5.3	6	471.5	6.0	6
全国	277920.9	14.2		153318.3	10.8		124602.6	18.7	

3. 增速五年起伏较大

2013至2017我省外贸进出口总值分别2284.5亿元、2624.3亿元、2641.5亿元、2643.9亿元、3020.0亿元，呈现连续上升趋势；增速分别为8.3%、14.9%、0.7%、0.6%、14.5%，呈现剧烈波动趋势。其中，出口总值分别为1752.5亿元、1966.6亿元、2060.9亿元、1966.9亿元、2222.6亿元，总体呈上升趋势，仅在2016年稍有回落；增速分别为10.6%、12.2%、4.8%、−4.1%、

13.3%,变化幅度较大;进口总值分别为 532.0 亿元、657.7 亿元、580.6 亿元、677.0 亿元、797.5 亿元,呈现波动上升发展趋势;增速分别为 1.5%、23.6%、-11.7%、17.3、17.9%,呈现剧烈波动趋势。

表 13 2013—2017 年江西省外贸进出口情况 单位:亿元;%

江西	进出口值	同比	出口值	同比	进口值	同比
2017	3020.0	14.5	2222.6	13.3	797.5	17.9
2016	2643.9	0.6	1966.9	-4.1	677.0	17.3
2015	2641.5	0.7	2060.9	4.8	580.6	-11.7
2014	2624.3	14.9	1966.6	12.2	657.7	23.6
2013	2284.5	8.3	1752.5	10.6	532.0	1.5

(二)外贸主要特点

1. 加工贸易比重下降较大

2017 年,江西省以一般贸易方式进出口 288.9 亿美元,增长 12.8%,占全省 88.4%。同期,以加工贸易方式进出口 36 亿美元,下降 11.5%,占比 11%。而安徽省以一般贸易方式进出口 213.7 亿美元,增长 4.9%,占全省 70.1%。同期,以加工贸易方式进出口 83.9 亿美元,增长 16.7%,占比 27.5%。可见,江西加工贸易比重不大,增速却在下降。

2. 美国、欧盟市场出口复苏

2017 年,江西省对美国、东盟和欧盟前三大国际市场出口增长回升,对美国出口增长 16%,占比较去年同期分别提升 0.9 个百分点;对东盟出口下降 0.49%,降幅收窄;对欧盟出口增长 23.5%,比较去年同期分别提升 4.3 个百分点。可见,除了东盟略有下降外,美国、欧盟出口都保持外贸增长。

3. 劳动密集型商品出口回稳向好

2017 年,江西省主要商品出口增长加快,部分传统劳动密集型商品快速增长,文化产品、玩具、圣诞用品出口分别为 27.3 亿美元、12.7 亿美元、3.1 亿美元,分别增长 70.7%、255.0%、91.6%。文化产品、铜等成为出口新增长点。新引进的产业出口强劲,电话机、蓄电池出口分别为 4.1 亿美元、3.2 亿美元,分别增长 150.4%、30.7%。

(三)外贸形势解析

2017 年上半年,江西省外贸稳中向好态势明显,在省委、省政府政策作用下,经过下半年的努力,全省外贸出口取得新突破,实现“年底满堂红”。但在转型升级的背景下,江西外贸发展存在以下值得关注的情况:

1. 外贸增速呈现新常态

据江西省统计公报,2013—2017 年江西省年增长率分别为 8.3%、14.9%、0.7%、0.6%、14.5%,增速波动较大,2015、2016 年外贸增速接近 0%,三驾马车外贸增长乏力。但至 2017 年,外贸出口取得新突破,全年全省外贸出口首次突破 2200 亿元关口,创历史新高。出口总额位居全国第 13 位,中部第 2 位。对外贸易拉动国民经济发展的作用明显。

2. 进出口商品结构不断优化

“十三五”以来江西省机电、高新技术产品进出口比重逐步回稳。2017 年,机电产品和高新技术产品出口值达 167.5 亿美元,较 2013 年增长 1.2 倍,占出口总值的比重由 2013 年的 49.7% 上升至 51.2%。进口方面,机电产品和高新技术产品取代了资源性产品的主导地位,占进口总值的比重由 2013 年 45.3% 上升至 67.6%。

3. 民营企业成为外贸出口的核心动力引擎

近年来,江西省民营企业外贸进出口年均增速均远高于外商投资企业和国有企业,为中部地区民营企业发展最快的省份。2017 年,江西省民营企业出口 250.4 亿美元,增长 10.6%,高出全省平均水平 0.9 个百分点,占全省 76.86%。

(四)外贸因素分析

1. 有利因素

(1)“一带一路”战略为外贸出口带来机遇

在经济新常态时期,“一带一路”的提出无疑是给江西经济走出去带来了新的机遇。“一带一路”是世界上最长的经济大走廊,贯穿中亚、东南亚、南亚、西亚以及欧洲部分区域,包括 60 多个国家,这种国际大范围的互联互通无疑给江西企业开拓海外市场提供了良好平台。

(2)“双创”推动了外贸良性发展

在“大众创业、万众创新”的助推下,我省工业转型升级态势明显,高新技术产业蓬勃发展,高附加值、高技术含量的新产品快速增长,推动了外贸良性发展。2017 年,高新技术产业全年实现增加值 2630.7 亿元,占规模以上工业企业的 30.9%,高于规模以上工业增幅 2 个百分点。

(3)跨境电商快速崛起

根据商务部预测,2017 年中国出口跨境电商交易额为 6.3 万亿元,同比增长 14.5%。在传统外贸年均增长乏力,甚至偶尔为负的情况下,中国跨境电商却连年保持着 20% ~30% 以上的增长。可以预见,跨境电商将进一步促进外贸进出口转型升级。

2. 不利因素

(1)传统竞争优势削弱

由于工业4.0战略是以新信息、新技术和新能源融合为智能制造的基础，工业生产正从大批量制造和流水线作业转向了小批量定制和点对点服务，这使得生产成本不再是决定企业成败的关键因素，企业的竞争优势也不再是低成本、低价格的初级产品输出，而是通过先进制造技术和工艺流程生产的高附加值产品，这对于凭借劳动成本优势的江西劳动密集型产业出口来说，将是极大的挑战。

(2)贸易摩擦有所加剧

欧美等发达国家正在开展“再工业化”战略，这将会使得发达国家消费需求和投资需求向国内倾斜。发达国家的“工业再造”对我国的影响更多的体现在先进制造业上。在高端制造领域与中国的竞争日渐激烈，摩擦必然会越来越多。2018年中美贸易战正式开打。

(3)对外开放艰难前行

中国提出的“一带一路”战略正在实施，但是“一带一路”战略的阻力也不小，美国千方百计阻扰“一带一路”战略的实施，各国也在观望之中，甚至有的国家“倒打一耙”，例如2015年3月22日津巴布韦宣布，外国企业至少51%的企业股份交予津巴布韦，此举对中资企业影响甚大。

(二)中美贸易战对我省相关典型产业可能造成的影响分析

1. 汽车行业：整车创新升级受阻，零部件技术提升难度加大

伴随近年来省委、省政府对汽车产业的支持与重视，以江铃、汉腾、昌河为代表的部分汽车生产企业，在创新技术发展方面投入了大量的资源并且已经具备了一定的细分市场优势。由于经济全球化的逐步深入，目前我省已有部分零部件供应商嵌入全球产业链关键位置。美国对江西进口汽车零部件加征关税必然对包括美国企业在内的汽车厂商造成伤害并将掣肘我省汽车产业革新。具体体现在以下两个方面：

从整车环节看，加税25%将会重创美国进口车，特斯拉也涵盖其中，有能力向高端车升级的我省整车企业尤其是省委、省政府重点关注的新能源汽车、智能汽车的发展机遇也会由此更难把握，这很有可能不利于我省汽车产业的跨国并购，同时对我省自主品牌抢占欧美高端市场造成负面影响。

从零部件环节看，目前我省部分企业作为全球跨国车企中间环节供应商，

通过生产加工车轮和轮毂等汽车零部件,参与全球价值链,其中部分零部件直接出口美国;而从美国进口的零部件主要为传动系统、车身附件等。这表明省内部分以美国市场为主的行驶系统零部件供应商可能会因关税加征而受到影响。

2. 航空业:短期有冲击,长期影响同样不利

国务院关税税则委员会2018年4月4日发布了对原产于美国的部分进口商品加征关税的公告,决定对原产于美国的14类106项商品加征25%的关税。其中包括空载重量超过15000公斤,但不超过45000公斤的飞机及其他航空器。对于江西航空公司所运营波音飞机来说,B737系列(除B738MAX)属于此次对美加税清单中。值得注意的是,江西航空目前采用包含B737系列在内的全波音系列机型,因中美贸易战所带来的飞机采购成本上升,对于江西航空显然产生了较为严重的阻碍作用。

从短期来看,从此次飞机引进关税区间来看,对于我省支线飞机制造业发展,有一定的消极影响。需要特别指出的是,近年来,江西推进大飞机项目和南昌航空城建设,为航空产业发展提供了重要平台。尽管如此,受到中美贸易战影响,国际油价波动的不确定性也由此增大,油价的扰动影响或将推动我省航运成本进一步提升。

从中长期来看,近年来,我省相继出台政策、搭建平台、落实资金、以航空装备产业的发展壮大带动全省航空业发展升级。中美贸易战不仅不利于我省民航业供需改善,还会推动票价和航司亏损上涨。整体来看,中美贸易战对我省民航业中长期发展同样不利。

3. 农产品行业:大豆价格上涨,下游相关产业暂时影响不大

中国对美国进口大豆加税实施贸易反制,短期很可能加大国内大豆的市场价格波动。考虑到江西消费量持续较快增长,但产量近年来基本持平,预计未来大豆进口量仍将保持高位并持续增长。

对于大豆行业:从进口国家来看,我省基本上只能从巴西和美国进行选择。除此以外,美豆进口量占我省消费量比重大,短期消除对美大豆进口依赖不太现实,伴随农业领域的中美贸易战如火如荼,大豆价格上行成为必然。

对于大豆上下游行业,我省所进口的大豆,下游行业主要用于榨食油及制成生物燃料、制成豆腐等食品的生产与消费,而大豆榨油之后产出的豆粕,又成为肉禽养殖业所使用饲料的重要组成成分。尽管受到投入产出配比关系的影响,养殖成本可能会伴随生产原料的上涨略有上升,但短期传导至下游的可能

性也不大。

4. 电子产业:LED 行业影响有待观察,电路板行业有一定影响

电子行业中,主要有电路板(PCB)、发光二极管(LED)、电容、电阻、半导体分立器件、压电晶体、彩电用陶瓷基板等几个受影响较大的细分子行业,手机产业链产品不在征税清单之内。

从 LED 行业来看,当前,我省已经成为全国五大 LED 主产区之一,拥有硅基 LED 原创技术优势和全产业链生产能力,并培育出了包括晶能光电、联创光电在内的一批骨干企业。此次贸易战所涉及的 LED 产品集中在上游芯片领域及中游封装领域,具体包括:晶体管、类似半导体、光敏器件、半导体器件等。由于江西的 LED 产业拥有部分自主知识产权,并且在外延片、芯片、封装、应用等 LED 全产业链独立生产方面已经具备一定优势,这一份征税清单对我省 LED 产业应用技术和产品开发究竟造成怎样的影响,具体有待观察。

从 PCB 行业来看,目前,加增关税列表中所涉及的 PCB 行业产品主要是针对彩电用的 PCB。作为承接珠三角、长三角 PCB 产业梯度转移的前沿阵地,中美贸易战的直接结果是降低珠三角、长三角对我省 PCB 产业的订单需求,而相关东部沿海区域产业转移的进度与力度同样会因此受到影响。进一步来看,对我省 PCB 行业的长远发展必然造成一定程度的负面影响。

(三)中美贸易战前景预判及我省采取的应对策略

1. 扶持民营企业走出去,提高出口产品竞争力

在"大众创业、万众创新"的时代背景下,建议重点针对我省机电、新材料、新能源等优势产业,大力实施"中国制造 2025"战略,创新驱动产业转型升级,引导江西省加工贸易向"武藏曲线"[①]要利润,在新能源、新材料、装备制造领域,要加快一些核心关键技术的攻关、提高出口产品的附加值。积极扶持民营企业走出去,加大财税调节、金融帮扶和产业引导,在出口退税、出口信贷等方面给民营企业提供支持,健全完善外贸融资体系,针对重点企业实行"一企一策",提升民营企业出口能力。

2. 培育本土跨国企业,融入全球价值链

通过发展和培育跨国公司,有利于我省建立稳定的资源和能源供应渠道,提高对境外资源的掌控能力。更为重要的是,通过发展本土跨国公司,可以统

---

① 施振荣提出的"微笑曲线"认为,产业链两端:研发、设计和物流、营销附加价值高,而处在曲线弧底的加工、组装、制造技术含量不高,附加价值低,利润微薄。中村末广提出的"武藏曲线"恰恰相反,认为"加工、组装、制造"环节的利润丰厚。现在,有很多事实证实了这点。

筹国际和国内两个市场、利用两种资源,实现产业内外互动互促。建议培育本土跨国企业,最大限度地融入全球价值链,提升价值链分配格局中的谈判力与话语权,从而为最终有效实现贸易壁垒突破提供现实基础。

3. 加快推动技术研发,促进产业升级

江西在中部崛起之路的一个关键攻克点在于制造业,建议重点针对我省机电、新材料、新能源等优势产业,大力实施创新驱动产业转型升级,引导加工贸易向"武藏曲线"要利润,在新能源、新材料、装备制造领域,加快一些核心关键技术的攻关、提高出口产品的附加值。

4. 依托"一带一路",加大拓展欧亚非市场

"一带一路"建设为我省实体经济的振兴带去了投资和贸易机会,建议积极扶持民营企业走出去,加大财税调节、金融帮扶和产业引导,在出口退税、出口信贷等方面给民营企业提供支持,健全完善外贸融资体系,针对重点企业实行"一企一策",提升民营企业出口能力。

5. 创新贸易体制机制,打造江西自贸区

自贸区作为我国海关"特区",借助其独特的政策优势,整合了资源,降低了成本,吸引了资本,促进了内陆经济与国际市场接轨。建议研究借鉴国内外成功自贸区运营管理模式、优惠政策,以南昌空港及综合保税区、九江水港及综合保税区、赣州陆港及综合保税区等为支撑,加快建设江西自贸区,有效降低贸易摩擦,提升我省进出口水平。

五、"放管服"改革助力实体经济发展

最近,习近平总书记多次就民营企业发展做出重要指示批示。2018 年 9 月 27 日习近平总书记在辽宁忠旺集团考察时强调:"我们毫不动摇地发展公有制经济,也毫不动摇地支持、保护、扶持民营经济发展、非公有制经济发展。"10 月 21 日习近平总书记给"万企帮万村"行动中受表彰民营企业家的回信中指出:"民营经济的历史贡献不可磨灭,民营经济的地位作用不容置疑,任何否定、弱化民营经济的言论和做法都是错误的。"11 月 1 日习近平总书记主持召开民营企业座谈会再次强调:"我国民营经济只能壮大、不能弱化,不仅不能'离场',而且要走向更加广阔的舞台。"改革开放 40 年来,民营经济从小到大、从弱到强,贡献 50% 以上的税收,60% 以上的国内生产总值,70% 以上的技术创新成果,80% 以上的城镇劳动就业,90% 以上的企业数量。当前,受国内外经济形势的影响,加之产业面临转型升级的压力,民营经济发展存在诸多问题,我们要以

"放管服"为"当头炮"破除改革梗阻、助力民营企业发展。事实上,我省一直在积极行动。2018 年 8 月 31 日江西省委、省政府下发了《关于加强作风建设优化发展环境的意见》,9 月 25 日省政府印发了《关于在全省政府系统大力开展忠诚型创新型担当型服务型过硬型政府建设 加快推动江西高质量跨越式发展实施方案》,11 月 2 日省政府办公厅又出台了《关于锻造"事事马上办、人人钉钉子、个个敢担当"工作作风的实施意见》。对此,我省应必须在更大范围、更深层次上推进"放管服"改革,在完善行政体制上着眼、发展实体经济上着手、优化营商环境上着力,以干部的"辛苦指数"换来企业的"发展指数"。

(一)我省"放管服"改革的经验做法

1. 精简行政审批

南昌县挂牌成立了全省首家行政审批局,将 27 个单位的印章"归一",278 项审批"集结",55 名人员"整编",实行"一个机构管审批、一枚印章发证照、一个大厅办成事"。吉州区作为全省首批相对集中行政许可权改革试点,也成立行政审批局,一次性划转 23 个部门 194 项行政许可事项和 35 项公告服务事项,取消审批流程中的前置条件 180 余项和中介证明 10 余项,打造了"一个电话服务到、一枚公章审批完"的"吉安样板"。万年县按照减项、减时、减费"三结合"原则,率先实施了行政审批制度改革,被列为全省"三单一网"试点县,成为全省第一个公布权力清单的县,精简了各类行政权力事项 251 项,梳理了第一批"不跑办成事"事项 229 项。分宜县对全县 33 个部门行政审批涉及的中介服务事项进行全面清理,编制完成《分宜县县级行政审批中介服务事项目录》,在全省率先设置了"中介超市"操作终端,规范了行政审批中介管理。

2. 推进互联网 + 政务

万年县与腾讯合作打造"微爱万年"公众平台,建立起线上线下"互联网 + 政务服务"一体化平台,把审批搬进手机里,实现"足不出户、手指一点"便可办成事,运行至今,访问量 1.015 万次,累计用户 1.21 万人,实名认证量 5.034 万人,审批各类文件 44306 件、其他办理事项 44724 件。安源区着力打造"智慧安源"行政服务平台,建设 121 个村、社区服务大厅,设立 150 个自助终端网点,真正做到"数据多跑路,企业少跑路"。德兴市积极开展"互联网 + 基层服务型建设",把 O2O 电子商务模式引入工作创新,实现"不跑办成事"。目前通过 O2O 服务平台收集意见诉求 42600 多件,为民办事 41900 多件,办结率达 99.3%。

3. 优化营商环境

万年县出台了《关于进一步优化企业发展环境的实施意见》,创新实施园区企业检查派单制、宁静日制等五项制度，工业项目“5+1”“企业诉求立即办”“企业信用免检”等八项机制，为民营企业发展保驾护航。万载县出台了《万载县安商“红黄榜”制度实施细则(试行)》，由企业对全县具有审批性质、行政执法、经济管理职能的部门进行“红黄牌”投放，优化了社会营商环境。

4. 构建新型政商关系

吉州区打造“人文园区、温馨企业”园区文化，提供人文关怀、不断增强企业员工认同感、获得感和荣誉感，率先成立工业园区社区，建成立园区党、工、青、妇“四位一体”服务中心，经常开展“送清凉”“送文化”“送图书”“送助学”等宣传慰问活动。鄱阳县持续推进“鄱商回归”工程，创建鄱商回归产业园，举办首届鄱商回归大会，创刊《鄱商》杂志，开展赣商志人物采编活动。

5. 加强工作作风建设

安福县实施了追责问责、容错纠错、一线工作法、马上就办、先进标兵评选等五项制度为支撑的作风建设“1+5”体系，在全市率先出台了《鼓励干事创业试行容错纠错减责免责实施办法(试行)》，努力营造支持改革、鼓励创新、允许试错、宽容失误的良好环境。崇义县制定《关于改进工作作风提高工作效率的意见》《崇义县“为官不为”问责办法(试行)》等文件，确保改作风提效率行动落到实处。

(二)各省推进“放管服”改革的先进做法

1. 湖南省地税多措并举深化“放管服”改革

在“放”上力求突破，全面取消非许可类审批事项，仅保留税务许可事项5项、省地税局2项，实行“网络+实体”办理模式，审批事项办理100%实现“零超时”；在“管”上争求优化，地税系统全面实施“双随机一公开”税务稽查，加强事前、事中、事后管理，综合运用“互联网+大数据”，加强税收风险管理，建立健全失信联合惩戒制度；在“服”上实求创新，多利用信息、科技、社交网络以及新媒体开展全方位、立体式的政策宣传，全面推行二维码一次性告知服务，让企业纳税人通过扫描二维码了解业务办理的程序和应准备的资料。

2. 湖北省各部门深化“放管服”改革花样百出

湖北政务服务正式推出“一张网”办理模式，已经实现用户注册登入、事项查询、在线申请、办事指南等特色功能，继续深入推进“互联网+放管服”改革，优化权责清单制度，打造网上办理成为一种新常态的局面。在此基础上，省工商联在全省推行“零见面”“无纸化”全程电子化登记，进一步提高企业办理业务效率，节约不必要的等待时间。

3. 广东省推出“银政直通车”改革

广东省联合工商局出台《关于加强银政合作进一步推进开办企业便利化改革的指导意见》，推广“企业电子身份证”，拓展“电子营业执照 + 金融服务”应用，试行“在线预审核”，减少纸质账户资料的传递时间，在工商登记和开户流程上缩短10个工作日左右。

（三）我省“放管服”改革存在的问题

1. 改革有阻力

李克强总理曾指出：“‘放管服’改革实质是政府自我革命，要削手中的权、去部门的利、割自己的肉。”到目前为止，我省“放管服”改革已进入深水区，将会涉及更多长期工作所形成的利益分配的调整、权责关系的重塑、管理方法的再造、工作模式的转变。这对各级政府来说，是一个极大的挑战，面对极大的阻力。

2. 成效须提升

“放管服”由于家大业大、人多事杂，关系错综复杂，很难将改革一步到位，这是我们目前的政治社会现实所决定的，免不了会出现“减了再加，加了再减”的弹簧现象。虽然我省的营商环境有了很大的改进，但是还不够深、不够细。

3. 操作难把握

由于传统制度的惯性，“大政府、小市场”的格局仍未能得到彻底改变，存在着政府与市场的边界不清晰、政府对市场干预过多等诸多问题。理论上不好界定、实践中难以把握，简政放权的落实还不到位。

4. 执行会走样

法无禁止即可为。“放管服”改革的过程中，需要以文件落实文件作为抓手，从中央到省市县一级跟着一级层层落实。一方面，如果下级政府“照本宣科”，可能得到操作性不强的方案，易造成文件的“空转”，另一方面，下级政府出台的文件可能“画蛇添足”，也会使各级政府在实施中效果大打折扣。

5. 责任不到位

分工不明、责任不清会导致部门与部门之间扯皮、推诿，更甚至会出现“谁都管、谁都不管”和“谁都干、谁都不干”的现象，致使管理上出现“真空带”。从基层看来是“上面千根线，下面一根针”，而从领导看来是“上面一根线，下面千根针”。然而，很多事情不是基层这“一根针”可以解决，需要很多的“针”和“线”共同来完成。

（四）推进“放管服”改革、助力民营企业发展的对策建议

1. 总结并推广各地改革成功案例

应该分类施策，设立试点，鼓励基层创新，及时跟踪、发现和总结基层成功案例，对其进行重点宣传推广。此外，“放管服”改革不应搞一刀切。对改革走在前面的地区和单位，鼓励接着领跑，对改革进展较慢的地区和单位，严格要求按省级统一标准落实，在干中学、在学中改。及时学习全国各地“放管服”改革成功的举措，并结合本省实际情况，按照引进、吸收、消化、再创造的原则，探索适合我省的改革方案，让人民共享改革的成果，让企业共享改革的优惠与便捷。

2. 探索改革过程中“互联网 +”模式

利用“互联网 +”与阿里巴巴、腾讯等互联网巨头进行战略合作，打造网上服务平台，引导公众、企业提高“网办”意识，养成“网办”习惯，鼓励其通过政务平台咨询和办理业务。通过电子证照、电子文书、电子印章、自助政务服务终端的相关开发应用，形成网络办公的环境，进一步提高“网办”效率，真正实现“数据多跑路，企业少跑腿”。

3. 营造良好营商环境

畅通政企信息渠道，建立企业联络制度、小微企业服务平台，提高政企互动的关联度、满意度。制定服务企业行动指南，列出政商交往“负面清单”，构建“亲”“清”新型政商关系。此外，要努力保障民营企业在经济运行中的公平待遇，坚决查处滥用行政权力排除和限制竞争的行为，营造稳定、公平、透明、可预期的营商环境。

4. 建立第三方评估机制

应出台第三方评估办法，引入第三方行风评比。鼓励引导各级政府组建一批由专家、企业等组成的行风评议团体，定期对政府放管服改革进行政风行风评议，坚决杜绝“怕、慢、懒、庸、散”。此外，还需创新工作方法和机制，大胆探索，建立容错纠错机制，为改革先行者“撑腰打气”。

5. 优化税政服务

在税收政策方面，针对不同行业得企业出台不同程度的税收优惠政策；针对同一行业内不同经营状况的企业分类进行政策支持，比如对处于成长型企业推行税收减免优惠，对于营利型企业实行税收奖励优惠，对于亏损但重要的企业实行资金补贴政策。此外，在提供税务服务方面，多利用信息媒体等，让企业纳税人清晰地了解到办理税务业务需要携带的资料及办理手续，增强纳税人的税法意识和税收知识。

参考文献:

[1]陈美华,刘彦宏,黄新建.江西战略性新兴产业与区域经济耦合协调发展研究[J].江西师范大学学报(哲学社会科学版),2018(4)

[2]刘奇.用习近平新时代中国特色社会主义经济思想引领江西高质量发展[J].当代江西,2018(06)

[3]麻智辉.推动江西经济高质量发展的重点和路径[J].江西日报,2018-04-16

[4]郑瑞强,朱述斌,王树柏,杨国强,江西区域创新体系发展现状及评价研究[J].江西科学,2014(3)

[5]李海鸣,增长极理论与江西区域经济发展格局的形成[J].求实,2013(12)

[6]刘小真,麻智辉,李志萌.江西企业技术创新现状、问题与对策[J].企业经济,2009(11)

[7]杨海军,罗明,熊小欢.后发优势、制度创新与跨越式发展——论江西区域经济发展的路径选择[J].江西社会科学,2006(12)

[8]费洪平,王云平,盛朝迅,徐建伟等.实体经济发展困境解析及对策[J]经济日报,2017-2-27

[9]省政协调研组.加强地方金融体系建设 推动我省实体经济发展[J].光华时报,2017-08-18

[10]胡少维.以金融改革促进区域协调发展,国家信息中心预测部,2014-12-17

[11]杨立杰.金融与实体经济的关系,中国金融,2017(10)

[12]刘晓星.江苏金融支持实体经济发展的问题与建议,江苏社科网,2017-09-11

[13]人行南昌中心支行.2018年5月份江西省金融运行情况,2018-06-14

[14]人行南昌中心支行.2017年江西省金融运行情况,2018-01-22

[15]人行南昌中心支行.2017年江西省社会融资规模情况,2018-01-30

[16]中国人民银行货币政策分析小组.中国区域金融运行报告(2017),2017-08-04

[17]中国人民银行南昌中心支行货币政策分析小组.江西省金融运行报告(2018)

[18]姚建兵.金融支持我国实体经济发展的现状及对策分析,中国商论,2014(10)

[19]胡伏云.加快多层次资本市场体系建设不断提升服务江西实体经济能力和水平[J].金融与经济,2013(1)

[20]张鉴君.金融支持扩大农村消费的调查与思考——以江西为例[J].金融与经济,2010(5)

[21]汪萍,徐小林.江苏人才发展评价指标体系建构与应用[J].南京大学学报,2011(3)

[22]帅筠,邱烨,共筑"航空梦"——江西省大航空产业发展纪实.江西日报,2018年3月10日

[23]韩波．打造“互联网+政务服务”与“放管服”改革升级版 聚焦“最多跑一次”推进便民惠民[J]．黑龙江日报,2018年2月28日

[24]孔德明．深化“放管服”,向落地见效发力[J]．半月谈,2018年8月14日

[25]国家税务总局．湖南地税多措并举深化“放管服”改革,2018年1月24日

[26]广东释放“放管服”改革红利．中国城市金融网,2018年2月13日

[27]湖北省发展和改革委员会．湖北省打造“放管服”改革升级版,2018年7月31日

[28]广东省工商行政管理局．让信息多跑路,让企业和群众少跑腿,2017年8月29日

课题组组长：

徐　斌　江西财经大学协同创新中心主任、教授、博导

课题组成员：

徐志红　江西师范大学教务处讲师

罗　文　江西财经大学产业经济研究院研究生

孟　捷　江西财经大学产业经济研究院研究生

黄毅翔　江西财经大学江西经济发展研究院研究生

吴春燕　江西财经大学产业经济研究院研究生

吴林林　江西财经大学产业经济研究院研究生

马绍雄　江西财经大学江西经济发展研究院研究生

李　丽　江西财经大学江西经济发展研究院研究生

许晨媛　江西财经大学产业经济研究院研究生

杨　雪　江西财经大学产业经济研究院研究生

刘程杨　江西财经大学产业经济研究院研究生

江西省民间资本投资放缓的原因分析及对策研究

我国经济已进入由高速增长阶段转向高质量发展阶段的新时代，同时也面临着新的问题和矛盾。随着经济体量的增大及内外部环境的变化，近年来我国经济增速放缓，经济发展的关键已经不再是高速增长，而是更注重经济发展的质量提高和新旧动能的转换。当前，中美贸易战等国内外形势的变化使得民营经济面临着前所未有的严峻困难。民营经济是我国经济的半壁江山，是国民经济和社会发展中不可或缺的重要力量，创造了60% 以上的 GDP、80% 以上的城镇就业、50% 以上的税收和70% 的发明专利等。发展、扶持民营经济，支持传统产业成功转型和优化升级有助于弥补我国经济发展的短板，促进经济健康和持续发展。因此，在出口放缓的现实情况下，我国必须扩大总需求、提高产业质量和优化产业结构，注重如何促进民间投资，扩大民间投资也是推进供给侧结构性改革的一项重要举措。

民营经济已成为我省稳增长、调结构、惠民生、促就业和推动经济转型升级的重要力量。近年来随着宏观经济形势的持续低迷，占全省总投资近半壁江山的民间投资增速和占比持续回落，尤其是 2017 年以来，在全省总投资增速回升的情况下，民间投资增速依然乏力，必须引起高度重视并积极应对。随着经济全面转型升级的深入，江西省应研究如何把握当前经济发展大趋势，进一步支持民营经济发展，以激活我省民间投资的潜力和活力。

一、民间投资发展现状

（一）我国民间投资发展现状

中国民间固定资产投资增速从 2012 年起一直呈放缓状态，尽管其中也出现了短暂的回暖上升，但还是没有改变全国民间投资回落的这一趋势。对此，社会相关政府部门高度关注并陆续出台了一些政策措施以改变放缓局面。

2012—2016 年间,全国民间投资增速持续下降,2017 年开始一直到 2018 年 1—6 月份,民间投资增速、增量均有所回升。

1. 民间投资增速呈下降趋势

我们对近几年民间投资增速的情况进行了比较分析,发现 2014 年、2015 年、2016 年投资增速分别降至 18.1%、10.1% 和 3.2%,2017 年略有好转增速回升至 6%。2018 年上半年 1—3 月增速最高为 8.9%,1—5 月各月增速都在 8% ~9%之间。尽管 2018 年民间投资增速与去年同期相比有所回升,但相比 2012 年之前 30% 以上的高增长,仍是大幅下降。

接下来我们对 2014—2018 年民间投资增速和全国固定资产投资增速的情况做比较分析,两者增速差距在此期间不断缩小,最后后者反超前者。2014 年,民间投资增速高于全国投资增速;在 2015 年的各月内,民间投资增速与全国投资增速越来越接近;到 2016 年,民间投资增速低于全国投资增速,即民间投资与全国投资的增速之差呈现负值,增速之差维持在 5% 和 6% 之间;2017 年保持这一态势,增速之差缩至 1% ~2%;2018 年 1—5 月各月内民间投资增速均略高于全国投资增速且增速之差逐月增加。

从 2014—2018 年民间投资占全国投资的比重变化情况来看,民间投资在全国总投资的占比呈下降的趋势。2014 年全国民间投资总额为 321576 亿元,占全国总投资额的 64.1%,2015 年该比例为 64.2%,2016 年降至 61.2%,而 2017 年进一步下降至 60.4%。2018 年上半年民间投资占比与上年同期相比略微有所上升,上半年的最高点为 62.21%(1—5 月累计),2018 年下半年的增速情况和 2018 年中该比重的最高点和最低点还有待进一步观察。

2. 各地区增速呈下降态势,2017 年略有回升

表 1 2014—2017 年全国分区域民间投资情况 单位:亿元;%

区域	2014 年		2015 年		2016 年		2017 年	
	总额	增速	额度	增速	额度	增速	额度	增速
全国(不含农户)	321576	18.1	354007	10.1	365219	3.2	381510	6
东部地区	153152	16.5	154158	13.5	164674	6.8	175573	8.6
中部地区	101670	18.3	101901	16.6	107881	5.9	110938	7.4
西部地区	66754	20.3	69361	3.9	71056	2.4	73440	3.9
东北地区	–	–	28586	-9.5	21608	-24.4	21558	3.2

数据来源:国家统计局。

从地区看,2014—2017 年,东部地区民间投资增速在 2015 年和 2016 年均大幅下降,从 2014 年的 16.5% 下降到 2016 年的 6.8%,2017 年稍微回升至 8.6%,东部地区相比于其他地区增速比较快;中部地区从 2014—2017 年降幅较大,从 2014 年的 18.3% 下降至 2016 年的 5.9%,2017 年缓升至 7.4%;西部地区的增速在 2015—2017 年增速保持相对平稳;东北地区增速 2015 年、2016 年均为负增长,2017 年增速为 3.2%。

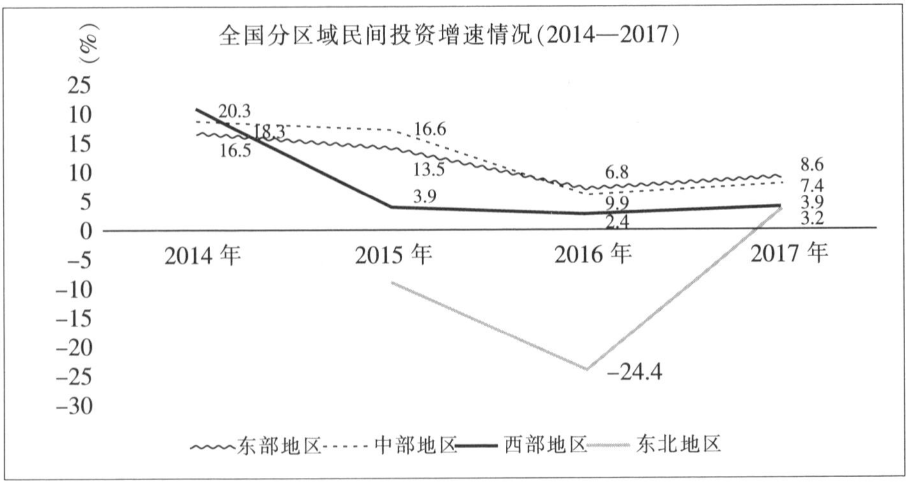

数据来源:国家统计局。

3. 三大产业增速均下滑,第三产业比重上升

表 2　2014—2017 年全国分产业民间投资情况　　单位:亿元;%

产业	2014 年		2015 年		2016 年		2017 年	
	总额	增速	总额	增速	绝对量	增速	总额	增速
第一产业	9562	37.9	12730	33.1	15039	18.1	16911	13.3
第二产业	161731	16.7	176870	9.4	182507	3.2	186404	3.8
第三产业	150282	18.6	164407	9.4	167673	2	178194	7.7

数据来源:国家统计局。

下面我们分产业对民间投资增速进行分析。第一产业全国民间投资增速从 2014 年的 37.9% 下降至 2015 年的 33.1%,2016 年大幅下降至 18.1%,直到 2017 年下降到 13.3%,虽然其增速持续保持在两位数,但在 2014—2017 年增速还是大幅度地下降;第二产业全国民间投资增速从 2014 年 16.7% 一直滑落到 2017 年的 3.8%,增速从 15% 以上下滑到 4% 以下;第三产业全国民间投资增

速从 2014 年的 18.6% 下降到 2016 年的 2%，2017 年回升至 7.7%。从各产业民间投资的占比上看，2014—2017 年这 4 年民间投资在第二产业中的规模均高于第三产业，但两者的比重在逐渐靠近。2016 年，民间投资在三次产业间的分布比例分别是 4.12%、49.97%、45.91%，2017 年这一比重分别为 4.43%、48.86%、46.71%，第一产业比重提高 0.31 个百分点，第二产业占比下降 1.11 个百分点，第三产业占比上升 0.8 个百分点。

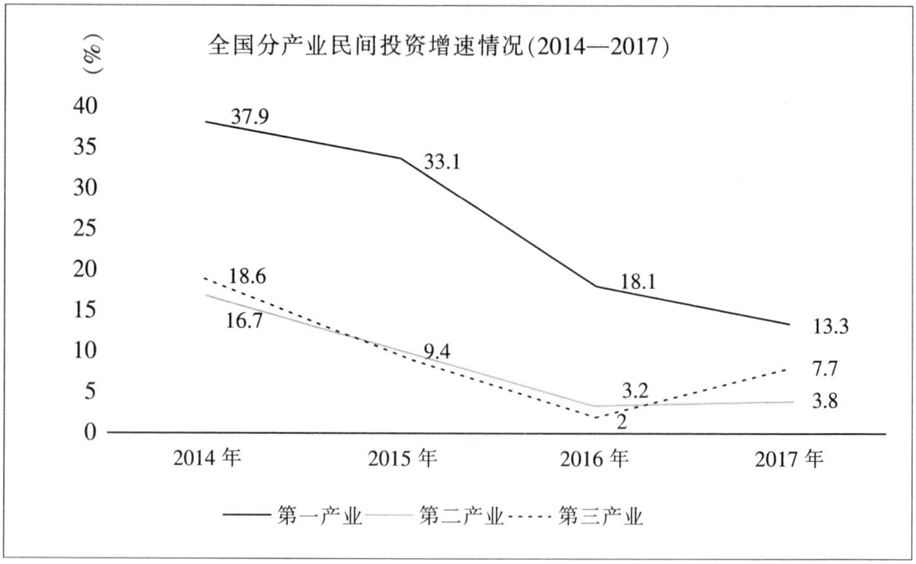

数据来源：国家统计局。

4. 国有投资增速上升，民间投资增速下降

我国处于经济结构调整阶段，同时投资环境趋紧，自 2012 年以来我国民间投资增速开始下滑，5 年间下降了 31.1 个百分点。和民间投资下降形成鲜明反差的是，同期国有及国有控股投资增速却整体呈现波动上升趋势，2014 年我国民间投资增速为 18.1%，比同期的国有投资高出 5.1 个百分点。自 2015 年开始，国有投资增速开始超过民间投资，到 2016 年民间投资增速大幅下降到 3.2%，而国有投资上升到 18.7%，增速差距扩大到了 15.5 个百分点，2017 年增速的差距虽缩小到 4.1 个百分点，但国有投资增速还是较大幅度高于民间投资增速。

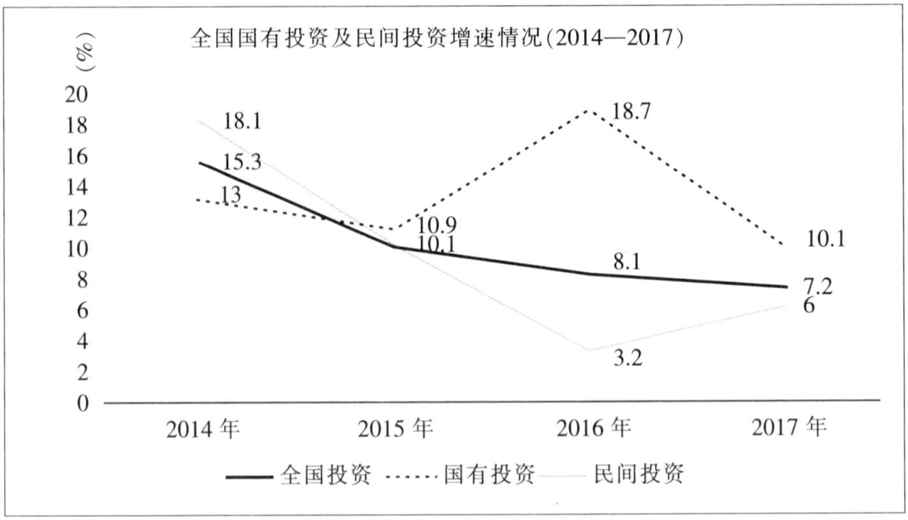

数据来源:国家统计局。

5. 经济"脱实向虚",资金空转

近年来,我国经济运行中出现了一定程度的资本"脱实向虚"问题,大量资金流向股市、房地产等领域,以制造业为主的实体经济却面临融资难、融资贵的困境。随着经济下行压力加大,实体经济中许多企业活力下降,投资回报率下降,这是导致资本"脱实向虚"的主要原因。而资本过多流入房地产、股市等领域,只能带来金融市场的短暂繁荣。一些实体经济企业受此影响,可能也会把资金投向金融领域,忽视主业或科研投入。这样一来,资金会在金融系统中"空转",从长远看将导致经济增长乏力。从 2012 年之后开始,中国经济就开始出现脱实向虚迹象,这表明中国经济的潜在增速已经开始下降,产能过剩问题日益突出,经济已面临转型需求。脱实向虚现象愈演愈烈也表明全社会杠杆率水平在提升,资产泡沫在扩大。因此,经济向虚比较容易实现,但经济再要脱虚向实的难度就比较大,因为这要求实体经济能够给予巨量资本满意的回报。预计我国脱虚向实的进程还很漫长,要处理好政府与市场的关系,金融防风险与新旧动能转换的关系,经济崛起与贸易平衡的国际关系,金融开放与资本输出的关系等。

(二)江西省民间投资发展现状

近年来江西的民营投资增长速度很快,2016 年私营企业法人单位数达 20.2 万个,同比增长 19.65%,高于江西省全部法人单位数 19.37% 的增速,占比 58.69%;到 2016 年全社会固定资产投资达 19694.21 亿元,民间投资完成

6974.14 亿元,占 35.41%。其中,国有全社会固定资产投资 3254.91 亿元。总体而言,江西民间投资表现出以下几个特点:

1. 民间投资总量稳步扩大,但近年占比呈下降趋势

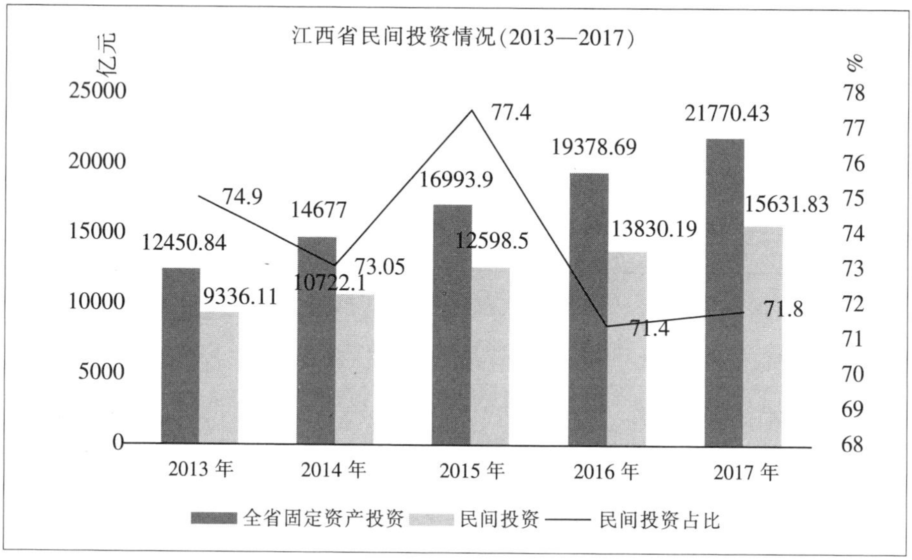

数据来源:江西省统计局。

根据国家统计局数据显示,我省民间投资总额在 2013 年达到 9336.11 亿元,占全省固定投资的 74.90%;2014 年跨越了一万亿元的台阶,达到了 10722.1 亿元,占全省固定投资的 73.05%;2015 年我省民间投资又增加了近 2000 亿元,达到 12598.5 亿元,占全省固定资产投资的 77.40%,占比达到 2013—2017 年这五年来的最高值;到 2016 年,我省民间投资总额达 13830.19 亿元,占全省固定资产投资的 71.40%,年均回落 6 个百分点;2017 年,我省民间投资总量达 15631.83 亿元,占全省固定资产投资的 71.80%,与 2016 年占比相差不大。

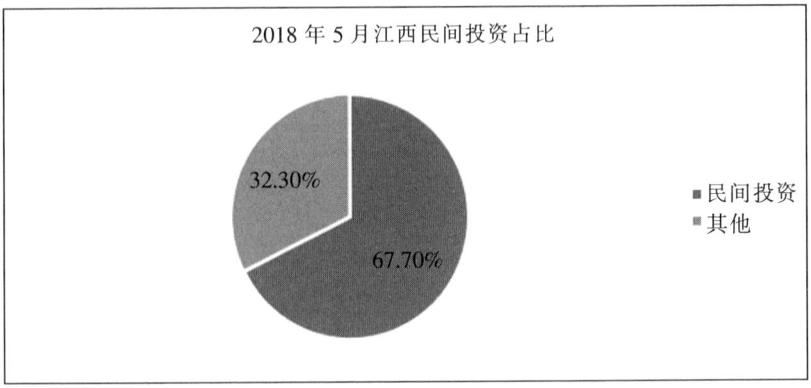

数据来源:江西省统计局。

截至 2018 年 5 月份,江西省民间投资总额占全省固定资产投资总额的 67.70%,且前五个月一直保持在 67% 左右的占比。总的来说,截至 2017 年年底,在总量方面,我省民间投资稳步增加;在占比方面,民间投资占据我省固定资产投资半壁江山,占比在波动中先增后降,尤其是近一两年呈明显下降趋势。相较于民间投资,国有投资总量占比较小,仅为民间投资总量的三分之一,且占比波动不大,这与民间投资的走势趋于一致。

2. 民间投资增速"前高后低",逐年放缓

从 2015—2017 年江西省固定资产投资的环比增长月度数据可以看出,下半年是江西省固定资产投资的低迷期,上年的全国固定资产投资与民间投资增速总体上都高于下年。7—12 月份除了 9 月份投资有所回升之外,其余月份投资皆为负增长。

表 3　2015—2017 年江西省固定资产月环比投资变化情况　　单位:%

项目		4 月	5 月	6 月	7 月	8 月	9 月	10 月	11 月	12 月
2015 年	全国固定资产投资	16.11	12.68	3.45	-12.50	-4.81	14.78	-12.58	-9.73	-1.41
	民间投资	24.52	14.65	2.79	-13.79	-3.78	12.50	-12.50	-14.70	-0.61
2016 年	全国固定资产投资	16.63	9.22	6.32	-13.66	-3.29	14.43	-12.78	-10.86	-1.70
	民间投资	18.31	5.59	11.64	-13.47	-2.25	7.58	-8.57	-14.68	-4.42
2017 年	全国固定资产投资	16.73	9.21	7.13	-14.62	-2.11	13.38	-13.26	-11.78	-0.16
	民间投资	17.68	4.00	14.27	-18.24	-0.92	13.72	-12.76	-13.49	2.86

数据来源:国家统计局。

3. 国有投资反超民间投资,差距缩小

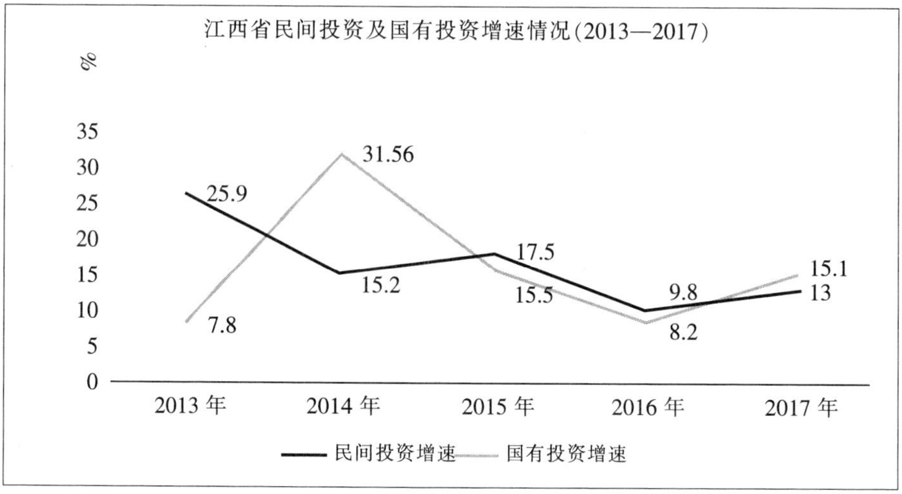

数据来源:江西省统计局。

5 年间,江西省民间投资增速前高后低,在波动中下降,并且与全省固定资产投资增速相差不大。2013 年,民间投资增速最大,达到年均 25.90%;到 2014 年回落了 10 个百分点,为 15.20% 的年均同比增长率;又缓慢回升,年均增长率达 13.00%。总的来看,我省民间投资在 2013—2017 年间,总体回落 10 多个百分点,增速上升幅度远小于下降幅度,呈现出在波动中逐年放缓的趋势。

江西省国有投资则是先增后降,2014 年从 7.80% 增长到 31.56%,增长了约 24 个百分点,到 2015 年又下降了 16 个百分点,为 15.50%;2016 年又回落到 10% 以下,为 8.20%;国有投资增速在 2014 年出现一个拐点,这与民间投资增速变化趋势存在差异,我省民间投资在 2014 年出现大幅下降,此年国有投资增速从个位数突破到 31.56%。近两年国有投资增速呈上升态势。

4. 民间投资增长贡献率逐年下降,但仍超过国有投资贡献率

江西省民间投资增长贡献率与投资年均增速波动情况趋同,呈现在波动中较快下降的趋势。在 2013 年,江西省民间投资增长贡献率达 91.25%,几乎贡献了全省全部的投资增长;到 2014 年,民间投资增长贡献率急剧下降 30 个百分点,为 61.69%;2015 年,江西省民间投资增长贡献率出现上升,达到 79.90%;在 2016 年又下降了 28 个百分点,为 51.60%;2017 年,我省民间投资增长贡献率又出现缓慢上升,达到 75.30%;截至 2018 年 5 月份,2018 年我省民间投资增长贡献率为 57.10%,总体趋势仍在下降。

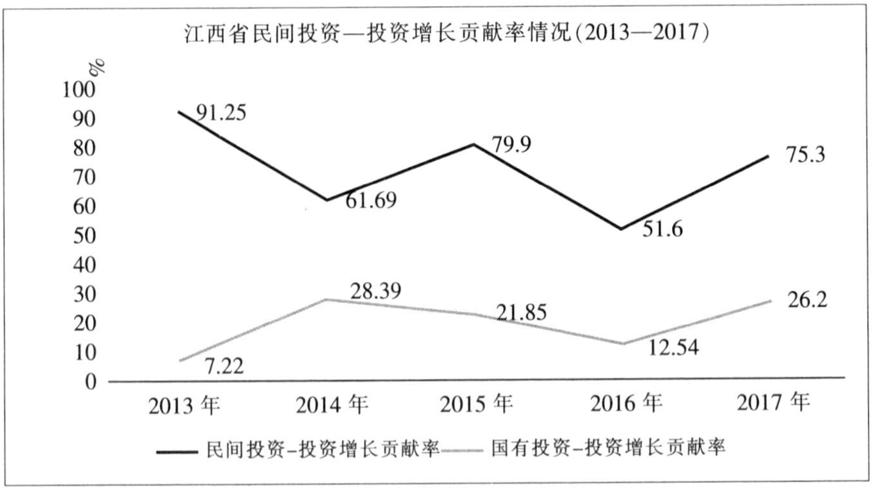

数据来源:江西省统计局。

5. 投资领域拓宽,但仍集中于制造业

根据国家统计局的数据显示,我省民间投资涉及三大产业。从投资结构看,我省民间投资与全国情况基本一致,主要集中于传统制造业,2011—2016 年平均占比达到 67.62%,占据了我省民间投资的半壁江山;房地产业次之,2011—2016 年平均占比 9.31%,制造业和房地产业合计占民间投资的比重平均达到 76.93%;其次,批发和零售业与农林牧渔业占比位居第三、第四,平均占比分别为 5.06% 和 3.24%;此外,采矿业、电力热力燃气及水生产和供应业、交通运输仓储邮政业、水利环境和公共设施管理业等基础设施行业也是民间资本投入的热门领域,投资规模都突破了 100 亿元,该几类行业合计占比平均在 8% 左右;与此同时,住宿和餐饮业、租赁和商务服务业等非垄断性服务行业也是民间资本投入的热门领域,但规模较小,几个行业合计占比平均在 6% 左右;而民间投资在科教文卫行业上的比重一直较低,平均占比只有 2% 左右。从行业同比增长来看,民间投资对大部分行业呈投资放缓的趋势:民间投资占比最大的传统制造业的同比增长从 2012 年的 22.57% 放缓到 2014 年的 16.13%,到 2016 年实现了 -2.47% 的同比增长,年均回落 15 个百分点以上;房地产行业同比增长经历了 2012 年到 2015 年较大幅度下跌后,在 2016 年实现了较大幅度的回升;批发和零售业的同比增长也是经历了先升后降的趋势,在经过了 2012 年的 23.82% 到 2014 年的 36.01% 后,同比增长一路下降到 2015 年的 19.53%,到 2016 年同比增长为 -3.42%,年均回落 20 个百分点以上;同样,农林牧渔业也呈现此趋势，且在2016年达到－15.39%的同比增长，年均回落30多个百分点。各行业都呈现出先增后减的趋势，在2016年迅速回落。

二、赣粤浙省份民间投资现状对比分析

为了进一步了解江西省民间投资相关情况和与各省之间的差距，在此选取了广东和浙江两发达省份进行对比分析。

（一）民间投资总量对比

根据国家统计局相关数据显示，2014—2017年间，从民间投资总额来看，三省民间投资总量都稳步增加，其中：广东省民间投资总量最大，其次是浙江省，江西省民间投资总量在三省中最少。广东省在2014年15065.02亿元的基础上，经过两年的时间突破了20000亿元的台阶，到2016年民间投资总额达到20504.39亿元，并且每年以至少2000亿元的增长量持续增加；浙江省的民间投资总量与广东省的差距较小，在2014年民间投资总量达到14782亿元，之后逐年增加，在2017年达到18152亿元；与广东省对比，江西省民间投资总量还未达到广东省民间投资总量的70%，在2014年，江西省民间投资总额和广东省民间投资总量相差接近5000亿元，并且在之后的3年里，广东省以每年增加1000亿元的速度持续拉大与江西省的总量差距；与浙江省对比，江西省民间投资总量与浙江省的民间投资总量差距也较大，但差距在逐年缩小，从2014年与2015年相差4000亿元，到2016年与2017年相差近3000亿元，缩小了1000亿元的差距。

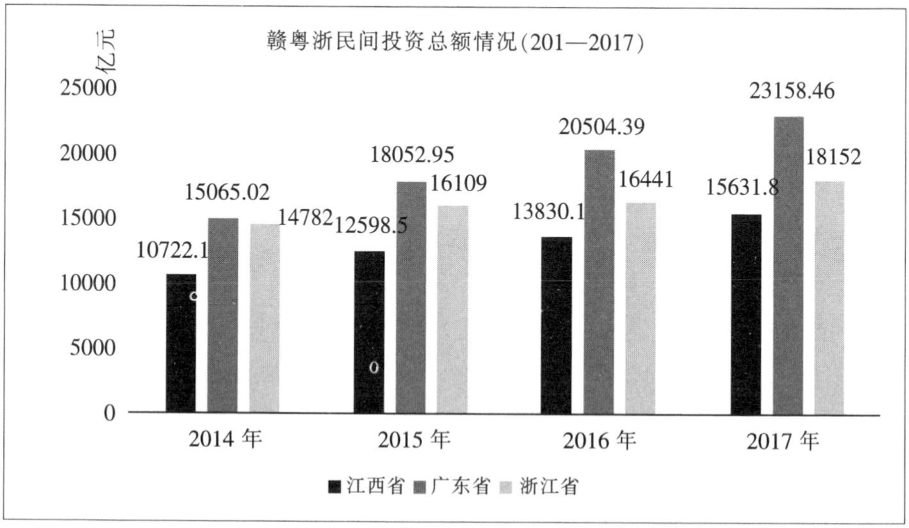

数据来源：各省统计局。

（二）民间投资占比对比

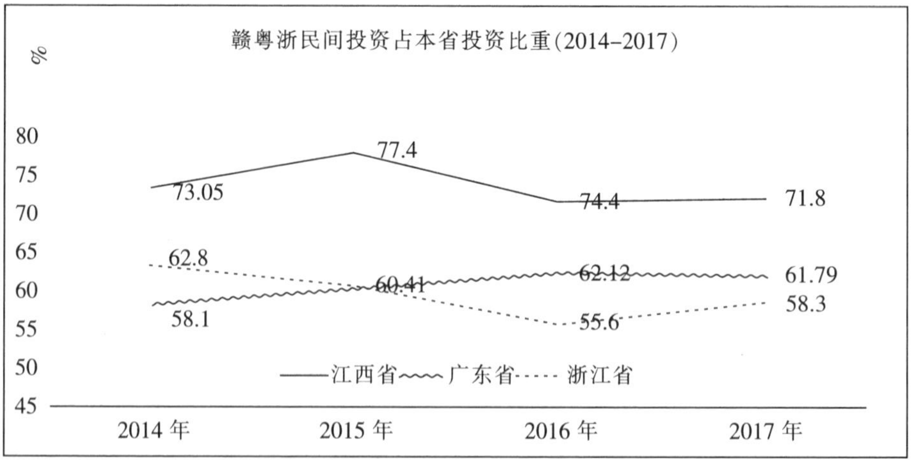

数据来源：各省统计局。

在占比方面，三省的民间投资都占据全省固定资产投资的半壁江山，波动不大，其中：江西省民间投资占全省固定投资比例最大，超过了 70%，并在波动中逐年下降；广东省与浙江省的占比比较接近，都在 60% 左右，浙江省民间投资占比从 2014 年的 62. 8% 以每年降低 2 个百分点的速度逐年下降，广东省的民间投资占比波动不大，在 2014—2016 年三年间在 2014 年 58. 10% 的基础上以每年增加 2 个百分点的速度上升，在 2017 年回落了 1 个百分点，达 61. 79%。

（三）民间投资增速对比

根据各省统计局数据显示，在 2014—2017 年间，三省民间投资增速总体都在下降，以 2014 年为基准，到 2017 年，江西省民间投资在波动中回落了 2 个百分点；广东省民间投资增速逐年下降，到 2017 年回落了 7 个百分点；浙江省民间投资增速波动剧烈，2014 年民间投资增速为 20. 1%，到 2015 年急剧下滑到 9. 2%，一年回落了近 10 个百分点，到 2016 年下降到 2. 1%，又回落了 7 个百分点，到 2017 年，民间投资回升 8 个百分点，达到 10. 41%。总的来说，江西省民间投资增速虽然在 2014 年最低，但增速下降波动幅度最小，并逐渐与浙江、广东两省接近，到 2017 年小幅度超过了浙江与广东两省。

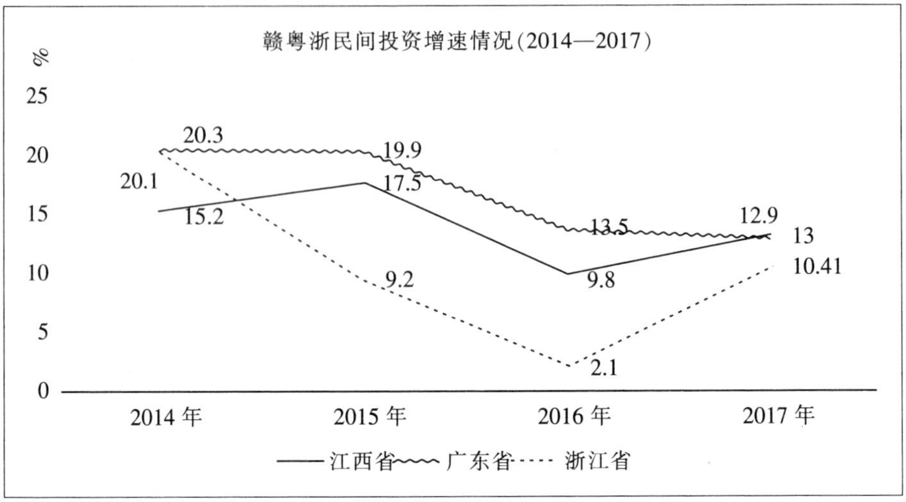

数据来源:各省统计局。

(四)民间投资增速、占 GDP 的比重以及对 GDP 的增长贡献率

从收集的数据上看,2014—2017 年,江西、广东和浙江三省的 GDP 增长率均高于全国的平均 GDP 增速。根据报告,2017 年江西经济增速保持全国"第一方阵"。全省实现生产总值 20818.5 亿元,同比增长 8.9%;财政收入 3447.4 亿元,增长 9.7%;固定资产投资 21770.4 亿元,增长 12.3 亿元;社会消费品零售总额 7448.1 亿元,增长 12.3%。总体上来说,我省主要经济指标增幅继续位居全国前列,在 2017 年我省 GDP 首破两万亿。从基数上来说,江西省与广东和浙江两省的 GDP 总额的差距很大,尤其是广东省 GDP 高于我省四倍之多;从增速上来说,我省 GDP 增速在 2014—2017 年间均快于广东、浙江两省,但由于经济总量上差距太大,我省与广东、浙江两省的经济发展相比仍有很多上升空间。

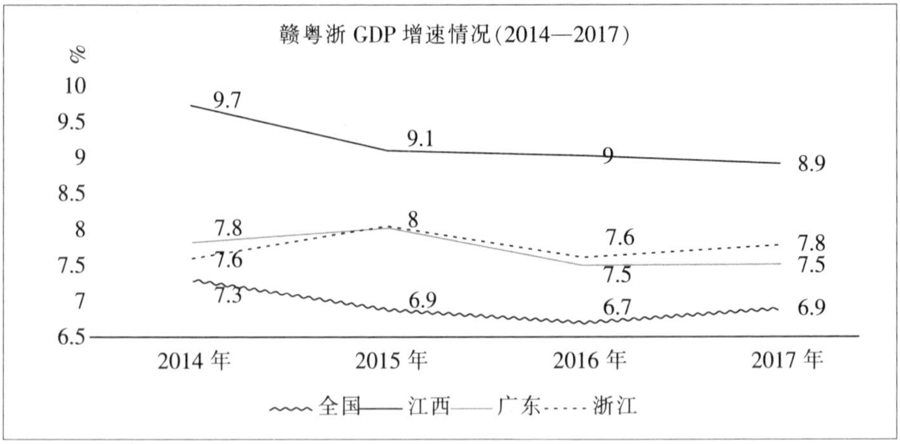

数据来源:统计局。

从 2014—2017 年各省民间投资占 GDP 的比重这一角度看,广东和浙江两省民间投资占比都低于全国平均水平,浙江省的民间投资占 GDP 比重相对比较稳定,广东省的民间投资占比在逐年缓慢上升;我省在这四年民间投资占比均高于全国平均水平,且比重逐年增加,从 2014 年的 67.81% 上升到 2017 年的 75.09%。

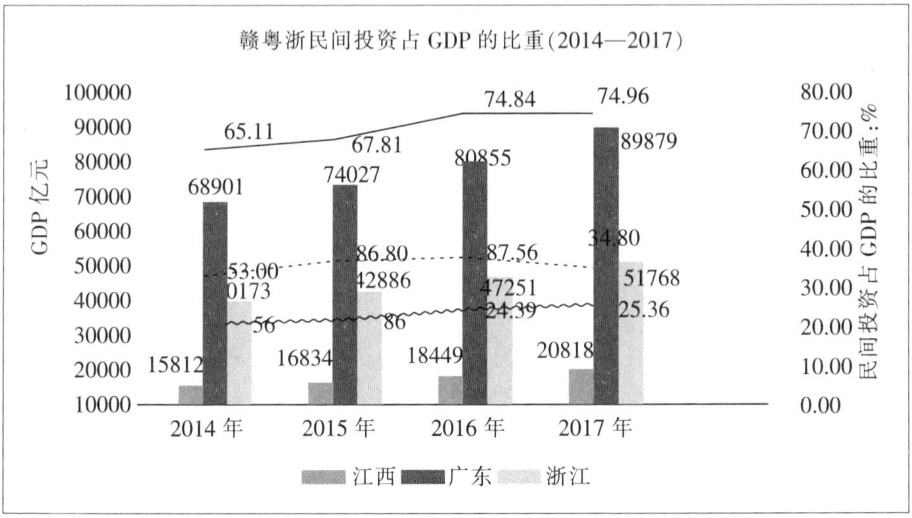

数据来源:各省统计局。

2014—2017 年间我省民间投资对 GDP 的贡献率相比广东、浙江两省而言一直处于高位,2015 年我省民间投资增量高于 GDP 增量,对 GDP 增长贡献率高达183.60%，民营经济对我省经济发展的重要性越来越明显，保证民营经济持续增速是促进我省GDP不断增长的重要手段与途径。

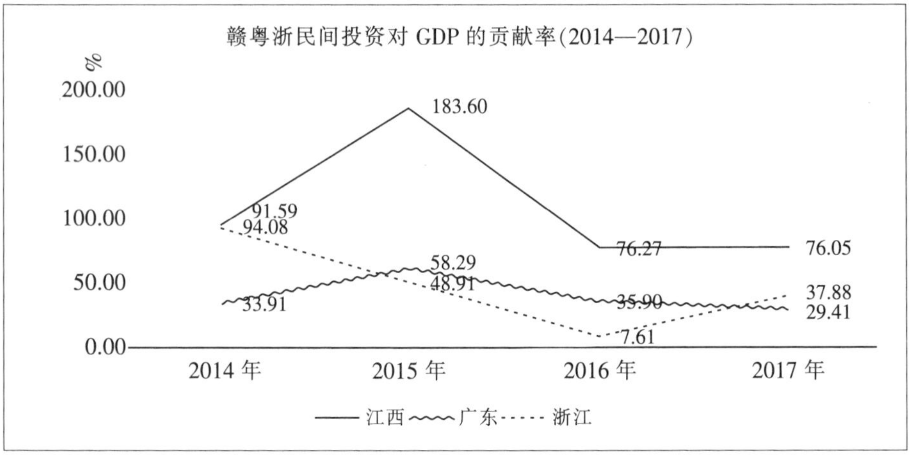

数据来源：各省统计局。

（五）对民间投资激励政策对比

当前国内外经济形势变化，民间投资增长面临着更大的困难和障碍，民间投资积极性仍然不大。近年来各省政府都很重视民间投资工作，相关部门陆续出台一系列有针对性的指导意见，目的在于进一步激发民间有效投资活力，促进经济持续健康发展，那么三省相关支持政策出台后市场的反应与取得的效果值得我们分析，下面主要从行业准入和融资支持两个角度进行说明：

1. 消除行业壁垒，拓宽民间资本投资领域

江西省对于社会资本投资的领域严格落实“非禁即入”原则，鼓励社会资本进入文化、医疗卫生、教育等领域；对于电力、电信、交通等垄断领域，政府加大力度破除民间投资不合理的进入限制和过高的进入门槛。在江西省人民政府发布的民间投资活力的相关文件中鼓励民营企业进入轨道交通装备、“互联网+”、大数据、航空制造、特种船舶、新能源汽车、智能制造（机器人）等产业链长、带动效应显著的行业领域，支持民间投资创新发展。从收集到的江西私营个体投资数据看，电力、热力、燃气及水生产和供应业，2012—2016年间除了2013年增长率大幅下跌，这几年该类行业私营个体的投资不断增长，2016年增长率达到70.17%；教育行业的增长率在2015年达到88.78%，虽然在2016年私营个体投资额有所下降，但投资总额相当于2011年的3.7倍。

浙江省为了激发民间投资的活力、鼓励民间投资，浙江省政府努力打破

行业垄断，降低民间投资准入门槛，进入竞争机制。在《关于鼓励和引导民间资本投资能源领域的实施意见》（浙发改法规〔2013〕1229号）中，鼓励民间资本投资水、电相关的能源项目，鼓励民间资本加大对能源领域的投资。从收集到的浙江私营个体投资数据看，浙江省第二产业中水利、环境和公共设施管理业电力、热力、燃气及水生产和供应业和在2012—2016年的投资增长率与投资总额都比较可观。在2016年国家发展改革委办公厅关于印发《各地促进民间投资典型经验和做法》（发改办投资〔2016〕1722号）的通知中，指出在深化细化政策措施，吸引民间投资进入更多领域这一方面，江西省鼓励民间资本参与公路、港口码头等建设，吸引民间资金参与建设了4个公路枢纽和赣江龙头山枢纽、九江港、南昌港口码头等项目。设立市场化运作的省级铁路产业基金，吸引民间投资216亿元。对于中小企业科技发展的专项资金扶持，浙江省出台了相关管理办法，鼓励、引导民间资本投资科技型中小企业。对于中小企业的专利权，开展了专利权质押等担保方式，创新和增加了中小企业的融资方式，全省专利权质押贷款余额超过36亿元。两省均结合自身实际，努力促进民间投资平稳发展。

2. 完善融资机制，保障民间资本资金来源

江西省支持社会资本举办的营利性社会事业机构发行债券、中期票据等金融工具，引进私募股权基金，创造条件上市融资。各级政府出资建立的融资性担保机构在同等条件下要优先为社会资本举办的社会事业机构提供贷款担保服务。认真落实《小微企业应收账款融资专项行动工作方案（2017—2019年）》，支持供应链小微企业应收账款融资。江西省鼓励、引导商业银行研发适合小微企业的中长期固定资产贷款产品，切实拓宽小微企业融资方式；支持银行业金融机构合理提高无还本续贷业务在小微企业贷款中的比重，对市场前景好或是暂时遇到困难的企业银行业金融机构不突然中止、停止贷款或者抽出一部分贷款；促进中小微企业转贷基金规范发展，推动商业银行配合转贷基金开展相关业务，切实降低企业“过桥成本”。

浙江省积极鼓励、支持实力较强的民营企业通过海外上市吸收外资入股等形式从国际资本市场获得融资；鼓励民营企业进行跨地区、跨部门的资产重组；鼓励各地方性金融机构依法依规开展跨地区金融业务，构筑适应浙江省中小民营企业发展特点的地方金融体系。2016年浙江省（台州市）设立小微企业信用保证基金，可为小微企业提供的增新担保累计达到初创规模的10倍，担保费率降低为0.75%。广东省则健全多层次金融服务体系，增加地方金融服务供给，

扶持小额贷款公司发展；依托覆盖全省的公共信用信息系统推动“银税互动”为小微企业融资提供增信服务，支持民营企业通过改制上市、到新三板或区域性股权交易场所注册挂牌、发行企业债券等方式扩大直接融资比例。广东省加快基础设施投资基金的投放进度，同时加大对民营企业的支持力度，有条件的地市可通过设立信贷风险补偿资金、过桥转贷资金池等。与江西省类似，广东省也通过组建省级融资担保机构，促进发展市县政策性担保机构，鼓励担保机构开展创新业务，推动形成政府引导，银行、担保、再担保、中小企业为主体的新融资服务链。

（六）总结

从以上对江西与广东、浙江近三年的民间投资现状分析来看，江西的民间投资总量比广东、浙江低，不到广东省民间投资的 70%，同时江西民间投资占本省投资比重约 70%，高于浙江省和广东省民间投资占比，而江西近三年的民间投资增速趋势同广东、浙江一样均趋于放缓，但江西的民间投资增速总水平略低于广东，高于浙江；在民间投资对 GDP 的贡献率上，江西省相比广东、浙江两省而言，一直处于高位；为激发民间投资活力，江西、广东、浙江三省政府都在行业准入和融资支持上出台了众多对民间投资利好的政策，目前江西省政府出台的相关政策对带动本省民间投资发展发挥了一定的作用。

三、江西省民间投资放缓原因分析

（一）宏观环境和指标分析

面对当前全球经济正处于阶段性筑底、蓄势上升的整固阶段，仍在稳步前进的复苏局面，我国经济已由高速增长阶段转向高质量发展阶段，正处在转变发展方式、优化经济结构转换增长动力的攻关期。江西省顺应全国经济发展转型的大环境，发展动力不断增强，缓中趋稳前进，经济运行总体平稳、稳中有进、稳中向好。

1. 江西国民生产总值对民间投资的影响

GDP，即国内生产总值，是一个时期内国家生产和服务的总和。GDP 增速变化与推行的相关经济政策相结合，可以反映出国内经济的整体运行情况。根据国民收入恒等式，有效地激发民间投资能起到拉动国民经济持续增长的乘数效用；反过来，国民经济的增长又会促进民间投资倍数增长。民间投资对国民经济的拉动作用，主要通过四个途径来实现：一是民间投资形成固定资产直接增加当年的国内生产总值；二是民间投资增加促进企业生产增加，民间投资增加会带动投资品购买增加，拉动各个端口供应链企业生产增加；三是增加民间投资会增加最终消费，民间投资中有部分投资转化为消费，而增加消费又会带动生产；四是增加民间投资可以增加出口，出口的增加又带动了国内需求的增加。

从总量上看，江西省 GDP 总额在 2013—2017 年这几年间稳步增长，从 2013 年的 GDP 总量 14338.5 亿元稳步增加到 2017 年的 20818 亿元，这与民间投资总额增长同步。从增速上看，江西全省 GDP 在近五年内一直缓慢下降，从 2013 年的增长 10.1% 下降到 2017 年的 8.9%，稳步降低的 GDP 增速也顺应了全国宏观经济大环境下的经济转型升级的背景。在相同的时间区间里，从江西省民间投资增速可以看出，民间投资增速也在微小波动中缓慢下降，从 2013 年的 25.9% 下降到 2017 年的 13%，民间投资增速与 GDP 增速也同步下降，说明我省民间投资须顺应全省以及全国经济发展的大环境，全省国民经济发展情况对民间投资有着显著的影响。

2. 江西居民消费价格指数与民间投资的影响关系分析

CPI，即居民消费价格指数，反映了居民家庭购买消费商品及服务的价格水平的变动情况。一般来讲，物价全面地、持续地上涨就被认为发生了通货膨胀。

江西省 CPI 在近五年内波动不是很明显，基本维持在 102 左右，增速保持在 2.00—2.50 的波动范围，通货膨胀不明显，居民消费水平保持基本稳定。从全省近几年经济增速逐渐放缓的趋势来看，基本稳定的消费水平表明了消费拉动全省经济的作用不是很明显，居民消费水平基本维稳，与民间投资之间的相互关系不明显。

3. 江西工业生产者出厂价格指数与民间投资的影响关系分析

PPI，即生产价格指数，是反映某一时期工业企业产品出厂价格变动趋势和变动程度的重要经济指标，也是制定有关经济政策和国民经济核算的重要依据。生产者物价指数主要目的是衡量企业购买的一篮子物品和劳务的总费用；生产者出厂价格指数越高，企业越难进入，从而减少了民间投资。

数据显示，我省在 2013—2017 年这五年间 PPI 总额从 2013 年的 98.5 经历了小幅度的下降后又在 2017 年回升到 107.9，说明截至 2017 年我省企业生产成本在小幅度上升；从增量上来看，我省近几年 PPI 的增速一直为负，且在 2013—2016 年间从 -1.50 下降到 -6.30，负增长越来越大；到 2017 年，我省 PPI 增长达到 7.90，年均上涨 9 个多百分点，实现了较大的正增长；说明企业生产成本在前几年有小幅度下降后到 2017 年又有较大幅度的上涨。对比我省民间投资变化和 PPI 变化，趋势趋同与分化不明显，我省 PPI 变动与民间投资之间影响不明显。

（二）营商环境和行业投资壁垒问题

近几年来，江西民营经济达到了比较好的发展，但与发达省份和周边一些省份相比还是存在较大的差距，2017 年，全省的非公经济增加值仅为安徽的 77.9%、湖南的 60.3%，非公经济固定资产投资 1.69 万亿元，仅为安徽的 87.8%、湖南的 82%。2018 年上半年，我省非公经济固定资产投资增长 10.2%，增速同比回落 1.3 个百分点。这些差距虽然是多种因素造成的，但全省的民营企业营商环境问题是主要原因之一：

第一，对民营企业的辅导上市政策存在滞后性。经梳理发现，至 2017 年底，在全国 A 股的 3000 多家上市公司中，江西省暂只有 39 家。2017 年，全国 A 股共批准 436 家企业上市，江西只有 2 家企业获准上市。而毗邻省份湖南有 17 家企业上市，福建有 25 家企业上市。在江西的 39 家上市公司，国资系公司相对较多，江西许多民营企业都有上市意愿，也具有一定的上市潜力，但在准备上市阶段过程中，相应有关职能部门或欠缺资本对接或辅导上市专业素养不够，与市场经济发展形势也不太相匹配，存在一定的滞后性。

第二，法制不完善与诚信意识缺失。地方政府换届后，“政策朝令夕改”、对显失公平的遗留案件不做进一步处理等现象，导致民营企业无所适从。民营企业的知识产权缺乏完善的保护机制也影响了民营企业创新和投资的意愿，对侵犯知识产权的惩罚力度不够，难以起到威慑作用。民营企业资产被违规查封的情况时有发生，这意味着我国民营企业的产权保护还比较薄弱，对民营企业合法权益保护立法不完善。

第三，部分区域行业投资仍存在阻碍。在一些垄断行业和半垄断行业，如电力、铁路、通信等还是存在保护主义，民间资本还是难以进入，阻碍民间企业发展的“隐形门”“弹簧门”“玻璃门”“旋转门”仍然存在。近年来，江西投资环境逐渐向好，但相比之下，江西作为内陆省份，在优化商业投资氛围等方面还需进一步完善。对比外地较发达省市，江西内部包容性还有待提高，省内个别地区还存在不同程度行业垄断。比如建筑类公司在省内各地市场开拓中，存在地方对外地企业设置特别要求等地域保护手段的现象。新型的分享经济需要破除壁垒，建筑等传统行业也需要政府站在全盘统筹的高度，打破地域壁垒，优化投资氛围，最大限度地激发企业发展活力。

（三）资本边际报酬率和高融资成本

数据来源：江西省统计局。

2013—2016 年，江西省民间投资增速快速下滑，与国有投资增速相比，由 2013 年的高于省内国有投资增速到两者基本同时下降但前者略高于后者，再到 2017 年的国有投资增速高于民间投资增速 2.1 个百分点。我们通过引入托宾 Q(Tobin's Q)来对民间投资增速下滑的原因进行分析我们把托宾 Q 定义为：

$q = MPK/(r + \sigma - x)$

其中，MPK 表示资本的边际报酬；$r + \sigma - x$ 表示民营企业贷款的实际利率；r 表示无风险利率；σ 表示民营经济主体贷款的风险溢价，用债券利差衡量；π 表示通货膨胀率，用消费者价格指数(CPI)衡量。q 的分子部分表示投资收益，分母表示投资成本。当 $q > 1$ 时，企业会进行投资；当 $q < 1$ 时，企业不会投资当 $q = 1$时，投资与不投资无差异。根据托宾 Q 的公式，当资本边际报酬(MPK)下降时，q 将相应减小，投资增长也会放缓。由于资本存量不断增长、产能过剩、人口红利消弭，企业家投资信心不足等原因，我国资本边际报酬已出现递减趋势。

在国外，企业所需资本 70% 从资本市场直接取得，30% 是从银行取得临时性的周转资金(间接融资)。而在中国，不到 30% 是直接从资本市场取得，大部分资金依赖金融机构和民间融资，这说明我国的融资体制、金融体制存在问题，需要进一步推进改革。在实地访谈和问卷调研中，企业普遍反映，赣字〔2016〕22 号文件出台后，企业经营成本的确有所降低。但是在当前经济形势下，“实业难做”的抱怨也较为普遍。根据问卷调查结果显示，100 家企业中有 83 家企业表示公司的银行短期贷款利率基本在同期银行贷款基准利率上浮 20% ~ 40% 这个区间上,其中有 45 家企业的贷款利率在同期银行贷款基准利率上浮 30% ~40% ,这也说明民营企业的银行贷款融资成本确实比较高。即便如此,民营企业也不能从银行业金融机构获得能够支持企业持续发展的资金,仍然处于融资难、融资贵的困境中。企业的规模、信用情况、贷款方式等各因素都会影响企业在银行获得资金的具体贷款利率,将问卷调查和搜集的资料结合分析,表明各民营企业在国有商业银行中贷款利率相对比较稳定,在城市银行等地方性银行的贷款利率总体来说高出国有商业银行同期利率的 40% ~50% 。由于银行规避风险,“惜贷”“缓贷”现象比较常见,对民营企业这一现象更加明显,民营企业很难享受到利率优惠。通过银行金融机构很难获得资金,因而求助非银行金融机构渠道,民营企业融资成本陡增。

(四)民间投资产业结构不平衡

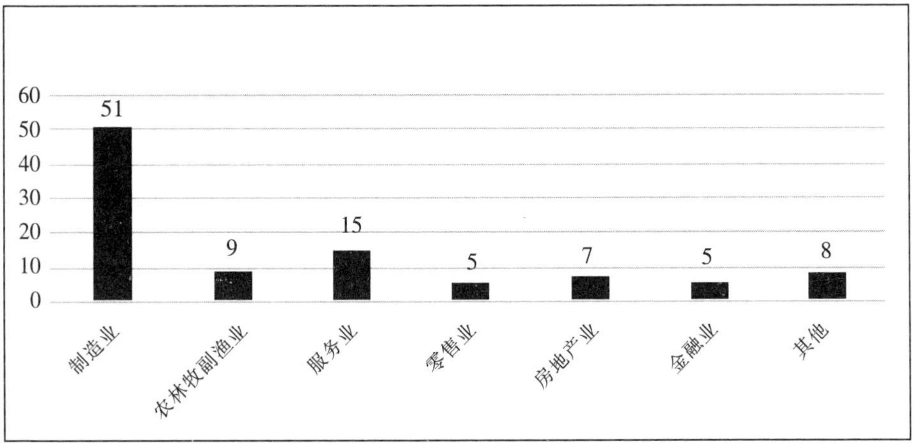

数据来源:问卷调查行业分布情况分析。

江西民间投资的产业主要是第二产业,其次是第三产业,对第一产业的投资很少。尽管江西民间投资在第二产业的比例已经从 2012 年的 41% 降至 34% ,分布仍旧很不平衡。这种投资的不平衡分布导致江西产业结构以工业为主,服务业所占比重较低。在民间投资行业分布上,自 2004 年以来,不管是全国还是江西省,民间投资中制造业的占比总是最大的,全国民间投资有约 45% 的资金投入到制造业中,而江西省这一平均比例则为 62% ,比全国高了 17 个百分点。民间投资资金流入的第二大行业是房地产,2004 年到 2014 年间江西省民间投资流入到房地产业的比例约有 12% ,而全国的比例则是 28% ,与全国相比江西足足低了16%。江西省另一个投资占比上升较多的行业是批发零售业,占比在2012年就已经超过全国水平了,而到了2014年占比已经超出全国水平1个百分点达到了5.78%。但在交通运输、仓储和邮政业上的投资占比一直都比全国水平低,近十年来全国在这一行业的民间投资平均水平在2%以上,而江西占比大都在2%以下,比全国水平低了一个百分点左右。整体而言,江西在生产性服务业上的民间投资比重比全国低,这会在一定程度上制约工业的转型升级。

综上,江西民间投资在农业、服务业以及制造业上与全国平均水平有较大的差异,尤其是在服务业和制造业上。具体表现如下:

1. 民间投资中制造业占比过高且大多属于高耗能行业

在2017年江西省民营企业制造业100强中,有34家企业属于高耗能行业,这些行业主要经营有色金属冶炼、非金属矿制品、黑色金属冶炼和延压加工,会阻碍产业结构的优化升级;同时纺织业民间投资占比较大,而纺织服装行业技术门槛低、资金需求少,表明纺织企业数量多但规模小,粗放型的增长模式并没有改变。制造业100强名单中属于资金技术密集型的仪器仪表制造业、计算机、通信和其他电子设备制造业相当少,只有为数不多的4家。江西过度集中投资制造业,投资制造业的结构不合理的,其分布是低层次、技术含量少的产业,更多的企业属于资源依赖型,这对于供给侧改革是不利的,因此要优化江西省在制造业的投资结构。

2. 民间投资中服务业分布不平衡

在2017年江西民营企业服务业20强主要集中在房地产业、批发业、零售业、仓储业和道路运输业五大行业。2017年,服务业细分十四类别中半数行业民间投资占比超过了1%,总和在30%左右,而超过1%的行业相差悬殊,占比最高的达14%,占比最低的仅为1%;信息传输、金融业、科学技术服务业、居民服务业、教育、卫生、公共管理等七个行业占比总和为3%,不及批发零售业二分之一。江西的交通运输、仓储和邮政业占比超过1%,但近十年江西在这一行业民间投资占比基本都在2%以下,是一直低于全国水平。江西在科学研究、教育、水利、电力热力燃气等方面投资比重也低于全国平均水平。总体而言,江西服务业中生产性服务业投资比重较低,服务业内部具有突出的行业投资分布不平衡现象,这在一定程度上阻碍了产业融合的进程不利于工业的转型升级。

3. 民间投资中农业占比低于全国

江西农业民间投资在2004年不到1%,在2012年已经发展到了2.94%的水平。虽然近十年来江西农业民间投资整体是增加的,但占比都在3%以下。相比全国农业民间投资,江西仍然处于低位。2017年全国农业民间投资占比为4.9%,大大高于江西的2.88%。江西在农业方面有着天然优势,作为农业大省而实际上民间投资在农业行业投入的占比却比较低,一定程度上是因为江西省农业行业的生产效率偏低。因此,各级政府需要加大对民间投资的引导力度,以投资效率为导向,同步优化行业间及行业内部民间投资,有效调整民间投资产业结构,从而保持江西民间投资健康稳定增长。

(五)企业自身创新能力不足

国际经验表明,具有竞争力的企业研发投入占销售比例要达到5%,企业基本维持生存的研发比例为2%,比例在1%以下的企业难以持续。而在江西,大部分民营企业采取模仿跟进的生产方式,研发比例还达不到1%的水平,江西省民营企业自主创新能力仍显不足。不管是在人才、技术、资金、工艺设备等生产要素领域,还是在信息化等方面都还处于较为落后的地位。

总的来说,江西省民营企业自主创新能力不足有以下几点原因:一是江西省民营企业创新基础薄弱。当前江西省大多数民营企业资金、技术等能力有限,企业规模小、资本少、融资难等现实问题对其设立技术研发机构和畅通管理机制增加了巨大的阻力,企业科研设施投资少,创新机制建设缓慢,高水平的技术人才缺少发展空间,很难情愿留在民营企业,这种局面使得企业难以提升技术创新能力和成果开发转化能力。二是民营企业家创新精神缺失。绝大多数民营企业由于成立较晚、规模较小等现实问题,更关注当前盈利局面的维持和近期现实经济利益的获得,因此,生产周期短、投资回报率高的项目更易得到民营企业的投资青睐。三是政府支持民营企业创新的力度不足。一直以来,政府侧重高等院校和政府所属科研院校的科研创新能力建设,对企业科技投入的倾斜较少,而投入到民营企业的更少之又少。江西大多数民营企业尤其是科技型企业主要依靠自我积累资金实现发展,并且由于银行贷款成本高、渠道不畅通,只有较少企业能够以自身能够接受的成本获得资金支持,而通过直接融资方式获得资金的则更少。缺乏有效的金融支持,企业自主创新资金严重不足,由此也影响到民营企业技术成果的产业化,企业持续创新能力难以为继。四是创新服务缺失。随着改革的深入,企业服务机构也在进行调整与转型,企业服务链环节的缺失与重塑使得民营企业在这场转型升级的改革浪潮中被迫陷入孤立无援、单打独斗的境地。民营企业创新缺乏中介机构对所需要的技术和市场信息进行价值评估、咨询、风险投资的服务支持,导致了企业创新信息缺乏或被误导、创新周期较长、创新成本也日益增加，严重遏制了企业的自主创新积极性。创新内在动力不足导致民营企业长期处于产业链的较低端，不明朗的转型升级态度严重制约了江西民营企业的竞争性发展。

（六）政府和社会投资服务体系建设不够成熟

江西省作为中部一个经济欠发达的省份，除了金融结构体系发展不完善，另一方面能够对民营企业投融资能提供各种帮助的政府以及社会服务体系也是不成熟的，而这一因素对于江西省民间投资放缓造成的影响也是不可忽视的。首先从融资担保机构层面来分析，从江西省人民政府披露的数据来看，从2015年上半年到2018年上半年江西省融资担保机构数量变化不明显，截至2018年上半年江西融资担保机构数量为138家，对比浙江省同期为389家。而且江西省这几年的在保资金余额均在300亿—400亿元，担保的扩大乘数基本保持在2左右。但是一般来说这一乘数应该维持在3左右才能确保担保公司保本经营，如果想要盈利的话倍数得达到5倍，而相比之下，担保业发展较好的温州的担保放大倍数达到了10以上。并且江西省担保行业收取担保额3%的费用却承担100%的责任这一机制也并不合理，一旦出现违约代偿那么融资担保机构多年经营成果将付诸东流，这也是抑制江西担保行业发展的一个因素。其次，江西省政府对于一些潜在上市企业培训不到位，这使得省内部分优质企业缺乏上市的意识或者对上市程序不够了解而放缓上市的脚步。第三，政府对于各企业上报的各种投资项目的相关材料的审批环节过程烦琐、审批不及时等问题也在一定程度上抑制了民营投资。例如，在2016年南昌市统计局抽选了140家不同行业、不同规模的民间投资项目企业的负责人进行问卷调查。问卷结果显示，企业对南昌投资环境基本满意，但有76.4%的企业认为行政审批程序多、时限长。第四，政府在对于民间资本的投资引导方面工作还不够到位。这40年来，我国的经济进行了市场化的改革，这期间社会财富大量增加，民间资本的积累也到了一个非常大的体量。但是虽然国内民间资本存量大，但是其配置却存在着一些结构性的矛盾。这体现在，一边很多是具有上升潜力但是资金匮乏的新型企业，另一边是大量缺乏有效投资渠道并且甄别风险能力不强的民间资本，有近三分之二的资本闲置为银行存款。为了推进政府在引导民间资本的角色作用，江西省发展改革委在关于《政府出资产业投资基金管理暂行办法》的通知中提到，政府出资产业投资基金可以综合运用参股基金、联合投资、融资担保、政府出资适当让利等多种方式，充分发挥基金在贯彻产业政策、引导民间投资、稳定经济增长等方面的作用。所以政府应该通过设立政府性的投资基金以引导民间资本设立股权基金。本着互利共赢的初衷,用政府基金来吸引民间资本,从而发起设立创业投资基金和产业投资基金以及风险投资基金。截至 2017 年 7 月,江西省由财政及具有政府背景的投资机构出资设立并募集社会资本成立的各类政府引导基金共 130 支,总规模达到了 2256.3 亿元,但是这些基金均是 2015 年以后成立的。数据统计显示,政府引导基金出资结构中一般有政府承担 20% ~30%,其余部分为社会资本。而事实上这 70% 左右的社会资本大部分是国有企业,银行机构以及融资平台,真正的纯民营资本很少,也就是说民营资本根本就没有参与进来或者说在其中扮演的角色微乎其微。可是政府引导基金处理的初衷就是为了引导社会上闲置的民间资本,优化资金配置扶持本地中小企业发展。由于投资限制和政府干预较多的存在,使得基金政策性目标与商业性目标相违。另外基金退出机制的不成熟导致民营资本在退出时被排斥的现象时有发生,这些也都是民营资本参与政府引导基金的顾虑。所以一方面由于国有资本参与基金对民间资本的挤出,另一方面引导基金本身机制的不成熟、不完善吓退了一部分民营资本,这使得起初设立政府引导基金就是为了更好引导民间资本投资这一愿景落空了。因此,江西省在政府引导基金的设立完善上仍有一段很长的路要走。

最后,在我们调查的 100 家民营企业中,有 86 家认为江西民间投资放缓是对宏观经济形势不看好、行业准入阻碍以及企业自身能力问题转型困难等问题造成的,还有 10 多家企业认为项目投资回报率低也是民间投资放缓的原因之一,有 56 家企业认为是融资成本高昂。根据这 100 家企业的反馈,也可以预估宏观经济形势、行业准入条件以及民营企业自身的能力在一定程度上影响民间投资,而融资成本高昂导致企业融资困难,现有资金不能满足企业发展限制了民营企业的发展。问卷调查相关结果如下表:

民间投资放缓原因	对宏观经济形势不看好	行业准入阻碍	企业自身能力问题转型困难	项目投资回报率低	担保机制不完善	融资成本高昂
企业(家)	86	86	86	11	9	56

数据来源:问卷调查行业分布情况分析。

四、促进江西省民间投资对策及建议

(一)坚持创新引领,形成核心竞争力

截至 2017 年底,江西省高新技术产业增加值增长 11.1%,较上年提高 0.3

个百分点，占规上工业的30.9%，提高0.8个百分点；战略性新兴产业增加值增长11.6%，较上年提高0.9个百分点，占规上工业的15.1%，提高0.2个百分点。到目前为止，江西省有效期内的高新技术企业已突破千家，全省共有9家国家高新技术产业开发区，数量位居全国第五，中部地区第二，一季度实现主营业务收入1238.5亿元。新认定省级高新技术产业园区2家。全省10家省级高新技术产业开发区，一季度实现主营业务收入534.5亿元。分领域看，全省高新技术产业集中度高，主要集中在光机电一体化、生物、医药和医疗器械、电子信息、新材料四大领域，增加值合计占全省的92.4%。电子信息领域、航空航天领域和光机电一体化领域发展较快，增加值增幅分别达23.0%、22.5%和12.5%，推动了全省新制造经济的发展。

因此，在"江西制造"向"江西创造"的过程中，形成经济核心竞争力的关键是要坚持创新引领。引领江西企业转型升级，作为社会主义市场经济重要组成部分的民营经济的作用同样不容小觑。在调研的100家企业中，有48家企业认为推动企业创新对于民营企业的发展也是很重要的，其中信息技术行业企业均肯定了推动创新的重要性。江西民营企业要有紧迫感，努力增加对自主创新的投入，为以后发展创造条件：

1. 增强民营企业自主创新的内在动力和能力

金融危机过后，全球产业面临转型升级，缺乏自主创新能力和自主品牌的"车间型"制造型企业在经济转型升级的浪潮中一定会被淘汰。因此，江西省民营企业要把增强自主创新能力摆在更加突出的位置，顺应大势，着眼长远，视调整为机遇，变压力为动力，积极转变发展方式，把创新作为自己的立身之本和自觉行动。民营企业要转变传统的模仿扩张方式，实现向自主创新的学习型企业转变。民营企业要通过制度创新，建立健全有利于自主创新的制度与激励机制，包括科学的决策机制、经营管理机制、资本运作机制、人才激励机制营造良好的自主创新企业文化氛围；要充分重视人才的作用，尊重个性，尊重人的创造力，加强创新型人才的培育，增强人才黏性；有条件的民营企业要加大研发经费的投入，加强自主品牌建设，增强产品竞争优势；民营企业要在经营方向调整、产业结构优化、产品升级换代等环节狠下功夫，更新设备和相关配套设施，协调整合各方资源，实现资源互补和合作创新。

2. 加强政策支持与政策落实管理

企业都有自主创新的本能，但由于外部条件的约束与阻碍，企业创新成本大、创新难度高，使得一些企业难于自主创新。因此，加强自主创新，需要政策保障,保障公平竞争的市场环境和优先发展的政策支持环境。

首先,资金支持是保障。技术创新关键是要有资金支持,因此政府主导的财税资金扶持是民营企业成功创新的前提保障。江西省政府实施民营企业的财政支持倾斜、税收优惠政策以及给予民营企业相关的产权激励政策,势必会鼓励一大批民营企业运用新技术、新工艺、新产品,降低消耗、提高资源利用率,提高自主创新能力,同时促使江西省民营市场自发形成良性竞争,并通过有效的资源优化与整合形成以特色产业或者优势企业的产品品牌为龙头,以民营企业专业化合作和协同创新为特色的产业、产品配套链。江西省高新技术产业主要集中在四大领域:光机电一体化、生物、医药和医疗器械、电子信息、新材料。2017 年,这四大领域的增加值合计占全省的 92.4%,电子信息领域、航空航天领域和光机电一体化领域增加值增幅分别达到 23.0%、22.5% 和 12.5%,推动了全省新制造经济的发展。以上数据表明,江西省民营企业发展可以从重点领域产业入手,先推动重点高新技术领域运用新产品、新技术、新工艺,形成高新技术产业新支撑后,再带动其他领域产业联动发展。具体来说,对于一些特别有发展前景的企业,省政府可以通过设置专项基金的方式,按其销售收入的一定比例提取科技开发基金,以弥补创新可能造成的损失,使财政资金部分向民营企业倾斜。

其次,服务支持是关键。服务支持是民营企业成功自主创新必不可少的连接环节。江西省可通过政府推动与市场调节相结合、从官方主导组织到官民相辅相成再到完全由民间发展的方式,培育一批发展规模化、服务专业化、运行规范化的中介机构,造就一支具有较高专业素质的中介服务队伍,使服务范围逐渐波及整个市场范围。

再次,战略合作是条件。江西省政府可牵头建立统筹协调机构,协调企业、高等院校、科研机构等创新主体之间的创新活动,在全省推动建立产学研相结合的合作体系,以推动创新战略联盟的建立和发展。民营企业在这场战略合作中受益立显:参与大企业及其他机构的分工协作,可获得大企业、高等院校和科研机构技术扩散的效果,从而实现资源共享和优势互补,节约了创新时间,分散了创新风险,大大减少了民营企业的创新成本。

最后,环境是基础。民营企业是市场经济条件下最活跃的细胞分子,是激发市场活力的主体,在资源充分利用的前提下,其发明创造的效率远高于国有企业。因此,加强民营企业的自主创新能力要充分激发其自主创新积极性,营造认可其发明创造的舆论导向,激发民营企业内在自主创新动力,在全省范围内营造有利于民营企业自主创新的社会文化环境。

（二）拓宽民间投资的投资渠道，降低准入门槛

在教育、文化、医疗等公共领域，政府管制非常多，民企很难取得与国有企业一样的公平待遇，民间投资者空有满腔热情，却难有更大施展空间。为了促进民间投资活力，政府需要进一步放开行业准入，在医疗卫生、教育、养老、文化、体育等领域鼓励社会资本以独资、合资等方式进入，引导社会资本力量挖掘民间资源。根据统计，2011 年江西省私营个体企业固定资产投资中对公共管理、社会保障和社会组织仅为 0.05 亿，卫生和社会工作 3.51 亿元、教育 10.46 亿、科学研究和技术服务业 5.8 亿。近几年，政府连续出台相关鼓励政策，民间资本对这些行业的投资有所提升，取得了一定的效果，截至 2016 年底，在文化、体育和娱乐业私营企业的投资达到 58.3 亿、教育达到 37.97 亿，第三产业的投资量从 2011 年的 65.91 亿到 2016 年的 1890.17 亿。为了进一步激发民间资本有效投资，政府需要更大力度降低民间资本进入重点领域的门槛，下定决心放开市场准入；聚焦补短板、扩内需、稳就业，在环保、交通能源、社会事业等方面，向民间资本集中推介一大批商业潜力大、投资回报机制明确的项目，积极支持民间资本控股。进一步放开基础设施和公用事业领域，向社会资本推出一批经营收益好、有较强吸引力的 PPP 项目，鼓励民间资本参与 PPP 项目；鼓励民间资本参与全省重大项目和在赣央企对外合作项目的投资、建设和运营，取消和减少阻碍民间投资进入养老、医疗等领域的附加条件，帮助解决土地、资金、人才等方面的难题，加强事中事后监管，营造公平竞争市场环境。最后，政府要发挥监督功能，保证相关政策落地实施，而不是制定政策后对后续的实施效果不管不问，对民营企业的发展需要持续关注和推动。

（三）加大金融支持力度，降低企业成本

当前实体经济和金融发展不平衡、不协调，资金“脱实向虚”严重，通过产融协同发展，有利于促进民营经济协调健康发展。政策引导和鼓励金融业回归服务实体经济发展的本源，与实体经济密切合作、协同发展；在金融准入方面，给予产业资本、民营资本真正的国民待遇，鼓励和支持有条件的大型民营企业投资金融机构。

1. 加大银行业对民营企业的信贷支持

国有商业银行需要加大信贷资源对中小微企业的倾斜力度，为小微企业融资发展提供良好的金融环境，增加中小微企业贷款考核比重，引导金融机构加大对中小微企业贷款投放，下调支小再贷款利率有效降低融资成本。政府需要

鼓励银行业金融机构发行中小微企业金融债券，放宽发行条件，同时要加强后续监督，确保所筹集资金是用于向中小微企业发放贷款，确保专项贷款落地实施。我省政府需鼓励发展区域银行、产业银行，引导银行专业化、差异化经营，引导城市商业银行深耕本地资源，谨慎跨区域发展。当前，城市商业银行的盲目扩张、复制大银行发展路径，不仅造成银行业同质化竞争、金融资源错配，更背离了城市商业银行成立之初“立足地方经济、服务中小企业”的初衷。建议政策上限制城市商业银行跨区发展，引导城市商业银行回归区域银行的发展定位，聚焦于地方经济，深入挖掘本地客户资源，解决中小企业融资难题，支持地方中小企业发展。建议专门成立支持高新技术产业的银行或者支行，针对高新技术企业的融资需求可以与专业创投机构合作采取投贷联动、贷款+担保等模式来提供资金支持。

2. 鼓励建立地方政府扶持民营企业融资的专门机构

目前，江西省对民营企业的管理是按经济类型分头管理的，一方面职能重复、机构重叠；另一方面存在管理空白地带，无法为这类民营企业提供有效扶持，导致多头管理、效率较低。全省可将分散在各部门的职能整合起来，改变多头管理、各自为政的现状，或者指定一个部门，专门为民营企业融资提供服务。如由金融办统一负责民营企业融资工作，整合分散在各部门的民营企业的专项扶持资金，为民营企业提供担保或成立民营企业发展基金。调研结果显示，有40%以上的企业认为在改善中小企业融资过程中应该更加充分发挥政府的主导作用，政府应该通过发起设立中小企业融资专项资金来引导更多资金流向有发展潜力的中小创新型企业。2018年，江西赣江新区永修恩莱迪企业服务有限公司与江西省博能直融数据科技有限公司合资组建永修博创企业发展中心（有限合伙），企业将以自有资金进行投资，促成永修县政府与博能集团在转贷、委贷、股权投资等方面的合作，专项解决永修县企业转贷资金问题，服务永修中小企业，江西省内其他市县可根据自身特点借鉴此类成功经验。

3. 建立和完善不同层次的为民营企业发展服务的金融服务体系

民营企业行业众多，既有高科技新兴产业也有传统行业；处在不同的发展阶段，既有初创期、发展期，也有成熟期，各自的资产、信用和业绩禀赋也不一样。因此，不能完全依赖于银行等间接融资模式，必须建立不同层次的金融资本服务体系。例如深圳经过政府几十年的持续努力，不仅有主要为高科技机构服务的中小板、创业板的证券市场，也形成大批的天使投资基金、风险投资基金、产业投资基金以及私募基金等为产业发展不同阶段提供金融服务的多层次、多元化资本市场，还有高质量的法律、审计、投行等专业服务体系。除了引导银行资金通过多种渠道向民营企业倾斜外，江西省还应大力促进如保险资管、证券公司、信托公司、金融租赁、保理公司、股权基金、担保公司等金融机构的设立与发展，尤其是保险资管和寿险公司的设立，可以募集大量社会资本，与各金融机构形成合力支持民营经济的发展。

（四）优化民间投资产业结构的可选路径

江西省应该从引导增量来优化民间投资的结构达到对内部结构有效的调整，将民间投资引向农业现代化、工业绿色化发展，并促使投资在过剩行业的部分转向制造业价值链高端及服务业。也就是说，江西优化民间投资，首先需要优化在制造业领域的结构，引导民间投资向低能耗、高技术产业发展。目前江西服务业民间投资存在很大的不足，科学研究和技术服务业、水利环境和公共设施管理业这两个领域投资占比都比全国水平要低，交通仓储运输业与部分省份存在一定的差距。江西和全国的其他省市也都存在僵化的民间投资结构，说明民间投资并没有破除行业准入上的壁垒，对民间投资的管制是决定其结构变化的重要因素。为了优化一直僵化的民间投资结构，必须要从国家层面来进一步明确行业准入范围及细则。当前国家对外商投资的产业目录做出了规定，并出台了《外商投资产业指导目录》，对于哪些产业是鼓励外商投资、哪些是限制或禁止外商进入的做了明确规定。但是目前对民间投资却没有相应的产业目录，虽然国家为促进民间投资，在国家层面实行“非禁即入”的政策并出台了新旧“36 条”，但却没有给出明晰的规定，导致在具体实施过程中还是会存在领域模糊等问题，引发“弹簧门”“玻璃门”等现象。因此，制定民间投资的产业目录，明确鼓励、限制和禁止的产业，颁布允许进入行业的具体细则，可以在一定程度上减少民企在投资搜寻选择过程中的成本。同时，还需要搭建民营企业、政府与研究机构三方交流反馈的平台，通过该平台可以将民企遇到的问题、解决问题的建议及决策方案纳入一个平台，这样可以在短时间内迅速反映问题、提供咨询建议，实施科学决策，能持续有效的保障民间投资结构的优化及有效率增长。具体而言，民间投资结构可以从以下方面进行优化：

1. 改善制造业民间投资存量和优化增量

江西省民间投资在制造业投入集中在高耗能产业导致投资效率低下。2014 年江西每一单位产出的单位投资额远高于国际同行的标准，国际同行是 2 ~ 3单位投资，但是江西需要 5. 9 单位投资。为此，要想改变当前制造业投资结构不合理的现状，则亟须改造制造业内部结构并优化新增投资，进而提高投资效率。一是高耗能产业能有效地升级,将落后产能逐步的淘汰,以使制造业朝着中高端发展,需要加大对传统制造业技能改造投资,把先进技术应用在传统产业行业,以帮助传统行业改造提升。二优化制造业民间投资结构,鼓励产业投资绿色化,限制对高耗能行业有色金属冶炼等方面的投资,以逐步转向低耗能的行业;支持民间投资流向优势产业医药制造业、航空航天、新材料等,加大对技术密集型产业通用设备、仪表仪器制造、计算机通信和其他电子设备制造业等产业的投资。三是积极引导民间投资向具有发展潜力的优势产业集聚,如充分利用江西在农业和纺织业的既有优势,推动绿色农产品加工和纺织服装向高附加值转型,以吸收从高耗能产业中转移出来的资金。四是通过民营企业的兼并重组的方式壮大民营主体的规模和实力,让资源得到有效整合,从而改善江西民营企业存在规模小、水平低的问题,支撑制造业的调整升级。

2. 促进服务业民间投资"再平衡"

行业准入方位不明晰,以及缺乏操作性是江西服务业民间投资不平衡的主要原因。江西生产性服务业中只有批发零售业民间投资占比较高,其余的服务业民间投资占比均较为落后。生产性服务业能有力地支撑工业的技术、管理等方面的发展,是助推工业转型升级的重要动力。所以对生产性服务业的投资,对于民企的竞争能力和创新能力的提升具有重要的作用,从而能提高工业的整体水平和质量,改善工业投资效率。因此,为增强民营经济的活力,不仅要放宽在金融领域的投资,还要为民企的融资提供快捷方便的服务,促进民间投资的增长。一方面可以在原有基础上增加民间投资在交通和水利基础设施的投资力度,让民营企业能有更多的机会和政府合作,推动政府和社会资本合作(PPP)项目;另一方面对于民营企业加快科技创新政府也应该加大支持鼓励力度,充分运用产业政策和财税双轨道的激励措施,在民营企业需要的时候,能及时有力地提供政策或者人才支持,让民营企业加大对于科技领域的投资力度。同时,政府还需要加大在服务业的改革力度,正确引导新兴服务业的发展,并制定完善的投资细则,让民营企业在投资过程中能避免或者减少"玻璃门""弹簧门"等现象的发生,民间投资在具体实施的过程中有规可循,优化投资结构的同时提高投资的效率。

3. 推动民间投资深入参与农业现代化

江西属于不发达的省份,虽然有较为丰富的农业资源,但是农业投资比重并不高,投资的农业领域的现代化发展程度也不够,需要进一步加强。江西的传统农业投入主要是人力,资本投入占比较小,其投资的农业领域中固定资产投资偏低,农业民间投资一直都在全国的平均水平以下。为推动民间投资深入参与农业现代化,应该做到这几个方面:一、充分发挥江西农业资源的优势,适当放宽民间投资在农产品从生产到流通销售的环节中的准入范围,鼓励更多的民间资本参与到农业产业化的进程中。二、鼓励社会资本投向农业企业、农场等农业主体,让农业发展组织化、市场化和产业化,提高农业现代化水平。三、通过开拓农业机械租赁的市场业务促进民间资本对农业基础设施的投入。不断推进江西农业现代化,不仅为江西的民间投资提供广阔的发展空间,更有助于激活农业要素市场,从而实现农业现代化的目标。

4. 充分依靠公平竞争的市场机制促进民间投资

十八届三中全会《决定》指出,经济体制改革的核心是处理好政府和市场的关系,使市场在资源配置中起决定性作用和更好地发挥政府作用。例如深圳在几十年改革开放和高科技发展过程中,既坚持了以民营企业为主体,以建立公平竞争、优胜劣汰的市场机制为导向的市场化改革,又注重政府体制改革的创新,不断转换政府职能,更好地发挥政府的作用。在市场经济体制下,企业是市场竞争的主体,与政府相比,企业离千变万化的市场需求和未来捉摸不定的科技前沿最近,企业是市场信息变化的第一个接收者,对市场信息、市场需求最为敏感;而政府可以说是市场需求和市场信息传递的最后接收者,政府根据最后一道信息制定的产业政策,往往跟不上市场的变化,是滞后的。因此,只有主要靠企业的科技和管理创新,靠优胜劣汰、公平竞争的市场机制,才能促进我省产业结构不断优化,高科技产业不断发展升级,高科技产品不断涌现。

(五)优化营商环境,提升区域形象

政府应出台政策完善法案确保民营投资的法制环境良好。制定和完善《市场秩序法》和《民间投资促进法》,在对投资的行业领域界定的同时也为市场上各主体的竞争环境提供更加公平的保障。严格执行《政府投资条例》《物权法》《产品质量法》等现有法律法规,相关执法机关应该加强事中事后的监管以及问责,以确保不同的市场主体在进入投资领域的时候能得到在权力机会规则等方面的平等对待,真正做到政策里所提的"非禁即入",尤其要保证民营企业享受一视同仁的待遇,对于现在存在的无论是政府还是社会机构对国企热民企冷现象要坚决抵制,在项目准入、融资、税务以及土地使用各方面不能够故意歧视民营企业,在日常事务的处理中应该依法依规正常进行,不能刁难排挤民营企业,对"玻璃门""弹簧门"等现象要重点排查整治。宣传方面,政府应该发挥更大的作用,加大对于经济开发区的宣传力度,让更多的民间资本更全面地了解开发区的优势的便利政策。政府应该主动联系中央、省、市、县主流媒体，邀请他们来开发区进行采访或者安排记者招待会及时与外界沟通开发区建设情况，对于一些好的投资项目应该借助媒体的力量对外界做出更全面的报道，做到主动把新闻媒体请进来，让更多的开发区建设、项目情况信息通过媒体走出去。近几年关于经济技术开发区的零星报道不少，但是零碎的报道达成的宣传效果并不明显。对于经济技术开发区的宣传力争做到定期统计、定期讲评，建立健全对外宣传机制，力争用系统的报道敲响经济技术开发区这面鼓，提升区域形象，从而吸引更多的资金投入到开发区来，带动更多的创新型民企发展。

（六）加强商会建设，健全服务体系，强化服务意识

民营企业和企业家作为商会这一社团组织的参与者和建设者，要加强商会的建设让这些企业主体成为商会的受益者。各级工商联机关要切实加强和推动商会建设以及维持紧密联系，通过这一载体和平台最大限度团结非公经济人士，加大会员发展力度，对符合资格且愿意加入商会的企业要及时抛出橄榄枝，不断为商会注入新鲜血液。商会要完善机构组织设置，努力为商会内会员提供更优质的服务，同时设立并完善投资信息平台的建设，通过平台及时向社会宣传最新的国家产业政策，为民间投资开辟道路。合理引导民营经济投资；同时在平台上留出一大板块给商会内会员自由发布投资项目信息，加强商会内信息交流，促进会员与会员之间的合作，充分发挥商会的作用。在促进民间投资方面政府也应该致力于健全服务体系的建设。

第一，建立健全社会信用体系，明确社会信用体系建设的牵头部门，组织多元化主体共建共享信用信息，促进部门、地方、金融机构、企业之间的有效统筹和互动。但是在促进各主体之间数据开放共享，推进大数据跨部门、跨区域互联互通的同时应该加快制定法规，对信用信息的从采集到交换再到共享这个过程中的标准和要求做出更明确的阐述，厘清信息拥有者、运用者、管理者、投资者的角色定位和权利义务，进一步健全全社会信用信息隐私保护和风险管理制度。

第二，对于多数民企反映的关于投资项目行政审批事项烦琐、期限冗长的问题政府要落实“放管服”改革政策，切实做到简化政务手续，适当下放权力，从而优化对民营资本的服务。首先就是要提高政府服务部门的服务水平，各级党政机关干部要按照构建“亲清”新型政商关系的要求，要主动把与民营企业家的工作关系建设得更加真诚纯洁，要长期保持有效的良性互动，当民营企业遇到困难的时候政府部门要表现积极、靠前服务，帮助解决实际困难。“放管服”改

革还要深化,其提倡的简政放权不代表什么事也不干,而是指适当简化审批的步骤程序,比如可以取消一些不合理前置审批事项,减少民营企业在投资过程中的人为阻碍,让整个审批流程更简化快捷,从而降低事前的成本。政府应完善地区的行政审批网,能线上进行审批的程序提倡企业在网站办理,对部分手续放权,做到“一站式”线上审批,并同时要加强网上审批的全程监督。健全行政审批代办服务机制,为重点项目提供从立项到竣工验收的全程代办服务。加强民营企业公共服务平台建设,搭建“互联网 + 企业服务”政企沟通渠道,为企业提供政策法规、产业规划、行业动态、投资指南等综合服务。建立民营企业网上监督投诉中心,畅通企业投诉渠道,对漠视企业正当诉求、无视企业困难的行政不作为问题,约谈相关单位负责人,严肃问责责任人,切实解决“门好进、脸好看、事难办”问题。二要简化政府行政审批程序,2013 年,广东在市场监管体系改革建设中就提出对于审批事项的简化放权了,对于一些企业自身能够决定调节管理的事项不用在政府部门审批了。而在之前广东在企业投资项目准入方面就已经建立负面清单管理制度了,清单列举了部分民营资本禁止投资和需要审批才能进入的项目,而其他未列举的项目大部分是不用再进行审批就能进入,网上备案 5 个工作日内即可完成。广东省发改委介绍,此前几乎是什么投资项目都要审批,部分审批不仅前置条件多、手续复杂,有的规范条件甚至是“放在抽屉里”,需要企业跑几次才能问清楚。对于一些纯市场化的项目,尤其是一些小项目、不涉及环保等问题的,只要政策上有条件、诚信上有保障,不需要经过审批,企业便可直接投资。

(七)多种模式创新探索保险资金支持民营经济发展

保险、银行、证券是金融体系和金融市场的三大支柱,其中保险已成为资本市场上的重要机构投资者,据不完全统计,保险资金是协议存款和基金的最大机构投资者、债券市场的第二大机构投资者、持有企业债和银行次级债占市场发行额的 30% 以上,是中国股票市场最主要的长期投资者,是市场稳健发展的最重要支持力量之一。由于我国保险资金运用长期以来监管严格,尤其对于投资标的的信用等级有着严格规定,而以中小企业为主的民营企业远不能达到投资级的信用评级,所以在 2015 年之前保险资金投向民营企业占比较小。而后保监会(银保监会)多次出台政策松绑保险资金运用范围,鼓励保险资金运用债权、股权投资计划,支持重大基础设施建设、城镇化建设;鼓励设立专业化保险资产管理机构,允许专业保险资产管理机构设立各类私募基金,推进保险公司设立基金管理公司试点,探索保险机构投资、发起资产证券化产品,积极培育另

类投资市场。因此要充分发挥保险资金服务民营经济的作用,创新我国保险资金服务民营企业模式。具体如下:

(1)保险资金投资领域的拓展和方式的多样化,通过资管的方式,可以有效提高保险资金的收益率水平,也能够进一步发挥保险资金的优势,更好地服务于实体经济。

(2)保险机构可以充分与其他金融机构合作,利用其他金融机构的功能,有效控制风险。相比银行、信托等机构,保险行业相对距离实体经济较远,具体项目的操作能力有限,因此,须加强保险资金与业内机构的合作。目前保险资金服务民营企业的模式主要是“银行 + 保险”模式、“担保 + 保险”模式、“租赁 + 保险”模式、“出口 + 保险”模式。

(3)保险机构与高新园区孵化器进行合作,通过产业聚集和贴近市场,能够实现更加高效的与企业的对接,对园区内产业链的聚集的企业群投资。

(4)与优秀 PE、VC 的合作,借助行业内优秀投资人的投资水平,有效介入高新技术行业和细分行业,挖掘潜在民营经济投资机会。

参考文献:

[1]周子勋. 以提升公共服务优化环境激发民间投资[N]. 上海证券报,2018 年 8 月 22 日(008)

[2]多措并举激发民间投资活力潜力[J]. 发展研究,2018(08):30 – 39

[3]胡兴旺. 优化营商环境推动民营经济高质量发展[N]. 河南日报,2018 年 6 月 17 日(008)

[4]莫非. 促民间投资发展政策落实是关键[N]. 中国商报,2018 年 6 月 7 日:2

[5]辜胜阻,韩龙艳,李文晶. 进一步激发我国民间投资活力的战略思考[J]. 学习与实践,2018(05):29 – 39

[6]王静宇. 降门槛扩领域刺激民间有效投资增长[N]. 中国经济时报,2018 年 4 月 5 日:2

[7]王宏利. 民间固定资产投资增速下滑原因透视[J]. 经济研究参考,2018(18):3 – 9

[8]厦门大学宏观经济研究中心“中国季度宏观经济模型”课题组. 激发民间投资稳定经济增长[N]. 经济参考报,2018 年 2 月 28 日:7

[9]何宜庆,王舒舒. 激活江西民间资本与推动创新创业对策[J]. 企业经济,2018 年 37(02):183 – 187

[10]刘路星. 我国民间投资下滑的原因及对策分析[J]. 发展研究,2018(02):81 – 84

[11]付华. 民间投资放缓多重原因[J]. 中国投资,2017(21):74 – 75

[12]刘诚. 解决民间投资增速放缓的着力点在哪?[J]. 财经界,2017(05):49 – 51

[13]李晓清．民间投资政策落实现状及其发展对策研究——以江苏为例[J]．中国经贸导刊(理论版),2018(11):38-40

[14]邱信丰,吴锋刚．江西民间投资产业结构现状、问题及优化路径分析[J]．金融与经济,2017(04):86-91

[15]王丽．民间资本投资的现状和环境分析[J]．现代商贸工业,2018,39(16):96-97

[16]邢慧．新常态下民间投资的现状和趋势探讨[J]．企业科技与发展,2018(03):17-18

[17]刘悦．激发民间投资活力[J]．当代贵州,2018(14):50-51

[18]姚明霞．中国民间投资的变化特征及其原因分析[J]．中国物价,2017(12):27-30

[19]我国推十大举措激发民间有效投资[J]．冶金财会,2017(09):31

[20]卓尚进．撤除制约民间投资的“三种门”[N]．金融时报,2017年9月30日:4

[21]王语桥．改善营商环境是激活民间投资关键[N]．中国产经新闻,2017年8月10日:2

课题组组长：

曾鸿志　江西财经大学副教授

课题组成员：

方佳敏　江西财经大学金融学院研究生

罗彩云　江西财经大学金融学院研究生

王　雪　江西财经大学金融学院研究生

刘雨帆　江西财经大学金融学院研究生

江西民营企业把握江西军民融合新机遇研究

●江西产业自带军民融合“基因”。江西军民融合历史基础好，军民鱼水情、“三线建设”项目多，历史上比沿海地区要好。洪都航空、凤凰照相机、景德镇直升机都是军民融合的佼佼者。

●江西省民营企业在军民融合的国家战略中国防科技工业装备起了个早，赶了个晚。但是，困境与机遇并存，省委、省政府高度重视军民融合以及民参军的问题，这可能是江西变道超车的历史机遇。

●将切入点放在政策改革上，坚持“领跑”“跟跑”“并跑”三跑并行；“T 型”发展为导向，广度和深度结合；聚集两用技术，发展两用产品的原则；优化民参军营商环境，弘扬新时代赣商精神等。民营企业要把握江西军民融合发展新机遇，为企业发展找到突破口，为强军以及江西的经济发展做出贡献。

国防建设和经济建设的统筹是我国 1949 年以来的工作重点。早在 1956 年，毛泽东《论十大关系》中，经济建设和国防建设就是其中重要的关系之一。为此军民兼顾就成为一直以来的战略之一，新中国的工业体系建立与此息息相关。习近平同志在 2015 年首次提出把军民融合发展上升为国家战略。军民融合是军民一体化的高级阶段，这是从最初的“军民分立”历经“保军转民”“军民结合”发展而来的。从阶段上来看，第六次技术革命初露端倪，激进创新需要军民技术的互动发展，主要是军方技术与民间市场的结合；从重要性上来看，这是从中国梦、强军梦的战略高度，科学回答新时期经济发展和国防建设的重大问题。可以说，军民融合是强军之举，更是兴国之策。

江西省推进军民融合发展，既是贯彻国家总体安全观的重大举措，建设先进国防科技工业体系的重要任务，也是江西经济建设的重要支点，更是实现变道超车的机会。为了使江西军民融合得到更好的发展，更好地推动民营企业参与军民融合，江西省工商联于 2018 年委托江西师范大学课题组开展民营企业把握江西军民融合发展新机遇研究，旨在通过调研分析民营企业把握江西军民融合发展的现状及面临的主要问题,提出具有针对性、可操作性的政策建议,供省委、省政府主要领导参阅,以期促进民营企业参与江西军民融合的健康转型发展。

一、江西国防科技工业历史与军民融合现状

江西是人民军队的摇篮,南昌是军旗升起的地方,具有深厚的红色文化底蕴。多年来,江西国防科技工业人"把一切献给党"和"国家利益至上"的国防科技工业核心价值观,是国防教育、国防科技工业精神教育不可多得的生动、形象的教材。"军爱民""民拥军"的军民鱼水情是历史也是常态。江西也是人民国防科技工业的发祥地,国防科技工业大省,国防科技工业资源丰富,是重要的航空、船舶、兵器、核工业、国防科技工业、电子科研生产基地。江西的军民融合历史悠久,"立足于战争,争取时间,建设后方,发展生产,支援前线"的军民融合思想就是江西"三五"计划的核心任务。

(一)江西国防科技工业历史与现状

1. 历史辉煌,贡献可圈可点

江西的国防科技工业有辉煌的历史。中国共产党的第一个兵工厂就是建在江西的兴国县官田镇。1949 年初,南昌就生产出了我国第一架自行生产的飞机,为此,还获得了毛主席亲笔嘉勉。

洪都机械厂的诞生标志着江西省的国防科技工业正式起步,洪都机械厂是国家"一五"期间前苏联援建的 156 个重点建设项目之一。江西实现了中国国防科技工业史上多个从无到有的跨越,比如我国的第一架飞机、第一枚海防导弹、第一辆军用摩托和第一艘鱼雷快艇都是在江西生产的。江西还在我国第一颗原子弹爆炸、第一枚远程火箭发射、第一颗低纬度探空火箭发射等方面功勋卓著。尤其是在 1964 年起步的"小三线"中,一大批国防科技工业企业从东北、上海、西北等地搬迁到江西。核工业、航空、航天、船舶、兵器、工业电子等国防科技工业快速发展起来。1965 年 7 月,中共华东局国防工业办公室下发《关于下达 1965—1967 年后方建设规划的通知》,确定在 1965—1967 年 3 年内江西"小三线"建设总项目数为 67 个,其中军事工业项目 23 个,相关配套项目 44 个。当时江西负责的国防科技工业建设项目数占全国地方项目的将近七分之一,江西的三线建设就是华东的三线建设。生产出的武器装备可以武装 20 多个师,为巩固国防、遏制外敌入侵都发挥了不可替代的作用。20 世纪 80 年代初,是江西国防科技工业的鼎盛时期,江西生产了我国四种直升机机型中的三

种，团以下部队的基本装备都可以在江西生产。因此，当时的江西国防科技工业声名鹊起。

2. 体系完整，集聚效应凸显

目前，江西国防科技工业拥有企事业单位220多家，职工总人数达11000多人，大中专院校5所，已成为江西地方经济建设和国防建设的生力军。涵盖了航天、航空、船舶、核矿冶、核地质、兵器、民用爆破器材、国防科技工业电子等门类齐全的科研、试制、生产基地。军工体系比较完整，集聚效应比较明显。

3. 优势明显，特色产业突出

江西省历来重视国防科技工业建设，全省大部分工业都“自带”军民融合性质。尤其在民用核能、飞机制造、航天制造、船舶制造、电子信息、民爆器材等方面有优势，最突出的体现在航空航天等方面。航空在全国占有突出的地位，全国排在第四，属于航空大省，2017年产值740亿元左右。全国唯一的固定翼（洪都）和旋转翼（昌飞、602）的飞行制造省份，即教练机和直升机都能生产。教练机和直升机的生产在全国处于主导地位，占25%以上，航空航天业占江西国防科技工业一半以上。江西铀矿资源地位重要，主要分布在抚州和赣州，储量占全国的三分之一，开采量占全国二分之一。船舶制造和船舶配套产业，具有一定的优势，江西拥有将近150公里的长江岸线和广袤的鄱阳湖水域。全省的造船业突破了200万吨载重量。电子产业，九江同旺电子（713厂）、联创光电机电、泰豪等都特色明显。上述产业分别在各自领域形成了特色产业优势，占据了产业链高端，成为引领行业发展的先导。

4. 实力雄厚，高端人才引领

当前，江西的军工行业有国家企业技术中心3个，省级工程研究中心8个，省级技术中心12个，国防重点学科实验室2个，企业技术研究中心9个，省级创新企业14家，省级高新技术企业40余家，博士后工作站7个，科研院所3所，学科带头人80名左右。为此，江西在国防科技工业的总体设计、总装测试、试验论证、系统集成和关键技术研究等方面能力大幅提升。

5. 地位重要，能力逐渐提升

江西国防科技工业无论在服务国防建设还是在服务地方经济方面都做了大量的工作，在火箭、燃气、科考、载人航天、航空母舰、北京奥运等重大科技项目上成绩斐然，能力逐渐提升。全行业获省科学技术奖12项，其中一等奖占全省二分之一。此外，602所研究设计的武直10型直升机获国家科技进步一等奖；洪都集团公司智能机器人项目荣获“吴文俊人工智能科学技术奖”进步奖。

（二）江西省军民融合渐入佳境

江西多产业大部分自带军民融合的"基因"，起步早、种类多、形式新，在军民融合上创造了许多新的成绩，做出了新的贡献。客观上，"三线"建设改善了江西的工业基础，极大地促进了江西地方经济发展。"三线"建设时期的国防科技工业企业，有些成为江西的重点企业，如星火化工厂、江西钢丝厂、江西光学仪器厂、东风制药厂等也是军民融合的典型。最近几年，江西加大了军民深度融合发展力度，出台了大量扶持军民融合发展的重大政策，出现了军民互促共进的良好态势。

1. 实施了两大保障

（1）组织保障。江西省是首批获中央军民融合办、中央编办批复同意组建省委军民融合发展委员会办公室的 8 个省份之一。江西省委军民融合办于 2018 年 2 月 8 日正式挂牌成立，由省委常委、常务副省长毛伟明任副主任兼办公室主任。该机构是江西军民融合发展决策、议事协调机构，统一领导江西军民融合事务。江西省工信委下设军民融合产业推进处为执行机构。大部分地市也分别在发改委或工信委设立了相应机构。

（2）政策保障。江西省政府颁布了《关于推进军民融合深度发展的意见》《关于深化军民融合加速推进军民结合产业发展的意见》《关于促进北斗卫星导航应用产业发展的意见》等系列政策，编制了《江西省航空产业发展规划》《江西省航空制造产业延伸产业链发展规划》《省级军民融合示范产业基地、企业认定管理办法及配套措施》，初步建立了推进国防工业军民融合发展的政策体系，营造了良好的环境。

同时，编制了民营企业参与国防建设法规汇编，民营优势企业参与国防建设的法律汇编，定期发布了民营企业参军推荐目录和民用先进技术参军目录。开展了民参军座谈会，举办了相关的培训活动。越来越多的民营企业进入了国防领域，清华泰豪等民营企业成了民参军的品牌企业。

2. 突出了两大融合

（1）产业融合。2017 年军民融合产业收入达到 1350 亿，年增长 19.3%，增长率位列全国前 7 位。目前，全省军民融合型企业达 220 余家，其中上市公司 6 家，国防科技工业武器装备科研生产单位 130 家，如洪都集团、泰豪科技股份有限公司、昌飞公司等成为军民融合的龙头企业和典范。民营企业正加速成为军民融合的一支重要力量。2017 年，基地建设进一步加快，江西认定十个军民融合产业示范基地，园区企业 182 家，其中重点打造了南昌、景德镇两大航空产业基地和九江船舶产业基地等。

(2)技术融合。江西省为推动军民融合双向展翼,组建了若干科技协同创新平台,催生了一批新产品、新产业。目前全系统拥有国家创新平台3个,省级创新平台52个。产生了一批有影响力的成果,近年来,江西军民融合企业获得国家科技成果特等奖1项,一等奖1项。江西有57家单位获得国防科技工业保密资格认证,其中有32家获得武器装备科研生产许可证。

3. 强化两个动力

(1)机制创新。打造两个平台:供需对接平台和军民融合服务平台。供需对接平台缓解了军地之间、军民之间的供需信息对接难题。“江西航空产业信息推进会”“军民融合产品技术推进会”探索了政府主导的产业发展信息供需会,成果积极。促进一大批供需项目合作,面向企业、高校、国防科技工业集团征集1700条军民融合供求信息,向供求双方同时发布,促进信息共享。军民融合服务平台优化了审查和保密资格认定服务,为军民融合提供有力的保障。同时,推出了我省首款军民融合信贷产品——军民融合信贷通,2017年首批三家企业取得了3000万信贷资金。

(2)体制改革。推动中央国防科技工业企业与民营配套企业之间的融合,成功实施了一批国防科技工业企业的改革重组,使军工企业与民营企业实现了良好的融合互动。如北京汽车集团战略重组昌河汽车公司,北京通航公司重组江西直升机投资管理公司,清华同方公司重组了江西无线电厂等,泰豪集团重组了省属国防科技工业部分企业并组建江西国科国防科技工业集团等。

二、民营企业在江西军民融合战略中的新机遇

军民融合的机遇来自于“融”与“合”,来自于性质不同的两类主体和两个市场。以往军队自我保障、自我经营、自我配套,使军民像铁路两条铁轨一样,没有交集。同时,由于军民融合属于国家战略,因此军民融合的机遇和挑战更多的带有共性,但也有江西自己的特性。

(一)战略理念机遇,新增长极的新机遇

新战略意味着新增长极,新增长极中有新机遇。我国经济正处于改革攻坚和经济爬坡过坎时期,亟待新的增长极来进行结构调整,军民融合有望成为新的经济增长极,为经济发展和产业结构调整服务。

1. “大安全、大防务”理念中的总量机遇

军民融合发展既应该践行“大安全、大防务”的理念,还应深度融入国民经

济体系之中,支持民营企业发展。我国国防预算在 2017 年增加了 7%,总额超过 10000 亿元,但这仅占 GDP 的 1.28%,这一比例不仅低于美国和俄国等军事强国,甚至低于巴西、印度等发展中国家。从国家总体安全观来考虑,合理的军费增长,才能提供强有力的保障。可以预见,我国未来的军费预算提升空间很大。伴随着军费开支的增加,军工行业将迎来重大发展机遇,进而为民营企业参与军民融合进一步扩大了市场容量。

2.“小核心、大协作”体系中的结构机遇

军民融合战略践行“逐步实施、分类管理”的军品科研生产原则,打破军民界限,不分所有制,旨在形成具有“小核心、大协作、专业化、开放型”特征的武器装备科研生产体系。这一体系的核心能力由国家主导,发挥市场竞争机制的作用,择优扶强;一般能力向市场完全放开,实现充分竞争。这将大大推动国防科技与武器装备领域的结构性开放,预计 2020 年军工集团 75% 的配套都要向民企开放。

2017 年国务院发布《关于推动国防科技工业军民融合深度发展的意见》,提出促进军工经济和区域经济融合发展,鼓励军工集团和地方政府加强战略合作和规划政策对接,促进区域经济发展。该意见敦促非武器军品完全放开,为民营企业在军装、食品等领域增加竞争机会;规范了非涉密武器装备招投标,为民营企业参与武器装备科研生产、维修保障、技术服务以及参与军品招标采购等领域明确了发展方向;提出加快民间航空事业方面的空间基础设施建设。

(二)政策机遇,政策“红利”扑面而来

中央军民融合发展战略以“形成全要素、多领域、高效益的军民深度融合发展格局”为目标,提出了多个方面的政策措施。如 2016 年发布的《关于经济建设和国防建设融合发展的意见》以及 2017 年通过的《“十三五”国防科技工业发展规划》等政策文件,为军地各级做好军民融合工作提供了基本遵循,这是未来一段时期指导军民融合发展的重要顶层设计。为军民融合提供了全景式规划,具备巨大潜力与整体效益,政策“红利”扑面而来。

江西为了贯彻中央军民融合发展战略,也提出了多个政策措施,为民营企业参与军民融合带来重大机遇。如江西省印发了《关于推进军民融合深度发展的意见》《关于深化军民融合加速推进军民结合产业发展的意见》《江西省军民融合“十三五”发展规划》《江西省军民融合深度发展专项行动计划》以及促进北斗卫星导航应用产业发展和航空产业发展规划等。这些政策和规划涵盖了江西军民融合的方方面面,旨在三大方面带来变化:一要加快江西省经济转型和产业结构调整步伐。二要打通国家创新体系与国防科技创新体系的通道，全方位提升江西自主创新的能力。三要培育壮大高技术产业，把军民融合当作产业转型升级的重要方式。

（三）市场机遇，军民交集中的大机遇

新形势、新需求为军民融合带来新机遇。当前的军民融合处于由初步融合向深度融合过渡的阶段，各个方面的深入兼容越来越强，如国防建设、军用建设、军用技术和民用技术、军工经济和区域经济等。这不仅对民营企业来说是非常好的机遇，更是打开了江西省经济发展的窗口。

1. 装备研发采购中的市场机遇

装备研发采购是军民融合发展的重点领域。军方为了发挥民营企业的潜力，最大限度实现民为军用，主动发现、运用、培育可服务于国防和军队建设的前沿尖端技术，捕捉军事能力发展的潜在增长点，提出了竞争性装备采购要求，推动市场供应商、专业承包商、系统集成商体系建设。如 2018 年陆军装备部重点专项建设工程“装备研发采购提速工程”，提出了前置作战试验节点启动、预研成果实战化应用、竞争性采购优化等 16 项提速增效措施，旨在突破装备研发采购工作中的瓶颈，尽快打通从军事需求、技术攻关、工程研制、试验鉴定到批量生产的产业链。

2. 信息共享带来的市场机遇

为了完善市场需求信息的共享制度，国防科工局印发《军工科研项目指南公开公布规程》，从发布原则、内容、渠道、程序等方面明确要进一步扩大指南发布范围，发布形式由单一的定向发布转变为公开发布，确保发布程序规范、信息公开。调研中，课题组发现，已经参与了军民融合的企业觉得机遇更多，原因在于它们获得信息的路径熟悉，在进一步军民融合中切入口增加。

三种常态化的信息发布平台可以提供大量的军民融合信息。一国家军民融合公共服务平台。实时更新国家最新的通知公告和要闻动态，军民融合需求发布中对产品、技术和融资需求的发布一应俱全。不仅如此，平台中还有技术产品大厅、军民共享资源以及产业基地展示等各种信息。平台上面会实时更新军工企业采购信息、配套信息，不限于武器装备，还有军事后勤采购。二全军武器装备采购信息网。重点是发布军方采购需求，包括一些科研项目，面向社会公开，采购需求也是实时更新，为民营企业提供第一手信息。网站还设有民参军指导，为民企解答有关装备知识、参军所需资格认证以及流程等重要问题。三军队物资采购网。重点由军委后勤保障部主管，范围更加宽广，不局限于武器装备，更主要是物资方面的采购。军队物资采购网旨在建立更加公平、公正、公开、规范、阳光、透明的平台，采购服务详细到产品目录、技术参数、采购论坛等各个方面，为民营企业提供极大地便利。

除了上述平台之外，每年国家工业和信息化部、国防科工局也会通过各省的国防科工办、工商联来征集民参军的新兴技术产品，编辑成册，订成民参军目录，面对军队进行发布，让军队按照自己的需求来寻找技术足够高端的民营企业进行合作，促进融合。一系列的专项民营企业高科技成果展也成为信息共享的重要途径，民营企业均可报名参加展会，对于民营企业参与军民融合来说是非常好的契机，也是民营企业获取军方需求信息的重要途径。

3. 军工企业混改中的市场机遇

在促进资本“民参军”方面，军方积极推行体系效能型投资建设模式，只聚焦于军工核心能力方面的投资，逐渐退出市场能够有效配置资源的领域，为社会资本留出了空间。同时，《国防科技工业社会投资指导目录》简化了社会资本进入军工投资建设领域的程序。

江西积极推动军工企业股份制改造与上市重组，除涉及国家战略安全和核心机密领域以外，其余领域均允许社会资本参与。江西已经有 7 家单位启动了“混改”试点工作。

4. 军民产品差异中的市场机遇

由于军品具有单件性、小批量的特点，导致军工企业无法完全依靠自身发展，无法支持企业长期稳定发展。而民品大批量的特点对军品产业化的能力保障会起到很好的作用，其发展会对军工的投入、人员的保障打下坚实的基础。军品是国家的政治责任，是必须要完成的，这就使得军工企业需要依靠民营企业提供配套产品。军工企业发展民用产品，可以通过与民营企业合作，如民营企业通过现金入股、技术入股等方式参与军民融合，这样民营企业不仅可以为军工企业提供配套产品，还可以利用军工技术生产民用产品，无疑为民营企业的发展带来很大的市场机遇。

（四）技术机遇，深度融合中有机遇

军方有很多技术依赖于民营企业。在众多技术领域，民用产品的技术水平已经超越军用产品，如电子、通讯、计算机、制造、元器件和材料等领域，而且许多先进技术和创新成果在民品中的应用都要先于军品。民用产品的进步不但体现在技术超越军用产品，还体现在经费的利用率上，许多民用技术只需要很少的经费就能达到军用系统 80% 以上的性能。

1. 产品、技术推荐目录中的机遇

从2009年开始，国防科工局每年发布“军转民”目录，即《军用技术转民用推广目录》，紧扣“中国制造2025”，围绕新一代信息技术、智能制造等6个重点领域编制“军转民”目录。同时，陆军根据装备建设急需，选取模拟仿真、动力和传动等19个重点领域编制“民参军”目录即《民用技术与产品推荐目录》。这两个目录已然成为拓展军民信息交流和推动产品与技术双向转化的重要渠道，可以大大促进军民融合深度发展。

2015年版《武器装备科研生产许可（产品）目录（2015）》，在保证国家安全前提下，“该管的管住，不该管的放开”。列入该目录的许可产品只涉及国家战略安全、社会公共安全、国家秘密安全的武器装备，以及军工需求中的核心配套产品，还有一些无法依靠市场机制调节的专用配套产品。该许可目录保留了核武器与军用动力、军用航空器等11大类，755项，总共减少的项数约62%，许可范围大幅缩小。与前一版目录相比，原来许可目录中的一般配套产品、军民通用型产品都被删除，武器装备专业原材料和机电设备的许可缩减幅度也很大。为此，保留在《武器装备科研生产许可（产品）目录（2015）》之中的部分重点领域技术以及产品，也可以面向全社会拥有高精尖技术的民营企业开放；未收录目录中的技术和产品，则意味着民营企业参与军工更加的便捷，拥有更多的机会。

这些目录的发布，一方面为民营企业参与军工制造破除准入壁垒问题，另一方面在武器装备科研生产上确定了更加精确的生产许可范围，激发民营企业参与军工生产配套和技术研发的积极性，有力推动相关领域民营企业的发展。

2. 科研资源向社会开放中的机遇

优势科研资源的共享，既是提高资源利用率的良策，也是军民融合的重要内容之一。为推动军工科研资源向社会开放，国家出台了《关于国家重大科研基础设施和大型科研仪器向社会开放的意见》《关于加快构建大众创业万众创新支撑平台的指导意见》等文件，提出了一系列科研平台军民互用的意见，推动军民科研基础要素的融合。一批大型科学仪器共享平台，使价值巨大但利用率不高的军工科研院所、科研资源逐渐向全社会开放，惠及更多企业、院所和学校，加速了科研成果转化为现实生产力，客观上拓宽了民营企业参军的渠道，增强了民营企业的参军能力。

另外，在技术路径上，一种原材料可以进行多种深加工。调研中，课题组发现有些军工企业存在原材料富余的情况，民营企业有效利用军工富余原材料，可以为其尝试多种路径的科技创新以及参与军民融合带来极大的机遇。

3. 技术转让中的机遇

技术转让是军民融合的重要瓶颈,其中也蕴含更多的军民融合机会。为了创造科研成果产业化的良好环境,促进军民融合,《中华人民共和国促进科技成果转化法》指出"国家应该建立有效的军民科技成果转化体系,完善科技协同创新体制机制,促进军民技术双向转化"。另外,相关的军工解密政策使民营企业获得更多技术机会。此外《军用技术推广专项成果汇编》《民参军技术与产品推荐目录》《军用技术转民用推广目录》等,也为科技成果在军民之间相互转化以及产业化起了积极的引导作用。

同时,科技部组建了国家军民两用技术交易中心,以推进科技成果、科研资源进行交易和转移转化为目标,构建了线上平台、核心数据库、军民融合服务平台。其中,线上平台涵盖军民两用技术信息对接等功能;核心数据库包括创新需求库等;军民融合服务平台包括了知识产权服务、民参军服务等。这将为民营企业参与军民融合提供广泛的技术支撑。

三、民营企业把握江西军民融合发展的困境

战略是火焰,现实是海水。军民融合发展战略挑战与机遇并存,大机遇意味着大挑战,大挑战中也蕴含大机遇。近年来,江西省推动军民融合发展取得了一定成果,但江西军民融合还处于较低层次,融合范围比较窄,程度不够深,无法充分发挥军民融合产业的科研优势,对地方经济的发展乃至国家经济的带动作用有待进一步放大。本章将讨论民营企业把握江西军民融合发展面临的困境以及形成原因。

(一)民营企业参与军民融合的困境与障碍

军民融合发展涉及多种主体、多种要素的融合,尤其是军民两种有质上差别的主体的融合,难度是显而易见的。江西省军民融合也相对走在前列,但民营企业把握江西军民融合发展上还面临观念、政策、技术、市场、资金、信息、园区七个维度的困境,这都是江西军民融合从初步向深度发展中所必须正视和解决的。

1. 观念层面,认识偏差

课题组在调研中发现,以往民营企业参与军民融合的方式大都带有偶然性,比较被动地参与,利用人脉关系参军的不在少数,这些途径都无法复制,导致想参军的其他民营企业还是"摸不到门"。这是存在诸多军民融合困境的源

头问题。

(1)对“融什么”“怎么融”认识不深。实地调研发现,军民融合在一些地区、部门和企业眼中,还隐隐约约笼罩着一层神秘的面纱。各方主体对“怎么融”“谁主导”“融什么”“找谁融”等的认识不一致。有些地市只是依据上级的指示来“推动”军民融合,缺乏明晰的发展思路,主动性和创造性远远不够;个别地市反映推动军民融合工作难度大的原因在于,一无政策二无手段三无资金;更多的地市将发展地方经济作为军民融合首要甚至唯一目的;大部分民营企业认为军民融合是国家战略,离自己很远,缺乏代入感和主人翁精神;有些民营企业认为军民融合为民参军带来的机遇尚不清晰。可见,各方对民营企业参与军民融合的思想壁垒没有根本上破除,行动上难以形成合力,使得一些技术实力强、有参军产品和服务意愿的民营企业也无法进入军民融合的盘子中。

(2)“一头冷一头热”现象明显。军工企业在部队中扮演“民”的角色,而在地方经济建设中又充当“军”,所以军工企业是天然的军民融合载体,应该在推动军民深度融合中主动而积极地扮演好“排头兵”“先行军”的角色。然而,在实践中,部分军工集团推动军民融合方面“雷声大雨点小”,原因在于,第一,军工没有从根本上转变自我封闭、自我配套的产业体系,民营企业“参军”的大门依旧没有打开;第二,军工企业在“军转民”的意识不是很强烈;第三,军工下属单位对于民参军自主性缺乏,积极性偏低。形成反差的是,地方政府、民间投资机构、民营企业等社会力量在抢抓军民融合机遇方面的热情就很高。这种“剃头剪子一头热”的现象,导致军、地、民联系不紧密,影响了军民融合的推广与深化。

2. 政策层面,对接困难

政策层面可以分别从法规、体制和机制入手,体现为相关法规不够健全,体制层面缺乏系统的衔接协调,机制层面传导困难。

(1)法规体系不够完备

首先,缺少顶层法律文件。已经出台的政策、规范、办法、意见等指导性文件和行政规章制度行政色彩浓厚,军民融合权威性、综合性法律的缺乏,影响着法规的适用范围和影响力,难以界定军民融合的主体、范围、权责,如军民协同创新中知识产权权属问题尚不清晰;部分政策如军品免税、军工固定资产投资相关政策可操作性、适用性不强等问题突出;相关政策更新不及时,如军民技术的通用标准、国防科技成果解密政策等。这些法规得不到突破,民营企业参与军民融合将无所适从。

其次,现有法规体系"留白"较多。现有的法律法规主要集中于装备建设领域。军民融合法规体系中存在链条缺失的情况,如在融合促进、信息资源利用和军队动员、军队人才培养、部门协同、国防教育等领域的法规就存在很大空白;再如协同创新统筹中的协调机构规章制度不明确,无法实现更高层次的军民融合。

最后,缺少法规的实施细则与落地配套政策。有效突破军民融合实践中的矛盾需要出台相应规则、法律、办法。第一,有些空白领域亟待出台相关措施办法。如军工的知识产权保护、军购中的配套措施等。第二,过于原则性、内容不够具体、可操作性不强的措施办法与配套政策需要出台具体细则。如民营企业反映很难获取军工领域财政资金配套,原因在于相关法规执行力不强,存在"谁参与、谁吃亏"的普遍现象。

(2)体制不够完备:权责不清

目前江西省军民融合军地之间缺乏体制性的连接整合,难以逾越军民融合条块分割的体制性障碍,难以破除融合主体的利益藩篱。第一,江西省委军民融合办在原国防科工办的基础上一分为二,一部分组建了省委军民融合发展委员会办公室,另一部分组成江西省政府工业及信息化委员会军民融合产业推进处。问题在于两家单位的权责还不甚明了,比如曾经就《江西省人民政府关于推进军民融合产业发展实施意见》是由省委军民融合办还是军民融合产业推进处起草,发生较大争议。可见,推动军民融合发展的体制本身就没有做到军民融合,难以形成合力,军民融合仍处于浅层交融阶段。第二,江西省大部分设区市还没有设立军民融合的牵头科室,无法实现军民融合的国家、省、市、县的上下对口管理。为此,军民"多龙治水"的管理体制难以形成"车同轨、书同文"的融合新形态,导致了军民融合发展"决策分散化、需求断裂化、执行无力化、监管形式化"的局面,比如经费难以统筹计划与使用,科学技术、基础建设等领域重复投资现象普遍,这都对"一份投入、多份效益"的军民融合新目标提出了挑战。

(3)机制不够完善:传导受阻

首先,国防建设和经济建设仍是分别研究、分别论证、分别规划,这将严重影响国防建设与经济建设的融合发展,使军民融合战略难以落地,也增加了民营企业参与军民融合的困难。

其次,准入政策不平等。由于武器装备在保密、技术、质量等方面的特殊要求,军品市场的进入"门槛"高,装备采购的审批程序非常严格,严重制约了军品市场竞争主体的培养,民营企业难以获得参与军民融合的资质。

最后，军品定价机制的制约。2013 年有关文件规定新立项型号研制生产项目应由军方论证目标价格，批产后的采购价格按照“定价成本 +5% × 目标价格 + 激励约束利润”来制定。此外，军品价格调整缓慢，同时不考虑原材料价格等成本上升因素，这使得参军的民营企业利润空间减小。

3. 技术层面，集成困难

我国推动形成军工科研机构与民用科研机构、高等院校间的协同创新机制的政策措施很多，但在更宽、更深层次上实现国防科技创新体系和国家科技创新体系的相互兼容和同步发展方面还存在不少问题：

（1）技术标准不互通。19 世纪美国在手枪和缝纫机等民用产品融合发展中的“可互换技术”为我们提供了很好的军民融合案例。我国军用、民用标准的通用程度明显低于发达国家，军用标准和民用标准存在封闭阻塞、自成体系等问题，使得资源难以共享，技术不能通用，如大型机械装备、飞机和民用船舶被军方征用后，改造困难，难以实现军用产品与民用产品的融合创新；现有铁路、公路和港口码头等基础设施难以达到军队重型装备对运输的要求。军民标准在互通互联方面推进的过程不太顺利，实效不明显，这不利于军民融合中的技术互联互通，也直接影响武器装备的现代化。

（2）军技民用转化困难。目前，由于军技民用的内在动力和外在激励不足，军工技术转移仍以内部转化为主，军技民用还没有形成军工企业的法定职责，技术转移还处于自发状态。第一，在成果转化实施过程中，由于军工科研院所和企业价值取向截然不同，两者分别独立运行承担科研和生产的功能。研究所主要聚焦于出成果、获大奖，不注重研究成果的产业化、商业化。而企业作为产品生产者，缺乏技术开发力量，需要技术成果却不知道如何获取，以及自我创新能力较弱。第二，科技成果转化的中介机构匮乏，中间环节比较薄弱，使得专利所有者和技术需求企业难以有效沟通。第三，在市场开发方面，多数军工科研院所主要从事军品的研制，虽然技术优势明显，但技术闲置状况严重，缺乏与民用市场的联系，即使产品出来了，由于缺乏与时俱进的营销体系，而导致市场开发能力较弱。

不仅如此，课题组发现大量企业表示自从 2016 年发布的《关于军队和武警部队全面停止有偿服务活动的通知》规定军队停止有偿服务以后，民营企业获取军方技术更加艰难，军队和民企的技术融合的难度在客观上反而加大。

（3）产品集成困难。军民融合作为一个国家战略，其产品一般表现为由若干相互关联、相互制约的单项技术组成的产业群，必须各个相关的单项技术协同发展，必须有多个单位分工协作，群体开发，联合生产，其中最重要的是产品集成能力。我们在调研中发现，江西部分民营企业技术先进，单品性能优越，但是技术开发能力较弱，产品集成能力很缺乏，大部分参军的民营企业还只能为军工企业进行部组件配套，做到系统级的比较少，这导致民营企业做产品供应商易，做成熟技术供应商难；做原有存量易，做武器装备发展的科技增量难，带动性拳头产品不够突出，产业规模和影响力有待提升。

(4)参军后的民营企业灵活性受限。灵活性是民营企业最重要的优越性之一。民营企业一经涉军涉密，在技术获取、人才引进、产品流通和维修保障上，灵活性大大降低。第一，技术获取方面，“参军”前，高端高新技术和产品可以从开放的渠道获取；“参军”后，在“自主可控”的国家安全要求下，限制了企业对国外技术的利用。第二，人才引进方面，由于保密条例的要求，极大地限制了民企对国外高端人才的引进，增加了企业科技创新难度，不利于企业的长足发展。第三，产品流通方面，军方出于安全保密考虑，限制“参军”的民营企业的产品（尤其是被用于尖端武器装备的产品）的流通范围，这影响了企业规模效益和企业的壮大。第四，在维修保障方面，参军的装备全寿命周期大多为 10 年以上，同时对售后保障及时性要求高，妨碍了民营企业资源的优化配置。

4. 市场层面，步伐缓慢

相对于军民融合战略步伐显著加快的状况而言，“民参军”的脚步明显缓慢得多，“小、散、弱”还是民参军的主流，部分地方政府也没有将军民融合统筹到当地经济社会发展总体布局中，停留在军民融合相关职能部门发文和军民融合参与主体自发行动上。

(1)门槛高，准入难。“民参军”的门槛高是由军工行业特点决定的。“准入难”主要表现为以下三个方面。第一，资质认证困难。民营企业参与军民融合首先需要获得相关认证，如武器装备科研生产单位保密资质认证、武器装备质量管理体系认证、装备承制单位资格认证、武器装备科研生产许可证。在“武器装备质量管理体系认证”与“装备承制单位资格认证”两证合一之后，部分企业觉得获取资质的难度并没有减小，反而增加了企业的负担。第二，军方的审批和鉴定制度太严。在生产准备、首件鉴定、出厂质量、出厂评审等诸多环节都需要严格审核，审核的周期长、成本高，使绝大部分民营企业在军民融合中被边缘化。第三，军事采购周期冗长。这种采购制度既不适合民营企业“小、灵、快”的基本特点，也无法适应产品更新换代快的信息时代；既不利于部队战斗力的快速形成，也不利于民营企业参与军民融合。

(2)民营企业开拓军工市场困难。由于受部门利益和行业壁垒的保护,民营企业进入军品市场不容易。调研发现,一些军工集团仍存在将配套任务留在系统内部实现的惯性思维,大大增加了民营企业的产品与适用技术开拓军工市场的难度。此外,军工产品批量小,看似符合民营企业的特点,但是由于军工需求的品类多,企业没有实力进行多线投资。

(3)民营企业很难在企业性质、产业链和产品方面找准定位。

第一,企业性质定位难。总体上说,一般为军队服务的民营企业都可以作为军民融合企业,包括咨询、生产、服务(生产性企业和服务性企业),能为军队服务的民营企业都可以认定为军民融合企业。但军民融合企业界定的政策还没有出台,参与军民融合的企业难以找到自身的定位。

第二,企业在产业链中定位难。军民融合的产业大部分需要系统集成,产业链较长,民营企业在参军过程中很难成为"大而全"的总承制单位,参军的民营企业反映在军品产业链中定位难的问题也非常普遍。

第三,产品定位难。民营企业很难找到军方的痛点、需求点,来满足军方需求。课题组调研发现,有的民营企业早早拿齐军品"四证"(现为"三证"),但一直没有拿到军品订单;个别民营企业不是去对接装备军方需求,而是执着于推销企业已有产品,"屠龙刀"握在手中,装备领域的"龙"却没有出现;有的民营企业用地方惯性商业思维来看待军民融合,认为只要是高科技产品军方就必定有需求,脱离结合军民融合发展的实际。例如,某一型号的配套装备,民营企业技术过于先进,难以为军方的主产品进行配套,纵然企业降代生产,军方的审批程序依然非常繁杂。

5. 投资层面,资金紧张

(1)较之军工企业,民营企业在享受科研条件保障费和技改费的投入方面显失公平,使得民营企业在竞争中处于劣势,不利于形成公平竞争的市场秩序。我国的科研经费倾向于在自己系统内布置科研任务、分配科研经费,造成大量科研资源浪费。

(2)获取国家军工科研专项资金支持的难度大。民参军企业相比于军工企业,获得国家支持有限、自身融资渠道较窄。投资回报方面,地方政府在军民融合中应该起桥梁作用,但是地方政府认为在军民融合中难以获得合理的投资回报,军民融合的积极性受挫。

(3)在军品招投标中,竞争激烈是常态,"僧多粥少"是普遍现象。一件产品的招标,引来200家竞标单位也是常见的。民营企业如果在有几次招标中失利,资金耗尽了,畏难情绪就产生了。

(4)民参军投资周期长、回款慢。军品需求时效性强,需要及时供给,但是军品回款却比较慢(一般以半年为周期),导致民营企业资金周转困难。民营企业承受沉重的资金压力,加之融资难、融资贵等情况都限制了民参军的热情。

(5)参军的民营企业难以享受到军工企业的土地使用税、消费税、增值税等减免优惠,这降低了民参军企业的相对优势。即使民营企业能够享受参军项目免税,这又会导致地方政府推动民参军的积极性不高问题。

6. 信息层面,共享不畅

军民信息双向互通的机制远未形成,军民供求信息共享程度不够是最主要的障碍。

(1)涉密问题。由于保密的要求,民营企业要获取军工企业的采购信息、配套信息难,重要军事装备需求信息向民营企业全面及时传递发布还有诸多限制。大多数军工需求信息单向度地在军工系统内发布。因而,民营企业很难及时获取实质性的采购信息,民营企业仍然需要通过传统方式对接军品需求,如承接军工集团分包订单、与军工科研院所合作等。民营企业即使获得了产品信息,具体的技术细节和参数要求仍不明确。

(2)信息共享渠道少。一方面民营企业在获取军方需求信息方面有畏难情绪,另一方面军方也并不全面知晓民营企业的市场细分以及行业状况,不了解民营企业的技术和产品。双向信息不透明,军民融合深度发展就是豪言空话,这是军民深度融合的重要“壁垒”,使得军民双方自身潜能得不到释放,市场活力难以催生,将不少有实力的民营企业排斥在竞争之外。此外,企业获取信息需要一定成本,很多企业不愿意投入资金来获取信息,感觉花得不值。

7. 园区层面,重量轻质

(1)园区同质化现象严重。目前江西十个军民融合产业园在批复时各有定位,但在建设过程中,由于引进的企业和项目资源十分有限,多地纷纷争抢军工集团的军转民项目,助长了军工产业布局碎片化;有些以军工企业为主导的园区最终又成了新的军工生产基地,对地方经济的辐射带动作用有限,对军民融合发展也不利。总体而言,十个园区之间同质化现象依然严重,差异化不显著,核心产业不清晰。没能切实结合本地资源禀赋和军民融合产业基础条件,园内产业链关联度不大,军民融合互动效应难以形成。

(2)“拿地难”是军民融合深度发展的又一重要瓶颈。目前,参军民营企业租用场地依然是主流,难以达到扩大用地的三个标准:第一,人员就业方面。军品就业人数相对较少，人员要求严格，大部分难以达到拿地的就业规模；第二，纳税总额方面。军品免税与拿地的纳税标准存在矛盾，参军企业由于军品免税，纳税总额与拿地标准往往存在差距，在这一点上，它的竞争条件甚至劣于纯粹的民品企业。第三，产值规模方面。军品批量小，产值规模难以达到场地申请的要求。

（二）民营企业参与军民融合困境的原因分析

江西经济社会发展相对滞后，产业基础薄弱，配套链条缺失，从而导致军民融合企业落户难、建设难。江西民营企业把握军民融合发展存在的困境既有共性，又有其特殊性，课题组分析主要是以下几个原因桎梏了军民融合。

1. 共识未成，源于军地认知的偏差

调研发现，江西的很多利益主体融合意愿不强，持观望态度。这是缺乏站位意识，缺乏对军民融合深度发展的使命感和紧迫感的认识。在落实军民融合过程中，各方之所以认识不统一，突出体现为“四化”问题：第一，窄化问题。将军民融合简单地等同于“民参军”或“军转民”，这是单向度的认识，是把军民融合看窄了。第二，泛化问题。将军民融合看成筐，啥都可以往里装，将所有与军队一道组织的活动都叫军民融合，这是把军民融合概念泛化了。第三，物化问题。认为军民融合仅仅是从军方去拿项目，没有认识到军民融合更重要的是从体制、机制、技术、标准等角度打通民参军、军转民和军民协同创新的通道。第四，空化问题。认为军民融合是国家战略，国家推行就可以，与本地方、本部门、个人没有太大关联，这是将军民融合发展空化了。

“四化”问题的出现，主要原因在于我们推进军民融合深度发展思想基础比较薄弱，没有同频共振，各利益主体没有形成同一个步调。

2. 统管不力，源于管理体制的二元分割

目前，军地两条线独立运行体制仍然没有根本性突破，缺少统筹管理机构，很难解决“军”“民”两张皮的问题，表现为：

（1）需求断裂化。长期以来，军地需求不对接使军民在深度融合过程中缺少总牵引，军方埋怨民营企业对自己的需求描述不清，而军方又因为保密原因不能随便对外描述自己的需求，从而导致军地供求对接不顺畅。

（2）执行无力化。在历史上来看，我国曾经实行过军地横向联系，主要是通过建立委员会和协调小组来协调，它们在融合的初期效果明显，极大地整合了军民两大体系的资源。当前，军民融合深度发展进入了爬坡过坎阶段，简单由横向协调无法推动军民融合部门的深度发展，执行效果难以达到预期。

(3)监督形式化。在监督中发现问题、在监督中解决问题需要监督具有实效性。监督不只是单纯地调查统计军民融合的开展情况,更重要的是监督军民融合政策是否落到实处,防止军民融合发展措施变成一纸空文。

3. 政策困境,源于担忧国防安全和风险

军民融合最大的阻力来自于对国防安全的过度担忧和对民营企业发展状况、研发实力、技术水平以及保密能力的不放心。军方担忧一些国防机密会在军民融合中泄密,担忧民营企业能力不足所带来的潜在风险,不信赖民营企业的产品和技术,不愿意使用民营企业生产的产品,常常用"违约"作为说辞阻碍军民融合。

4. 动力缺乏,源于利益考量不充分

军民融合之所以存在"一头热一头冷"的现象,其深层原因是利益藩篱:第一,有些军方部门可能面临地位下降或被裁撤、"砸饭碗"的局面;第二,某些军品行业中的既得利益者在军民融合中可能存在被"抢饭碗"的可能;第三,军队中有些效能不高的岗位面临"丢饭碗"的风险。

5. 格局受限,源于各方对困难认识不足

有些民营企业认为自己与军品科研生产小批量的特点很类似,就贸然加入了,没有考虑到军品高投入、高门槛、单一需求方、多品种、多限制、长周期等复杂特点,没能准确把握参军的困难与挑战,而是简单照搬民品科研与生产来安排资源,使人、财、物无法适应军品招标、立项、采购等要求,导致企业出现资金链紧张的窘境。地方政府常常以抓民品方式抓军民融合,如以传统的招商引资方式抓军民融合,方式过于简单,没有认识到两者的差别,效果很差。同时,盲目照搬其他工业园区的经验和做法来运作军民融合产业园区,使得具有军民融合特点的园区配套条件缺乏,许多园区面临运营困难。

6. 有机性差,源于军工单位主动革新不足

由于历史原因,我国民用工业落后于军工,军工实行"大而全""小而全"高度配套的封闭发展体系。但目前我国民用工业发展迅速,体系逐渐完善,很多技术已经领先于军工。如果军工还是走自成体系的封闭老路,民营经济就无法有效地"引进来",使军民融合有机性减弱。造成此局面的主要原因在于军工单位主动革新不够。第一,"不想融",主要体现在军工的集团层面和二级单位。它们因为多年的军民体制分割、利益固化,使军工集团在承接任务中喜欢在集团内一包到底,融合动力不足,不愿意吸纳社会资源,同时个别军工企业以业务繁重、精力不足为由,不愿意涉足民品市场。第二,"不敢融",主要体现在军工

集团的子公司。它们由于缺乏自主决策权，特别是国资委出台《中央企业深化改革瘦身健体的改革方案》后，部分军工企业的下属单位受到上级单位严格限制。第三，“不能融”，主要体现在军工集团下属三级以下配套单位。它们因科研能力弱、技术储备不先进、设施设备落后等因素使军民融合心有余而力不足。在江西，主要体现为“不敢融”和“不能融”的问题。

7. 人才匮乏，源于经济社会相对落后

由于江西自身高校少，经济发展相对落后、收入待遇偏低等多种因素，导致高端人才引进难、留住难，知识型、技能型、创新型人才仍然相当匮乏。从人才的结构上来看，当前，江西最紧迫的是要培育既有较强的风险意识、创新意识、勇于开拓，又谙熟经营之道的企业家队伍。

四、民营企业把握江西军民融合发展新机遇的对策

打破军民界限与壁垒是军民融合的本质，提高国家整体建设效益和寻求新的发展动力，需要的是一次全新的顶层设计和立法实践，而不是一个“小补小修”的权宜之计。江西的民营企业投身军民融合发展，不仅要有家国情怀，更要走高质量发展之路，是在既定的政策制度“大环境”下不断探索优化江西军民融合的“小生境”，打造民营企业参与军民融合深度发展的“江西模式”。

（一）总体思路与工作重点

江西省军民融合产业规划，预计2020年规模将突破2500亿元。全力构建“四个体系”，即规划体系、政策体系、产业体系、工作体系；打造“四个平台”，即产业发展、科技创新、投融资、公共服务平台；抓好“三个环节”，即民参军、军转民、军民资源互动共享和技术双向转移转化；推进“四个融合”，即技术、产品、能力、资本融合；深化六个领域，即基础领域、产业领域、科技领域、人才领域、文化领域、社会领域；践行“十个一批”，即培育一批市场主体、推进一批重大项目、发展一批特色产业、建设一批产业基地、实现一批技术转化、创建一批示范载体、打造一批工人平台、促进一批战略合作、推动一批资源共享、引进一批高端人才。

军地双方必须按照“规划引领、集群发展、突出重点、发展特色”的思路，找准定位，增强自我认识：立足经济建设和国防建设两大需求，拓宽军民融合市场维度；加大创新与改革两大动力，发挥政府和市场两个作用，聚焦发展军民融合产业和推进军民协同创新两大方向，强化规划引领，强化政策支撑，强化公共服务，引导民参军，推动军转民，实现军民技术双向转化，着力提升先进武器装备

的有效供给能力、军民融合产业的引领能力、军民两用技术的创新能力和军民资源要素的共享能力以及军地双方信息的传递能力，加快形成全方位、多领域、高效益的军民融合深度发展格局。

（二）主要原则

江西民营企业参与军民融合既要服从国家战略，又要立足于江西的产业，为江西经济发展服务。着力在“统”字上下功夫，在“新”字上求突破，在“融”字上做文章，在“深”字上见实效，聚焦于军民融合发展的重点领域，以点带面推动整体水平提升。应遵循以下原则：

1. 合为起点，融为目的

军民融合发展战略提出时间不久，为此，当前应以“合”为起点，为近期目标，“融”为目的，为远期目标。“清除市场壁垒”是军方打破当前阻碍“民参军”的重点之一，既包括打破国防科技工业领域的准入壁垒，又包括打破武器装备科研生产的退出壁垒。国家应采取有效措施，逐步斩断各种不合理的既得利益链条，营造公平的竞争环境。民营企业要解决好“不敢融”“不愿融”“不能融”“不善融”的问题，实现军民资本、技术、人才等方面互动融合。

2. “领跑”“跟跑”“并跑”三跑并行

坚持有限目标、重点突破、有所为有所不为的原则，三跑并行：跟跑给政策、并跑上质量、领跑做规模。重点支持 1 ~ 2 个小核心项目，放开大协同，突破一些重点领域中有自主知识产权的军民两用高技术重点项目。政府应当放开成熟产业，重点扶持军民融合关键性领域的幼稚产业。抢占 5G 技术、人工智能、生物技术、大数据、航空航天、特种船舶等产业链长、带动效应显著的新兴领域的技术研发。

3. “T 型”发展为导向，广度和深度结合

深度与广度，两手抓，两手都要硬。广度做规模，为当下经济服务，深度做创新，为未来经济服务；广度是深度的基础，深度在广度上深化，再通过深度扩展广度，逐渐形成军民融合的江西特色。一是在融合广度上，从武器装备科研、生产体系扩大到国防动员、后勤保障和人才培养体系，促进资金、人才、技术、科研成果、信息等领域共享利用和互联互通。二是在融合深度上，需要结合我省结构性改革，向新兴产业要效益。夯实原有布局与重点，以产业结构转换为重点，拓展新领域。

4. 聚集两用技术，发展两用产品

科学技术快速发展的突出现象是军用技术越来越依赖于民用技术与市场

来推动，进而迅速发展为军民两用产品。为此，发展军民两用技术并成功实现其产业化、商业化是军民融合的新突破口，也是新时代军民深度融合的要义，是一条既可为军队提供最先进且负担得起的武器装备，又是有效地服务国民经济的重要途径。

（三）对策建议

政策从战略和战术两个层面展开，战略上解决“为什么融”的问题；战术上解决“融什么”和“怎么样融”的问题。根据党中央、国务院对军民融合的决策部署，结合新时代江西省民营企业参与军民融合发展面临的新机遇和新困境，借鉴发达省份的先进经验，提出如下对策建议：

1. 战略上，解决“为什么融”的问题

（1）军民共想，提高思想认识，旨在解决不愿融的问题。思想是行动的先导，首先要提高思想认识。当前，我国改革开放正处于深化时期，经济发展由大向强，面临局面更加复杂。我们要大力引导、鼓励和支持民营企业参军。为此，要坚持问题导向，以强烈的责任担当，正确处理国防建设与经济建设的关系，使两者协调发展、平衡发展、兼容发展。

（2）军民共谋，健全体制机制，旨在解决不善融的问题。体制、机制和政策是军民融合的指挥棒，既要有战略意图，又要具备可操作性。在推进军民融合发展上要形成民营企业参与军民融合的明晰思路，对军民融合的生产、采购等一系列重大问题做出规定，确保军民融合深度发展走在制度化轨道上。江西省军民融合的管理机构现状是江西省委下设军民融合发展委员会办公室，省政府工业及信息化委员会下设军民融合产业推进处，这依然存在多头管理的现象。课题组建议，第一借鉴其他省份的经验，将“省委军民融合办”和“工信委军民融合产业推进处”合二为一，第二军民融合办需要军方人员参与，产生“一加一大于二”的机制效应。

2. 战术上，解决“融什么”和“怎么样融”的问题

（1）解决“融什么”的问题

产业发展是军民融合的核心，民营企业要结合自身条件，准确理解产业许可范围，选择可融和能融的产业。

第一，以项目对接为切入点，创新体制机制。鉴于目前军民融合的“碎片化状态”，要利用好“非禁即准”的原则，鼓励民营企业大力进军军民融合发展领域。在新兴行业领域加快推进“证照分离”改革工作，取消不必要的市场准入门槛，取消针对民营企业的歧视性政策。开展市场准入限制性条件清理行动，消

除对民营企业各种形式的不合理规定，确保各类投资主体公平参与市场竞争。在军民融合领域进一步降低市场准入门槛，推进全领域、全产业链向民营企业开放。

第二，以两用技术为着力点，发展两用产业。发展军民两用技术才能改善军民两种产业的融合基础，才能更好地服务于国家经济，成为发展武器装备的有效捷径。遵循“分层推进，突破两用技术，服务军队，壮大地方经济”的原则，既要推动军用技术向民用领域转移，又要使优势民用科技为强军服务。加快建设江西省军民融合公共服务中心，创建军民两用技术转移中心与军民融合型企业孵化器。

第三，以产业园区为支撑点，提升承载能力。产业园区可以成为军民融合市场体系平台，可以成为军地良性互动与密切合作的落脚点和支撑点。加快军民融合产业园区建设，推动产业集聚发展，打造产业制高点。建设军民融合产业园区，既要吸收经济技术开发区、高新技术产业区、自贸试验区的成功经验，又要立足于江西自身的军工和民营企业的产业特色。

产业园区建设应重点把握区位优势，优先选择在南昌、九江、景德镇建设军民融合产业园区。这些区域中心城市，要素完备，功能发达，同时拥有强大的军事工业基础，在此基础上建设军民融合产业园区，将带动江西快速形成军民融合发展新格局。

(2)解决“怎么样融”的问题

第一，军民共荣——利益当先，实现多赢。利益是军民融合的原动力。军民双方都要立足于国家根本利益，秉承互利共赢原则，把军民融合工作落到实处。宏观上，顾及国家根本利益，强调富民和强军的双重目的，发挥好军民融合对国防建设和经济社会发展的双向拉动作用，实现经济建设和国防建设综合效益最大化。做到“国防建设”寓于“经济建设”之中，“中国梦”在“强军梦”中实现，取得国防与经济双重效益。微观上，需要参与各方获得各自的或共同的利益，建立合理的利益分摊机制，使各方经济利益得以增加，企业获得发展。

第二，信息共享——双向发布，准确送达。构建信息“军民共享”平台，优化民营企业营商环境。采用“多层次、多类别、多渠道”的模式，通过现代化平台双向发布信息，构建集中统一的信息交流平台，克服军民双方信息交流渠道不通畅、信息传递不及时、信息资源不共享等问题。建立“军民融合创新市场”门户网站，统一集合不同部门、不同网站的信息，以及最新年度军民融合技术重点投资领域、采办项目和政策规定等信息，向全社会统一发布，实行一站式服务，实现军工和民企信息的双向交流和无缝链接。同时,提供"民转军"的自荐渠道,民营企业也可以关注工信部国家军民融合相关公共服务平台。

第三,要素共促——人尽其才,物尽其用。财政部印发的《关于推动军工重大试验设施和大型科研仪器向社会开放的通知》,分三批发布了3000多项开放的设施设备名录。进一步整合省内相关行业企业、高校、科研院所的研发资源,整合原有的协同创新中心的体系,发挥其带动和引领作用,在我省实现产业化,服务创新型江西建设。扩大我省国家重点实验室和科研院所实验室的开放交流,推动军工重大试验,国家重点科学基础设施共享共用。加强与国家军民融合服务平台的联系,支持高校科研机构与军工企业联合实施重大项目攻关,争取工信部的财政资源支持,指导企业申报国家高新技术企业。

第四,联动共商——四级联动,统一规划。国家顶层的战略已经确立,江西省级层面的政策和体制也基本覆盖,下一步需要各地创新探索和落地实施,破除军民融合中"各竖烟囱"的分散局面,需要部、省、市、县"四级联动"机制,统一规划、统一需求、统一配置、统一评估,实现区域内军民融合体制机制、市场需求、评估体系以及相关资源的"大贯通"。其中省级军民融合主管部门在"四级联动"起桥梁纽带作用,督促各设区市的工信委明确一个内设机构牵头负责军民融合工作,形成区内民营企业与军工上下对接、协调便利的军民融合工作机制。

第五,协同共创——创新创业,科技引领。(1)深化协同创新。完善政、产、学、研、用协同创新机制。省委军民融合办从顶层上进行设计,制定政策、规划,由各个行业领域主管部门管理落实情况。如科技领域,省委军民融合办在总体上做要求,具体由科技主管部门来推动和督促企业、高校、科技联盟的形成。(2)推动创新创业活动。支持大中型民营企业开展内部员工创业创新;鼓励民间资本成立创新创业基金,重点投向孵化器、众创空间和科技型中小微企业;建设一批省级新兴产业"双创"示范基地,对初创企业给予适当的政策支持;支持符合条件的高校、科研院所研究人员带科研项目和成果创办企业,各级财政视财力情况给予一定补助;支持民间资本建立双创园区,创办双创大学,组织双创大赛。(3)政府充当首购用户,加强需求方创新政策。对于新技术、新产业而言,无法与成熟产业相竞争,政府作为首个购买者可以缓解企业的资金短缺,拉动新产品的首次商业化,通过政府示范引领作用促进创新扩散。

第六,财金共助——盘活资本,形式多样。江西的民营企业要更多、更好地利用收购军工企业、获得军工资质、设立军工产业基金等三条路径参军,也要利用好财税政策参军。一是民营企业要争取国家与金融部门的有力支持,与军工企业享受同等税收优惠政策,提高投资补助和贷款贴息上限额度。二是民营企业要利用好包括直接融资、间接融资和引导基金的一体化融资体系。在直接融资方面,要争取通过企业改组、重组和上市等方式“参军”;在间接融资方面,以金融科技和供应链金融为着力点,加大金融业态创新力度,有条件的大型民营骨干企业可以发起设立民营银行,向为军工产业上下游产业链配套的民营企业提供融资倾斜政策;在引导基金方面,利用投资补助、资本金注入、股权投资等多种方式,有序进入军工领域,广泛吸纳社会资本进行产业转型升级,加大技术改造力度。

第七,人才合力——筑巢引凤,招才引智。在人力资源建设与利用上,民营企业要充分依托军方科研和地方教育资源,为“民参军”提供持久的人才保障和智力支持。学校与企业共享科技创新资源,培养军民融合式两用人才,构建军民科研强势团队。双方联合建立研究生培养创新基地、国家级工程研究中心,共同培训军地学员,共同研究、讨论技术转化和技术引进。以招才引智为突破点,创新探索人才回归模式,夯实军民融合发展创新保障。筹办经济会展,加强赣商精神宣传等方式推动赣商回归,推动赣籍人才在江西经济发展中扮演更为重要的角色。

第八,吸取经验——他山之石,可以攻玉。发达国家的军民融合有很多先进的模式值得我们借鉴;在国内,也有很多省份的做法可圈可点。例如全国6000多家武器装备科研生产单位中,仅浙江和江苏两个省就占了1000多家,而这两个省都不是传统的军工优势省份。这两个省利用军工的“后发优势”另辟蹊径,民营企业积极通过配套和维修参与军民融合助推两省成为军民融合的先进省份。江西至今只有130家武器装备科研生产单位,在军民融合方面已经处于落后,如何使军民融合“后发优势”转化为优势,我们需要加强学习。

五、“民参军”典型案例:中国梦、强军梦、泰豪梦

泰豪集团一直致力于“军民结合,寓军于民”,同时利用资本践行“民参军”之路,大力突进军民技术的双向转移,利用民营企业人才、技术优势,民营企业机制、体制的灵活性,加强武器装备研发平台建设,积极参与武器装备的科研生产,服务国防建设。在国家“军民融合”战略提出以后,泰豪人更加奋发有为,强化了泰豪作为我省乃至全国“民参军”典型的地位。

（一）中国的泰豪，世界的泰豪

泰豪科技股份有限公司是在江西省和清华大学“省校合作”推动下，在南昌国家高新开发区设立的高科技公司，成立于1996年3月。1998年9月，经国家工商总局批准，江西清华泰豪电器有限公司正式更名为清华泰豪科技有限公司。2001年，公司被国家建设部认定为智能建筑示范工程的泰豪信息大厦竣工启用，4月，公司被科技部授予“国家重点高新技术企业”的称号。公司于2002年7月在上海证券交易所上市，股票代码600590，简称“泰豪科技”，成为中国智能建筑电气产业首家上市公司。2006年，“泰豪”商标被认定为“中国驰名商标”，“泰豪”发电机被认定为“中国名牌产品”。当前，泰豪科技的产业领域涉及五大产业：智慧能源产业、军工装备产业、智慧城市产业、数字创意产业、教育文化产业。公司总资产近105亿元，员工总数3000多人，拥有有效专利和软件著作权1600多项，入选国家级创新型企业、国家知识产权示范企业，拥有国家认定企业技术中心、院士工作站、博士后科研工作站，并连续通过高新技术企业认定；先后被评为全国实施卓越绩效先进企业、全国质量管理先进企业、全国用户满意企业、国家标准化良好行为AAAA企业，全国工业知识产权运用标杆企业、被国家工商总局评为全国首批520家重合同、守信用企业。

公司愿景是：将泰豪打造成“中国的泰豪、世界的泰豪”。一方面使其高科技产业园区遍布全国各省市，奋力冲进中国企业500强；另一方面使集团的销售服务遍布世界各大洲，奋力实现2028年公司的收入50%来自海外。

（二）追梦30年，致力军工设备制造

1. 一马当先，进入军用电源领域

1998年7月，清华泰豪兼并江西三波电机总厂，并引入清华同方智能空调机组生产技术，开启了泰豪军工产业发展里程，以三波发电机的技术优势、以信息技术改造传统产业，进入军用电源领域，现已发展成为国内最大的军用电源科研生产基地。

1999年6月，公司股东大会、董事会决定把公司办成高新技术上市公司，同意公司增资扩股，并确定了“以信息技术为龙头，带动楼宇电气和军工电源为两翼均衡发展”的战略规划和“致力信息技术应用，改造传统产业产品，创造智能科技生活”的发展目标。同年10月，公司参加国庆阅兵的军工电源产品顺利完成任务并受到军方的嘉奖。2000年7月，公司自行研制开发的高速自动化电站被选送进京参加“国际市场军工配套成果展示会”，并获好评。2007年1月，泰豪集团整合山东吉美乐有限公司，提升军用通信电源和智能节能产业竞争力。

2009年10月1日，泰豪集团军用电站、通讯指挥系统等领域的九大产品参与国庆60周年阅兵的六个方阵，受到装备方队指挥部嘉奖。

2. 整合兼并，助推军工发展新历程

2003年2月，泰豪对衡阳市四机总厂进行增资重组并成功签约，拓展了移动通信指挥系统产品市场，此举进一步完善了泰豪的军工产业链，更加突出泰豪的主营业务，提高泰豪的综合实力和抗风险能力，实现泰豪军工产业相关规模化发展规划，生产通信指挥系统。

2005年9月，泰豪集团投资重组南昌微型电机厂，强化了军用通讯电源的科研生产能力；同年12月，并购长春宇光电子总厂军工资产，拓展雷达与电子对抗产品市场。

2011年2月，泰豪联合江西国防科工办，整合江西省5家弹药、引信企业，进入军工弹药领域，充分利用各方资源，迅速提升经营业绩。

3. 探索优化，搭建平台助力军工发展

2007年2月8日，泰豪联合深圳研祥集团、启明星辰等优势民营企业发起设立全联科技装备业商会，董事长黄代放当选为商会首届会长。从此，民营企业参军有了与军方对接的平台，商会有直属会员企业近3000家，在多地建立了省级科技装备业商会，在青岛、宁波、湖州、淄博、苏州、绵阳、德阳等城市建立了市级科技装备业商会。商会成为军方与民参军企业供求、预研科研信息对接平台。泰豪也积极参与省军民融合发展平台的建设，加快公司军工产业的发展。

利用企业机制、体制的灵活性，寻求各方资源，推进军工装备产业项目科研。2013年11月8日，泰豪集团与清华大学联合设立"清华大学—泰豪装备联合研究院"。此外，与国防科技大学、解放军军械工程学院、海军工程大学、空军工程大学及南、北理工大学等部队院校进行战略合作，公司分别设立清华大学—泰豪国防科研奖励基金、国防科研基金和国防科研产业化基金，支持国防科研及成果产业化。

经过多年的发展与积累，公司建立了较为完善的治理结构，形成了完整的内控制度，并在南昌、北京、上海、深圳、长春、济南、衡阳等地拥有40多家分、子公司，以及10多个高科技产业园区。

(三)乘着"军民融合"东风，开启"二次创业"征程

至今，公司的军工装备产业扩展为：通信指挥、导航、雷达及电子对抗、北斗导航、光电成像与测量系统、作战指挥辅助系统、军用电站及供配电系统、新能源及机电一体化、特种空调、弹药及其配套引信/复合固体推进剂、应急保障装

备等产品的研发、生产与服务，产品装备到中国人民解放军陆、海、空、火箭军等各军兵种及公安武警部队等。目前泰豪军工集团（军工装备产业）实现年销售15亿，重点开展军工信息技术的研究与应用，使公司成为军工装备领域的规模化企业。

1. 有理念才会有出路

为进一步适应习主席军民融合的发展战略，2015年6月成立江西泰豪军工集团有限公司，将泰豪科技旗下的5家军工子公司进行资源整合，打造泰豪军工整体品牌。

环境在不断改变，市场的“玩法”也不一样了，泰豪要进入下一个30年，必须依靠年轻人。为此，泰豪科技进行理念和战略的重大转变。2016年，执行董事会安排在嘉兴红船上召开，正式确立由杨剑牵头启动“二次创业”，并决定“60后退位、70后可续位、80后进位”。“二次创业”为泰豪的军民融合战略插上了腾飞的翅膀。

2. 有平台才会有大戏

2018年4月21日，泰豪军工集团牵头组建包括70余家会员的江西省科技装备业商会，这是江西省落实中央“军民融合”发展战略的具体举措和加速推进军民融合深度发展的有效途径，也是加快引导江西省民营企业“民参军”的重要抓手，打造企业智库、产业联盟和政军企互动纽带桥梁，助力军民融合深度发展。

2018年12月2日，泰豪携手中国民商理事会成员共同开发的中国民商总部基地动工仪式在广东省肇庆市举行。中国民商总部基地的建设旨在整合全球优质资源，推动“万企互联”，实现民营企业“互联互通”，为民商筑家，为产业赋能，促产业互联，促产城融合。黄代放指出，泰豪将充分发挥产业优势，结合广东省良好的产业基础及完整的产业链，牵头将中国民商总部基地与中国民商军民融合产业园做好做强。

2017年1月，集团增资控股西安力德红外科技有限公司，进入光电成像与测量系统领域；同年6月，并购上海红生系统工程有限公司，拓宽了在海军市场的产品覆盖范围，有效提升了军工装备产品的盈利能力。

为提升公司在军工产业的综合竞争力，利用上市公司的优势，推动企业的投融资，拓展军工装备产业。2015年，泰豪联合九鼎投资参与设立北京中关村“军民融合”基金，用于发现和培育潜在的军工企业并购目标；2016年，公司主导设立深圳中航福田智能装备股权投资基金。通过专项基金的设立，挖掘及储备资产优良的军工装备企业,促进公司战略目标的实现。

3. 有协同才会有跃迁

2018 年 6 月 22 日,泰豪军工集团正式入驻清华长三角研究院,打造军民融合产业园,引进培育军民融合、数字创意等重大成果产业化项目。泰豪军民融合产业园是清华大学—泰豪装备联合研究院的国防科研成果转化基地和产业化平台,重点发展无人作战装备、新能源、新材料及应急保障装备等产业,将紧密围绕军民融合相关产业,打造全国示范性军民融合产业园。产业园致力于军工产业发展,促进"军转民"、培育"民参军",发展"军民两用"技术,打造国内一流的创新型国防装备系统供应商,为地方经济发展以及国防建设做出贡献。

泰豪军工坚持整合内、外部资源,在北京成立军工装备科技研究院,在长沙、西安成立研究院,依托清华长三院、清华海峡研究院,依据装备发展方向,围绕客户需求,将公司军工装备研究院打造为高水平研发平台,推进前瞻性预研项目研发力度(目前公司已承担了 8 项"装备预研项目"),为公司未来持续发展奠定了技术基础,形成军工产业核心竞争力。此外,公司还与国防科技大学、解放军军械工程学院、海军工程大学、空军工程大学及南、北理工大学等部队院校进行战略合作,分别设立清华大学—泰豪国防科研奖励基金、国防科研基金和国防科研产业化基金,支持国防科研及成果产业化。

为此,泰豪在中国军民两用技术创新应用大赛中获得多个奖项。2018 年 11 月,在以"军民融合·协同创新"为主题的第三届中国军民两用技术创新应用大赛决赛中,泰豪旗下两家公司挺进决赛,泰豪三波电机公司"3kW 高效碳化硅变频交直流柴油精密电源机"荣获铜奖,基石通信技术公司"新一代软件无线电宽带自组网系统"荣获优胜奖。

4. 有行动才会有佳绩

公司积极参与"军民融合"活动,展示"军民融合"发展成果。分别于 2014 年、2016 年、2017 年、2018 年,连续 4 届参与军民融合高科技成果展暨高层论坛,展示了公司行进取力发电电源系统、嵌入式一体化电站、高速电机、磁悬浮飞轮储能电源系统、高能量密度单兵背负式电池电源等多项高科技成果,"磁悬浮飞轮与电机一体化不间断电源系统""轻型通用无人平台动力源集成化技术""风光氢柴多种能源互补小型应急电源系统"和"3KW 高效碳化硅变频交直流精密电源机"等 4 类产品是在"第四届军民融合发展高技术装备成果展览暨高层论坛"上展示的公司最新成果,均获得参观人员的好评。公司董事长黄代放先生作为民营企业家代表，第一个在“首届民营企业高科技成果展暨军民融合高层论坛”上发言，倡议“创造公平竞争环境，推动民企参军深度发展”。

2016 年，公司首次亮相在珠海举办的第十一届中国国际航空航天博览会，公司展示的高速电机、单兵背负式高功率密度电池电源等多项技术和产品，吸引了众多专业人员和普通观众的关注，充分展示了“军民融合”的主旨，以及公司参与“军民融合”发展的成果。

2015 年 9 月 3 日，泰豪参与配套研制生产的两款导弹车加入了抗战胜利 70 周年纪念阅兵导弹方队，承制的轻型通信车加入了指挥信息系统装备方队，参研、承研的 21 个弹药类产品随同武器系统亮相于地面突击等五个作战模块，还有多型电源产品配套的武器装备、汽车自发电系统等都在相关方队中得到了广泛应用。此前，公司先后为国庆 60 周年等重大活动保驾护航，通信指挥系统、弹药引信等多型产品亮相军民融合展、珠海航展及高原作战演习等重大活动。2017 年 7 月，庆祝中国人民解放军建军 90 周年阅兵在位于内蒙古的朱日和训练基地举行。泰豪参与研制和配套生产的产品亮相沙场，并被评为“装备服务优质单位”，彰显了企业实力。

2018 年，公司参与第十二届中国国际航空航天博览会，进一步展示公司最新高科技成果。通过参与军民融合活动，充分展示了公司技术、实力、品牌，展示了公司“军民融合”的成果。今后公司将围绕装备信息化建设、聚焦实战、注重创新，不断提高产品核心竞争力，积极参与“军民融合”，为国防装备建设服务。

（四）问题与建议

“军民融合”的深入发展，对泰豪的军工装备产业，也存在竞争风险加剧的挑战。

1. 获取国防科研生产能力投资支持方面

一方面，国家对军工行业的固定资产投资（条件建设保障、技改投资投入）和科研经费投入在操作层面上基本只针对国有军工企业，民营企业想要获得国家对民营企业的投入难度很大。另一方面，即使拿到国家投资，根据规定，政府对非国有独资企业（含民营企业）的项目和投资，将形成国有股权或产权。也就是说，民营企业获得国家投资就要调整民营企业的股权结构。这种股权结构的调整，将使民营企业的机制、体制优势弱化，造成企业效率降低。

建议对民企的国防科技工业建设项目的投资实行所有权和使用权分离，以期解决国有资产流失及民营企业控股权稀释的矛盾。政府对其投资拥有所有权、监督使用权和处置权；民企对专为承担军工科研生产任务建设项目的政府投资不具有处置权，仅享有使用权。

2. 享受的税收优惠等政策方面

国有军工企业直接免增值税，而承担军品生产的民营企业要享有增值税优惠的政策，难度很大。2015 年版科研生产许可目录减少许可范围，新版的科研生产许可目录正在征求意见，许可范围将进一步减少，目的是降低军品科研生产准入门槛，推动军民融合深度发展。然而随着许可范围的减少，民营企业免税范围也随着许可范围的减少而大幅缩小，直接导致企业成本大幅提升、民营企业参与武器装备科研生产的竞争力降低。民企作为配套企业参与科研，其自身投入的经费不菲，国家给的经费并不多，与军方签订合同也都是标准的格式合同，合同中明确规定，知识产权归军方所有，这对民企来说，不公平。

建议修改现行免税政策，优化简化免税流程，对承担武器装备科研生产的承制单位，不论军队、军工系统还是一般企业均让其享受同样的税收优惠政策，一律凭军品科研生产合同直接免征增值税。

3. “民参军”的知识产权方面

民企参与竞争性采购时，企业的先进技术优势和综合实力，都需在投标文件中有所体现。如果企业没中标，技术却不能得到保护，造成企业知识产权泄露。

建议加强对企业知识产权的保护，招标单位、参与评标的专家应对所有企业投标的文件有保密承诺，同时，如最终方案采用或部分采用了未中标单位的设计或技术的，应给予其相应补偿，补偿可以一次性给予资金补偿，也可以根据产品供应水平给予提成。此外，该单位还可以作为装备第二承研承制商，承担部分装备科研生产任务。

结语：

军民融合发展作为系统工程，将带来一场上下联动的全方位的变革。宏观层面需要加强顶层设计的引领；中观层面需要产业服务平台的完善；微观层面需要激发企业的活力。“民参军”是民营企业转型升级，实现高质量发展的重要途径。军品对产品技术和性能稳定的高要求、高门槛，有利于倒逼民营企业提升产品质量，增强民品的市场竞争力。打铁还需自身硬，民营企业只有在自身能力提升的基础上，依靠质量“参军”，依靠优势“参军”，依靠软件“参军”，才能在“民参军”路上走得更稳、更长远。

课题组组长：

邓久根　江西师范大学教授

课题组成员：

卢凤姿　江西服装学院教师

薛小彬　江西师范大学产业经济学研究生

邹　伟　江西师范大学产业经济学研究生

黄　亮　江西师范大学产业经济学研究生

比较研究篇

赣深两地民营经济发展政策比较研究

2018年11月1日习总书记在民营企业座谈会上明确指出："民营经济是我国经济制度的内在要素，民营企业和民营企业家是我们自己人。""在全面建成小康社会、进而全面建设社会主义现代化国家的新征程中，我国民营经济只能壮大、不能弱化，不仅不能'离场'，而且要走向更加广阔的舞台。"党的十八大以来，习近平总书记对江西工作提出"新的希望、三个着力、四个坚持"要求，为江西高质量发展提供了根本依据。省委十四届六次全体(扩大)会议明确提出，在改革开放40周年重要历史时点、高质量发展处于蓄势跨越、干部作风建设纵深推进的关键时刻，要以创新引领、改革攻坚、开放提升、绿色崛起、担当实干、兴赣富民工作方针，扭住关键环节和战略重点，实现"六大突破、三大提升"，共绘新时代江西物华天宝、人杰地灵的新画卷。刘奇书记强调，江西要坚持以习近平新时代中国特色社会主义经济思想为指引，努力走出一条具有江西特色的高质量发展新路。具有江西特色发展的新路，必须抓住突出问题，学习兄弟省市先进经验，持续发力抓。在省政协大力支持下，获得省工商联重点项目立项的《赣深民营经济发展政策比较研究》课题组在对深圳市相关部门的深入考察调研基础上，形成了报告。

一、深圳民营企业视野下我省民营企业发展总体概况

民营经济发达与否是区域市场活力和一流营商环境的基本标志。一流的民营科技企业也是区域创新能力的不竭内生动力。深圳作为全国的创新标杆，长期以来产业发展水平、科技创新能力、城市综合竞争力位居全国前列。要加速江西民营经济的创新发展，把深圳市作为学习标杆，从中抽丝剥茧获得我们需要的营养，对在新时代全面提升江西科技产业竞争力，实现新一轮快速发展具有重要意义。

（一）江西民营企业发展还处在初级阶段

1. 壮大了的民营企业

深圳民营企业群星璀璨，各领风骚。截至2017年底，深圳有非公有制企业170多万家，创造了全市70%以上的本市生产总值，吸纳了80%以上的就业人口，也创造了著名的"四个90%"，即深圳90%以上研发人员集中在非公企业、90%以上研发资金来源于非公企业、90%以上研发机构设立在非公企业、90%以上职务发明专利产生于非公有制企业，成为深圳社会主义市场经济高度发达的真实写照。近几年更是在原有的华为、腾讯、招商银行、平安集团等巨头企业基础上，诞生出了比亚迪、华大基因、大疆、柔宇科技、优必选等一大批世界知名的高科技民营企业，独角兽企业数量及规模、上市企业质量稳居全国第一方阵，并在经济快速发展的前提下寻找到了一条绿色低碳之路。

具体到企业排名而言，华为、腾讯、万科、正威、恒大、中国平安6家深圳本土民营企业跻身世界500强，25家深圳企业入围中国民营企业500强，40家深圳企业成为广东民营企业100强。而就社会贡献而言，2017年上半年，深圳民营经济实现增加值4060.9亿元，占同期全市总GDP的41.8%。民营企业对外贸进出口拉动强劲，2017年上半年，全市民营企业进出口总额为862.44亿美元，占全市外贸进出口总额的50.8%。民营经济实现税收贡献2185.9亿元，占全市企业上缴税收的70.7%；民营企业创造的就业岗位占全市企业创造就业岗位的80%以上[①]。深圳民营企业覆盖各行各业，群星璀璨，各领风骚，已全面形成了大企业"顶天立地"、中小企业"铺天盖地"的创新创业良好氛围。

江西民营企业贡献多多，勇争上游。据省统计局数据显示，2017年底，全省非公有制经济发展可以用"677889"来表述，"6"是指全省非公有制经济增加值占全省GDP的比重接近60%；两个"7"分别是指全省非公有制经济税收比重和工业增加值比重分别为71.5%和74.3%；两个"8"分别代表全省民间投资和非公有制经济城镇新增就业比重接近80%；"9"是指全省非公有制经济出口创汇占比为96.4%。[②] 具体到公司而言，江西有正邦集团有限公司入围中国民营企业100强，名列第86位，比2016年下降26位。而在中国民营企业500强中，江西有5家入围，比2016年减少了2家。具体见附件表1。

---

① 深圳特区报．民营经济成深圳创新发展重要支撑[EB/OL]．http://sztqb.sznews.com/PC/content/201710/17/c199154.html，2017-10-17，A10版

② 江西省人民政府网．成立江西省非公有制企业维权服中心新闻发布会在南昌举行[EB/OL]．http://www.jiangxi.gov.cn/xzx/xwfbh/201805/t20180517_1446055.html，2018-05-17

2. 发展中的民营企业

深圳民营企业蓬勃发展。据统计,2017 年底,深圳平均每千人拥有商事主体超过 200 户,创业密度居全国大中城市首位。全市国家高新技术企业中 80% 以上是民营企业,科技型民营企业 3 万多家、民营上市企业超过 300 家[①]。根据《2016—2021 年战略性新兴产业科技成果转化发展模式与前景分析报告》,深圳市鼓励发展"七大战略性新兴产业":生物、物联网、新能源、新材料、新一代信息技术(具体包括下一代通信网络、三网融合、新型平板显示、高性能集成电路和云计算)、文化创意、节能环保。2017 年 1—9 月,深圳市"七大战略性新兴产业"企业共 22736 户,较去年同期的 20751 户增长 1985 户,同比增长 9.6%。[②]

江西民营企业蓄势待发。《江西省人民政府关于贯彻落实〈中国制造 2025〉的实施意见》明确提出,推进优势型产业(电子信息、生物医药、有色金属和航空制造产业)迅速做强,推进成长型产业(光伏、汽车、节能环保和特种船舶)能力提升,推进培育型产业(新能源汽车、智能装备和集成电路)加快发展。依《江西省战略性新兴产业倍增计划(2016—2020 年)》,到 2020 年,战略性新兴产业主营业务收入突破万亿元,占全省工业比重力争达到 30% 以上;培育战略性新兴产业超百亿骨干龙头企业 20 家以上;建设 20 个战略性新兴产业集聚区,单个产业集聚区的产业链上下游企业主营业务收入达到 1000 亿元。

3. 赣深民营企业发展现状比较

从 GDP 占比看,江西民营企业占比接近 60%,深圳占比为 70% 以上;从企业上缴税收比重来看,江西占 71.5%,深圳占比为 70.7%;从创造就业岗位占比看,江西民营企业和深圳基本上一样。[③] 这也意味着两地民营企业为各自政府和社会所做贡献基本一致。

当然,截至 2017 年底,江西民营企业不管从数量质量还是可能的未来发展来看,目前还远远居后。江西平均每千人拥有商事主体户数、创业密度、国家高新技术企业中的民营企业数、科技型民营企业家数都与深圳有非常巨大的差

---

① 华夏时报. 深圳民营企业哪家强:腾讯市值最大华为营收最高[EB/OL]. http://finance.*sina*.com.cn/china/dfjj/2018-01-19/doc-ifyquixe4799195.shtml,2018-01-19 21:38

② 深圳市市场和质量监督管理委员会.《深圳商报》报道:前三季度深圳商事主体登记继续保持全国大中城市首位 深圳商事主体逾 294 万[EB/OL]. http://www.szmqs.gov.cn/xxgk/qt/ztlm/sszdgg/ss_xwjj/201710/t20171018_9386409.htm,2017-10-18 15:32

③ 由于没有找到江西和深圳两地同时期的相关指标数据,报告只能退而求其次地以现有江西截至 2017 年底数据同深圳 2017 年上半年数据进行对比。肯定有差异,但从整体经济发展状况来看,报告认为这样比也能说明两地相关指标的基本面。

距。以成熟企业来看,江西500强民营企业主要业务仍然是传统型资源加工产业,且规模相对较小。深圳的高新技术企业已经成长为经济体系中最茁壮的一支,江西还在努力促进他们的成长。深圳的七大战略性新兴产业已经有了规模效应,而且发展态势非常良好,江西的11大则还处在规划到落实的迅猛追赶中。

传统产业江西已经落后,而在战略性新兴产业的发展中,我省民营企业如何在未来发展版图中占据重要位置的问题需要尽快解决。

(二)赣深民营企业面临问题

1. 深圳民营企业发展面临很多桎梏

2017年,广东省政协经过长达半年实地调研而撰写的《关于优化广东省实体经济营商环境的专题调研报告》归纳了聚焦营商环境的5处痛点。痛点一——制度性交易成本仍然偏高:一是政策落实不到位;二是行政服务效能有待进一步提升。受"少做少错"的思想影响,部门之间推诿扯皮、懒政庸政的现象不同程度存在;三是企业隐性成本增加。痛点二——企业税费负担仍然较重。《报告》称,广东省实体经济企业税费负担仍然较重。2016年,该省工业总体税负为17.17%,比全国高2.56个百分点。目前企业反映较多的主要是各种经营服务性收费和行政审批中介服务收费问题,有待进一步清理规范。此外,一些地区行业商协会存在借助影响力收取会费、乱摊派等现象。痛点三——融资难、融资贵仍然较突出。痛点四——生产要素成本仍然居高不下。痛点五——知识产权保护工作仍然有待加强。痛点六——人才短缺问题仍然严峻。这些痛点是广东省所有民营企业的,毫无疑问深圳民营企业也如此。

2. 江西民营企业发展受限于很多因素

从外部环境来看,2016年上规模民营企业面临的最大困难是劳动和资金成本上升。还有原材料成本、税费成本等因素使上规模民营企业经营面临较大的压力。

数据显示,人工成本是制约民营企业发展的最大成本负担。另有超过四成的企业认为融资成本、物流成本和原材料成本是影响企业发展的重要成本因素。关键技术缺乏等因素也影响了企业的发展。除此之外,上规模民营企业还面临着政策环境、法制环境、社会环境等压力。[①] 江西民营企业面临的痛点与广

---

① 江西政协新闻网.《2017江西省上规模民营企业调研分析报告》发布——红利释放,江西民营经济"加速跑"[EB/OL]. http://jxzx.jxnews.com.cn/system/2017/10/30/016511569.shtml,2017-10-30

东省的基本上一致。

3. 赣深民营企业营商环境指数比较

2017年7月17日召开的中央财经领导小组第十六次会议提出，要改善投资和市场环境，加快对外开放步伐，降低市场运行成本，营造稳定公平透明、可预期的营商环境，加快建设开放型经济新体制，推动我国经济持续健康发展。就数据而言，赣深两地的营商环境到底如何呢？

2017年11月9日，粤港澳大湾区研究院发布2017年中国城市营商环境报告（下称“报告”）指出，广州、北京、深圳、上海、重庆营商环境位居前五名，南昌居第17位。不过，南昌商务成本（水电气价格、房价、工资价格）很低，全国排第三名。

其中，包括开办企业、执行合同、财产登记、内外资投资增速、税负水平五个指标，权重分别为20%的营商软环境指数方面，深圳排名第五。南昌与深圳差距很大。

总体上，从城市营商环境来看，广州、北京、深圳、上海等一线城市营商环境优势明显，他们形成了对人才、资源、资金、技术等长期的磁石效应。这些地区经济活跃，投资创业需求旺盛，社会对开办企业便利化要求更高。当然，位列前十名的重庆和武汉等中西部城市在整体营商环境方面也有良好表现。但对包括南昌在内的其他中西部地区城市而言，还需要尽快改善投资软环境，降低企业的注册时间和资金成本，降低执行合同的成本以增强投资吸引力。

（三）赣深促民营企业总体发展政策①概况

1. 深圳有关促民营企业总体发展政策概况

其政策具有典型的精准和大视野两个特征。2003年5月16日出台的《关于加快民营经济发展的意见》（深发〔2003〕5号）的关键词是“把加快民营经济发展摆上全局工作的重要位置，努力支持民营企业做专做精、做大做强，重点扶持科技型、外向型和商贸物流型民营企业发展，加大对民营企业的财政、金融、税收支持力度，切实保护民营企业合法权益，营造公平竞争环境，引导和规范”。这时已在使用十九大报告中明确的“民营企业”提法。或许这也是特区先行先试的具体体现。2006年8月8日出台的《关于进一步加快民营经济发展的若干措施》（深府〔2006〕149号）的关键词是“梯度扶持和重点培育，从发展空间上大力扶持，运用多种金融手段加大融资扶持力度，鼓励民营企业开展自主创新和

---

① 该部分较完整的政策文件比较见附件表2

实施名牌战略,发展循环经济,鼓励外向型,为民营企业提供优质高效服务”。从此文件看出,精准扶持也成了深圳市政府的核心思路。

其间,深圳市政府针对创新又颁布出台了“33 条”和“1 + 10”等文件。

2016 年 3 月 23 日出台的《关于促进科技创新的若干措施》(深发〔2016〕7 号)指出要“在制度政策上率先做出前瞻性安排”。上述文件与《关于支持企业提升竞争力的若干措施》(深发〔2016〕8 号)、《关于促进人才优先发展的若干措施》(深发〔2016〕9 号),统称为“创新、竞争力、人才”三大政策。三大政策以其政策措施的系统性、扶持力度的大手笔在国内引起巨大反响,其中不少政策内容开国内之先河。

2. 赣有关促民营企业总体发展政策概况

《关于进一步加快全省个体私营经济发展的决定》(赣发〔2000〕7 号)明确开始加快个体私营经济和民营经济发展。《关于进一步加快民营经济发展的若干意见》(赣府字〔2002〕20 号)也再次要求为民营经济发展提供与公有经济成分发展的公平机会。文件关键词为“降低准入门槛,加速民营经济进入市场;政策上一视同仁,促进公平竞争;坚持依法行政,切实保护民营企业合法权益;转变政府职能,不断优化对民营企业的服务”。

此后,为促进全省非公有制经济持续健康发展,我省又相继出台了很多相关文件。如 2013 年 12 月 20 日《关于大力促进非公有制经济更好更快发展的意见》(赣发〔2013〕14 号)的关键词是“我省必须长期坚持的大战略,切实落实非公有制经济发展政策,加大非公有制经济发展财税金融支持力度,提高非公有制经济发展质量和效益,营造非公有制经济发展良好环境”。其与深圳 2006 年发文内容相似。而 2013 年 9 月 18 日发布的《关于深化行政审批制度改革的意见》(赣府发〔2013〕25 号)和 2015 年 4 月 20 日发布的《关于创新重点领域投融资机制鼓励社会投资的实施意见》(赣府发〔2015〕20 号)要求遵循基本“非禁即入、平等准入,分类指导、积极探索,市场化、多元化,有所为、有所不为,放管结合、底线思维”的原则。该文件有重复《关于进一步加快民营经济发展的若干意见》之嫌。

较近的文件《中共江西省委江西省人民政府关于开展降低企业成本优化发展环境专项行动的通知》(赣字〔2016〕22 号)和 2016 年 11 月 4 日《关于进一步降低企业成本优化发展环境的若干政策措施》(赣府发〔2016〕44 号)则重点是在降低企业成本。

3. 总结

仅就促民营经济发展一揽子方案而言,江西政策出台的时间比深圳还早。

遗憾的是,至2013年的《大力促进非公有制经济更好更快发展》和2015年的《创新重点领域投融资机制鼓励社会投资》两个文件,仍然是老调重弹,也就是促民营经济政策16年来基本上在原地踏步。自2016年始,江西省政府才开始针对民营经济发展中存在的问题被动地精准施策。所谓被动,即在对江西民营企业发展中存在的问题并不是特别清晰,发布时间是在上级政府出台相关意见之后,同时没有顶层设计,没有个性而仅是国家和其他省份对策的复制,更没有针对江西具体问题的精准部署和施策。这些问题只有到了2018年《加快科技创新平台高质量发展》才有了转折性变化。一定程度上说,该文件打响了民营企业转型升级的第一枪。相比江西,深圳自2003年"加快民营经济发展"提出后,就连续地、按部就班地、不断针对民营企业发展中存在的问题以《意见》和《措施》文件系统性地提出精准解决方案。这体现出江西民营经济发展的桎梏是思想意识和执行力。

二、赣深促民营企业发展政策差异比较

为提升企业核心竞争力,鼓励企业做大做强做优,强化创新驱动,减轻企业负担,提高政府效能,增强经济发展后劲,推进现代化国际化创新型城市建设,两地出台了一系列政府扶持政策,并展示出各自不同的特点。深圳的政策措施已从宏观战略引领到微观业务有针对性地鼓励,并且宏微观体现一体化格局。为改善民营经济发展现状,江西在宏观战略引领上系统性不够,微观上针对企业痛点的政策措施体系性不够,呈现零敲碎打特征。

(一)人才政策①

两地政府都鼓励引进与培养急需紧缺人才,加强人才开发基础工作,激发各类人才的创新创造活力,资助人才创新创业,遴选奖励杰出人才和支持人才载体建设,对各级人才均给予一定标准的奖励及购房、租房补贴。相关人才鼓励政策为公司留住人才起到了积极作用。

1. 人才安居政策比较

应届毕业生生活和租房补贴如下表:

① 人才政策具有区域特色。江西省各设区市经济社会条件差别很大,不可能出台统一的人才行动计划。为方便研究,课题组把省会城市与深圳市单独进行比较。

表 1　应届毕业生落户享受的生活住房补贴比较

城市	发布时间	落户门槛	生活补贴	住房补贴
深圳	2014. 12. 1	本科以上	应届毕业生落户深圳即可享受政府一次性住房和生活补贴，本科 15000 元、硕士 25000 元，博士 30000 元。	
南①昌	2018. 5. 2	中专以上/技师	博士每月 1500 元、硕士 1000 元、本科 500 元生活补助。发放三年。	毕业五年内，在工业园区企业工作，首次购房，博士 10 万，硕士 6 万元。

从上表一可以看出，不管考虑通货膨胀和房价因素与否，南昌市对应届毕业生提供的生活和住房补贴都比深圳要高。

2. 高层次人才奖励政策比较

根据《关于促进人才优先发展的若干措施》《深圳市人才认定标准（2015年）》和《深圳市人才安居办法》，对高层次人才给予 32 万—600 万元奖励和购房补贴，其配偶可享受政府提供的就业协助。

根据《关于实施"天下英雄城，聚天下英才"行动计划的意见》，对高层次人才给予 100 万—500 万元奖励，且在首次购房时，A 类人才按 300 平方米标准给予全额购房补贴，B、C 类人才给予购房款 50%、最高分别为 200 万元、100 万元购房补贴。

显然，南昌市对高层次人才的奖励和补贴比深圳市更高。

3. 企业获得租房补贴比较

根据《深圳市人才安居办法》，依据公司人才规模和纳税规模，政府给予了较大量的公租房、租房补贴。南昌市没有相关条款。

4. 对产业发展与创新人才的奖励比较

根据《深圳市产业发展与创新人才奖实施办法》，对于在企业发展和技术创新中做出突出贡献，且年度应纳税工资薪金收入额在 30 万元以上（金融机构、创业投资机构纳税工资为 50 万元以上）的个人，给予不超过 150 万元的奖励。奖励人员包括：（1）属于该市战略新兴产业、未来产业、现代服务业等鼓励发展产业的企业高层管理人员；（2）经认定的总部企业中层以上管理人员；（3）所在企业属于经认定的总部企业或该市鼓励发展的产业、尚有年度自主申报名额

① 相关数据均源于南昌市 2018 年 5 月出台的《关于实施"天下英雄城，聚天下英才"行动计划的意见》。

的，在企业发展和技术创新中做出突出贡献的其他人员；(4)高等院校、科研机构中担任一级学科带头人或市级以上在研重大纵向课题负责人；(5)经国家、省、市认定的高端专业人才和经市政府批准可以申报的特殊高端专业人才。

南昌市没有相关条款。

5. 其他如："鹏城工匠""职业技能竞赛""南山伯乐奖"等

总体上，两地出台的人才政策基本相似，而且南昌由于后发而在奖励和住房补贴上更占优势。不过，与现状相符，南昌市重在引进人才，而深圳市在团队和基础研究、企业家培养和参与决策、和构建人才发展生态体系①上更有战略性视野。

(二)金融政策

深圳市政府的投融资扶持政策对民营企业及中小企业的发展起到了较大的推动作用。

1. 贷款风险代偿政策。对满足一定条件的金融企业贷款坏账损失给予不高于50%代偿，这就使得金融企业贷款风险减小，促进了借贷企业贷款成功的可能。

2. 贷款风险补偿政策。按照金融企业实际发放贷款额给予5%以内的扶持政策。

3. 创新融资支持政策。鼓励金融企业和金融服务机构为辖区企业利用新型融资工具开展融资服务，对获得融资的企业给予融资规模2%以内最高不超过200万元的补贴。

4. 企业上市融资奖励政策。对于计划在境内主板、中小板、创业板及海外主要资本市场主板和创业板上市的企业：(1)已聘请中介机构完成股份制改造的，一次性给予60万元奖励；(2)已聘请中介机构进行上市辅导，并向有关管理机构递交上市申请材料获得证实受理的，一次性给予140万元奖励；(3)在全国中小企业股份转让系统挂牌的企业，一次性给予60万元奖励。

5. 其他支持政策。上市企业并购重组中介费用补贴、上市促进贷、中小微促进贷贷款贴息、出口信用保险资助、创新融资扶持等政府扶持项目促进了企业业务拓展。对于战略新兴产业、现代服务业等重点发展领域的中小微企业给予贷款部分贴息融资扶持。

江西省为促进非公有制经济发展也有很多举措②。一是通过"财园信贷通""财政惠农信贷通"工作破解中小微企业融资难题。二是设立金融发展奖补

---

① 2018年8月23日出台《关于实施"鹏城英才计划"的意见》。

② 省财政厅和金融办针对《关于协助编制全省非公有制经济五年发展规划的通知》报送材料。

专项资金。三是财政贴息创业担保贷款。四是对县域金融机构进行奖励和补贴。五是设立省促进非公有制经济发展专项资金。

总之,深圳市金融政策深入到具体业务层面,而江西囿于财政能力和扶贫压力,政策更多倾向于农业和农村,普适意义上的促非公有制经济发展的金融扶持只能兼顾。

(三)外贸政策

深圳市采取各种政策支持企业开拓国际市场,支持企业“走出去”,支持企业开展对外投资业务,拓展对外承包业务等。

1. 根据《关于支持企业提升竞争力的若干措施实施细则》,政府实施以下扶持政策:(1)鼓励引导企业对外投资,对国家对外投资合作专项支持深圳部分,市财政给予1:1配套;(2)鼓励企业承接对外承包工程业务。对首次开展对外承包工程业务且营业额在200万美元以上的企业,给予20万元资助;营业额每超过100万美元增加10万元资助,最高资助200万元;(3)对上一年度境外承包工程项目营业额实现增长并达到一定规模的,给予资助。其中,营业额在500万美元至1000万美元的给予50万元资助,在1000万美元至5000万美元的给予100万元资助,在5000万美元至1亿美元的给予150万元资助,超过1亿美元的给予200万元资助;(4)每年安排200万元支持“走出去”联盟等中介机构发展,对中介机构协助建立“走出去”企业对外投资合作指南的给予资助,单个项目资助最高不超过20万元;(5)对经核准备案且有统计数据的对外投资合作企业购买海外投资政策性保险的,对企业实际投保保费给予30%的资助,连续资助三年,单个企业每年最高资助100万元。

2. 根据《深圳市对外投资合作专项资金管理办法实施细则》,对于境外投资、对外承包工程、对外劳务合作,以及其他符合规定的对外投资合作业务给予政策支持。支持方式包括:(1)运营前期费用资助,对于境内企业在项目所在国注册(登记)境外企业之前,或与项目所在国单位签订境外投资合作协议(合同)之前,为获得项目实际支付费用给予不超过的50%资助;(2)中长期贷款贴息,对用于项目经营的1年以上(含1年)的贷款给予贴息;(3)运营费用资助,对于在项目经营过程中产生的资源回运保费、人员人身意外伤害保险、境外突发事件处置费、外派劳务人员的适应性培训费及企业投保海外投资保险的保费、境外研发机构专利申请费用、境外企业收购技术和品牌项目费用。给予不超过实际支付费用的50%资助。

3. 其他支持政策。支持企业国际营销网络建设,鼓励企业参加境外重点展会，相关活动政府均进行部分费用补贴。

江西为促进外贸出口的细化政策较少。

（四）科技创新

深圳市大力支持企业研发创新，对企业研发创新予以政策扶持，包括研发经费资助、新型研发机构建设、创新环境优化、知识产权运营和服务、标准和标准化工作等扶持政策。国家高新技术企业均享受政府税收政策优惠，每年还享受部分专利申请和维护费用补贴。

1. 研发经费资助。按企业研究开发实际投入给予一定比例，最高1000万的事后支持。

2. 深圳市经信委于2017年分别出台了《深圳市关于实施技术改造倍增计划扩大工业有效投资的行动方案（2017—2020年）》（深府办〔2017〕22号）和《深圳市关于实施技术改造倍增计划扩大工业有效投资的若干措施》（深府办规〔2017〕9号），支持企业技改投资，鼓励企业运用新技术、新工艺、新设备、新材料对现有设施、工艺条件及生产服务等进行改造提升。鼓励企业紧扣关键工序智能化、关键岗位机器人替代、生产过程智能控制，建设智能化工厂、数字化车间、实施工业互联网改造等符合国家、省、市鼓励的智能制造方向的技术装备及管理提升，并按实际完成技术改造投资额的10%～20%给予资助。在经济发展方面，深圳市对工业企业规模扩大进行奖励，对工业增加值增速超过15%的工业企业，按照增加值增量的3%予以奖励，大力推动深圳工业发展。

3. 其他支持。对于两化融合、产业聚集发展、培育未来产业、推动名牌战略、支持重点产业行业协会建设都有针对性的鼓励政策。

近三年来，江西省主要出台了《深入实施创新驱动发展战略推进创新型省份建设的意见》《江西省创新驱动发展纲要》和《创新驱动“5511”工程的实施意见》《鼓励科技人员创新创业的若干规定》《加快特色型知识产权强省建设的实施意见》《加大全社会研发投入攻坚行动方案》等意见和政策。这些规定意见主要是进行宏观指导。

（五）土地政策

深圳市政府实施强化产业用地和空间保障政策，对深圳市重大产业项目、总部企业等加强政策扶持力度。

1. 根据《关于支持企业提升竞争力的若干措施实施细则》，降低重大产业项目用地成本。对经市政府确定的重大产业项目，在项目用地成交后，参考项目落地成本、投资进度、投产情况和生产经营状况，分别在项目用地成交缴款、项目建成投产、项目达产后,分三次逐年给予总额不超过用地成本 50% 的资金扶持。

2. 根据《关于支持企业提升竞争力的若干措施实施细则》,优化产业用地地价形成机制,对重大产业项目和总部企业用地中限定自用部分,按照市场评估地价的 50% 确定出让底价。

3. 对于达到深圳市总部企业或区总部企业标准的企业以及上市企业,除了规模奖励外,通过定向招拍挂的方式鼓励企业自建总部基地,对于暂无自有物业的企业,给予额度较大的购买或租赁补贴,鼓励企业常驻发展。

江西积极探索保障新产业用地需求的用地政策。一方面适应企业需求特点创新供地方式。制定了《江西省工业用地长期租赁、先租后让、租让结合暂行办法》,在工业用地招拍挂出让的基础上,鼓励和引导企业根据自身产业类型和产业生命周期实行弹性土地出让年限、长期租赁、先租后让、租让结合方式取得工业用地,减轻企业特别是小微企业取得土地时因一次性投入过大所造成的资金压力。目前,全省以长期租赁和先租后让方式供应土地 23 宗,面积 1787. 85 亩。弹性年期出让一宗工业用地,面积 120 亩,出让年期为 20 年。另一方面引导企业盘活利用现有用地。适应新产业新业态发展促进大众创业万众创新的特点和要求,对现有工业用地通过厂房加层、厂区改造、内部用地整理等途径提高土地利用率和增加容积率的不再增收土地价款。对传统工业企业转为先进制造业企业,以及利用存量房产进行制造业与文化创意、科技服务业融合发展等符合条件的用地,可实行继续按原用途和土地权利类型使用土地的 5 年过渡期政策,满足新产业、新业态发展用地需求。

(六)税收政策

在国家相关税收政策指导下,深圳主要在以下两方面对企业进行支持。

1. 加快退税速度和推迟纳税时间以减轻企业的现金压力。如从 2018 年 5 月 1 日起试行的留抵退税政策,国家要求对装备制造等先进制造业、研发等现代服务业、符合条件的企业和电网企业的进项留抵税额,予以一次性退还。依此,深圳市在短时期内退还以落实政策。对于能享受税收优惠和财政补贴政策的企业,尽量提前享受,而可以迟缴的税则尽量延迟。上述做法都是为了减轻企业的现金压力。

2. 地方权限下的宽口径少征税。通过税收返还等方式加大政府财政补贴。深圳龙岗区对超出当年度 GDP 增长比例的税收贡献全额返还。如龙岗区内企业员工今年缴了个人所得税 2 万元,次年缴了 4 万元,而龙岗次年的 GDP 增长率是 6%,那相比今年多缴的 2 万元在扣了 6% 后,全额返还[(4 - 2) ×

(1 -6%)]。

江西目前在相关政策细化方面还少有明确指导文件。

(七)政策服务

深圳市和区政府一般都专门设置了区企业发展服务中心,作为企业综合服务平台,全面协调政府与企业关系,负责企业的各种资金、项目受理和初审,提供政策宣讲、咨询培训等服务,促进企业发展,引导社会力量参与企业服务等工作。

江西省市未有明确的对应机构设置。

(八)总结

人才政策上,两地出台的政策基本上差不多,且南昌由于后发而在奖励和住房补贴上更占优势。不过,与现状相符,南昌市重在引进人才,而深圳市在团队和基础研究、企业家培养和参与决策,以及构建人才发展生态体系上更有战略性视野。

金融政策上,深圳市的政策深入到具体业务层面,而江西囿于财政能力和扶贫压力,政策更多倾向于农业和农村,只能兼顾普适意义上的促非公有制经济发展的金融扶持。

外贸和科技创新上,深圳政策与企业业务直接挂钩,而江西政策偏重宏观。

土地政策上,深圳市政府实施强化产业用地和空间保障政策,对深圳市重大产业项目、总部企业等加强政策扶持力度。江西正积极探索保障新产业用地需求的用地政策。

税收政策上,深圳着力加快退税速度和推迟纳税时间以减轻企业的现金压力以及地方权限下的宽口径少征税,而江西目前正在松绑较严的刚性税收政策。

三、促民营企业发展政策效果的区域性差异分析

目前江西与深圳在土地、人才、税收、金融、外贸、科技创新等政策方面存在差异,但没有根本性的鸿沟。在互联网高度发达的背景下,好做法的扩散效应在很短时间内就能完成,故全国各地的大政策基本趋同。而赣深的差别主要在理念、政策力度、财力支持和使这些政策发挥最大效用且与之配套的相关服务上。

(一)政府对科技型企业发展认识理念差异影响两地民营企业发展

1. 对新业态的认识

政府主管部门不断跟上科技浪潮是新业态发展的关键。新技术背景下,初创科技型企业的未来前景取决于个体创业者和技术所处地位,尤其是否属于颠覆性前沿性技术。同时,政府主管部门能否跟上科技浪潮,把握新业态并顺势

而为，对新技术企业在当地的发展具关键作用。如自2013年始风起云涌的比特币挖矿，以及由此衍生的挖矿机生产企业成就了一段商业神话。某比特币矿机生产商2016年的营收仅有100万元，但其在2018上半年就实现营收100亿元。而此类企业刚刚萌芽时，武汉市有机会领潮流之先，但该业态没有得到武汉相关部门的认同，无奈之下，创业者来到了深圳。随后的故事是传奇式的，深圳数字货币矿机生产商比特大陆、嘉楠耘智和亿邦科技囊括了全球九成以上的份额。

2. 高科技基础设施差异

深圳的高科技企业发展得益于深圳超算中心的支持。从未来科技发展趋势而言，以超算为代表的大科学基础设施和项目能把当地科学水平的级别提高一大截，因其能为科技创新型企业发展提供优越的前沿物质保障，也为形成创新型企业生态提供了“核”。

当然，毗邻香港也为他们带来了巨大优势。比如比亚迪、华为、中兴通讯等顶级企业都在香港设有固定的研发机构，且其雇员穿梭在香港各大高校间做实验以研发新产品和提供酷炫服务。

“天河二号”推动了广州“独角兽”的成长。广州一直是以商贸为特征的大都会，但当前广州的人工智能、互联网独角兽在全球都有一席之地，原因就在“天河二号”超级计算机的推动。很多科技企业，尤其是互联网企业，需要利用这种超级设备做运算和软件测试以快速扩大市占率。而广州的超算免费使用政策回应了初创企业的需求。比如制定政策给予某类企业300万元超级计算机使用券。该券等同于1年1000小时的使用时间，但不允许被转移给其他人，以此鼓励技术型民营企业来广州扎根并发挥超级计算机的作用。这种模式成就了诸如云从科技这类企业在广州的生根发芽与壮大。

高精尖基础设施的缺乏是江西高科技民企发展的重要障碍。顶级企业的基础研发需要高精尖基础设施，但江西不管是高校还是科技园区，科技设施的建设力度小、分布散且落后太多。当一个地区所有的科技创新不能凝聚在一个点，都是各自为战时，其在研发上也就自然落后。前30年与南昌发展差不多甚至不如南昌的合肥因有一个大科技中心，已经远远甩开江西。东莞有中子城和中子产业园，南京、苏州也在建科学中心，若江西还不把诸如超级计算机这样的高科技基础设施的建设提上日程，未来的落后也是大概率事件。

（二）新型人才的数量、质量和需要满足程度影响两地民营企业发展

1. 新型人才差异

人才量的多寡和质的高低影响两地民企发展。现江西科技型民营企业太

少,资源型企业占多数,若此趋势延续,江西民营经济发展难有破茧之日。原因就在民营企业的发展路径已与以前大不同。第一,它的爆发周期缩短了。小米公司的营收从 0 到 100 亿元仅用时 3 年,创立 8 年后的 2018 年将迫近 2000 亿元。不管创建早晚,江西在全国有足够声誉的民营企业几乎没有,但民营企业爆发周期缩短也给江西民企发展,尤其是科技型企业提供了良机。第二,受高层次人才的约束更明显。当前,科技延伸程度大大提高。科技发展趋势是以跨学科的方式进行组合,比如生物学科从原来仅在不同门类间与自身相融合而转向可与新能源、新材料等结合。这种演化进一步放大了江西省内原本薄弱的人才和产业基础劣势。江西绝大多数学科都缺乏高层次人才,使得我省新技术的发展举步维艰,依此为基础的民营企业发展也捉襟见肘。

2. 新型人才需要满足程度

人才公寓、人才小区的建设满足新型人才需要状况影响赣深企业发展。当前,新型人才喜欢在沿江、沿湖居住,偏好有自己的独立空间,同时又能随时有条件互动。显然,为这些人才配套的商务设施、生活环境,甚至社区的治理模式都必须与此需求相适应。比如,社区管理在平常要让人感觉不存在,不要天天去打搅。当然,在他们需要时候,社区要及时出现。还要设立诸如咖啡公寓、咖啡工场,甚至可以像上海一样建社区大学以方便他们之间的交流。政府管理部门与他们的联系若也能如此,必受到新型人才的热烈欢迎。

社区生活服务满足新型人才需要状况影响赣深企业发展。为丰富他们的社区生活,充分发挥人才的技能以引导他们做与其专业相关的事情是关键,而非浪费时间在诸如指挥交通、打杂等琐事上。比如对一个学音乐的艺术生,为鼓励他们做社区服务,社区可以采取各种措施推动他们开展专业音乐培训工作。通过他们的专业培训,有天赋的孩子自然被发掘出来。如果家长认可,再做进一步的提升训练。再比如社区可以鼓励当志愿者的医学博士给老人做一些不一样的医学检查,教一些时新的养生方式。社区还可以基于党建平台充分发挥社区党员和企业人才的专业才能为社区服务。社区服务水平提升,社区人才乐在其中,留人也就自然而然了。

3. 创新创业教育领域差异

创新创业教育的"长度"和"深度"影响两地民营企业发展。深圳明确在中小学校建设创客实践室,加大创客培养项目资助计划,壮大各类创客导师队伍。就结果而言,这种安排已取得巨大成功。

深圳技术大学领创客孵化基地风气之先。深圳技术大学是深圳市委、市政府于2016年开始重点建设的一所本科学校，目标定位是要建成世界一流的开放式、创新型、国际化的高水平应用技术大学，并面向高端产业发展需求，培养具有国际视野、工匠精神的高水平工程师、设计师等高端应用技术型人才。他将引进德国、瑞士等先进应用技术大学成功办学的经验，施行“学历教育＋企业实训”的“双元制”培养模式，依托本土企业和业内领先行业，走校企结合、产教融合的办学新路。

江西高校有创新创业教育孵化的丰富资源。南昌高校很多，不管其水平如何，在省内已经是顶尖了。每所学校都有自己的特色学科，比如江西财经大学的金融学科。深圳金融圈有这样一个美谈：深圳金融业内的名校有三所，第一所是清华大学，第二所是北京大学，第三所是江西财经大学。采取更精准政策措施召唤各地各类江西人才回家创新创业其实已有深厚的基础。

高校可以成为创新创业教育孵化的关键基地。江西设立了很多创客空间和工业园区，但效果并不明显。学生毕业创业的天生劣势限制了他们的发展。学生赌着身家性命，甚至冒五年、十年找不到工作的风险去创业，成功的概率太小。江西也没有这样的培育市场。基于此，每所高校辟出一定场地作为创客空间并采取市场方式进行运营不失为明智之举。学生在学校创业，有时间，也不产生额外成本，可谓一举多得。不单增加了从业创业经验，还不耽误找工作。即使创业失败，同学也收益良多。学校也易于调动自身资源与企业充分互动，如政府、学校和企业多向安排创业导师对他们进行辅导。同时，各高校间的相互协作也有天然便利条件。假设南昌高校的资源全调动起来了，必然会吸引九江、赣州等其他市县的各路人员参与。

（三）融资难易差异两地民营企业发展

在国家去杠杆背景下，科技型企业的融资在赣深两地的难易程度也不一样。在同等条件下，民营企业在深圳能比在江西获得更多的发展所需资金。很多江西民营企业因无固定资产、无土地、无国有企业拥有的国家信用，很难贷款。但在深圳，企业家可以凭借个人信用贷300万元，而江西个人最多只能贷10万～30万元。另，深圳的风投氛围浓厚，比如以国有金融控股公司为代表的国企对于有前景的初创企业、中小企业可以提供300万～500万元的风投资金。在江西，即使有开展风投的国有企业，对于有发展前途的企业也仅能提供30万～50万元的资金。这样的差异使得注重交叉创新的耗资大户“独角兽”在江西很难成长起来。

融资成本差异也影响两地民企成长。由于金融资源相对缺乏，江西小微企业的小额贷款和互联网金融的融资利率可能达到15%。尤其对于工业企业贷款,国家基准利率在下降,但贷款利率反而在上升,民营企业的融资成本很高。深圳由于其本身是金融中心,市场竞争相对充分,融资成本反而较低。

（四）企业整体运营成本影响两地民营企业发展

路桥费是企业运营成本差异的重点。目前深圳市内的过桥过路费都免了,而江西省内以路桥费为重点的物流成本仍高居不下。经过几十年的建设,江西水陆空交通已经很便捷了,但过桥过路费却人为把物流成本提高。如果省内快速通道的作用受到抑制,那么各类资源、要素在省内的通畅流转就成为一句空话。民营企业对物流成本的高低非常敏感,其成本都是按“分”而不是按“元”来算的。他很难承受在省内短短几十公里路内货物运输来回就要几十、上百元的单位费用。当然,水、电、气等使用成本带来的负担也很重。

税收征收金额和时间的弹性必须予以充分考虑。深圳跟其他地方都适用同样的税收政策,但深圳因税源广,很多小微企业根本不纳税。同时由于毗邻香港特别行政区,深圳的企业可以通过香港中转避税。这就造成两地名义税收政策虽一样,实际上两地税负差别很大。作为内陆省份,江西如何通过自己的方式把企业的税负降下来是税务系统服务企业必须考虑的一个非常重要的问题。

（五）社会组织影响赣深民营企业发展差异

1. 港台商会是深圳社会组织发展的标兵

香港六大商会（香港中华总商会、香港中华厂商联合会、香港总商会、香港工业总会、香港地产建设商会和香港中华出入口商会）一定程度上比政府还强势。虽然未来我们建设的协会不一定要把他的发展提高到这个高度,但要充分利用他对市场的敏锐,以及建立规则并规范行业发展的有利方面,最终为扶持民营经济发展营造良好氛围。中国台湾工研院在业内很有权威,就因其公正公平而得到各会员企业的认可。企业之间有了诉讼纠纷,都可以通过该机构协调解决。

2. 通过社会组织改善企业管理模式差异

政府依托社会组织帮助企业改善管理水平。深圳的初创企业生命周期很短,江西初创企业生命周期更短。要把企业生命周期拉长,除了在政策和财力上进行支持外,积极鼓励上市是一个渠道,但更需要政府通过社会组织改善企业的管理模式。

目前,中国所有企业的管理模式都是粗放式的,企业规模越大,管理者越累。2017 年全球市值排名第七的腾讯公司，在去年收购了瑞典的游戏公司 Paradox Interactive。该游戏公司一共仅 70 人，其产生的效益却是 700 多人的腾讯公司游戏事业部的百倍。腾讯公司从去年开始调整管理模式，实现以更灵活的事业部制保证公司拥有持续机动灵活的战斗力，最终提高人工生产率。

当企业处于低效率管理状况时，政府应该具备更多选项对其进行帮扶，比如各类协会和社会组织的贴身支持等。在这方面，深圳相比香港仍有很大差距。不过，深受香港的影响，深圳正通过设立的大量协会和社会组织帮助解决企业面临的管理和发展困境。比如深圳市工业设计行业协会，就具有很强的自主能力。协会中有研究院，有会员联盟，有技术公关员，甚至还有理事会董事会，是一个非常复杂的机构。影响力上，不需通过深圳市政府，协会领导可以直接见德国总理默克尔。另还有很多着力研发的新型行业协会，他们不是收会费的“茶水”机构，而是协同发展新技术，甚至带企业走出去，在海外帮他们维权的协作组织。

3. 帮助企业获取发展所需各种信息的新型企业服务机构存在状况

促成企业基于各自需求深入交换信息是中介组织的重要任务。企业家也是人以群分，物以类聚的。2010 年前，深圳南山区的企业家俱乐部在开会时，来的都不是真正的企业家。会议通常是请专家做讲座，企业家的代表们坐在下面听，最后问答式互动下就结束了。现在，政府不管企业家协会的具体运作，协会中的企业家是真正的主角。协会的每次活动主题都从企业实际需求出发，而不求大求全。比如某次以税务筹划为主题的活动，协会组织的都是相互间有紧密联系的制造业相关企业。专家首先作以税收筹划降低税务成本的演讲，随后各企业参会人员就实际业务进行税务筹划讨论，最后在此基础上让企业家们进行自由会谈。会谈的结果有时很意外。有 A 企业打算去德国采购某种设备，要耗资 400 万元，通过交谈发现 B 企业的产品比德企设备更好，或差不多，但价钱只要 20 万或 30 万元。毫无疑问 A 企业转向采购 B 企业的产品。由此，一方获得了额外的市场，一方大幅降低了采购成本。国外高端设备价格下降很多，原因就在北上深企业之间有了自己的模仿式创新，从而也把国外的一些尖端设备辐射到全国各地。

4. 帮助企业降低与政策相关成本的中介组织状况

政府一听到“中介”两个字就敏感，总希望企业直接申报政策规定的各项支持。事实上，政府出台的每项政策的内容都非常复杂，何况还在不断变化中。民营企业主管人员的专业素质参差不齐，尤对政府公文的熟悉程度与实际需要相差很远,当企业自己申报获取相关政策支持时,他都要花费相当大的人力成本。这时科技中介的作用就体现了。2018 年 3 月浙江省出台的《浙江省市场中介机构管理办法》允许规范化中介在政府服务大厅内帮个人和企业代办各种规定项目,所谓“黄牛”合法化。这充分论证了中介的积极作用。

5. 为政府获取企业的详细信息提供便利的中介组织状况

深圳市政府把很多与企业相关的事情都委托给了相关中介组织完成。通过中介和协会,他们能掌握一大批企业的信息。2018 年,深圳市政府组织召开政府工作报告讨论会,智能制造业协会会长在会上就说:“陈市长,你们政府工作报告中写的好企业多属于大块头企业,都不是我们看好的最顶尖企业。”从中可以看出,协会能观察到市场发展的及时动态,能挖掘出行业内真正具备创新和发展前景的优秀企业。当然,这些中介是在政府扶持下成长起来的。这也是江西民企发展的短板。

(六)以金融企业为核心的明星企业聚集状况影响赣深民营企业发展差异

1. 作为催化剂的金融资源聚集状况

江西缺乏支持民企发展的金融生态。目前,江西省内银行在放贷时都把土地、房子等固定资产作为常规抵押物,很少把生产设备和应收账款作为抵押物。一般而言,科技型民营企业的固定资产很少,因为其设备可能是融资租赁来的。同时,优秀科技公司都在做服务,前期一般收不到现金,只有应收账款。要把融资租赁设备和应收账款作为贷款抵押物必须有专业评估机构介入。大量专业评估机构进入江西是科技型民营企业发展的重要推力。

集聚的金融企业是民企发展的催化剂。融资是企业发展的命脉。深圳南山科技金融中心哺育着其区内 100 多家上市公司,位于福田的深交所托起来了福田区的全国私募基金中心地位。大量企业的成长必须有一个金融中心作为资本流动的大本营。放眼全国,各个内陆省份都在集中精力建设省会城市,尤以武汉、昆明、成都和郑州为甚。省会城市要做核心,首先要通过机场、港口等交通设施汇集人气。数据表明,60% 来河南的外地人都是去郑州,70% 在河南省内流动的河南人都去了郑州。其次就是把全省的资源,尤其是金融资源调动起来为省会城市发展提供源源不绝的动力。

2. 国企角色差异

深圳国企主抓金融和地产。深圳湾科技发展有限公司管理着深圳湾一大片创新科技公司和超级总部。深圳现在拥有的私募基金占全国三分之一,公募基金占全国三分之二,仅南山区就有 150 多家上市公司。基金集聚依赖像深圳湾科技公司这样的国企在物业上的让利。国企要担当稳定的城市运营商角色。当整体金融市场环境趋于下行,或管控比较严时,国企的城市运营商功能必须充分体现出来。如某公司当年营收100万元,但支出在150万元,多出来的50万元由政府补贴,但条件是你要继续在深圳湾运营。虽然国企在资金上有损失,可把一大批金融科技企业留下来了。长此以往,民营企业不想像滚雪球般增加和长大都难。

3. 资本集聚状况影响企业的集聚和成长

资本泛滥的地方,任何一个创业项目都能在这里得到支持,最终形成一个完整的创新创业生态。自发形成的深圳湾创新广场就是对此的最好诠释。企业注册后,他从开始的一颗小土豆(种子期),到成长为成熟企业,每个阶段都有不同金融企业投资支持。有些资本只投天使,过了天使就退出。随即,或许其楼上的风投公司就开始投初创期。再长大点,公司变成金融法人了,有人开始投成长期。在此氛围下,优质的企业顺势涌现。

科技创新的溢出效应让深圳收益良多。很多企业在创客空间开始创业,过两个月,公司就租了两间办公室,再过两三个月,他就租了一层楼了。一段时间后,公司已经不在这里,而到外面拿地建自己的办公和运营大楼了。大疆公司是实践该流程的典范。这种科技创新的溢出效应在深圳比比皆是。即从深圳湾走出去的企业已遍布深圳各地。现在宝安区很多企业就是在南山慢慢长大而搬过来的,且在相当短时间内成长为百亿级、甚至千亿级企业。江西目前还没有这样作为政策执行核心的创客创新点,也就缺失了以点带面,并成为源源不断输送新型企业摇篮的机会。

4. 市场化金融政策执行效力影响企业成长

市场化政策执行效力影响新型企业的成长。在深圳,一个项目从创客空间开始,只有一个月时间,最多不超过两个月的成长时间。在这段时间内,如果成长速度过慢,就得换人换项目。但在武汉,一个项目可能在创客空间待一年,甚至两年。内地城市对创客空间理解上的差异导致很多创客项目都成了僵尸企业。深圳创客圈流行语:一个项目如果一周做不出来就比不过台湾,两周做不出来就比不过韩国日本,三周做不出来就比不过硅谷。一个月出不来,就离创客空间的要求差得太远,宿命就是被淘汰。创客想继续延续项目生命,空间也不允许。由此,空间内保持着极高的淘汰率,但不同的项目也在不断孕育。类似商汤科技这样营收几十、上百亿的企业都是在残酷的竞争中留下来的。创客空间内成长、淘汰的周而复始循环才能保证优质项目的涌现。

（七）企业聚集区的明星光环差异影响赣深民营企业发展

企业聚集区的明星光环是区内企业发展的无形资产。很多情况下，江西创业者进入创客空间的关注点并不在快速成长，而是为了获得来自政府的资金。不过，深圳湾创新广场的明星光环逆转了这种负面看法。深圳湾创新广场的租金一般是100元或200元/平方米，甚至更贵。一个正常成长了半年的初创企业，一个月租金就需10万元，但企业不嫌贵，仍愿意继续待在这里。一是容易获得外部投入的资金，二是在这里有品牌价值。因为深圳湾创新广场是全国创业明星区，每天来自不同地方的客人熙熙攘攘。一个主营车联智能技术的公司就是受益于此并逐步长大的范例。企业的第一单生意来自于交通部副部长的调研。副部长走到这家企业，看了他的很多产品。当看到企业的汽车后视镜项目时，部长说，这个产品前景很好但要改进。目前类似粤通卡的产品在使用时很不方便，如果能把后视镜和智能芯片组合在一起做成一个内嵌式微型芯片就很有市场。芯片既支持车主的微信支付，也可微信充值，同时还有相关的监控功能。如开发成功，交通部订购100万套。企业的第二单生意来自中集集团董事长的调研。董事长看了他们的在研产品后说，中集在海外有100多万辆封闭卡车在运货，货很值钱，但有时司机会打开货舱门偷货。若公司研发出放在货车桥箱下面的传感器既能时刻收集货运全程中货的温度和位置变化状况等各方面需要的技术数据，也能监控司机的违规行为以减少货损，那成品出来后，公司首期10万辆卡车立马安装。每辆车装6部，共60万部。凭这两单生意，公司赚了18亿元。该企业老总说，广场要多高的租金，他都不走。在这里，我接触的人不一样。有些可能跟我没有关系，但他同样会带来意料不到的收获。比如，某省长去调研，他们的合影，就是这位老总的无形声誉。

何况，若企业坐落在深圳湾科技创新广场，客户意识中就觉得这企业很不错。有些企业，若不去深圳，就在武汉光谷注册。光谷就是一个品牌。在整个华中地区，大家就觉得光谷内的企业都是一流企业，与在上海张江科技园区的声誉一样。这就是无形价值。

江西要扶持民营经济，首先必须在企业运作方面对他们予以支持，其次在政策上财力上要努力打造企业明星聚集区。企业进去后，不单能体现自身价值，同时在市场渠道上也能得到很多无形声誉的支持。

（八）合理的企业梯队影响赣深民营企业发展差异

企业生态集聚促进经济快速发展。政策有两类，第一类是直接针对企业的，第二类是在场面上支持企业的，比如围绕某明星企业打造一个企业园区。

现在深圳的企业已经形成规模,但江西还没有。江西能否突破现有政策框架以形成梯队企业规模是对江西的考验。正如深圳的腾讯,市政府虽然没有出类似政策,但因其市场力太强而自发地在其周围形成了为其服务的 10 多万家企业群。南昌没有这样的强势企业,但政府可以出政策促其形成。长此以往,几个行业,或几个龙头企业就能串联一大批企业。深圳市七家企业华为、腾讯、富士康、比亚迪、中兴通讯、腾邦和正威等串联了 180 万家企业。他们创造了整个电子信息产业 70% 的产值。这就是龙头积聚效用。青岛经济实力强劲,就是海尔、海信及其所有供应商在此积聚的直接效果。搬到东莞松山湖的华为,也把他所有供应商都带过去了,使得松山湖短时期内实现经济腾飞。

利用优势推动梯度企业集聚。深圳有很多营收是 10 亿、20 亿元规模的企业。这些企业在深圳看起来不是很大,但在南昌就不一样了。如果有一百个、一千个这样的 10 亿企业在南昌聚集,企业梯队马上就能形成。要从政策上弥补缺乏江西龙头企业的现状,从而缩小江西、南昌同深圳的天然鸿沟。虽然南昌有很多不足,但南昌也有自己的优势,比如人工、土地成本低。企业来南昌投资,可以获得很多土地。不过,土地也不能乱用,而是要用到刀刃上。政策要有弹性,有伸有缩。若光伸不缩,可能地都卖出去了,但真正实际投产企业却不多,很多在开发房地产。

(九)赣深优势的充分利用状况影响两地民营企业发展

稀缺资源的供给要满足产业发展需求。所有企业都对高层次人才、优越的地理位置有天生的无限追求。事实上,优越的地理位置也能帮助企业吸引和留住高端人才。江西的优势之一是江、河、湖很多,江河湖边的景色更美。钱塘江经济带的做法应该成为我们学习的榜样。

江河湖边的景色是稀缺资源,沿江、河、湖经济带土地和楼宇更为稀少,要定向精准供给。大江大河大湖周边的楼宇要定点供应给一定规模的总部企业和研发企业。稀缺地段是重要资源,一定要给产值高的企业,比如年产值过亿的,而不是供给一锤子买卖的房地产开发企业。

投资资金的投向引导要内外兼修。通过政策导向,撬动社会力量支持江西的企业,甚至江西人在外地创办的企业。江西创设的投资引导基金,不能仅限于投江西境内企业,即使是江西人在外地办的企业也要投,形式可以多样,比如建投资基金项目部或引领关联企业跟投。若企业在外地做大后回来,再给予重奖。总体上,鼓励他们走出去,再回来。具体支持措施包括江西企业在北上广深等地采购仪器设备时,鼓励采购江西人所创建企业的产品。针对江西企业的产品设备，江西省政府要帮助推广，可以出台相关政策规定江西各省直、市直和县直部门有义务推广江西核心企业生产的高质量产品。

因地制宜的战略性产业布局促进经济腾飞。江西产业底子薄，不能什么产业都抓，尤其对高科技企业的引进更要有的放矢。首要明确真正适合江西的产业是什么。有必要依据江西的特有优势重新考虑未来要发展的战略性产业。其次确定未来江西的着力点发力点在哪里，引导哪几个企业率先突围。在这个基础上，我们再重点施策。比如引进人工智能企业，政策条件即使很优越，由于很多方面竞争力缺乏，相关企业很难来江西。深圳商汤科技有200多个工程师，都是海归博士。这些工程师肯定不会来江西。由此，类似企业没必要费心劳力去引。要引就引在核心技术上有基础，或者开始从代工转型的企业。他们从模仿创新转向创建自己品牌和价值阶段需要的外力支持恰是江西的优势。

顺民营企业外迁规律而为。一个产值5亿的制造企业由于规模偏小可能在深圳不会得到重视，但他在离深圳较远的地方开办一个分部则会感觉完全不一样。一开始很痛苦，缺熟练工人，更缺技术人员，但省长市长等当地政府首脑的接待和享受到的各种优惠政策让其有强大内心激励留下来。具体运营上，企业可逐步转移产值，并花时间培养员工。一段时间后，拥有生产线和业务的分部慢慢就可成长为一个单独总部。在此过程中，伴随员工技能提高的是薪酬水平的高涨。为降低成本，公司智能化也就提上议事日程。机器人的使用和无人生产也就成为公司的常态，而以前的产业工人成了管理者。壮大了的公司渐渐成为当地的明星企业，也具备了独立上市资格。最终他与深圳原公司已经完全没有关联了，成为具不同代号的两家上市公司。尤其重要的是，他还培养引进了一大批配套企业和管理人员。这些管理员跳槽出去创业时，做的还是服务该企业上下游的生意。这就是引进的外来终端产业或说制造产业带动本地区域经济发展的典范，也是目前深圳市企业出走外地求发展的一个模板。

四、政策建议

政策思路：

学深圳民营企业发展的关键借鉴就是分类精准施策。这些政策既要融合江西优势，更要突出江西优势；要做强强板，补足短板；要千方百计营造出与深圳北京上海等发达城市相似的营商环境。政府要以更加开放包容的心态，为中小企业的成长预留空间；政府服务要有清晰的目标，明确的道路；政府服务要顺势而为，与企业创新同频共振。

具体而言：全力培养创新创业生态体系，如储备紧缺型人才等；出台凸显目前江西后发优势和成本优势的创新政策，如打造明星企业和打造企业明星聚集区等；发挥江西的特色资源优势以打造新的产业平台，如发挥国企管资本优势支持政府的产业政策等；以深圳上海等发达城市为标杆继续完善江西营商环境，如尽快实现南昌、九江和赣州三地一体化等。

启示与建议之一：全力培养创新创业生态体系

1. 各级政府要储备紧缺型人才以追踪技术变革

设置专业人才特聘职位。探索在专业性较强的政府机构和国有企事业单位设置高端特聘职位，实施聘期管理和协议工资，通过灵活方式吸引集聚岗位急需的高层次专业人才。

优化党政人才队伍专业结构。立足中长期发展需要，有针对性地引进培养党政紧缺专业人才，比如金融、工程技术、科技类等领域专业人才。实施专门的紧缺人才基层培养计划。

2. 全力培养创新创业人才生态体系

一是“金字塔”形人才梯次培养，有序接力企业成长。塔尖是企业家。通过企业家交一部分、政府补贴一部分、承办单位赞助一部分的方式实施民营及中小企业家培育工程。塔身是高层次人才。实施引进海内外“塔身”高层次人才计划，沉淀企业创新的智力资本。塔基是现代技术工人。对于企业需要的高级技工人才，实施中小企业紧缺人才培训计划，更好地为企业服务。

二是推动高校建立创客联盟和路演推介会打造江西创客品牌。驻南昌的重点高校均专门辟出一定场地作为技术项目的创客空间，并进行市场化运作。创客不单来自于高校学生，也应鼓励其他渠道的创客进驻。各高校的创客空间联合成为创新创业联盟，各高校每年轮流主办创客项目的路演推介会或发布会，甚至鼓励他们到诸如九江、赣州等地召开发布会。财政每年拨付一定资金支持高校开展项目路演推介会。资金分配与创客项目直接挂钩。项目孵化成功，或引进了国外的项目，或有海外留学生带项目来空间，都进行额外奖励。逐步利用高校的资源优势把该创客联盟打造成江西的品牌。

三要尽量满足新型人才的需要。在继续推进人才公寓的建设基础上，提供满足人才需要的公寓服务。硬件上，把沿江、河和湖的最美环境提供给人才；软件上，实现有求必应、无事不扰，创建独立而又方便互动，并充分发挥专业特长的人才居住空间。

四是在中小学校建设创客实践室，加大创客培养项目资助计划，壮大各类创客导师队伍。

五是发行社会贡献力奖券以创造尊重企业家精神的社会氛围。江西省可率先颁发社会贡献力奖券政策。依据人才在认定领域为我省贡献的点数而确定社会贡献力,并换取政府的奖券。如企业高管在社区里指导的创业大学生数,吸纳到公司就业的残疾人数即可折算为一定量的社会贡献点数。当其社会贡献力奖券值等于或大于预设值时即为其颁发江西省荣誉居民称号等。

启示与建议之二:出台凸显目前江西后发优势和成本优势的创新政策。

1. 打造明星企业

(1)重新审视江西的战略性发展产业

在产业选择上要跟深圳上海等一线城市错位竞争。一是我省产业链需求是招商引资的最高指导方针。依据需求来招商,而不是能来就不错。同时,充分利用深圳上海等发达城市的产业外溢效应,出台相应的特殊招商引资政策。二是不受地域限制的互联网领域企业是引进的重点。如像抖音这样的互联网公司因网上收费的价格和流程都一样而致其在任何地方发展都可以,应该是江西招商的重点对象。三是出台政策扶持特色农业和生态旅游业发展。这些产业要通过特色高端农业和生态旅游业嫁接深圳的跨境电商,建设江西产品和服务出海的快速通道。

(2)单独出台引进优秀企业核心业务的政策

单独出台政策引进世界和国家500强企业的核心业务并在江西成立独立事业部。类似腾讯公司的某个事业部如有意愿来江西,省市政府可以提供富士康在郑州享受的所有优惠政策,甚至双倍提供。只不过明确要求企业优先招募本地大学生和培养本地人才,要跟本地金融机构合作,进而带动本地劳动力发展和整体居民工资收入提升。

明星企业聚集江西无外乎引和培。江西不大可能引进明星企业的总部,但国内外顶尖明星企业在各个地方都有自己的核心事业部。把他们的核心业务引到江西成立独立事业部,并利用其集团的光环作用逐步发展成为省域或区域公司总部是可行之路,正如腾讯公司在广州的微信事业部和在成都的游戏事业部,小米在武汉的第二总部等。

(3)利用江西的人工、土地成本优势打造梯队企业园区

突破现有政策框架形成以较成熟明星企业为核心的梯队企业园区。当企业年营收达到一定规模时,比如1000万元,政策允许其向政府申请梯队企业园区用地。以该企业为圆心,周边方圆1公里为之做配套,形成以其为核心的主

题工业园区。政策允许并优惠与这家企业有关联的所有供应商、服务平台公司等落户到该企业园区。当然,供地模式要从粗放式向精准有弹性转变。对上述企业,政府预留足够多的土地供其分期开发,但又要预防其成为土地开发商。比如,供其一块地,要求分三期开发,第一期先开发,另外两期土地预留。同时跟企业签园区发展协议。协议中明确奖罚措施。发展得好,重奖;否则,土地无偿收回。

2. 打造企业明星聚集区

(1)强力扶持带明星光环的初创企业。一方面,引进具有核心成型技术的创业团队,比如院士团队,并集中精力扶持他们的初创企业。另一方面,省政府和市政府扶持由我省国有企业跟明星高校,比如清华、北大、美英等国的著名高校,成立的合资公司。政府和高校光环使其在出生时就带有明星光环,有更大概率成长为明星企业。

(2)尽快出台瞪羚计划。出台瞪羚计划(跟踪互联网+智能制造领域的创客和企业)以支持类似四年内营收从0到700亿元的小米公司这样的爆发性企业的成长。用此在三年内重点培养50个初创企业,力图脱颖而出三到五个高成长企业。当然,出台的鼓励政策要有突破,比如允许企业注册地在南昌,但在深圳或其他地方运营,发展成熟后回江西设事业部等;在南昌当地发展的则政府无偿供应土地(当然要精准测算土地供应量,不能让他们成为二房东)和提供贴息贷款等。

实践中要充分掌握外省市大学创客园和民间创客机构的信息,着眼于搜集引进其中一些较为成熟的,尤其是正寻找合适地方落地的创客项目。而对本省的初创企业,最起码在当前甚至未来五年内,只需按常规方式支持,但时刻关注个别冒尖的初创企业。

启示与建议之三:发挥江西的特色资源优势,打造新的产业平台。

1. 发挥国企管资本优势支持政府的产业政策

一是适时出台《国有企业提升产业竞争力的若干指导意见》。指导国有企业扮演好城市运营商角色,实现从管运营向管资本的模式转变。省市政府要放开国企运营的手脚,促其积极参与市场竞争。国企要在不断做强做优做大核心业务提升盈利空间的基础上,以市场方式盘活其拥有的其他资源,进而增加盈利渠道。条件成熟后,推动不同板块业务上市,以提升自己的资本运营能力。当然要辅之国企考核指标的改革。经济利益上只考核资本保值增值率,但重点考察国企物业投资平台对社会的贡献价值。指标可以包括园区产值、吸纳的就业人口、吸纳的博硕士人数，基金的发放量、对中小企业的扶持程度、企业孵化的成功率等。比如，由于国企运营的园区租金不高致企业利薄，但通过对园区的经营，使园区的产值一年内从 1 亿做到 100 亿而为江西省做贡献。

二是以租金减免等方式支持自营园区内初创企业发展。以深圳高新园区总部基地模式为参照，高标准建设自营工业园区（比如红谷滩写字楼）的道路、水电等产业配套基础设施，着力引进创业企业和研发团队入驻。借助园区运营国企，政府以降低生产、生活成本的方式给予上述主体特殊政策支持，比如租金减免、工业用电打折及在紧缺用电高峰期优先保证用电，且保持十年不变等。当然，为实现良性运营，国有企业可同园区和政府合作发行基金支持园区内的初创公司和研发团队。

三是以低租金等方式帮助引进政府认可的优秀企业入驻自营园区。比如对政府要引的特别优秀企业，园区甚至可以市价一半的租金作为支持，而自身达到微利或保本状态即可。依此把国内外比较有前景的上下游企业聚集到国企周边，形成特色产业园区。

2. 发挥资源优势打造江西金融中心

一是边引导发展边向国家申请支持把有色金属、稀土和农产品的大宗交易市场、期货交易市场全部放在南昌做试点，形成场外交易、大宗交易、期货交易的多层次开放的资本市场。利用江西的矿产和农业优势开展资源性特色金融活动是打造江西金融中心的核心，因江西在金融、保险这些传统金融产品上没有任何优势。资源类特色金融的不断成熟才能顺带发展金融租赁、金融担保等金融产品。

如江西要通过稀有金属交易平台的创建，实现稀土矿产开采权到定价权的转变，进而实现开采量影响全世界稀土价格的规划和通过交易平台引来风险投资等金融资本聚集在江西的愿景。同时，要尽快制订农业国际化标准。全力建设和促成大米、油菜籽等相关农产品交易平台，比如国内农产品期货平台落户江西，以此带动传统金融转型升级。

二是在南昌红谷滩区一期规划 1 平方公里以内的小型基金小镇、基金楼宇或金融楼宇。首要打造诸如矿产资源类和农产品等特色金融街。在南昌红谷滩若干片区率先形成特色金融积聚，再向外蔓延。再，打造 2 - 3 家类似江西省国有金融集团的国有投资控股集团。以他们为龙头，吸引积聚一批金融保障类企业进驻，从而提升江西省主要金融经济指标。最后要引导政府国有资本，尤其是省直和市直国有产业引导基金，同广泛吸纳的外地金融资本相结合而形成混合所有制基金，再由其带动民营私募基金慢慢关注江西企业，形成江西板块。

金融产业发展是有脉络的。指望以保障性和民生为主的传统金融机构，如四大行，带动整个资本市场是不可能的。资本最活跃的地方都是私募、风投等民间金融积聚的地方，而不是传统金融机构积聚的地方。

3. 发挥学科和产业优势前瞻布局重大科研基础设施和大型科学仪器

依托现有江西在国家具优势的学科和产业，建设以超级计算为代表的重大科研基础设施和项目。

如以南昌大学的新材料和食品科学为基础，组建由江西省政府支持，中国科学院和相关院士领衔的大型仪器实验室。鼓励江西农业大学跟中国农科院、中国农业大学合作设立校内重点实验室。同时，以省政府名义制定仪器设备共享机制，比如发放使用券，鼓励省内企业和科研人员使用上述实验室的所有仪器。

鼓励在国家层面有话语权的资源型国有企业同高校合作在南昌建立国家级实验室，比如江西铜业公司向国家申请设立铜解析实验室和在赛维创建光伏实验室等。规定江西所有相关企业和研究人员都可以使用该设备，并促其慢慢成为一个区域科学研究中心。

当前可行方案是尽快整合与优势学科和产业相关的基础研发人员和设施而自行设立超算中心和重点实验室等，发展到一定程度后再向国家申请认可。正如深圳超算中心也是深圳市自己先花钱建设，然后再向国家证明的；初创时的深交所并没有运营牌照，也是在三年非法运行后才得到认可。

启示与建议之四：以深圳上海等发达城市为标杆，继续完善江西营商环境。

1. 尽快实现南昌、九江和赣州三地一体化

由江西省政府统筹，以常态化的三地联席制度拆除南昌、赣州、九江之间限制民营经济资源自由流动的藩篱；以更大勇气创新政务环境，实现三地一体化。最终达成如下目标：

三地货物无障碍流通。依托江西沿江经济带规划，减少（比如年卡制度）甚至取消九江、南昌、赣州三地之间诸如过路过桥等物流费用。

人才认定一体化。三市中任何一个城市认定的人才都在其他两个城市中得到认可，并且享受工作城市相应的待遇。如南昌市认定的人才，赣州和九江不再重新认定，且直接享受本地待遇。

行政审批一体化。三市中任何一地注册的企业，在其他两地同等享受注册地待遇。比如在南昌注册的企业去赣州设立分公司，不需另行审批注册。全面

放开相关证件的异地办理，比如南昌市核发的居住证，赣州和九江都认。同时，附着在居住证上的相关待遇也同等享受，比如赣州户籍的孩子也能在南昌上学等。

商事一体化。首先确立企业注册地和生产地的 GDP 和税收核算规则。其次在招商时，以资源最佳组合为标准对引进的民营企业进行三地优化配置而形成九江赣州南昌一体化招商体系。比如与稀土资源深加工相关的新能源类企业优先布局赣州。最后，在货物出口方面，为便利通关要实现三地一体联网和属地认定管理，比如在赣州享受的出口退税政策，在南昌、九江同等享受。

司法一体化。构建诸如一些案件既可在南昌诉讼，也可在赣州、九江诉讼的司法格局。

2. 继续深化"放管服"改革。实现从只跑一次到零跑路的服务

推行政务工程师和政务规划师职业认证，使政务审批走在全国前列。努力当好服务企业的"店小二"，有求必应、无事不扰，全力打造"一网通办"平台，为各类企业在赣发展提供更优服务。

3. 扶持建设 3 ~5 家为民企服务的社会组织

未来五年内，依据民营企业的生命周期（种子期、初创期、成长期和上市孵化），政府扶持建设 3 ~5 家为民营企业成长服务且在全国甚至国际上有议价能力和商业谈判能力的社会组织和中介组织。比如商务厅主导扶持民营企业技术交流协会，科技厅主导扶持科技攻关协会的建设等。中介组织成熟后，政府对企业的很多管理服务政策可由中介组织实施，比如扶持资金由协会组织专家评审发放，职称评审也由协会组织，使其成为政府政策执行的支持机构。

4. 强化输血功能，帮助企业解决"钱袋子"问题

在直接融资方面，除了精准施策推动企业上市融资，发行中小企业债，融资券等常用办法外，一是争取国家中小企业发展基金在江西设立实体基金；二是在赣江新区成立股权交易中心。

在间接融资方面，江西省级财政建立中小微企业贷款风险补偿机制，承诺对形成的坏账损失予以一定的补偿，降低银行向一些无抵押、无担保、没有贷过款的小微企业发放信用贷款的疑虑。在此基础上，省财政出资作为增信与风险补偿资金，鼓励商业银行为一些列入名单的中小企业提供中长期贷款。

此外，支持融资担保公司获得融资性担保机构的经营牌照，且担保费用也能得到一些资助，进一步降低小微企业融资的成本。

5. 出台特色楼宇政策

临水建城是江西城市的一大特色和优势，最近刘奇同志和省委、省政府提

出来打造长江“最美岸线”、开展“五河两岸一湖一江”全流域整治的要求，各地可优先规划沿江、沿湖和沿河的特色楼宇政策。大江大河大湖周边的土地和楼宇定点供应给一定规模的总部企业、研发企业和高层次人才等。

附件：

表1 赣深2018年500强民营企业比较

江西				深圳			
排名	企业	2017营收（亿元）	行业	排名	企业	2017营收（亿元）	行业
86	正邦集团有限公司	663.53	农业	1	华为投资控股有限公司	6036.21	计算机、通信和其他电子设备制造业
107	江西方大钢铁集团有限公司	560.24	农副食品加工业	3	正威国际集团有限公司	4917.98	有色金属冶炼和压延加工业
132	双胞胎（集团）股份有限公司	502.36	黑色金属冶炼和压延加工业	7	恒大集团有限公司	3110.22	房地产业
279	晶科能源有限公司	264.73	电气机械和器材制造业	12	万科企业股份有限公司	2428.97	房地产业
427	江西济民可信集团有限公司	180.24	医药制造业	37	比亚迪股份有限公司	1059.14	汽车制造业
434	江西赣基集团工程有限公司	137.3	土木工程建筑业	45	阳光保险集团股份有限公司	964.72	保险业
448	江西博能实业集团有限公司	133.92	金属制品业	48	腾邦集团有限公司	898.82	软件和信息技术服务业

表 2　赣深为促民营经济发展而出台的具代表性政策列表

江西民营经济发展相关政策		深圳民营经济发展相关政策	
2000. 3. 1	关于进一步加快全省个体私营经济发展的决定	2003. 5. 16	关于加快民营经济发展的意见
2002. 7. 14	关于进一步加快民营经济发展的若干意见	2006. 8. 8	关于进一步加快民营经济发展的若干措施
2013. 12. 20	关于大力促进非公有制经济更好更快发展的意见		
2013. 9. 18	关于深化行政审批制度改革的意见		
2015. 4. 20	关于创新重点领域投融资机制鼓励社会投资的实施意见		
2016. 5. 11	关于深入实施创新驱动发展战略推进创新型省份建设的意见	2008. 9. 18	深圳市促进加工贸易企业转型升级的若干意见
		2008. 9	关于加强自主创新促进高新技术产业发展若干政策措施的通知
		2010. 10	深圳经济特区加快经济发展方式转变促进条例(33 条)
		1 + 10	关于努力建设国家自主创新示范区 实现创新驱动发展的决定
		2015. 10	深圳国家自主创新示范区建设实施方案
		2016. 3. 23	关于促进科技创新的若干措施
			关于支持企业提升竞争力的若干措施
			关于促进人才优先发展的若干措施

续表

江西民营经济发展相关政策		深圳民营经济发展相关政策	
2016.6.16	中共江西省委江西省人民政府关于开展降低企业成本优化发展环境专项行动的通知		2017年广东省出台了类似政策
2016.11.4	关于进一步降低企业成本优化发展环境的若干政策措施	2017.12.12	深圳市人民政府关于进一步降低实体经济企业成本的若干措施
2017.6.16	关于构建新型政商关系的指导意见		2016年广东出台了类似政策
2018.6.6	《关于加快科技创新平台高质量发展十二条措施》	2018.8.23	关于实施“鹏城英才计划”的意见

课题组组长：

陈建国　江西师范大学副教授

课题组成员：

陈煜珩　豫章师范学院学生

钱志强　江西师范大学学生

刘君君　江西师范大学学生

王思宇　江西师范大学学生

崔晨琳　江西师范大学学生

江西民营经济与浙江民营经济营商环境比较研究

一、引言

（一）研究背景

2016 年 3 月 4 日，习近平总书记在参加全国政协十二届四次会议民建、工商联界委员联组会时作了题为《毫不动摇坚持我国基本经济制度，推动各种所有制经济健康发展》的重要讲话。习总书记的讲话既肯定了过去几十年经济发展的成功经验，同时也指明了未来经济进一步发展的方向。民营经济作为多种所有制经济的重要组成部分，具有产权明确、入行门槛低、利益直接、市场适应良好、成长迅速等特征，成为促进地方经济增长的重要动力。改革开放以来的发展经验表明，民营经济发展较早的地方市场往往更具有活力，而民营经济发展起步较慢的地方市场更容易受到体制机制的限制。

2017 年 6 月 13 日，国务院总理李克强在"放管服"会议上强调，营商环境就是生产力。近几年来，我国营商环境纵向比较已有不少改善。根据世界银行发布的《全球营商环境报告》，中国营商便利度近三年在全球排名跃升 18 位，其中开办企业便利度大幅上升 31 位。但横向比较，我国营商环境排名不仅落后于发达经济体，也落后于许多发展中国家。2018 年 1 月 3 日，李克强主持召开国务院常务会议，部署进一步优化营商环境。会议指出，优化营商环境就是解放生产力、提高综合竞争力。5 月 2 日，李克强主持召开国务院常务会议，指出要进一步优化营商环境深化"放管服"改革，解决营商环境中存在的企业开办和工程建设项目审批效率低、环节多、时间长等问题，降低制度性交易成本、激发大众创业万众创新活力。

从纵向来看，江西省民营经济的发展良好态势是毋庸置疑的，但与东部经济强省仍有较大差距。2018 年 5 月 16 日，刘奇书记在首届赣深经贸合作交流会上强调，江西将坚持优化营商环境不懈怠，以加强作风建设为突破口，持续优化政务环境，加强政府诚信建设，大力保护知识产权，努力打造政策最优、成本最低、服务最好、办事最快的“四最”营商环境。2018 年 8 月 9 日，江西省工商局从深化推进商事制度改革、加强企业事中事后监管、营造人民群众安全放心的消费环境方面，全力打造“四最”营商环境。围绕降低企业办事时间成本、费用成本等方面，继续推进商事制度改革；深化“证照分离”等登记制度改革，简化审批程序，精简申报材料；进一步压缩企业开办时间，将企业注册登记时间缩短为 3 个工作日；加强网上办照推广运用，让“一次不跑”注册登记惠及更多群众。

（二）研究意义

从理论角度分析，民营企业是高质量发展的重要力量和依托，江西必须抓住机遇，加大对民营经济的支持力度，加强民营企业的创新研发，提升管理能力，推动实现民营经济的质量变革、效率变革、动力变革。但是，成本负担偏重、创新能力不强、转型升级压力较大等问题制约着民营企业发展。因此，通过对江西和浙江两省民营经济营商环境的比较研究，构建更加科学合理的营商环境评价指标体系，为促进江西民营经济营商环境的改善提供理论依据。

从应用角度分析，营商环境已经成为民营企业家普遍关注的热点焦点问题，譬如：市场不健全，信用环境较差，综合成本比较高，政策效果不明显等。营商环境越好的地方，民营经济活力就越强，综合竞争力也就越强。通过对比江西和浙江民营经济营商环境的差异，找出目前影响营商环境的关键因素和障碍因子，寻求进一步壮大民营经济的突破口，为江西民营经济营商环境的改善和发展提供相应的政策性建议，进而增强市场活力和效率。

（三）研究方法

1. 文献分析法

利用规范的文献分析方法，采取归纳和演绎相结合的形式，对已有的结论成果进行总结，构建民营经济营商环境的分析框架。

2. 定量分析法

利用因子分析、主成分分析法、层次分析法等构建民营经济营商环境评价指标体系。

3. 定性分析法

利用比较分析法找出江西和浙江民营经济营商环境的差异，探索江西民营经济营商环境发展思路、模式和路径，提出江西民营经济营商环境的改善的对策建议。

（四）研究内容

课题将首先在文献综述的基础上，构建民营经济营商环境评价指标体系；

其次，对浙江的民营经济发展现状进行实地调查，并依据营商环境的构成要素对江西和浙江民营经济营商环境进行调查，得出两省民营经济营商环境发展现状、问题、原因与差异；再次，在对江西民营经济营商环境进行总体评价的基础上，基于浙江民营经济蓬勃发展的营商环境贡献、诱因与特征，提出江西民营经济营商环境发展模式和路径；最后，提出促进江西民营经济营商环境改善的对策建议。研究报告的技术路线如图1所示。

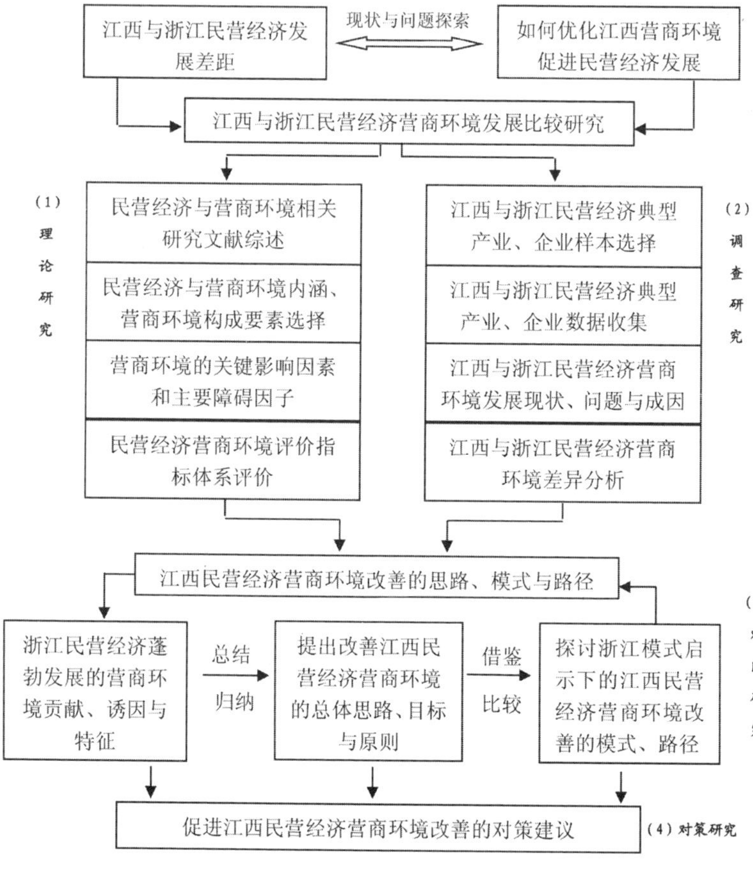

图1 研究技术路线

二、民营经济营商环境评价指标体系构建研究

（一）民营经济营商环境评价指标体系构建总体原则与思路

所谓营商环境，指那些围绕企业开设、经营、贸易活动、纳税、退出市场的变化，在某种程度上影响企业正常生产经营活动的一切外部因素的总称。而民营

经济作为我国社会主义市场经济结构的重要组成部分,在繁荣地方经济、增加政府税收、吸纳劳动就业、促进科技创新等方面发挥了极其重要的作用,已经成为我国经济发展的重要增长点和不容忽视的中坚力量,其经营发展的好坏很大程度上依赖于营商环境的构建。同时,由于地理位置、资源禀赋、发展条件的差异,不同区域的民营经济发展状况呈现出截然不同的特征,为了借鉴发达地区民营经济发展的模式和路径从而促进中西部地区民营经济的发展壮大,构建科学合理完善有效的民营经济营商环境评价指标体系并选择具有代表性的地区进行比较分析就显得尤为重要。

1. 指标体系构建总体原则

(1)科学性原则

科学性强调的是构建的指标体系要相对完善,能基本反映研究对象的全貌特征,而本文的指标体系构建以民营经济的发展特点为基础,参考了相关权威机构发布的营商环境评价指标,能较为全面地衡量一个地区民营经济营商环境的状况。

(2)可比性原则

可比性强调的是所构建的指标体系要具有普遍性,能够评价不同地区的民营经济营商环境状况并加以比较,不仅可以评价某个时点,也可以在一定的历史区间内加以衡量。本文的指标体系涵盖了不同区域民营经济发展状况的共性特征,同时具体指标可以根据所研究的时间节点进行适应调整。

(3)可操作性原则

可操作性强调的是所构建的指标体系的具体指标可以量化,其对应数据可以获得,其指标评分可以计算,本文的指标体系在二级指标下均给出了相应的量化指标,对应数据可以通过查找和调查获得。

2. 指标体系构建思路

依据上述对营商环境的定义以及民营经济的发展特点来构建民营经济营商环境评价指标体系。首先,依据可量化和可观测的原则对海选指标进行初步筛选;其次,运用系统聚类和因子分析相结合的方法遴选出每一准则层内不同类别下信息含量最大的指标;最后,运用层次分析法确定每一准则层相对于总体目标层的相应权重。这样就构建出了一个囊括 30 个指标涉及创新发展环境、市场培育环境、融资投资环境、政策服务环境、基础设施环境 5 个准则层的民营经济营商环境评价指标体系。本文的海选指标均来源于国内外权威机构发布的统计调查报告和专家学者观点的高频指标,依据可量化和可观测的原则剔除其中不符要求的指标,从而保证初筛后的指标体系可以实际应用并作实证分析。民营经济营商环境评价指标体系构建思路如图2所示。

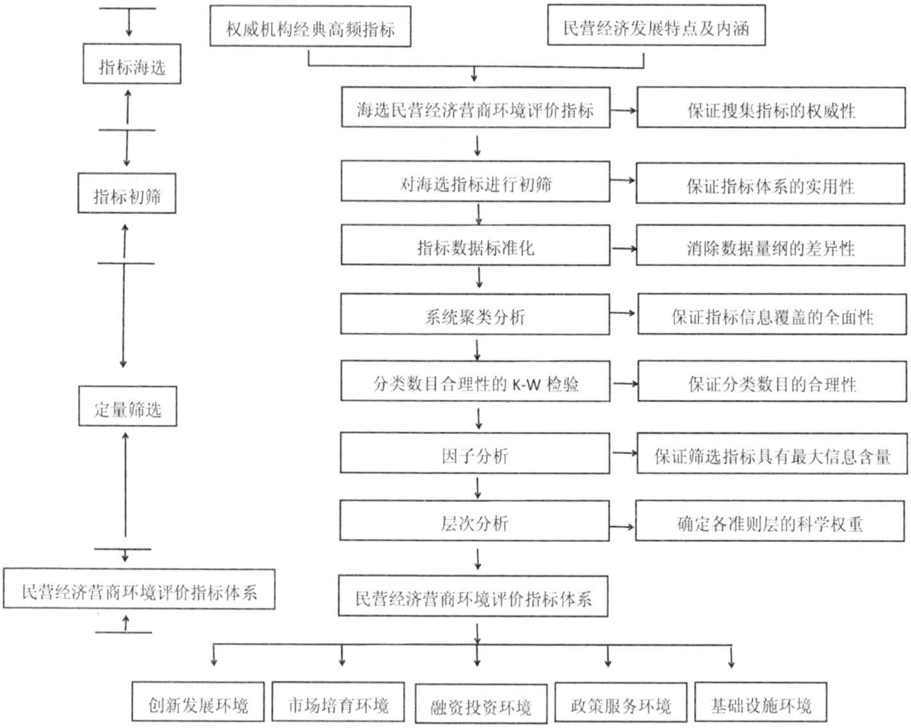

图2 民营经济营商环境评价指标体系构建思路

(二)民营经济营商环境评价指标体系构建

1. 指标遴选的标准

(1)指标冗余信息剔除标准

通过系统聚类,将同一准则层内的指标进行分类,使不同类别的指标能够反映民营经济营商环境不同方面的不同特点,既保证了遴选出的指标能够反映不同的信息,同时也保证了遴选出的指标能够覆盖该准则层的不同方面。

(2)指标信息含量最大标准

系统聚类能够把指标数据性质按相关程度分类,在具有较高相关度的指标聚类类别下运用因子分析,求解各个指标数据具有的因子载荷,从中遴选出同类指标中信息含量最大的一个或多个指标,同时剔除其他指标,保证遴选出的指标对评价结果影响最大。

2. 评价指标的海选

以营商环境的内涵和民营经济的发展特点以及国内外权威机构发布的调查评价报告为基础,结合专家学者的观点文献进行指标筛选,遴选出一套涉及创新发展环境、市场培育环境、融资投资环境、政府政策环境、基础设施环境5个准则层在内的海选指标体系。

根据可量化和可观测性的原则剔除不符合要求的指标,保证初筛后的评价指标体系可以用作实证研究。其中包括诸如企业研发人员创新能力指数、企业自主研发投入指数、贸易依存度指数等在内的20个指标数据无法由相关的统计年鉴直接获得,需要间接计算,其计算方法参照间接指标的量化过程。同时由于数据的量纲不同,指标属性也有正向和逆向之分,在指标遴选过程中为了消除数据量纲和指标属性差异对分析结果造成的影响,需要在分析遴选前对指标数据统一进行无量纲的标准化处理,使指标数值介于0和1之间。其中,正向指标数值越大,标准化后的数值越接近于1;逆向指标数值越小,标准化后的数值越接近于1。

3. 系统聚类指标类别的提取

(1)系统聚类的基本思想

所研究的样品之间存在不同程度的相似性,如果根据一批样品的多个观测指标,计算一些度量样品之间相似程度的统计量,就可以依据这些统计量把样品分为几类,使得类内样品具有较强的相似性,而不同类的样品之间具有较强的差异性。本文之所以对不同准则层的指标分别聚类而不对整体指标聚类的原因有两个:一是系统聚类只对数据本身的相关性进行分析,并未考虑数据背后的经济含义,对不同准则层下的指标分别聚类可以保证聚为一类的指标在经济含义和统计性质上均显著相关,从而避免把数据相关而经济含义无关的指标聚为一类;二是可以保证聚类结果涵盖评价指标体系的5个准则层,避免准则层缺失的情况出现,保证评价指标体系的完整性。

(2)系统聚类的原理

由多到少逐步进行逐步分类,即开始时将每个样品单独作为一类,以后每一步将距离最近的样品聚为一类,直至所有的样品都聚为一类。其优点在于无须事先知道或猜测类别数,研究者可以根据谱系图(又称树状图)的输出结果来确定将个体划分为几个类别。本文在系统聚类的过程中所运用的测量类间距离的方法为离差平方和法(Ward's method),它把某两类合并后增加的离差平方和作为两类间的距离,即

$$D_{pq}=\sum_{x_k\in G_p\cup G_q}(x_k-\bar{x})'(x_k-\bar{x})-\sum_{x_i\in G_p}(x_i-\bar{x}_p)'(x_i-\bar{x}_p)-\sum_{x_j\in G_q}(x_j-\bar{x}_q)'(x_j-\bar{x}_q)$$

其中，D_{pq}为类 G_p 与类 G_q 之间的距离，$\bar{x}$ 为类 G_p 与类 G_q 合并后形成的大类的重心。需要注意的是，离差平方和法距离要求采用平方欧氏距离。

（3）系统聚类的迭代步骤

第一步：将每个样品作为一类，记为 $X_1,X_2,\cdots,X_n$。计算类间距离。令 $t=1$。

第二步：找到距离最近的两类，记为 X_i,X_j。

第三步：合并 X_i,X_j 得到新的一类，记为 X_{n+t}；

第四步：计算 X_{n+t}与其他类之间的距离；

第五步：将 X_{n+t}作为新增的类别，取消 X_i,X_j。令 $t=t+1$。

返回第二步，重复上述过程，直至所有样品聚为一类。

4. 指标分类数目合理性判定的 K－W 检验

（1）K－W 检验目的

由于系统聚类的聚类结果依赖于研究者的主观选择，为保证选择的分类数目的合理性，有必要进行 K－W 检验。

（2）K－W 检验标准

非参数 K－W 检验的原假设为：不同指标在数值特征上不存在显著差异。若某类指标的显著性水平 sig >0.05，则可接受原假设，聚类后该类指标上不存在显著差异，即聚类数目合理；否则，应拒绝原假设，即该类指标聚类不合理，重新聚类。

5. 因子分析求解指标的信息含量

（1）因子分析目的

通过因子分析求解指标的信息含量，遴选出同一类别下指标中因子载荷（信息含量）最大的指标，保证了筛选出的指标在所属类别中对评价结果影响最大。

（2）因子分析基本模型

其矩阵形式可以表示为：$X=AF+\varepsilon$。设有 n 个样品，每个样品有 p 个观测变量，其中，$X=(X_1,X_2,\cdots,X_p)'$为标准化的原始变量，$F=(F_1,F_2,\cdots,F_m)'(m<p)$为公共因子，矩阵 A 中的各个元素 a_{ij}被称为因子载荷，矩阵 A 为因子载荷矩阵，$\varepsilon=(\varepsilon_1,\varepsilon_2,\cdots,\varepsilon_m)'$为影响指标 X 的特殊因子。

（3）因子分析的操作步骤

第一步：求标准化指标数值的相关系数矩阵 $R_{p\times p}$；

第二步：求矩阵 R 的特征值 λ_j，λ_j 为第 j 个公因子 F_j 解释的原始指标数值的总方差，则公因子 F_j 对原始指标数值的方差贡献率为 $w_j = \lambda_j / \sum_{j=1}^{m} \lambda_j$

第三步：将特征值 λ_j 从小到大顺序排列，按累计方差贡献率≥85%的要求，选出前 k 个特征值对应的公因子构建因子分析模型，λ_j 与 a_{ij} 的关系为 $\lambda_j = \sum_{i=1}{}^{p} a_{ij}{}^{2}$

第四步：因子分析对评价指标的筛选。因子载荷 $|a_{ij}|$ 反映指标 X 与公因子的相关性，$|a_{ij}|$ 越大，表明该指标与公因子的相关程度越高，越应该予以保留，反之，则予以剔除。这一过程可以保证每一类别下用少量指标信息反映整体指标信息，从而达到筛选指标的目的。

6. 层次分析法确定权重

（1）层次分析法的基本思想

它是一种定性和定量相结合的、系统化、层次化的分析方法。它将决策问题按总目标、各层次目标、评价准则直至具体的备择方案的顺序分解为不同的层次结构，然后用求解判断矩阵特征向量的办法，求得每一层次的各指标对上一层某指标的优先权重，最后利用加权求和的方法归并各备择方案对总目标的最终权重，此最终权重最大者即为最优方案。

（2）层次分析法的操作步骤

第一步：构建不同层级之间的判断矩阵。其中，每个元素表示一个指标相对于另一指标重要性的比例标尺，主对角线上的标度为 1，关于原点中心对称的各标度互为倒数，本文采用的是 1—9 标度法。

第二步：计算矩阵的特征向量和及指标权重。首先对矩阵的各列求和，利用公式 $M_{ij} = \frac{B_{ij}}{\sum B_{ij}}$ 对每一列进行归一化处理，从而得到一个新矩阵 M，再对新矩阵 M 的每一行求和即得出特征向量，然后利用公式 $W_i = \frac{M_j}{\sum M_j}$ 对特征向量进行归一化处理即可得到相应的指标权重 W。

第三步：进行矩阵一致性检验。首先，利用公式 $\lambda_{Max} = \sum_i^n = 1 \frac{(AW)}{nW_i}$ 计算最大特征根，再利用公式 $CI = \frac{\lambda_{Max} - n}{n-1}$ 计算一致性指标，最后利用公式 $CR = \frac{Cl}{Rl}$ 计

算随机一致性比率。当 $CR<0.1$ 时，A 的不一致性程度在容许范围内，此时可以用 A 的特征向量作为权向量。其中，RI 表示随机一致性指标，这是一个常量，根据判断矩阵阶数可以在量表里面查询。

7. 指标体系构建合理性的判定

(1)指标体系构建合理性的判定标准

用 30% 以下的指标反映 95% 以上的原始信息，则指标体系的构建即视为合理。

(2)指标体系构建合理性的判定方法

根据最终构建指标体系数据方差可以反映原始指标体系信息含量的思路，定义筛选后的评价指标对海选指标体系的信息贡献率为 $I_n = trS_s/trS_h$，其中，S 为指标数据协方差矩阵，trS 为协方差矩阵的迹，s 为筛选后指标个数，h 为海选指标个数。上式的含义为筛选后 s 个指标方差之和与海选的 h 个指标方差之和的比值，表示筛选后的 s 个评价指标所反映的 h 个原始指标的信息。

(三)民营经营商环境评价指标体系构建实证研究

1. 样本的选取

本节选取江西省为实证对象，构建民营经济营商环境评价指标体系。2016 年，江西省委、省政府出台的一系列政策措施，有力推动了全省民营经济发展。据统计，2016 年，422 家上规模民营企业营业收入总额为 5646.99 亿元，比 2015 年提高 329.33 亿元，增幅为 6.19%；同一年，浙江民营经济创造了 3 万亿元的增加值，占全省 GDP 比重为 65%，同比增长 7.65%。从纵向来看，江西省民营经济发展的良好态势是毋庸置疑的，但是从横向来看，其与东部经济强省相比仍有较大差距。因此，把江西省作为实证对象，构建民营经济营商环境评价指标体系的同时也会对江西民营经济的发展和营商环境的改善提供一定的指导意义。

2. 间接计算指标

民营经济营商环境评价指标原始数据除了企业研发人员创新能力指数、企业自主研发投入指数、贸易依存度指数等在内 20 个指标数据需要间接计算以外，其余全部来源于 2015—2017 年的《江西省统计年鉴》。对于需要间接计算的指标可以借助指标量化过程进行实现，以企业自主研发投入指数的计算为例，其量化结果为(规模以上工业)企业 R&D 经费中企业自有资金所占比重(%)，通过查询相关统计年鉴数据可以得到如表 1 所示的结果。

表1 企业自主研发投入指数的计算数据

序号	年份	R&D 经费内部支出合计(万元)	企业投入资金数目(万元)	(规模以上工业)企业 R&D 经费中企业自有资金所占比重(%)
1	2014	1284642	1192920	92. 86
2	2015	1474968	1394677	94. 56
3	2016	1797651	1740935	96. 84

3. 海选指标数据的标准化

(1)正向指标标准化

以 2016 年正向指标“科技服务指数 C1,1”标准化为例。将表 2 第 1 行第 5 列的数据 1. 13、第 1 行第 5 到 7 列指标数据最小值 0. 97、第 1 行第 5 到 7 列指标数据最大值 1. 13 利用正向指标标准化公式，得 $p_{1,2016} = \frac{V_{1,2016} - \min\limits_{2014 \leqslant j \leqslant 2016}(V_{1,j})}{\max\limits_{2014 \leqslant j \leqslant 2016}(V_{1,j}) - \min\limits_{2014 \leqslant j \leqslant 2016}(V_{1,j})} = (1.13 - 0.97)/(1,13 - 0.97) = 1$，结果列入表 2 第 1 行第 8 列。同理，将表 2 中其他正向指标原始数值带入标准化公式，得其余各正向指标的标准化数值，结果列入表 2 第 8 至 10 列相应行。

(2)逆向指标标准化

以 2016 年逆向指标“土地成本指数 C2,13”标准化为例。将表 2 第 30 行第 5 列的数据 8. 52、第 30 行第 5 到 7 列指标数据最小值 6. 60、第 1 行第 5 到 7 列指标数据最大值 8. 52 利用逆向指标标准化公式，得 $p_{30,2016} = \frac{\max\limits_{2014 \leqslant j \leqslant 2016}(V_{30,j}) - V_{30,2016}}{\max\limits_{2014 \leqslant j \leqslant 2016}(V_{30,j}) - \min\limits_{2014 \leqslant j \leqslant 2016}(V_{30,j})} = (8.52 - 8.52)/(8.52 - 6.60) = 0$ 结果列入表 2 第 30 行第 8 列。同理，将表 2 中其他逆向指标原始数值带入标准化公式，得其余各逆向指标的标准化数值，结果列入表 2 第 8 至 10 列相应行。

表 2 民营经济营商环境评价指标体系初筛及标准化结果

序号	准则层	指标层	指标属性	指标原始数据			数据标准化结果		
				2016	2015	2014	2016	2015	2014
1	创新发展环境 B1	科技服务指数 X1,1	正向	1.13	1.04	0.97	1.00	0.44	0.00
…		…	…	…	…	…	…	…	…
17		科技创新氛围指数 X1,17	正向	13.17	8.09	5.63	1.00	0.33	0.00
18	市场培育环境 B2	GDP 总量指数 X2,1	正向	1.85	1.68	1.58	1.00	0.37	0.00
…		…	…	…	…	…	…	…	…
35		社会商品零售指数 X2,18	正向	6635.00	5926.00	5293.00	1.00	0.47	0.00
36	融资投资环境 B3	利用外资情况指数 X3,1	正向	104.40	94.70	84.50	1.00	0.51	0.00
…		…	…	…	…	…	…	…	…
46		对外投资开放度指数 X3,11	正向	74.88	73.68	107.27	0.04	0.00	1.00
47	政策服务环境 B4	税负水平指数 X4,1	逆向	13.84	14.62	15.00	1.00	0.33	0.00
…		…	…	…	…	…	…	…	…
61		财政总收入指数 X4,15	逆向	17.00	18.10	17.10	1.00	0.00	0.91
62	基础设施环境 B5	空气优良指数 X5,1	正向	83.90	82.00	86.30	0.44	0.00	1.00
…		…	…	…	…	…	…	…	…
85		互联网发展水平指数 X5,24	正向	64.20	34.90	34.20	1.00	0.02	0.00

（四）基于系统聚类—因子分析—层次分析的评价指标筛选

1. 海选指标在同一准则层下进行系统聚类

以创新发展环境 B1 准则层的 17 个指标聚为 5 类为例，说明系统聚类过程。将表 2 第 1 到 17 行数据分别代入前文所述的系统聚类的各项步骤，用离差平方和法将 B1 准则层的所有指标聚为 5 类，此过程可借助 SPSS 软件操作实现。结果列入表 3 第 1 到 17 行第 3 到 4 列。同理，将市场培育环境 B2 准则层的 18 个指标聚为 4 类，将融资投资环境 B3 准则层的 11 个指标聚为 4 类，将政策服务环境 B4 准则层的 15 个指标聚为 7 类，将基础设施环境 B5 准则层的 24 个指标聚为 4 类，结果分别列入表 3 第 18 到 85 行第 3 到 4 列的相应位置。

2. 聚类数目合理性的 K－W 检验

以创新发展环境 B1 准则层下第 1 类指标的 K－W 检验为例，说明 K－W 检验过程。将表 2 第 1、6、7、10、12、17 行指标科技服务指数 X1，1、第三产业发展状况指数指数 X1，6、研发经费投入与 GDP 关系指数指数 X1，7、研发经费投入指数指数 X1，10、专利受理情况指数指数 X1，12、科技创新氛围指数指数 X1，17 的第 8 到 10 列标准化数据键入 SPSS 软件，选择非参数 K－W 检验，软件自动输出 K－W 检验结果 Sig＝0.416，列入表 3 第五列对应行。同理，可得其余分类结果的 K－W 检验的 Sig 值，结果放入第 5 列其他相应行。由于表 3 中第 5 列 K－W 检验的 Sig 值都显著大于临界值 0.05，说明各准则层下的聚类数目是合理的。

3. 各个类别中指标的因子分析

将表 2 第 8 到 10 列标准化数据按类别分别代入前文所述的因子分析的操作步骤，可以借助 SPSS 软件自动完成因子分析过程，分析结果的因子载荷绝对值如表 3 第 6 列所示。保留第 6 列在每一类中因子载荷绝对值最大的指标，也就筛选出了该类别中对评价结果影响最显著的指标。同时，由于 B1 准则层下的第 4 类只有一个指标 X1，2，说明该指标单独代表了 B1 准则层下的一个方面，直接保留，同时，保留 X1，15、X2，13、X3，9、X4，8、X4，4、X4，10，X4，15、X5，22 等指标。综上，由 85 个初筛指标中最终筛选出了 30 个指标，如表 3 第 7 列注明的“保留”字样所示。

表 3　系统聚类—因子分析的指标筛选

序号	准则层	指标层	聚类类别	K - W 检验 Sig	因子载荷（绝对值）	是否保留
1	创新发展环境 B1	科技服务指数 X1,1	1	0.416	0.999	删除
…		…	…	…	…	…
17		高新技术产品出口指数 X1,15	5	/	/	保留
18	市场培育环境 B2	GDP 总量指数 X2,1	1	0.433	0.998	删除
…		…	…	…	…	…
35		土地成本指数 X2,13	4	/	/	保留
36	融资投资环境 B3	利用外资情况指数 X3,1	1	0.406	0.999	删除
…		…	…	…	…	…
46		外资利用程度指数 X3,9	4	/	/	保留
47	政策服务环境 B4	财政总支出指数 X4,7	1	0.87	0.980	删除
…		…	…	…	…	…
61		财政总收入指数 X4,15	7	/	/	保留
62	基础设施环境 B5	污水处理指数 X5,2	1	0.448	1.000	保留
…		…	…	…	…	…
85		信息技术基础设施指数 X5,22	4	/	/	保留

4. 层次分析法确定准则层的权重

按照前文所述层次分析法的操作步骤，构建目标层和准则层之间的判断矩阵，然后计算矩阵的特征向量和和指标权重，最后进行矩阵一致性检验。因为构造的目标层和准则层之间的判断矩阵为五阶方阵，因此查询的随机一致性指标 RI 值约为 1.12，分析结果如表 4 所示：

表 4　各准则层相对于目标层的权重

A	B1	B2	B3	B4	B5	权重 W%	随机一致性比率 CR
B1	1	3	5	7	9	49.90%	0.084
B2	1/3	1	1/3	3	5	15.06%	
B3	1/5	3	1	5	7	24.92%	
B4	1/7	1/3	1/5	1	3	6.71%	
B5	1/9	1/5	1/7	1/3	1	3.41%	

如表4 所示,CR 指标为0. 084,小于0. 1,通过了一致性检验,所以相应的指标权重是有效的。

5. 指标体系构建合理性的判定

根据表2 第5 到7 列的指标原始数据计算各指标的方差,将筛选后的指标方差和 trS_s 与海选指标方差和 trS_h 代入指标体系构建合理性的判定公式,得到筛选后的评价指标体系对海选指标评价指标的信息贡献率为:

$I_n = trS_s / trS_h = 8.35 \times 10^4 / 8.66 \times 10^4 = 96.4\%$

即筛选后的评价指标体系可用20. 83% (30/144 =20. 83%)的指标反映原海选指标评价体系96. 4% 的原始信息。

通过系统聚类—因子分析—层次分析相结合的定量指标筛选和确定权重的方法,最终构建了涵盖创新发展环境、市场培育环境、融资投资环境、政策服务环境、基础设施环境5 个准则层一共30 个指标的民营经济营商环境评价指标体系,如下表5 所示。

表5 基于系统聚类—因子分析—层次分析的民营经济营商环境评价指标体系

序号	目标层	准则层(权重W)	指标层	指标量化
1	民营经济营商环境评价指标体系A1	创新发展环境(49.90%),B1	研发经费投入指数,X11	R&D 经费内部支出(亿元)
2			研发人员情况指数,X12	每万人口中R&D 人员(%)
3			企业知识创新指数,X13	规模以上工业企业发表科技论文数(篇)
4			教育事业费支出指数,X14	教育支出(亿元)
5			专利授权情况指数,X15	发明专利授权数(万项)
6			企业自主研发投入指数,X16	(规模以上工业)企业R&D 经费中企业自有资金所占比重(%)
7			教育服务指数,X17	学生人数与常住人口之比(%)
8			高新技术产品出口指数,X18	高技术产业出口占出口总额的比重(%)
9		市场培育环境(15.06%),B2	贸易依存度指数,X21	进出口总额/GDP(%)
10			GDP 增长情况指数,X22	GDP 增速(%)
11			文化开放度指数,X23	文化产业机构数(万个)
12			国际旅游业发展指数,X24	年旅游业外汇收入占旅游业总收入比重(%)
13			土地成本指数,X25	房价收入比(%)

续表

序号	目标层	准则层（权重 W）	指标层	指标量化
14		融资投资环境（24.92%），B3	固定资产投资指数，X31	固定资产投资（万亿元）
15			外商投资项目指数，X32	外商投资项目数（个）
16			外资投资指数，X33	外资投资增速（%）
17			金融开放程度指数，X34	金融业法人单位数（个）
18			外资利用程度指数，X35	实际利用外资金额/GDP（%）
19		政策服务环境（6.71%），B4	邮电业务发展指数，X41	邮政业务总量 + 电信业务总量（亿元）
20			税收收入指数，X42	税收收入（亿元）
21			劳动争议处理效率指数，X43	劳动争议案件的按时办结率（%）
22			城市维护建设费支出指数，X44	市政公用设施建设固定资产投资（亿元）
23			通货膨胀指数，X45	通货膨胀率（%）
24		基础设施环境（3.41%），B5	地方财政预算收支状况指数，X46	一般财政预算收入/一般财政预算支出（%）
25			环境污染治理投资额指数，X47	节能环保支出（亿元）
26			财政总收入指数，X48	财政总收入占 GDP 比重（%）
27			污水处理指数，X51	城镇污水集中处理率（%）
28			互联网宽带用户指数，X52	互联网宽带用户数（万户）
29			货运情况指数，X53	货物运输量（亿吨）
30			信息技术基础设施指数，X54	本地电话用户数占总人口比重（%）

三、江西与浙江民营经济营商环境宏观评价比较研究

(一)江西与浙江民营经济营商环境评价得分

本课题运用 SPSS 软件中的主成分分析法对江西和浙江两省共计 10 年的相关统计数据进行分析。主成分分析方法旨在利用降维的思想,把多指标转化为少数几个综合指标即主成分,其中每个主成分都能够反映原始变量的大部分信息,且所含信息不重复,同时通过方差贡献率来确定各个主成分对整体数据的反应能力,这样就克服了多指标变量间信息重复及人为确定指标权重的主观性。不过,由于所搜集到的指标数据的量纲差异和属性之分比较大,在进行主成分分析前需要对原始数据统一进行标准化处理,课题采用效用值处理来消除量纲的影响,规定效用值的范围为[20,100]。具体方法如下:

1. 正效用指标标准化

正效用指标指的是数值越大,民营经济营商环境状况越好的指标。设 p_{ij} 为第 j 年第 j 个指标的标准化值,V_{ij} 为第 j 年第 i 个指标值,n 为年份数,其标准化公式为 $p_{ij}=\dfrac{V_{ij}-\min\limits_{1\leqslant j\leqslant n}(V_{ij})}{\max\limits_{1\leqslant j\leqslant n}(V_{ij})}\times 80+20$。

2. 负效用指标标准化

负效用指标指的是数值越小,民营经济营商环境状况越好的指标,其标准化公式为 $p_{ij}=\dfrac{\max\limits_{1\leqslant j\leqslant n}(V_{ij})-V_{ij}}{\max\limits_{1\leqslant j\leqslant n}(V_{ij})-\min\limits_{1\leqslant j\leqslant n}(V_{ij})}\times 80+20$。

对数据进行标准化处理之后,分别对五个一级指标下的数据运用统计软件 SPSS 进行主成分分析。首先,在 KMO 检验通过的前提下,以特征值大于 1 且累计方差贡献率大于 85% 为标准选取各一级指标的主成分,其中,各主成分的权重依据其解释方差贡献率与累计方差贡献率之比确定;然后利用成分得分系数矩阵确定各主成分得分计算公式;最后,各主成分得分乘以其对应权重并加总得到该一级指标得分。在五个一级指标的得分计算出来之后,再对其进行层次分析以确定各一级指标相对于总指标的权重,从而得出民营经济营商环境评价的综合得分。具体的主成分及总得分模型如下(以创新发展环境得分模型为例):

$$Y'_1=0.173\times\hat{X}_{11}+0.173\times\hat{X}_{12}+0.155\times\hat{X}_{13}+0.173\times\hat{X}_{14}+0.16\times\hat{X}_{15}+0.151\times\hat{X}_{16}-0.111\times\hat{X}_{17}+0.035\times\hat{X}_{18}$$

$$Y'_2 = 0.025 \times \hat{X}_{11} - 0.066 \times \hat{X}_{12} - 0.165 \times \hat{X}_{13} + 0.022 \times \hat{X}_{14} + 0.119 \times \hat{X}_{15} + 0.285 \times \hat{X}_{16} + 0.501 \times \hat{X}_{17} + 0.634 \times \hat{X}_{18}$$

$$B'_1 = (Y'_1 \times 71.248 + Y'_2 \times 15.981) \div 87.230$$

$$B'_1 = Y'' = 0.131 \times \hat{X}_{11} + 0.133 \times \hat{X} + 0.132 \times \hat{X}_{13} + 0.131 \times \hat{X}_{14} + 0.132 \times \hat{X}_{15} + 0.127 \times \hat{X}_{16} + 0.128 \times \hat{X}_{17} + 0.120 \times \hat{X}_{18}$$

$$A = 49.90\% \times B_1 + 15.06\% \times B_2 + 24.92\% \times B_3 + 6.71\% \times B_4 + 3.41\% \times B_5$$

其中,Y 表示创新发展环境得分模型中的主成分,B 表示创新发展环境评价得分,A 表示民营经济营商环境评价总得分。最终得到的民营经济营商环境评价得分及排序情况如表 6 所示:

表 6　民营经济营商环境评价得分及排序情况

营商环境综合评价		2007		2008		2009		2010		2011	
		得分	排序	得分	排序	得分	排序	得分	排序	得分	排序
	江西	29.59	1	29.25	1	34.24	2	32.85	2	37.23	2
	浙江	19.59	2	23.42	2	38.69	1	43.44	1	48.31	1
		2012		2013		2014		2015		2016	
	江西	46.41	2	58.92	2	58.55	2	66.59	2	72.36	2
	浙江	60.03	1	67.07	1	74.04	1	87.16	1	90.58	1
创新发展环境评价		2007		2008		2009		2010		2011	
		得分	排序	得分	排序	得分	排序	得分	排序	得分	排序
	江西	33.66	1	25.75	2	29.9	2	32.7	2	45.47	2
	浙江	23.42	2	25.78	1	44.55	1	50.89	1	60.91	1
		2012		2013		2014		2015		2016	
	江西	54.54	2	72.55	2	69.23	2	80.37	2	93.52	2
	浙江	73.03	1	82.46	1	85.65	1	94.58	1	100.13	1
市场培育环境评价		2007		2008		2009		2010		2011	
		得分	排序	得分	排序	得分	排序	得分	排序	得分	排序
	江西	76.21	1	70.38	1	69.88	1	44.09	1	18.15	2
	浙江	12.04	2	26.76	2	47.08	2	21.39	2	27.49	1

续表

		2012		2013		2014		2015		2016	
	江西	27.56	2	39.01	2	32.1	2	34.31	2	35.09	2
	浙江	52.14	1	65.36	1	71.54	1	90.5	1	90.87	1
融资投资环境评价		2007		2008		2009		2010		2011	
		得分	排序	得分	排序	得分	排序	得分	排序	得分	排序
	江西	-1.68	2	12.02	2	16.04	2	19.74	2	30.83	2
	浙江	18.47	1	16.75	1	22.46	1	41.12	1	34.08	1
		2012		2013		2014		2015		2016	
	江西	38.46	2	44.17	1	48.99	2	55.41	2	51.24	2
	浙江	40.6	1	40.6	2	54.86	1	72.82	1	73.54	1
政策服务环境评价		2007		2008		2009		2010		2011	
		得分	排序	得分	排序	得分	排序	得分	排序	得分	排序
	江西	10.81	2	17.1	2	47.01	1	47.07	1	29.96	2
	浙江	10.97	1	20.41	1	37.41	2	39.52	2	44.66	1
		2012		2013		2014		2015		2016	
	江西	45.91	2	48.97	2	61.79	1	71.05	2	64.14	2
	浙江	47.52	1	51.24	1	61.16	2	77.7	1	76.64	1
基础设施环境评价		2007		2008		2009		2010		2011	
		得分	排序	得分	排序	得分	排序	得分	排序	得分	排序
	江西	29.7	1	48.56	1	48.31	1	53.22	2	61.83	2
	浙江	21.96	2	28.7	2	37.09	2	56.4	1	66.98	1
		2012		2013		2014		2015		2016	
	江西	69.83	2	74.82	1	82.59	1	80.5	2	97.9	2
	浙江	71.33	1	74.01	2	80.74	2	87.17	1	101.36	1

(二)江西与浙江民营经济营商环境综合评价比较

1. 民营经济营商环境发展趋势比较

图3的数据表明,从纵向角度来看,江西和浙江两省民营经济营商环境状况均呈现良好的发展态势,民营经济营商环境得分呈现明显的增加趋势,除了2010和2014两个年份江西的民营经济营商环境得分下降之外,两省近十年的评价得分均有不同程度的上涨,这种现象的出现很大程度上取决于政府、企业

和消费者三者之间的良性互动变得更加频繁。从横向角度来看,除了 2007 和 2008 年浙江的民营经济营商环境得分低于江西以外,从 2009 年至今,浙江的民营经济营商环境得分均高于江西,且二者之间的差距呈现逐步扩大的趋势,可见浙江的民营经济发展更有活力和效率。(见图 3)。

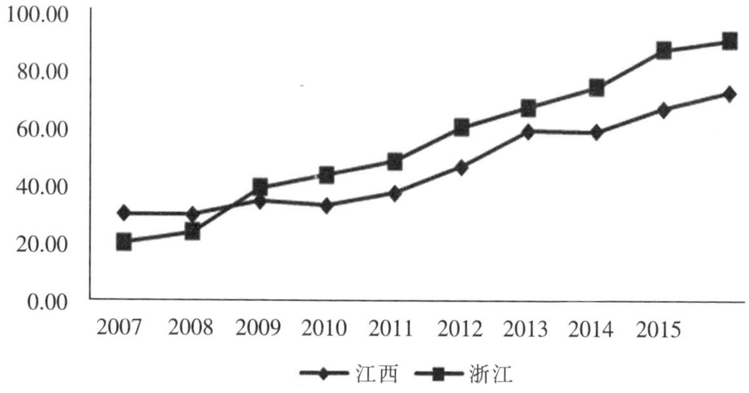

图 3　民营经济营商环境评价得分比较

2. 民营经济营商环境发展增速比较

将图 3 显示的两省综合评价分数转化为各自的增速,得出两省民营经济营商环境评价发展增速(图 4)。

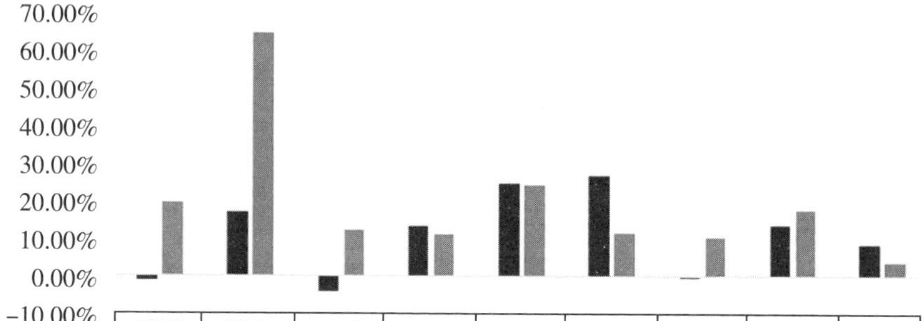

	2008	2009	2010	2011	2012	2013	2014	2015	2016
江西增长率	-1.17%	17.09%	-4.07%	13.32%	24.68%	26.95%	-0.64%	13.74%	8.66%
浙江增长率	19.54%	65.23%	12.27%	11.21%	24.27%	11.73%	10.39%	17.71%	3.92%

■江西增长率　■浙江增长率

图 4　民营经济营商环境评价得分增速比较

图 4 形象表明,浙江在 2012 年以前均保持较高的增长率,江西增长率的大幅提高则集中在 2009、2011、2012、2013 这四个年份,而从 2011 年以来的增长率二者之间相差无几。由此可见,江西的民营经济营商环境状况

与浙江有一定差距，江西也在不断优化改善自身的民营经济营商环境状况，但是由于资源、人才、营商氛围等客观条件的限制，二者之间的差距呈现逐步扩大的趋势。

（三）民营经济营商环境准则层比较

1. 创新发展环境比较

总体而言，浙江和江西的创新发展环境均呈现明显的上升趋势，但浙江的创新发展环境明显要优于江西，就个体而言，江西的创新发展环境变化不是很稳定。江西和浙江两省创新发展环境得分情况如图5。

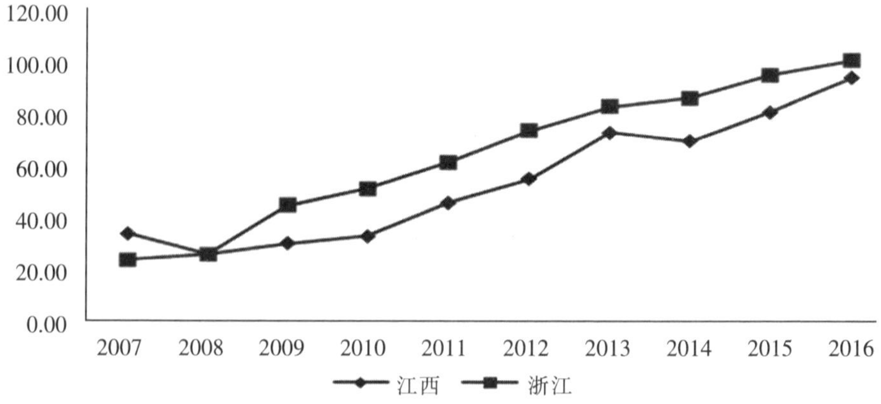

图5 创新发展环境得分比较

近十年来，浙江和江西的创新发展环境一直在不断改善，呈现出良好的发展态势，这和近些年国家鼓励创新创业以及各省对人才的吸引和重视政策不谋而合。就个体而言，江西的创新发展环境相对不够稳定，在2008和2013年波动幅度较大，浙江的创新发展环境相对比较稳定，一直保持着不断优化改善的发展趋势。就总体而言，浙江的创新发展环境远远优于江西，二者之间得分之差的最大值为20分，超过江西创新发展环境得分的37%左右，这与浙江省加大研发和人力资源投入紧密相关。尤其是近年来信息经济技术的发展大大促进了智能制造业的繁荣，为浙江民营经济的发展注入了新的源泉和动力。值得欣慰的是，虽然江西和浙江在创新发展方面仍有一定差距，但是从长远来看二者之间的差距正在不断缩小。

2. 市场培育环境比较

总体而言，以2011年为分界线，江西和浙江的市场培育环境呈现明显的跳跃式发展。2011年以前，江西的市场培育环境要优于浙江，2011年以后，浙江的市场培育环境大幅改善，明显要优于江西（图6）。

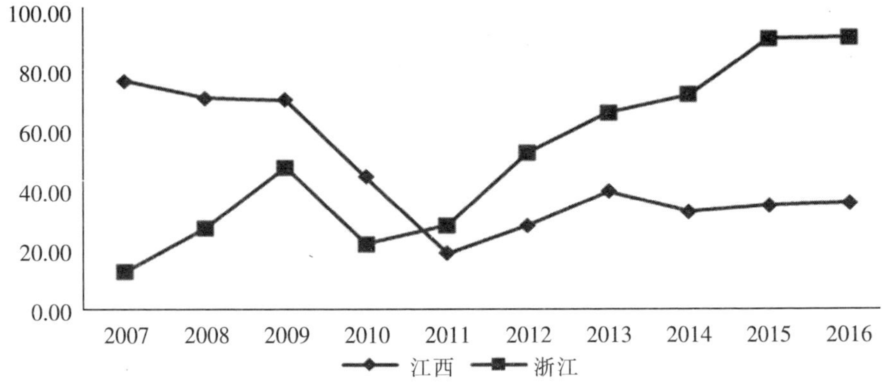

图 6 市场培育环境得分比较

从图 6 可以看出,江西和浙江市场培育环境的发展存在明显的断层现象。2007 到 2011 年的 5 年间,江西的市场培育环境从 2007 年的 76.21 一直下降到 2011 年的 18.15,降幅达到 70% 以上;从 2011 年开始逐步上升,虽然有一定程度的波动,但是发展趋势是不断优化的。浙江从 2007 年开始,市场培育环境得分不断上升,直到 2010 年出现断崖式下降,由 2009 年的 47.08 降低到 21.39,降幅达到 50% 左右,此后一直保持较高的增速,2016 年已经达到了近十年的顶峰 90.87,与 2007 年的 12.04 相比增幅非常可观。

由此可见,浙江省这几年充满活力的市场,为民营经济的发展提供了充足的保障;而江西的市场培育比较缓慢,江西 2011 年的市场培育环境得分相当于浙江的 66%,至 2016 年,这一指标值下降为 39%,与浙江的相对差距提高了 27 个百分点。因此,不管从得分数值还是增速上,江西与浙江在市场培育环境方面都存在明显的差距,并且有不断扩大的趋势。

3. 融资投资环境比较

从总体来看,浙江的融资投资环境优于江西,虽然江西的发展和增速方面更加稳定,但是在融资投资力度方面和浙江相比仍然存在明显的不足,且二者之间的差距亦呈逐步扩大的趋势(图 7)。

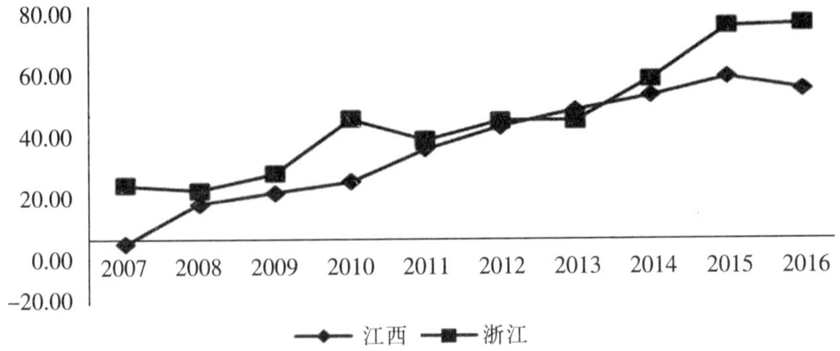

图7 融资投资环境得分比较

图7表明,江西的融资投资环境得分一直以平稳的速率在上升,从2007年至2016年共计十年的时间,其相对差距最大值为57左右,这种现象的出现主要得益于江西不断改善金融服务,加大对小微企业的金融扶持力度,尤其是绿色金融的发展发挥了江西的地域和先天优势。反观浙江的融资投资环境,则出现了更多的不稳定因素,不管是发展速度还是得分值都出现了明显的波动,尤其是2009年从22.46陡然上升至2010年的41.12,紧接着又明显降低至2011年的34.08,其增减幅度均值达到了50%左右。另外,从2013年开始,又以平均30%的增长速度从40.6上升至72.82。不过,这从另外一个角度也印证了在民营经济发展更加成熟的浙江,其融资投资环境更加复杂。

4. 政策服务环境比较

从整体来看,江西和浙江的政策服务环境状况差距较小,二者均呈现出不断上升的趋势,区别只在于环境变化幅度的大小。可见,江西和浙江都在政策服务这一方面做出了很多的努力。但是相比江西而言,浙江实行的政府政策经受了更多实践的考验而慢慢趋于系统和完善,由于江西民营经济起步较晚,先天条件不足,相关政府政策需要反复调整以适应民营经济发展的需求,从而呈现出了更大的多变性和复杂性(图8)。

由图8可知,江西的政策服务环境状况变化较大,得分波动较为明显,尤其是2008年到2012年的5年间呈现不规则的变化趋势,由2008年的17.1上升至2009年和2010年的47,紧接着又下降至2011年的29.96,然后又增长至2012年的45.91,期间的相对得分差距达到20左右,平均增减幅度达到50%以上,但是长远来看仍然保持不断上升的趋势。浙江的政策服务环境相对而言就更加有利于民营经济的发展,政策变化的幅度较小,得分保持较为稳定的上升趋势,平均增长率基本维持在10%左右,为民营经济的发展提供了较为稳定可靠的客观环境。

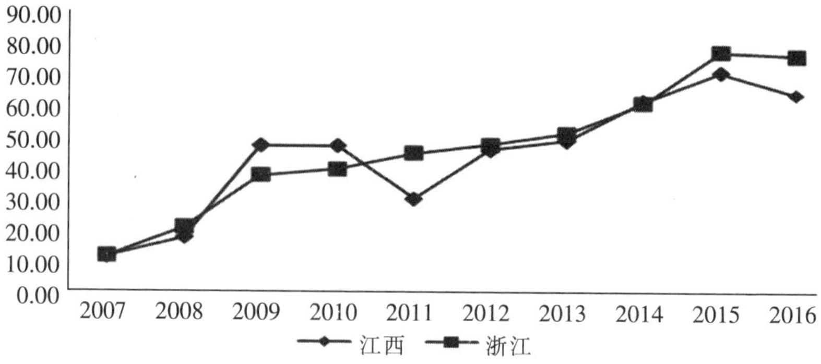

图 8　政策服务环境得分比较

5. 基础设施环境比较

总体来看,江西和浙江的基础设施环境差距不大,尤其是信息技术和交通物流的快速发展使得江西和浙江的基础设施环境不断优化和完善,逐步满足各自民营经济发展的需求,为民营经济实力的壮大提供了良好的客观条件和后备支撑(图 9)。

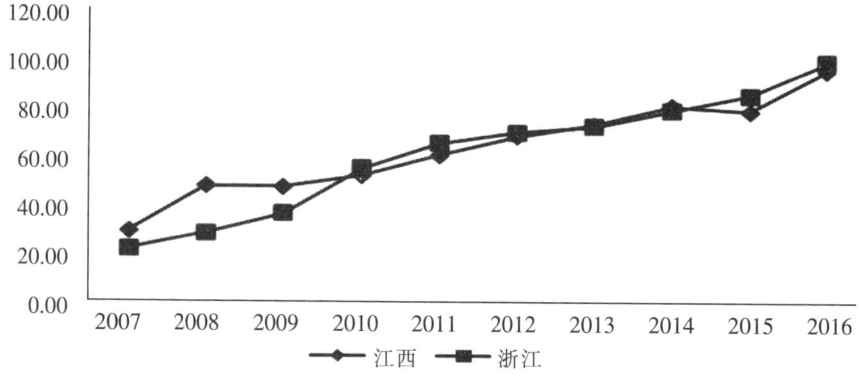

图 9　基础设施环境得分比较

从图 9 可以看出,江西和浙江的基础设施环境得分均呈现出不断上升的趋势,而且上升的过程比较稳定,没有出现大的波动,江西从 2007 年的 29. 7 攀升至 2016 年的 97. 9,相对得分的最大差距为 68,除了 2008 和 2015 两个相对异常的年份之外平均增长速率大约保持在 10% 左右,浙江从 2007 年的 21. 96 上升至 2016 年的 101. 36,相对得分的最大差距为 80,平均增长速率大约为 20% 左右。

（四）江西和浙江民营经济营商环境差异的诱因分析

营商环境客观、准确、真实反映一个地方的思想解放程度、市场发育程度、对外开放水平，深刻影响着企业经营效益和投融资活动，决定高端要素资源的集聚与流向，是区域竞争力的重要表现。江西作为全国生态文明示范区，其自然环境有着得天独厚的优势。事实上，自然生态环境仅仅是吸引优质生产要素、创新资源、社会资本的一个方面，而法治严明、社会信用良好、公共服务健全、政府管理高效等营商环境对于生产要素、资源和资本的流向吸引更大，这正是浙江的优势所在，具体体现在以下三个方面。

一是率先提出了系统全面的鼓励民营经济发展的"亲商、爱商、崇商"政策。从2004年起，浙江出台了《关于推动民营经济新飞跃的若干意见》《关于鼓励支持和引导个私经济等非公有制经济发展的实施意见》《关于支持浙商创业创新促进浙江发展的若干意见》《关于落实"五个着力"推动民营经济新发展的若干意见》《关于构建新型政商关系的意见》和"28条意见"，提出了"浙商回归""四换（腾笼换鸟、机器换人、空间换地、电商换市）三名（大力培育名企、名品、名家）""特色小镇建设""万亿产业"等发展战略，连续召开两年一届的世界浙商大会，促进了高端资源、先进生产力在浙江集中集聚，推动了创新驱动发展。

二是不断改善与民营经济发展紧密相关的服务环境。2016年，浙江省委经济工作会议上提出"最多跑一次"改革，倒逼各级各部门减权、放权、治权，全力破解一窗受理、网上办理、"数据孤岛"等难点，一年内从理念化为实践、由承诺成为现实、把不可能变为可能，不断改善促进民营经济发展的服务环境。事实上，浙江省以"最多跑一次"改革为重点，撬动各方面各领域改革，相继在商事登记制度、地方金融体制以及要素市场化配置等方面推出了许多重大改革举措，建立市场准入负面清单，破除制约经济社会发展的制度障碍，加快建设服务型政府，最大限度释放了改革红利。最新的权威调查显示，浙江省"最多跑一次"实现率达到87.9%、满意率达到94.7%，"一窗受理、集成服务"成为全省标配，"多审合一""测验合一"走在全国前列，极大提高了政府部门的办事服务效率。同时建立与企业经常性沟通联系机制，研究解决非公经济发展中的突出问题，将"政企对话"上升到制度层面，为企业发展提供优质服务。如杭州提出建设"政商沟通云平台""建言直通车平台""公共信用信息平台"，将各部门的涉企政策统一发布到"云平台"上，搭建起政府与企业24小时沟通互动"桥梁"。

三是通过加强“法治浙江”建设等一系列活动继续完善法治环境。浙江除了把营商环境作为“法治浙江”建设的重要内容,确保市场主体依靠规则公正和法律保护健康发展外,还围绕“法无授权不可为”“法定责任必须为”的要求,实现事权更加规范化、法律化。此文,浙江建立了“双随机、一公开”制度,在保障执法公平公正的同时,提升了监管效能。与此同时,浙江相继出台了《关于完善产权保护制度依法保护产权的实施意见》《关于新形势下加快知识产权强省建设的实施意见》等,强调从产权保护的立法、执法、司法、守法等关键环节着力,加快建立健全产权保护长效体制机制。省高级人民法院与省工商联建立诉前、诉中调解对接制度和诉后执行和解制度,力求把矛盾化解在商(协)会。

四、江西与浙江民营经济营商环境微观比较研究

(一)研究问卷设计与调查

1. 问卷设计

以上述构建的准则层指标体系为基础,立足于民营经济发展的具体环境,结合民营企业的经营管理实践,得出与创新发展环境、市场培育环境、融资投资环境、政策服务环境相对应的微观企业指标体系:第一,与融资投资环境相对应的是企业要素环境;第二,与政策服务环境相对应的是企业政务环境;第三,与市场培育环境相对应的是企业市场环境和企业法治环境;第四,与创新发展环境相对应的是社会及创新环境。问卷设计的具体情况见附录1。

2. 问卷调查

江西的企业调查问卷发放260份,实际收到259份,有效问卷为258份;浙江的企业调查问卷发放160分,实际收到153份,有效问卷为144份。

(二)江西民营经济营商环境调查分析

1. 要素环境分析

要素环境主要调查分析了企业运营相关成本的变化情况(图10)、生产要素保障情况(图11)以及企业资金获取的外部渠道情况(图12)等三个方面。其中,与企业运营相关的多数成本没有明显变化,只有环保和物流成本有了上升,税费负担有所下降,劳动力作为核心生产要素出现明显短缺状况,企业资金获取渠道的单一一定程度上也抑制了民营企业的发展壮大。

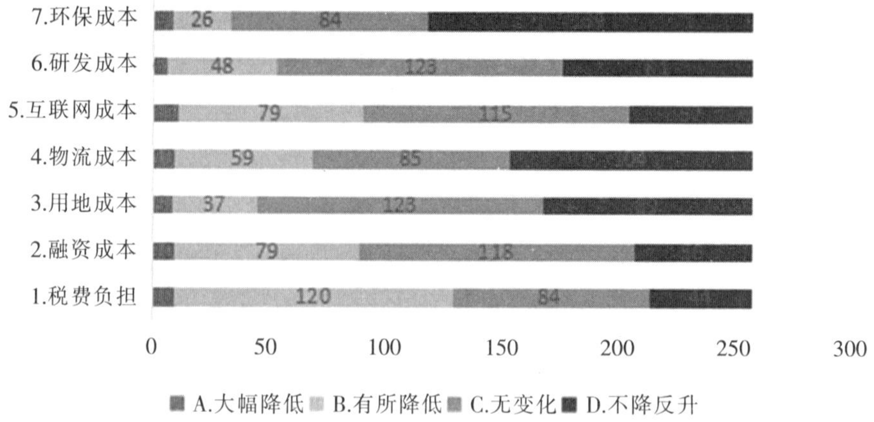

图 10　企业运营相关成本变化情况

从图 10 可以看出,企业运营的各项相关成本中,上升最明显的是环保成本。江西作为国家生态文明试验区,对环保的重视可见一斑。同时,有 40% 的受访者表示近年来的物流成本也略有上升,因此,江西要大力发展基础设施建设,增设交通线路,增加交通运输能力。此外,有大约 50% 的受访企业表示自身的研发成本、互联网成本、用地成本、融资成本都没有发生太大变化,一方面表明企业的发展规模并没有明显扩大;另一方面表明与企业运营相关的社会环境方面没有太大的改善,应该引起重视。下降比较明显的是税费负担,大约 50% 的受访者认为企业的税负明显下降,可见政府的减税扶持措施取得了一定成效。

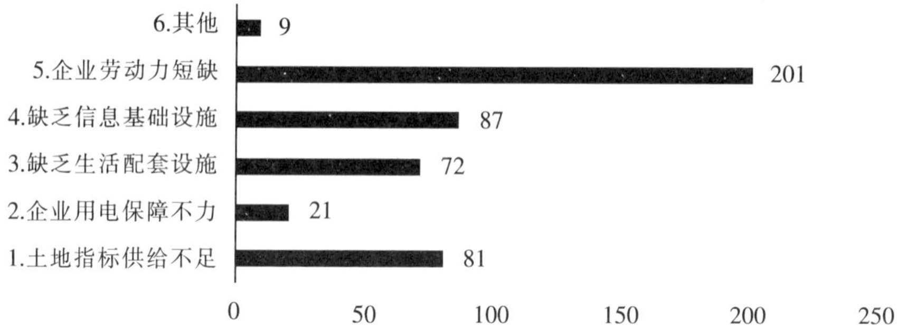

图 11　生产要素保障情况

从图 11 可以看出,在受调查的 258 家企业中,有 201 家都存在企业劳动力短缺的情况,可见民营企业的人才储备出现缺失,用人成本增加,劳动力市场的流动性受限,企业和劳动力之间的联系交流平台不够完善,相关就业信息和择业渠道的保障平台更需要进一步加强。除此之外,在信息基础设施、生活配套设施以及土地供给方面都有部分企业表示遇到困难和瓶颈,想要进一步促进民营经济的发展壮大,对于生产要素的提供和保障方面需要做出更多的努力。

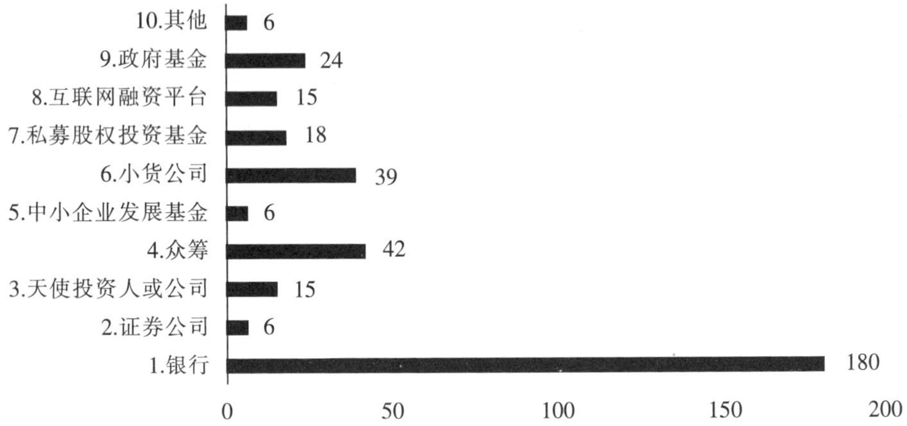

图 12 企业资金获取的外部渠道情况

从图 12 可以看出,有将近 70% 的受访企业表示其资金的主要来源仍旧依靠银行贷款,只有少数企业会利用互联网融资平台、天使投资或者证券公司等进行民间融资,只有极个别企业享受到了政府的基金扶持。由此可见,民营企业的融资渠道比较单一,过度依赖银行导致企业发展的灵活性受限,民间融资渠道不够畅通,民间融资平台需要进一步的发展和完善,政府对民营企业发展的资金扶持力度不够,企业所能够享受到的政府政策和优惠需要进一步加强。对于民营企业而言,融资渠道窄、数额小、获批难是关乎其生存发展的重要问题,融资环境的好与坏直接影响到了一个地区民营经济的发展潜力。

总体来看,江西民营经济发展的要素环境急需进一步的改善,尤其是在生产要素保障方面,企业要创新管理体制机制进一步降低用人成本,政府要大力构建相关信息沟通交流平台,促进用人企业和劳动力之间的良性循环,同时要进一步拓宽民间融资渠道,加大对小微企业的政策和资金扶持力度。当然,银行作为融资渠道的重要主体来源,也要根据江西的实际情况适时调整针对民营企业尤其是小微企业的投融资政策,在投融资的连续性方面进一步加大保障力度。

2. 政务环境分析

政务环境主要对政府的失信行为情况(图 13)以及政企之间交流情况(图 14)进行分析。其中,政府工作过程中政策的连续性、及时性和有效性难以得到根本保证，政府和企业交流过程中未能真正发挥政府的服务职能，企业的发展需求难以满足。

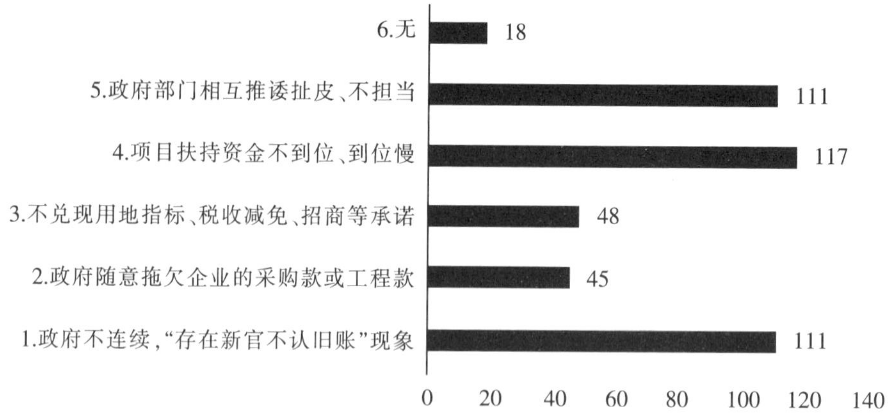

图 13　政府的失信行为情况

根据图 13，有将近一半的受访者表示企业在和政府沟通联系的过程中都会遇到不同程度的政府失信情况，主要是政府政策不连续，企业经营面临的政策环境遭遇诸多变数，同时相对冗余的政府部门和审批手续使企业遇到的问题难以得到有效解决，相互推诿往往延误了问题处理的最佳时机，再者政府扶持资金到位慢、到位难也导致企业遇到诸多瓶颈，一定程度上降低了企业的经营效率。

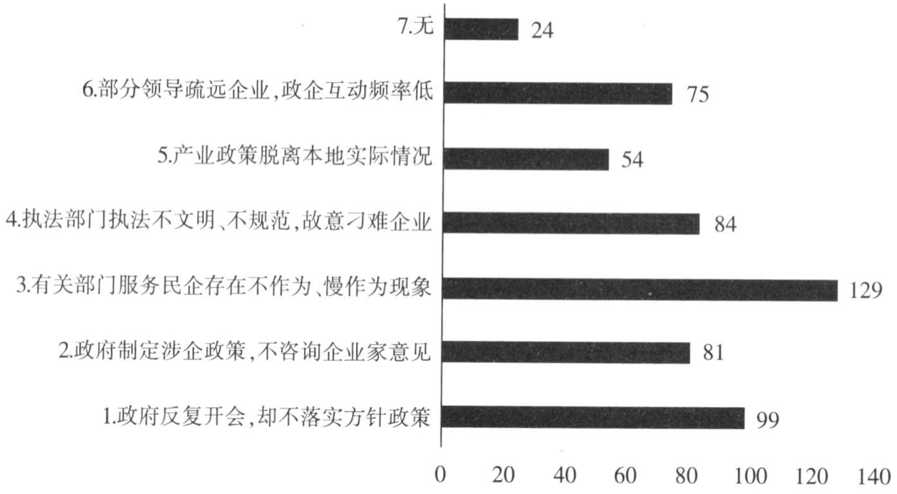

图 14　企业与政府的交流情况

根据图 14，政府和企业之间的良性互动不够频繁，导致政府决策并未真正反映民营经济发展的需要。其中,有将近50%的受访者表示,有关政府部门在服务企业时存在不作为、慢作为现象,可见政府的服务职能并未得到充分有效地发挥。其次,有81名受访者表示,在落实相关政策方面,政府缺乏及时性和果断性,导致相关决策落后于实际需求。同时,有将近20%的企业管理者认为政府政策脱离实际情况,其制定过程未能考量经济发展水平和特点,甚至有个别执法部门不够文明规范,执法过程或多或少都损害到了企业的切身利益。

总体来看,政务环境是地区民营经济发展的客观支撑,由于江西民营经济发展起步较晚,实力较弱,更需要政府的大力扶持。对于相关政策的制定,政府要严格按照实际情况实事求是;对于相关政策的实行,政府要保证及时有效;对于相关企业的合理需求,政府要尽可能地予以解决;对于相关项目资金的扶持,政府要严格把控落实到位。政府作为经济发展的服务支撑,还利用电子政务工具,为民营企业提供更加精准、更加贴心的服务,努力为民营经济发展营造低成本、国际化、法治化、便利化的营商环境,同时要千方百计减轻企业税负,加强税收优惠落实力度,加强行政审批、中介服务等领域的收费检查,严打利用垄断地位乱收费等行为。

3. 法治环境分析

法治环境重点对城市的知识产权保护状况进行评价(图15),然后对城市法制氛围的整体情况(图16)进行了分析。其中,江西的知识产权保护工作比较到位,多数企业具有良好的知识产权保护意识,而城市法制工作存在的主要问题在于无法可依、有法不依,造成法制判决效率低下,存在一定程度的乱象。

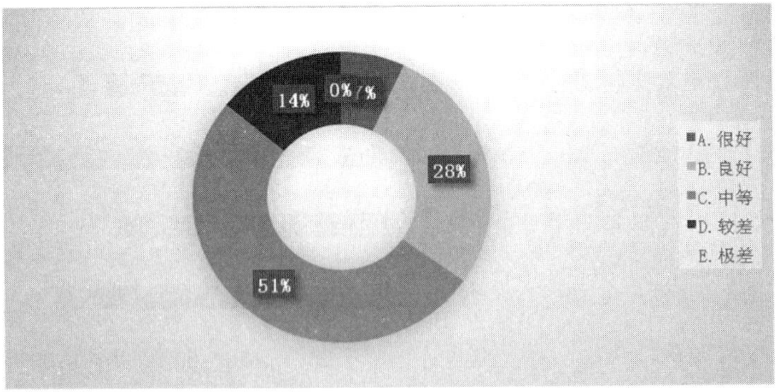

图15 城市知识产权保护情况

根据图 15 可以得知，江西的知识产权保护情况比较良好，只有 14% 的受访者表示企业遇到过侵权现象，这一方面说明了企业在经营发展的过程具有良好的知识产权保护意识，另一方面也说明了政府对知识产权保护的重视程度，相关知识产权保护法律法规的完善，民营经济作为企业创新的主体，良好的产权保护环境会极大激发企业创新的活力和效率。

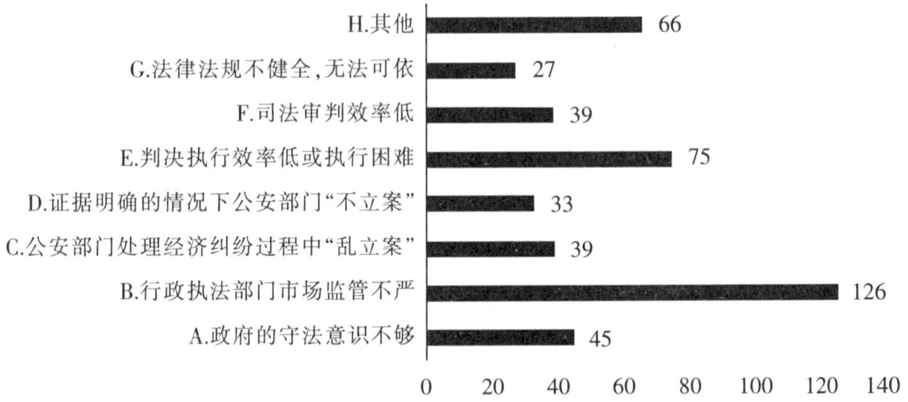

图 16 城市法制氛围整体情况

由图 16 可知，有 126 名受访者认为相关行政执法部门市场监管不严，市场秩序和体制仍有许多不完善的地方，有 30% 左右的受访者认为企业在维权过程中无法可依，在判决执行方面也存在效率低下的问题，同时有小部分受访者认为相关政府部门在处理经济纠纷的问题上存在一定程度的乱象。

总体来看，江西在企业财产保护和知识产权保护方面做出了较多努力，但是在相关案件的处理判决方面仍有明显不足。为此，政府需要进一步完善相关法律法规，做到有法可依；严格规范市场秩序并加以良性引导，做到有法必依；保证案件审理过程的公平公正，做到执法必严；保证落实相关案件判决结果，做到违法必究。同时要拓宽企业维权渠道，构建企业之间的良性沟通平台，从而切实保障企业的合法权利和利益。

4. 市场环境分析

市场环境就是交易平台，而交易成功与否的关键就是诚信环境体系的建设是否完善。此外，政府政策的落实程度和清单公布情况也对市场秩序的稳定有序起着至关重要的作用。调查结果表明，江西的城市环境建设最明显的问题就是缺乏失信公开平台，因而引发了一系列的问题，政策落实和清单公布缺乏监督，对相关政府部门的约束力不够，从而增加了民营企业的市场交易成本（图 17、图 18）。

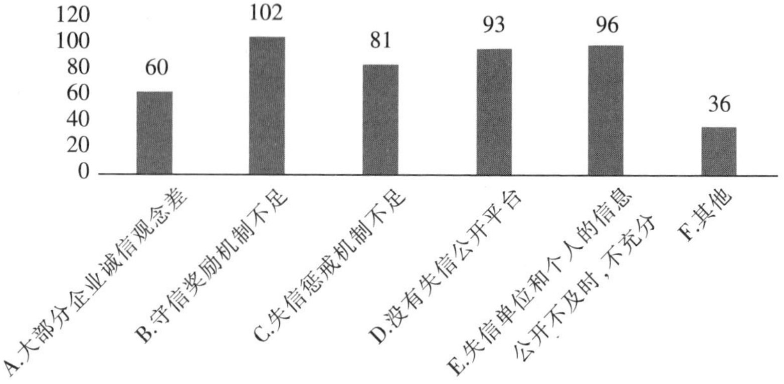

图 17 城市诚信环境体系存在问题情况

从图 17 可以看出，江西的城市环境体系建设存在诸多问题。有将近 35% 左右的受访者表示由于缺乏失信公开平台，导致失信单位和个人信息公开不及时、不充分，企业在合作过程中难以甄别，无疑增加了企业的风险成本。同时由于守信奖励机制不足，失信惩戒机制欠缺，企业并没有过多的激励去建立良好的信誉，反而会因为利益的驱使做出有损诚实诚信体系的行为。

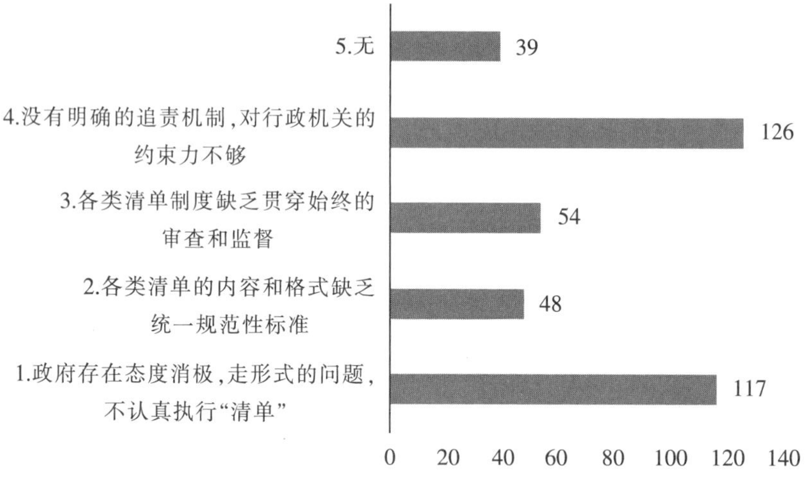

图 18 政府政策落实和公布清单情况

由图 18 可知，有将近一半的受访者表示政府存在态度消极、走形式的问题，不认真执行清单要求，同时缺乏明确的追责机制，对行政机关的约束力不够，有大约 20% 的企业高管认为各类清单的内容和格式缺乏统一规范和标准，各类清单制度缺乏审查和监督，可见政府的政策落实和清单公布一方面缺乏及时性和有效性，另一方面缺乏相应的公平性和客观性。

总体来看，江西的市场环境体系建设仍有诸多不完善之处，尤其是城市环境体系建设和政策落实情况不容乐观。相应地，政府需要进一步加大城市环境体系建设，完善守信奖励和失信惩戒机制，引导企业建立良好的信誉和形象，严格规范市场秩序和发展原则，为企业经营和发展创造良好的客观环境，同时要扩大全面深化改革的范围，加大对政策落实和清单公布的监督力度，持续推进体制机制改革创新，破除制约民营经济发展的障碍和桎梏，大力降低企业综合成本，降低制度性交易成本。

5. 社会及创新环境分析

社会及创新环境对城市社会环境发展情况做了总体评价，同时重点分析了政府在推动企业创新工作中存在的不足之处。其中，江西的城市社会环境总体良好，但在创新工作中人才吸引力和创新成果转化能力弱的问题尤为突出，尤其是小微企业在激烈的市场竞争下面临较大的研发成本负担，如何提升民营企业的自主创新能力是提升企业核心竞争力以及促进民营经济发展壮大的关键（图 19、图 20）。

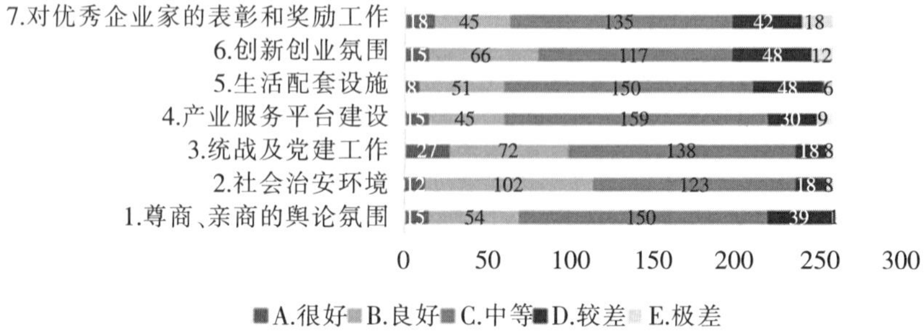

图 19　城市社会环境发展情况

根据图 19，江西的社会整体环境相对而言还是比较良好的，只有少数受访者表示城市的创新创业氛围不够浓厚，对优秀企业家的表彰和奖励工作也不够到位，这一方面与江西的地理环境和生活习惯有关，江西由于地理位置和资源禀赋的限制，长期以发展农业为主，对于民营经济的发展没有太多的经验和模式可以借鉴，另一方面与江西的政策环境有关，政府对于民营经济发展的扶持力度不够，民营企业尤其是小微企业的发展空间受到了很大限制。

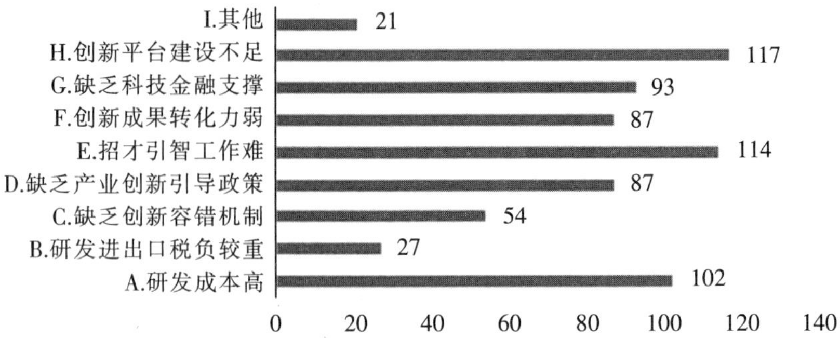

图20 政府在推动企业创新工作中的不足之处

根据图20,有将近45%的受访者表示在企业经营发展过程中,招才引智工作遇到诸多难处,无疑增加了企业的经营成本,人才的匮乏一定程度上也影响了企业的发展壮大,同时由于创新平台建设不足,企业的自主创新能力得不到充分有效地发挥,企业自身及其产品缺乏相应的核心竞争力。再者有大约35%的受访者认为由于缺乏科技金融的支撑,导致企业的研发投入不足,缺乏产业创新引导政策,导致企业的自主创新与行业潮流小部分脱节,创新成果转化能力弱更是加大了企业运营的资金缺口。

总体来看,创新始终是民营经济发展壮大的源泉和动力,而江西的创新发展环境仍有较多的不足之处需要完善。为此,江西要积极引导小微企业树立开放创新和协同创新的观念,支持企业与高等院校、科研院所、研发机构等通过创新资源共享、成果转化、技术合作、协同创新等方式,着力补齐小微企业科技创新的短板,提升小微企业创新能力和市场竞争力,同时进一步制定出台引进人才和激发人才创新创业的政策措施,积极打造人才高地,还要充分利用和发挥产业创新服务综合体、科技孵化器、小微企业园等各类创新创业平台载体功能,加速小微企业集聚集约和创新提升发展,打造小微企业发展良好的创新环境和创新生态链。

(三)浙江民营经济营商环境调查分析

1. 要素环境分析

要素环境主要分析了三个方面:企业运营相关成本的变化情况、生产要素保障情况以及企业资金获取的外部渠道情况。其中,在企业运营相关成本的变化中,浙江民营企业的互联网成本和税费负担都有所降低,环保成本明显上升,其他各项成本没有显著变化,由于产业转型升级的需要面临一定程度的高素质劳动力供给缺口,除了银行作为主要的资金获取渠道之外,民间资本活力也在不断增强(图 21、图 22、图 23)。

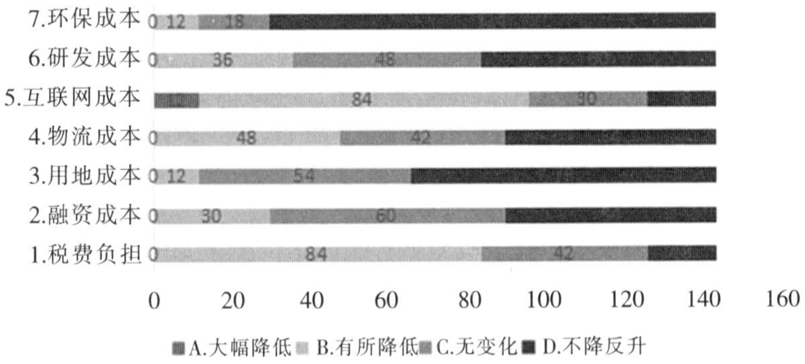

图 21 企业运营相关成本变化情况

图 21 可以看出,企业运营的相关成本近年来发生了明显变化。其中,有将近 60% 的受访者表示近些年企业运营的互联网成本和税费负担都有所降低,得益于浙江强有力的信息基础设施建设和优惠的税收政策。但是有将近 80% 的受访者表示近些年的环保成本出现不同程度地上升,有大约 40% 的受访者表示企业研发成本、产品物流成本、用地成本和融资成本同样不降反升,可见浙江民营经济在发展过程中产品竞争更加激烈,研发投入持续增加,产业调整升级的加快对环保质量也提出了更高的要求,以阿里巴巴为代表的电子商务的快速发展也迎来了物流业的繁荣,同时有限的土地资源使得企业的用地成本逐年攀升,一系列运营成本的上升扩大了民营企业的资金需求,相应的融资体系和结构难以适应,尤其是小微民营企业的融资困境仍然应是政府决策关注的重点。

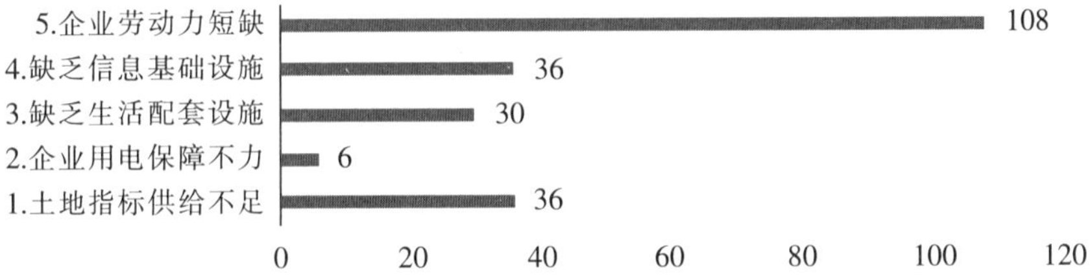

图 22 生产要素保障情况

从图 22 可以看出,在受访的 144 家民营企业中,有 108 家都表示在生产要素保障方面企业存在劳动力短缺现象,浙江民营经济发展起步较早,早期的劳动密集型产业吸纳了大量劳动力,但是随着民营经济发展模式的转变和产业结构的升级调整,对劳动者素质提出了更高的要求,劳动力市场供需矛盾的激化和结构性失衡问题的出现使用工成本增加,而民企的员工权益保障程度又相对比较低下，种种原因导致企业劳动力短缺现象日益明显。此外，有36家受访企业表示浙江土地指标供给不足，毕竟浙江商用土地面积有限，民营经济规模不断扩大的需要使得土地供给更为稀缺。同时，有20%的受访对象表示生活配套设施和信息基础设施也稍有欠缺，这主要是由于基础设施供给难以适应需求的快速增长所导致的。

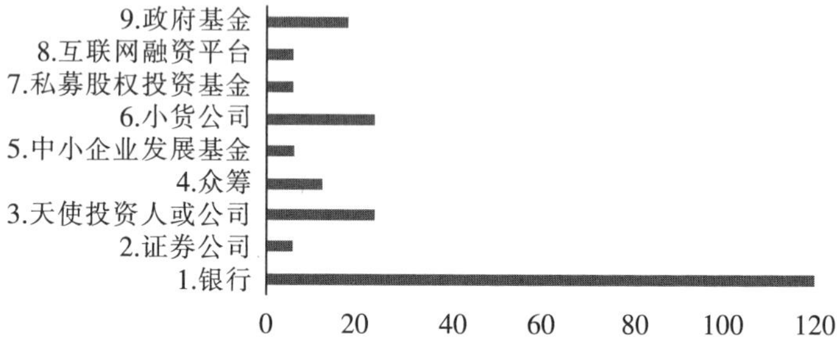

图23　企业资金获取的外部渠道情况

从图23可以明显看出，民营企业获取资金的重要来源主要还是银行，有一部分企业会选择小贷公司、天使投资人或公司等，小部分企业可以从政府基金中获得扶持，个别企业会以互联网融资平台、私募股权投资基金、众筹等形式进行融资。浙江的融资贷款渠道相对来说比较多样化，尤其在温州有发达的民间借贷渠道，和银行借款相比，虽然民间融资有较强的便利性和流动性，但是由于资本市场的信息不对称也会承担较高的风险。

总体来看，浙江的要素环境存在一些问题需要改善。面对运营成本的逐渐上升，民营企业需要进一步创新自身的运营管理体制以提高效率，缩减制度成本，政府需要进一步加大基础设施建设的力度，满足民营企业的外延性需求。为了解决劳动力短缺的难题，企业在进行发展模式变革的同时也要维护好企业员工的合法权益，维护好员工的现时利益就是维护企业的未来利益，同时也要完善就职培训，提升劳动者素质以适应企业转型升级的需要，政府也要大力构建就业信息沟通平台和机制以解决结构性失衡的问题。浙江的民间资本本身具有较好的流动性，为了进一步释放其活力，需要构建以政府为主导，辅以民营模式的双线行型征信系统以解决资本借贷市场的信息不对称问题，进而改善民营企业尤其是小微企业的融资困境。

2. 政务环境分析

政务环境主要对政府的失信行为情况以及政企之间的交流情况进行分析。其中，政府对民营企业的项目资金扶持难以有效落实使得民营企业尤其是小微企业难以享受到政策改革带来的红利，而政府在服务民企时的低效率和弱交流也使得民营企业的现实需要难以得到真正满足（图24、图25）。

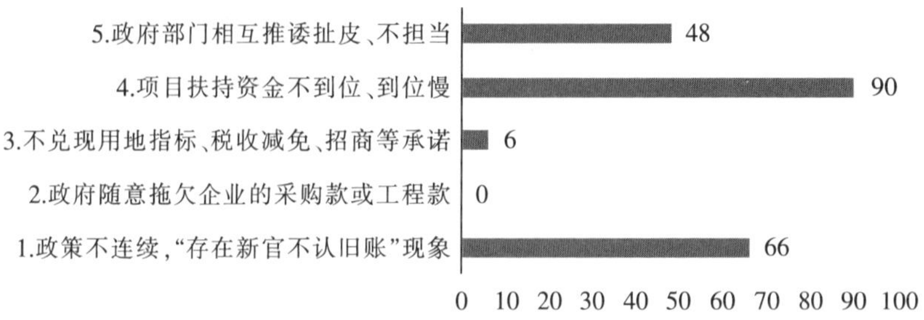

图24　政府失信行为情况

由图24可以看出，在144家受访企业里面，有将近60%的受访者表示政府对民营企业的资金扶持政策难以有效实施，项目扶持资金不到位、到位慢的现象比较普遍，民营企业在激烈竞争中对资金的迫切需求就难以得到满足，这很大程度上是由于政府项目资金审批程序的复杂性和审批条件的严苛性导致的。其次，有大约45%的受访者表示政府政策在实施过程中的连续性难以保证，存在一定程度上的“新官不认旧账”现象，事实上，一张蓝图绘到底既是保持工作连续性，推进事业发展的需要，也是领导干部政治素质的体现。同时，有将近35%的受访者表示在和政府打交道的过程中会遇到政府部门相互推诿扯皮、不担当的情况，这也暴露出了政府机构设置不甚合理和权责不明的弊端。

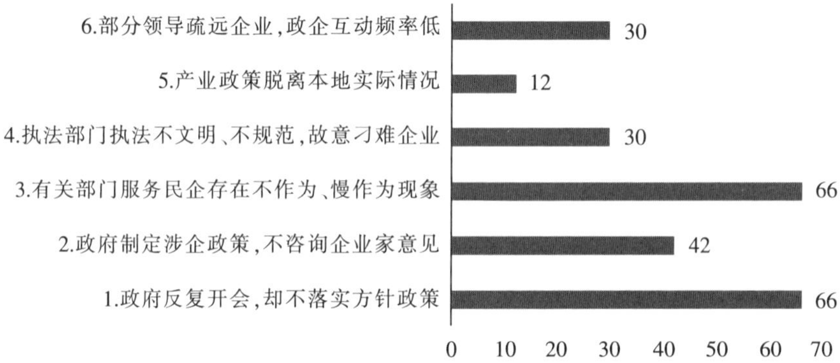

图25　企业和政府的交流互动

由图25可以看出，有将近50%的受访企业表示政府政策的出台和落实往往要经过政府的多方开会和讨论，其有效性和及时性大打折扣，而有关部门服务民企也存在一定程度上的不作为、慢作为现象，大大降低了和民企交流沟通的效率。此外，有大约30%的受访企业表示政府制定涉企政策时，不咨询企业家的意见，造成政府政策和企业实际需求在一定程度上不相适配。同时，有20%的受访企业表示部分领导疏远企业，政企互动频率低，甚至有些部门执法不文明、不规范，故意刁难民营尤其是小微企业，政府和企业之间亦缺乏良好的沟通互动平台和机制，而民营企业大多规模较小，实力较弱，一方面自身的合法权益容易受到侵害，另一方面缺乏有效的保障机制去维护自身的权益。

总的来看，浙江在政务环境方面主要存在两方面的问题：一是如何保证政策实施的有效性和及时性。政府政策的出台和实施一方面需要经过层层论证以保证其科学性，另一方面又要经过实践检验以保证其有效性，同时又不能因为论证周期过长迟迟不能落地而失去了政策本身的及时性，这就需要政府简政放权，提高效率，保证权责分明，同时实事求是，及时听取企业家的意见和实际需求，还要保证其连续性，避免出现“新官不认旧账”的现象。二是如何保证民营企业尤其是小微企业的合法权益。浙江民营经济比较发达，竞争更为激烈，企业间的经济摩擦和纠纷相对更为频繁，构建一个完善有效的政府和企业间的互动沟通平台就显得尤为重要，一方面可以加强政企联系及时满足企业的迫切需求，另一方面可以高效解决企业间的利益纠纷以保证弱势企业的合法权益。

3. 法治环境分析

法治环境重点对城市的知识产权保护状况进行评价，然后对城市法制氛围的整体情况进行了分析。其中，几乎所有企业都表示浙江的知识产权保护状况处于中等以上水平，充分体现了产权的清晰明确是民营经济发展的关键，而城市的整体法制氛围主要存在执法不严，违法弱纠的问题，监管力度不够导致民营企业的发展存在一定程度的灰色地带(图26、图27)。

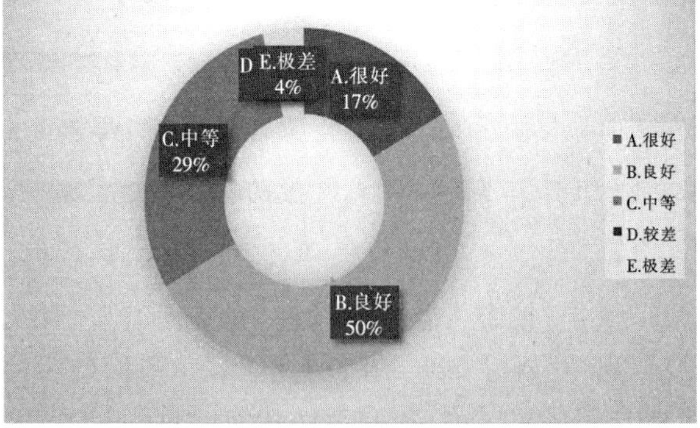

图26 城市知识产权保护情况

由图26可知，有将近96%的受访企业都表示自身所处的知识产权保护环境处于中等以上水平，仅有4%的受访者表示遇到过知识产权受到侵害的现象。由此可见，浙江的知识产权保障体系相对而言比较完善，这是民营经济能够发展壮大的一个很重要的原因。2017年，浙江省知识产权系统认真贯彻实施创新驱动发展战略和知识产权战略，以建设知识产权强省为目标，不断深化知识产权领域改革，严格知识产权保护，提高知识产权质量效益，优化知识产权服务环境，各项工作取得新进展，全省11个设区市全部列入国家知识产权示范试点城市序列，覆盖率达到100%。

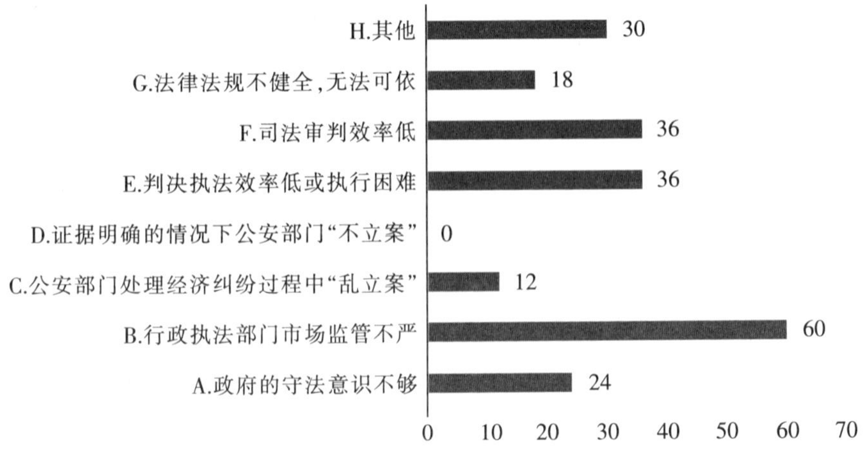

图27 城市法制氛围整体情况

从图27可以看出，在144名受访者中有60名受访者认为行政执法部门市场监管不严，民营经济越活跃的地方市场体制中就越容易存在某些不安定因素，马太效应也就更容易出现，对市场秩序的监管也就更加重要。此外，有36名受访者表示政府相关部门的司法审判效率比较低，判决执行的效率比较差甚至执行困难，这一是因为促进司法判决执行效率提高的法律供给不足，二是对拒不执行的威慑和惩处力度不足。

整体来看，浙江的知识产权保护状况比较良好，需要进一步加强民营尤其是小微企业的知识产权保护意识。反而城市法制氛围尚有不足，需要进一步完善利于执行的法律供给，加大对拒不执行行为的惩处力度，提高司法审判效率。同时要进一步构建更加完备的信息联动体系和执行案件的内外监督体系，完善案件执行外部环境，逐步推动民事执行的规范化，加强民事执行的保障力量，保护民营企业的合法权益不受侵害。

4. 市场环境分析

市场环境主要为民营企业的发展提供一个安全、稳定、诚信、有序的交易平台，同时政策落实和清单公布情况则为市场的健康发展提供了有力保障。其中，浙江诚信环境体系建设过程中存在的主要问题是守信奖惩机制不足，没有让相应的失信公开平台发挥应有的作用，同时政府工作的任意和低效也未能保证市场的有序发展（图28、图29）。

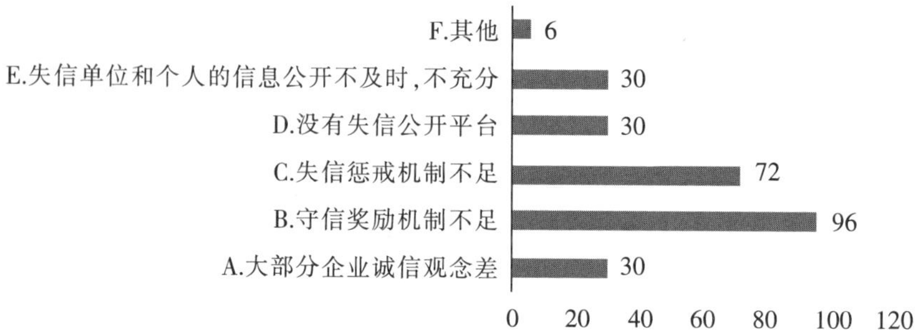

图28 城市诚信环境体系建设情况

从图28可以看出，有将近65%的受访企业认为在城市诚信环境体系建设过程中守信奖励机制不足，与此相对应的是约50%的受访者表示相关失信惩戒机制亦比较欠缺，浙江民营经济发展的历史和现实经验表明信用体系的缺失会增加企业之间的交易成本，挫伤企业创新的动力和积极性，影响民营经济发展的活力和效率。此外，有20%左右的受访者表示大部分企业缺乏良好的诚实守信意识和声誉，政府缺乏相应的失信公开平台，由于失信单位和个人的信息公开不及时、不充分导致交易市场上的信息不对称，增加交易风险的同时扰乱了市场体系的有序和稳定。

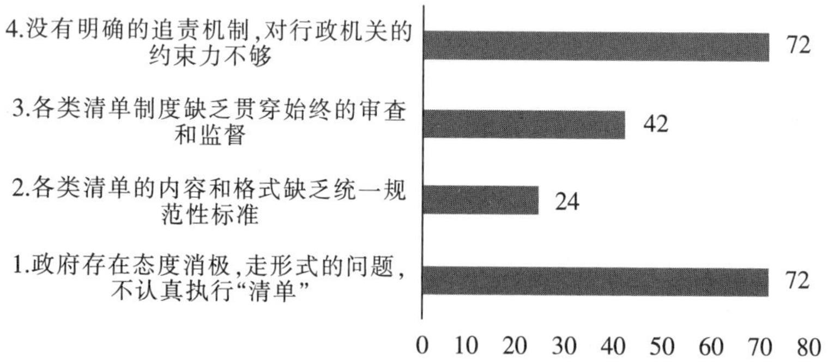

图29 政府政策落实和清单公布情况

从图29可以看出，有将近一半的受访企业认为政府存在态度消极、走形式的问题，不认真执行“清单”，由于没有明确的追责机制，对行政机关的约束力不够，导致工作效率低下，工作质量大打折扣。有大约30%的调查对象认为各类清单制度缺乏贯穿始终的审查和监督，有 15% 左右的调查对象表示各类清单内容和格式缺乏统一的规范性标准，可见对市场主体的监管程度依然不够，浙江作为全国民营经济发展的领头羊，除了发展的规模和效益之外，市场主体的品牌和声誉更应该受到重视。

总的来看，浙江的市场环境相对而言比较有活力，但是有些方面仍然稍显不足。一是社会信用体系的建设。信用是为人的基本道德，是经济活动的基本要求，是市场经济的基本准则，因此一定程度上可以说市场经济就是信用经济。而社会信用体系的建设主要从政府信用、企业信用和自然人信用三个方面着手，从政府来看，需要不断完善针对市场主体的守信奖励和失信惩戒机制；从企业来看，则需要有效的监督举报平台促使企业树立良好的信誉和形象；从个人来看，要养成遵纪守法和诚实守信的良好习惯。二是市场秩序的监管。政府要严格规范市场秩序和发展原则，加大对政策落实和清单公布的监督力度，力图构建更加有效合理公平高效的市场体系，为企业经营和发展创造一个良好的客观环境。

5. 社会及创新环境分析

社会及创新环境对城市社会环境发展情况做了总体评价，同时重点分析了政府在推动企业创新工作中存在的不足之处。其中，浙江的城市社会环境状况总体良好，尤其是独特的经商文化和氛围催生了一大批优秀的民营企业和企业家，而在创新工作中主要面临着招才引智方面的难题（图 30、图 31）。

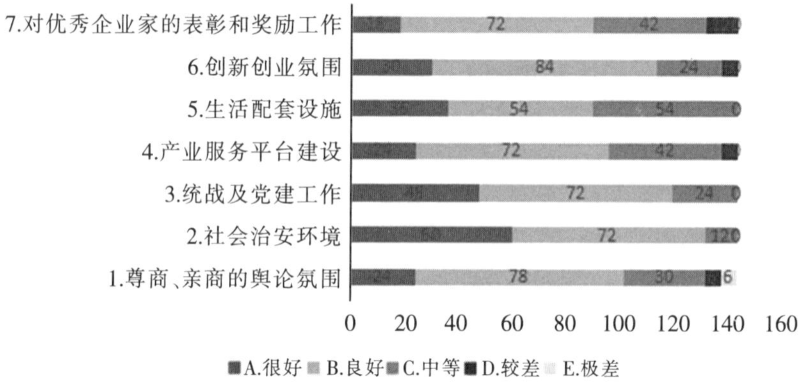

图 30　城市社会环境发展情况

从图 30 可以看出，有将近 90% 的受访企业认为浙江整体的社会环境处于中等以上水平，浙江民营经济依托良好的地理位置和政策优势，扩张迅速，发展红利带来了浓厚的尊商、亲商的舆论氛围，创新创业的热潮催生出了一大批优秀的民营企业家，为浙江乃至全国的民营经济发展模式树立了榜样，政府对优秀企业家的表彰工作也鼓舞和激励了创业者的热情和积极性，同时生活基础配套设施的不断完善、产业服务平台的有力支撑、社会治安环境的安全保障都使得浙江培育出适应民营经济发展壮大的土壤。

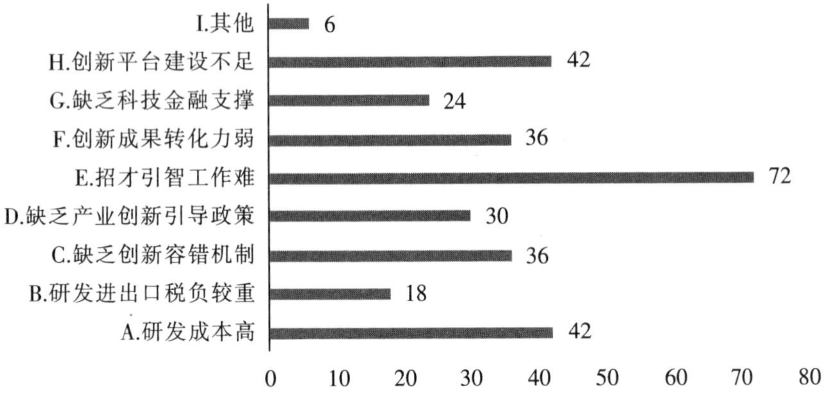

图 31 政府在推动企业创新工作中的不足之处

从图 31 可以看出，目前企业创新面临的最大困境是招才引智工作，未来企业之间的竞争归根究底是人才的竞争，尤其在市场经济活跃的浙江更是如此。同时，有 42 名受访者表示政府的创新平台建设不足，研发投入大多是企业自有资金导致研发成本较高，随着民营经济发展模式和产业升级的调整，产品创新能力逐渐成为一个企业的核心竞争力，但是高昂的研发成本对小微企业而言难以承担。此外，有 20% 左右的受访企业认为由于缺乏完善的创新成果转化机制和创新容错机制，导致研发创新的风险较高，创新回报率难以达到预期，科技金融支撑的不足使得民营企业抵抗创新风险的能力较弱。

总的来看，浙江的社会及创新环境整体向好，但是在推动企业创新的工作中仍有一些不足之处。为了帮助民营企业吸引人才，更是为了浙江经济发展储备资源，政府需要实施更优惠的人才引进及储备政策，为了减轻民营企业尤其是小微企业的研发成本负担，大力发展并完善科技金融体系，对高技术创新项目给予更多的资金扶持，对创业失败的企业提供更多的风险保障，同时充分利用和发挥产业创新服务综合体、科技孵化器、小微企业园等各类创新创业平台载体功能，加速小微企业集聚集约和创新提升发展水平进而提升科技成果转化能力，提高研发创新的市场回报率。

（四）江西和浙江民营经济营商环境微观比较分析

通过对江西和浙江民营经济营商环境的调查问卷分析，可以发现二者营商环境发展的微观层面存在如下差异。

从要素环境来看,江西和浙江二者都存在明显的劳动力短缺现象,但是浙江更多的是由于产业转移升级所导致的结构性短缺,需要提升劳动者素质以适应工作发展变化的需要;而江西主要是由于民营经济发展较弱,对劳动力的吸引力不够,加上相关就业信息平台的不完善等所导致的供需缺口,需要进一步加大职工权益的保护力度,优化就业信息沟通交流平台和机制。其次,江西和浙江的民营企业融资的主要途径依然是银行,但相比较而言,浙江的民间融资途径更加多样化,民间资本更具有活力,这很大程度上是因为浙江多年来民营经济的发展形成了一种"诚信、和谐、高效、稳定"的营商环境,是江西民营经济所不具备的一种特质。

从政务环境来看,江西和浙江的民营企业普遍表示,政府政策从制定到实施的整个过程中,其及时性、有效性和连续性都难以得到切实保证,政企关系难以真正实现良性互动和循环,需要政府进一步加大简政放权的力度,提高政府工作的效率,强化政府的服务职能。

从法治环境来看,江西和浙江二者的知识产权保护状况都比较良好,不过浙江略胜一筹,浙江民营经济的发展得益于明晰企业产权,江西则仍需要做出更多的努力以防止马太效应的出现。其次,江西和浙江的受访者都表示相关行政执法部门仍有一些问题需要改进,对于江西而言,需要做到"有法可依,有法必依",要进一步完善相关法律体系和制度;对于浙江而言,则要做到"执法必严,违法必究",切实维护民营企业尤其是中小民营企业的合法权益。

从市场环境来看,江西由于缺乏完善的失信公众平台,自然欠缺配套的失信惩戒机制,造成交易市场上的信息不对称,无疑会增加企业经营的成本和风险;而浙江则是针对民营企业的守信奖惩机制有待完善,需要进一步加大对有关企业的奖励惩罚力度,培育更多具有标杆作用的优势企业。其次,江西和浙江的受访企业都表示在市场秩序方面仍存在一定程度的乱象,但是二者的原因则存在差异,江西主要是因为缺乏对市场的监督、相关体系和制度不完善造成的;浙江则是因为民营经济的活跃会带来一些不安定的因素,需要政府加强引导,而不是简单的监督打压。

从社会及创新环境来看,浙江的整体社会环境要优于江西,和民营经济发展的匹配程度更高。不过,江西和浙江二者都面临招才引智工作方面的难题,这也是目前全国各地纷纷出台相关人才引进政策的原因。实际上,浙江的创新成果转化能力和科技的市场回报率要优于江西,相关的创新平台、容错机制、金融支撑等的建设都更加完善,创新始终是民营经济发展壮大的根本推动力,也是浙江民营经济蓬勃发展至今天的重要原因,更是江西需要努力加强和追赶的重中之重。

总体而言,不管是江西还是浙江,其民营经济的发展和营商环境之间都存在不相匹配和适应的地方,都存在一些问题需要改善,但是通过二者之间的比较可以看出,浙江的民营经济营商微观环境状况明显要优于江西,其营商环境处于不同的状态和阶段,即使相同的问题背后也存在着不同的原因。具体而言,在要素环境、市场环境、法治环境和社会及创新环境方面二者存在不同程度的差异,在政务环境方面则遇到了比较类似的难题和困境,对于江西而言,其民营经济发展的阶段虽不可同日而语,但是和浙江相比依然不在同一个水平状态之上。因此,江西应该借鉴浙江民营经济营商环境发展的模式、思路以及路径,并结合国内外经济形势和自身特色去优化改善自身的营商环境,以期促进江西民营经济的进一步发展。

五、江西民营经济营商环境改善的思路、模式与路径研究

(一)江西民营经济营商环境改善的总体思路

民营经济作为我国社会主义市场经济结构的重要组成部分,具有产权明确、入行门槛低、利益直接、市场适应良好、成长迅速等特征,已然成为促进地方经济增长的重要动力。江西省民营经济发展规模较小,产业集群度比较低,专业分工程度比较差,技术创新人才比较匮乏,社会创新营商氛围比较欠缺。要改变这一状况,江西民营经济营商环境改善的总体思路是:促进政府、企业和社会投资者之间的良性互动,在继续保持良好的政策服务环境和基础设施环境的基础上,通过贯彻落实党中央和国务院提出的“双创”政策,不断优化创新发展环境;通过培育多层次的市场参与主体,持续改善融资投资环境;通过提升政府服务企业质量,日益改进市场培育环境。

(二)江西民营经济营商环境改善的原则

民营经济营商环境的形成依赖于政府、企业的行为以及二者之间的互动,如何保证二者各自行为的切实有效,二者各自的利益不受损害,二者之间的互动形成良性循环是改善过程中贯穿前后的原则。具体包括以下四点:

1. 公共管理高效化

营商环境涉及政策、市场、融资、法治等多个方面的工作,其中政府扮演着总揽全局的作用,其工作的效率和质量直接关系到营商环境状况的优劣。因此,在江西民营经济营商环境的改善过程中,要保证政府工作的及时性、有效性

和切实性，让民营企业享受到改革带来的红利。

2. 政企互动良性化

营商环境的改善可以促进民营经济的发展，民营经济发展的需要又给营商环境提出了更高的要求。在这种相互促进的过程中，政府和企业是实施的两个主体。因此，在完善江西民营经济营商环境时，一方面要保证政府政策反映民营企业发展的实际需要，另一方面又要保证政府对市场监管的完善程度。

3. 产业引导前沿化

随着近年来产业升级步伐的加快，民营企业由于适应能力强，灵活性高，也在不断创新自身的运营管理体制以适应产业升级变化的趋势。因此，在促进江西营商环境改善的过程中，要时刻关注产业发展的前瞻趋势和最新动态，逐步引导民营企业实现产业升级转移，为产业发展注入新的活力。

4. 服务企业常态化

营商环境归根到底是为经济发展，尤其是为民营经济发展服务的，企业的实际需求应该是营商环境改革的重点。因此，为了优化江西民营经济营商环境，要形成听取民营企业家意见的常态机制，密切和民营企业的沟通交流，满足民营企业的发展需要，保证江西民营经济的营商环境与民营经济的发展阶段、发展态势相适应。

（三）江西民营经济营商环境改善的目标

根据民营经济营商环境评价的理论研究，借鉴浙江民营经济营商环境塑造的经验和内容，江西民营经济营商环境改善的总体目标是实现“四个明显”，即：政府服务职能和基础保障措施明显强化；社会创业意识和企业创新能力明显增强；企业融资成本和市场准入规则明显改善；市场培育和产权保护制度明显成熟。总体目标落实到实际的工作中，主要包括以下几个方面：

一是进一步简政放权，提高行政审批效率，建立市场准入负面清单，破除制约经济社会发展的制度障碍，加快建设服务型政府，最大限度地释放改革的红利；同时，把浙江等发达省份作为标杆，使得浙江民营企业能做到的事，江西民营企业也能做到，甚至做得更好。

二是进一步完善实施创新人才引进战略，增强对创新型人才的吸引力度，力争到 2020 年底，形成运行健康的高新技术人才储备库；同时，知识产权保护意识逐步增强，知识产权保护法规逐步完善，产学研进行深度融合，构建创新成果转化平台和机制，不断提高创新成果转化能力和创新回报率，提升江西科技成果孵化承载能力。

三是社会投资环境更加宽松，民营企业尤其是小微企业的融资成本不断下降，融资渠道进一步扩大，涉及的产业行业领域不断扩大，入行门槛不断降低，制度性交易成本不断下降，力争民营企业投融资领域的“法无禁止皆可为”写进地方政府出台的法规制度。

四是健全便捷通畅的市场投诉监督渠道，建立第三方评估发布制度，成立监督审查小组，及时公布失信市场主体清单，逐步提升民营企业的品牌信誉和形象，构建和谐稳定的市场秩序。

（四）江西民营经济营商环境改善模式

民营经济营商环境涉及创新、市场、政策、融资、法制等社会环境的方方面面，通过江西与浙江的对比分析可以发现，江西在创新发展环境、市场培育环境、融资投资环境三个方面有较多的不足之处。因此，对于江西民营经济营商环境状况的改善，需要“集中资源，重点突破，主抓创新，齐头并进”，培养新的发展思维。

1. 法制优先：由“情理法”向“法理情”转变

新加坡的成功经验表明，拥有健全和公正的司法审判系统，为知识产权保护、吸引人才、劳动者权利保护等提供了有力的制度保障。目前，江西民营经济的快速发展必然会产生一系列的产权问题。因此，保证民营企业产权的清晰明确，就必须健全、完善与民营经济发展相关的法律法规，建立江西良好的法治环境，以降低民营企业经营发展的系统性风险。

2. 效率优先：由“绝对公平”向“追求效率”转变

以深圳为代表的沿海城市在民营经济发展初期率先提出“时间就是金钱，效率就是生命”，整合内部资源，优化业务流程，简化审批手续，着力打造高效的营商环境。尤其是在民营经济发展如火如荼的今天，江西作为全国生态文明示范区，更要集中资源培育自己的产业优势，进一步简政放权，提升民营经济发展的质量和效率。

3. 便利优先：由“机械流程”向“服务亲商”转变

民营经济的发展需要更多的要素聚集，如何为要素流入提供更加便利宽松的门槛和条件是营商环境改善的关键。江西由于民营经济发展不够成熟，尤其是市场和投融资环境波动较大，因而在营商环境改善的过程中应该以贸易自由、投资便利、金融服务完善、高端产业聚集、法制运行规范、监管透明高效、辐射带动效应明显等为内容核心和方向，探索投资便利和贸易便利的措施。

（五）江西民营经济营商环境改善路径

前面的分析表明，和浙江相比，江西的民营经济营商环境状况处于明显的落后状况,但政策服务环境和基础设施环境相对而言比较稳定。因此,江西民营经济营商环境中的创新发展环境、融资投资环境和市场培育环境完善的空间较大。其中,创新环境是浙江民营经济发展取得重大成就的重要影响因素;融资投资环境是奠定了浙江民营经济发展的扎实基础;市场培育环境则成为浙江民营经济发展的重要保障。因此,要促进江西民营经济实现健康、稳定、持续的发展,就应该紧紧抓住"创新发展"的引擎龙头,辅之于培养"融资投资和市场培育"两翼,简称"一头两翼"。

1. 优化创新发展环境,打造江西民营经济腾飞的引擎龙头

在市场化程度不断加强、贸易自由化程度不断深入、产品差异化竞争日趋激烈的今天,一个企业的创新能力和创新精神很大程度上决定了其能否在市场上占据自己的一席之地。事实上,一个地区创新发展环境的好坏主要取决于两个方面,一个是创新资源的投入能力,其依赖于对研发资金的支持和对创新人才的培养;另一个是创新成果的转化能力,其依赖于企业与科研院所的密切合作。在经济和科技全球化的时代,要积极引导民营企业树立开放创新和协同创新的观念,着力补齐民营企业尤其是中小民营企业科技创新的短板,提升企业创新能力和市场竞争力。同时,充分利用和发挥产业创新服务综合体、科技孵化器、小微企业园等各类创新创业平台载体功能,加速民营企业集聚集约和创新提升发展,打造民营企业发展良好的创新环境和创新生态链。

2. 改善融资投资环境,铸就江西民营经济腾飞的左翼

民营企业在发展的过程中,为了提高市场占有率往往会扩大生产规模,为了实现产品的差异化竞争会进一步加大研发投入,为了扩大企业的经济效益会进行战略升级和转移,这些需求会给民营企业带来不同程度的资金缺口,而有效地解决途径就是融资,这也对相关的金融机构提出了更高要求。要想彻底解决这个问题,主要从融资途径、融资成本这两个方面着手。目前,江西民营企业的融资途径主要是银行,而民间资本被大量闲置。因此,要充分利用好民间资金,鼓励民间投资。例如,民生银行浙江省杭州分行办理的个人委托代理业务这种做法就很值得借鉴。要降低江西民营经济发展的融资成本,首先就要严格落实银监会"七不准""四公开"规定,监管部门要开展银行业金融机构贷款收费情况专项检查,切实减少企业贷款时附加的各种不合理收费;其次,由地方政府出面,通过建立贷款风险补偿机制,引导省内从业银行充分考虑企业实际承受能力,合理确定贷款利率水平,对符合国家产业政策和信贷政策要求、发展前景和信用较好,但暂时有困难的企业,贷款利率尽量少上浮或不上浮,切实降低

企业融资成本。操作的路径是:由地方政府出资设立民营企业专项银行贷款风险补偿资金池,对银行机构为地方民营企业放贷形成的不良贷款给予风险补偿。

3. 改进市场培育环境,打造江西民营经济腾飞的右翼

市场是企业产品和消费者之间沟通的桥梁,市场培育的状况关系到企业产品向运营资金转化的能力。对于市场培育环境的改善主要关注两个方面。一是民营经济的市场定位。江西民营经济普遍规模小、实力弱,受资本、人才、技术等条件的限制无法与大型企业竞争。因此,应该在扶植大型企业发展的同时,倡导中小企业与大型企业的分工与合作,以形成具有"主导产品—部件产品—配套零件"格局的关联产业网络体系。二是市场发展问题。随着市场规模的不断扩大,现在市场竞争的激烈程度不断加强,除了严格规范市场秩序,提高产品的核心竞争力,抢占现有的市场份额之外,更重要的是挖掘消费者的潜在需求,提高消费者的消费水平,丰富消费者的消费层次。

六、江西民营经济营商环境改善的政策建议

(一)夯实"三基",大力培育民营企业创新意识

众所周知,创新意是人类意识活动中的一种积极的、富有成果性的表现形式,是人们进行创造活动的出发点和内在动力。因此,要激发江西民营企业的创新活力,最紧迫、最根本的是要让企业家思想来一次飞跃,切实培育创业精神,把每一个社会细胞的活力激发出来,把每一个企业的潜能释放出来。长期以来,江西省委、省政府在培育创新意识方面做了许多的努力,不断加大创业扶持,搭建创业平台,激发创业热情,优化创业环境,这对于培育民营企业的创新意识起到了积极的促进作用。面对当前的"大众创业,万众创新"以及中美贸易战如火如荼的新形势,还应该从机构、基金、基地等方面着手,继续培育民营企业创新意识。

一是成立政府"双创办",夯实民营企业创新创业的组织基础。众所周知,机构决定功能。政府机构对于实现政府的社会管理职能有着非常关键的作用。目前,江西省人民政府成立了省推进"大众创业、万众创新"联合工作组,对于江西双创活动起到了一定的促进作用。为了进一步营造社会创新创业氛围,激发社会创新意愿,进而强化企业的创新意识。建议尽快总结"大众创业、万众创新"联合工作组的经验,在省市县三级政府设立"创新创业办办公室"(简称"双创办")。由省内多家单位共同主办的与双创相关的活动,取得了一定的效果。

但同时还应该看到，由于缺乏清晰的责任主体，其中的协调过程纷繁复杂。如果有常设机构进行协调，可以把类似的这些活动变成江西创业的特色名片。

二是广开财源，设立企业创新基金。要采取“政府拨一块、国有大型企业出一块、社会众筹一块”的形式，建立江西企业创新基金，主要是帮助中小企业的科研开发、科技创新以及科技成果转化，促进其专利发明转化为现实的生产力。该部分基金还可以用来鼓励高校等专业科研机构进行“技术嫁接”，为江西企业创新提供智力保障。

三是依托高校，建立企业创新培训基地。企业创新培训基地可以挂靠在工信委，或者与有关高校签订合同，发挥高校的信息、人才和场地优势。利用创新培训基地，定期对全省企业的技术和管理人员提供技术创新、组织创新和管理创新的相关培训，活跃企业技术创新氛围。

（二）建立健康的引导机制，使企业家从唯利转向创新

众所周知，市场的核心是企业家，企业家的任务就是从事套利和创新。过去的40年，企业家主要是从事套利工作，即发现市场经济发展过程中的不平衡，并利用市场信息的不对称进行套利。随着国家经济实力的不断增强和经济增长方式的转变，江西的后发优势逐步消失，传统的套利经营变得日益困难，创新型的企业家需求应运而生。从政府的角度出发，我们应该建立健康的引导机制，使企业家从唯利转向创新。

一是成立江西企业家俱乐部，完善企业家的关心机制。众所周知，企业家跟职业经理人很不一样。职业经理人关注的是“正确地做事”，重视工作程序，属于战术问题，而企业家关注的是“做正确的事”，重视发展方向，属于战略问题。实际上，职业经理人只对自己的行为负责，企业家要对所有员工的行为承担连带责任，企业家面对的风险压力是常人难以想象的。因此，成立江西企业家俱乐部，并通过政府的“双创办”对其提供业务指导，不但有利于这些劳碌奔波的企业家寻找到属于自己的俱乐部心灵港湾，帮助企业家们认识到经营企业的终极意义：企业是企业家思想延续的重要载体，而且有利于企业家们在融入类似群体分享企业的经营经验、提升江西企业的经营管理水平的同时，感受政府组织的关心。

二是严格执行国家产权保护政策，建立企业家稳定的预期机制。商业本来就充满了风险，尤其是制度风险。为了平抑这种风险，套利型企业家应运而生。尽管他们一开始就赚钱，但随着时间的推移，却赚得越来越少。至于创新型企业家，他们可能要经历漫长的创业艰辛期才能盈利。因此，江西要鼓励创新型

企业家的出现,应该在已有的法律法规的基础上,进行整理、归类、修改、补充和完善,使进行发明创造和投入资源开发创新成果的个人、企业的利益得到维护,建立企业家稳定的预期。如果没有对未来良好的预期,不可能有人真正去创新。

三是营造自由的文化氛围,建立企业家思想和行动的独立机制。营造自由的文化氛围,就是保证企业家心灵的自由和行动的自由。心灵的自由就是说企业家可以尽情展开想象,只要最后消费者接受,就证明他们是正确的,但江西的多数企业家从小就被灌输以不能胡思乱想的思想。就行动的独立性来说,过多的政府管制也限制了江西企业家行动的空间。

(三)借鉴“互联网+”思维,突破企业创新人才瓶颈

江西企业创新不足,一方面是投入的经费过少,另一方面是人才的缺乏。绝大部分企业缺乏技术创新高级人才,特有的专家级人才更是凤毛麟角。众所周知,互联网革命分为上半场和下半场。互联网革命的上半场是从线下到线上,典型的代表是马云的阿里巴巴。目前,互联网革命的下半场是从线上到线下,催生了“众筹”“两微一播”。在创新人才相对稀缺的江西,政府应该积极关注企业经营的互联网化的形势,借鉴“互联网+”思维,开拓“引智”“用智”视野,突破企业创新人才的瓶颈。

一是借鉴“众筹思维”,实现江西民营企业紧缺人才的“IPO”。首先是将不在江西从事经营活动的江西籍企业家或者大公司核心员工纳入“人才IPO”的范畴,将其个人视为一家成长性企业,以众筹方式出让股份、募集资金。接着,依靠这些人的资源,把这些隐形企业家资源利用起来打造“IPO”主体,做成一个以人才个体为核心的无边界的公司。这将有力地推动江西目前社会组织形式的改变,有效地释放江西民营企业的创新活力。

二是借鉴动态思维,通过小微企业的发展培养创新储备人才。小微企业处于产业链的最低端,相当于海洋生物圈中小鱼、虾米甚至藻类的级别,但所有的大中企业都是由小微企业成长起来的。因此,小微企业的地位非常重要,没有他们就不会有后来的大中企业。从另外一个角度来说,小微企业还承担着解决就业、创造财富、稳定社会的职能。但是,小微企业目前明显处于弱势地位。我们许多政府部门的企业工作思路是:重点企业重点关注,政府资源重点倾斜;而小微企业是余光关注,任其自生自灭,政府资源基本与他们无缘。因此,我们应该消除政策歧视,真正重视小微企业的发展,让它们能够公平地与大企业分享各种社会资源。这样,可以通过小微企业的发展培养创新储备人才。

(四)强调过程控制,促进科技创新成果转化

江西企业在创新过程中缺少充足的科技信息和市场信息,并且全省尚未形成有利于企业技术创新的市场结构,导致企业创新周期较长、创新成本增加,同时科技创新成果市场化差距明显。有数据显示,江西省规模以上工业企业新产品销售收入虽逐年增加,但总量很低,甚至还不到江苏省的1/10,这其中虽然有江西省的规模以上工业企业数少的原因,但也掩盖不了现存企业科技不强、创新成果市场转化差的问题。

一是对企业的创新活动采取预算管理。采取创新预算管理的方式,不但奠定了民营企业创新的物质基础,更重要的是从另外一个角度体现了政府支持社会创业创新的决心。优化创新预算管理方式,首先需要对政府的投资建立投资结构的评价指标。实际上,到底是真创新还是假创新,通过创新预算管理就可以做到一目了然。其次,鼓励民营企业要以有市场竞争力的新产品开发来引导技术改造,确保技术改造提升的投资效益。

二是优化创新成果转化的支持方式。政府作为科技创新成果转化服务的提供者、规划者和方向的引领者,应该改进其对企业创新的支持方式,在创新成果转化的过程中,尽量减少直接给予项目资金的方法,而应该通过风险投资、贴息贷款等方式进行支持。同时,鼓励拥有新技术、新发明成果的科技人员技术入股,而且要对技术持股、股票期权、职务技术成果的产权归属等方面的问题要做出相应的法律规范。

三是要进一步密切企业与科研院所的合作,提高创新成果的市场回报率。在经济和科技全球化的时代,要积极引导民营企业树立开放创新和协同创新的观念,着力补齐民营企业科技创新的短板。与此同时,充分利用各级政府搭建的各类创新创业平台,打造促进民营企业健康发展的创新生态链。

(五)规范市场秩序,激发市场活力

浙江市场的活力和效率极大地刺激了民营经济的发展,尤其是电子商务的起源和快速扩张带来了新的消费热点,极大激发了购买者的消费潜力和欲望,市场规模得到进一步的扩大。但市场发展越活跃的地方,就越容易出现恶性竞争和不诚信行为,对市场秩序的监管就越不能放松。

一是规范市场秩序。由于政府缺乏对市场秩序的监管以及失信企业奖惩机制的不足导致企业间的交易成本增加,市场秩序混乱。因此,政府需要构建完善的市场监督评价体系,对于制售假冒伪劣产品、低价倾销、偷税、骗税等违法活动进行严厉打击,引导企业建立良好的信誉和形象,同时要扩大全面深化

改革的范围,加大对政策落实和清单公布的监督力度,持续推进体制机制改革创新,破除制约民营经济发展的障碍和桎梏,大力降低企业综合成本,为民营经济的发展提供良好的市场秩序和环境。

二是扩大市场规模。现在市场竞争的激烈程度不断加强,除了通过技术提升改造抢占现有的市场份额之外,更重要的是顺应消费发展趋势,着力提高广大消费者的消费潜力。与此同时,政府还应该进一步放开民营经济的市场准入门槛,扩大民营经济的生产经营范围。江西作为全国生态文明示范区,可以凭借良好的生态资源吸引外资进行绿色生产,发展低耗能、高技术、无污染的环境友好型产业,培育自身的产业优势和市场潜力。

（六）完善监督机制,有效降低融资成本

众所周知,完善的信贷评估方式、审批手续和贷款条件,有利于健全贷款担保、抵质押制度,建立公平、公正的企业风险评估体系和责任分担体系。但是,实际运营过程中的过度监管,显然不利于降低企业融资成本。

一是落实放管结合,完善监督机制。一方面是自我监督,成立审查监督小组,构建定期督查机制,加大对服务对象的走访力度,确保政策落实的及时性、有效性和连续性,同时构建政府和企业、政府和民众之间的沟通互动平台,保证政府政策尽可能满足民营企业的实际需求。另一方面是对市场主体的监督,要加快建设智能化监管体系,充分利用互联网、大数据、云计算等先进的信息化监管手段,共享信息资源,让违规企业的信息在各个监管部门之间互联互通,进一步强化政府的监督职能,提升市场管理和监督的成效。

二是立足实际,简政放权。对于一些符合技术发展趋势、经营者热情比较高涨的企业,应该下放一些"含金量"高的审批权限,进一步取消和下放能够激发市场主体活力的行政审批事项,最大限度地减少和规范行政审批的自由裁量权,从根本上方便市场主体的生产经营活动,降低民营企业的融资成本。

七、结论与展望

（一）研究结论

1. 课题以江西省为实证研究对象,通过系统聚类—因子分析—层次分析相结合的定量指标筛选方法和权重确定方法,对每个准则层下的指标进行系统聚类,对每一类别下的指标进行因子分析,筛选出同类中具有最大信息含量的指标,运用层次分析法确定各准则层相对于总目标层的权重,最终构建了囊括了30个指标涉及创新发展环境、市场培育环境、融资投资环境、政策服务环境以及基础设施环境五个准则层在内的民营经济营商环境评价指标体系。同时,在指标海选上借鉴了世界银行、经济学人智库等国外权威机构的评价指标以及国内粤港澳大湾区研究院发布的中国城市营商环境报告,参考了一些专家学者对特定区域硬伤环境的研究成果,最终构建了民营经济营商环境的宏观评价指标体系。

2. 以宏观评价指标体系为基础,对江西与浙江民营经济营商环境宏观评价比较研究,得出以下结论:第一,从整体来看,江西和浙江的民营经济营商环境状况均保持不断优化改善的趋势,增长过程趋于稳定,但是和浙江相比,江西仍然处于明显的落后状况,且二者之间的差距呈现逐步扩大的趋势。第二,在5个细分准则层指标中,浙江的创新发展环境明显优于江西,但是由于江西的提升速度有一定的比较优势,所以二者之间的差距整体上呈缩小之势;江西和浙江在市场培育环境方面出现明显的断层,发展过程极不稳定,但从长远来看,浙江的市场培育拥有更大的潜力,会逐渐拉大和江西之间的差距;在融资投资环境方面,江西的发展过程更加平稳,以稳定的速率不断上升,反观浙江的融资投资环境则表现出更大的多变性和复杂性,虽然发展趋势不断上升,但是发展过程出现了不同程度的波动,不过就整体而言,浙江的融资投资环境仍然优于江西;江西和浙江在政策服务环境和基础设施环境两方面的差异并不明显,二者都有波动,从整体来看均呈现不断上升的趋势。

3. 课题通过企业经营者问卷调查分析,得出以下结论:江西和浙江民营经济的发展和营商环境之间都存在不相匹配和适应的地方,都存在一些问题需要改善,但是通过二者之间的比较可以看出,浙江的民营经济营商微观环境状况明显要优于江西,其营商环境处于不同的状态和阶段,即使相同的问题背后也存在着不同的原因。具体而言,在要素环境、市场环境、法治环境和社会及创新环境方面二者存在不同程度的差异,在政务环境方面则遇到了比较类似的难题和困境,对于江西而言,其民营经济发展的阶段虽不可同日而语,但是和浙江相比依然不在同一个水平状态之上。

4. 提出了江西民营经济营商环境改善的思路、模式与路径以及对策。总体思路是:促进政府、企业和社会投资者之间的良性互动,在继续保持良好的政策服务环境和基础设施环境的基础上,通过贯彻落实党中央和国务院提出的“双创”政策,不断优化创新发展环境;通过培育多层次的市场参与主体,持续改善融资投资环境;通过提升政府服务企业质量,日益改进市场培育环境。完善的路径是“一头两翼”,即,优化创新发展环境,打造江西民营经济腾飞的引擎龙头;改善融资投资环境,铸就江西民营经济腾飞的左翼;改进市场培育环境,打造江西民营经济腾飞的右翼。最后提出了如下对策建议:一是夯实“三基”,大力培育企业创新意识;二是建立健康的引导机制,使企业家从唯利转向创新;三是借鉴“互联网+”思维,突破企业创新人才瓶颈;四是强调过程控制,促进科技创新成果转化;五是规范市场秩序,激发市场活力;六是完善监督机制,有效降低融资成本。

(二)研究展望

课题在进行民营经济营商环境对比分析的过程中,对相关统计数据统一进行了无量纲的效用值处理,因而指标得分的大小都是相对而言的,指标得分的高低并不意味着指标实际值的大小,从而也就掩盖了浙江和江西指标实际值之间的量级差异,准确来讲,指标得分更多地反映了该地区民营经济发展水平实力与营商环境之间的匹配度问题,同时也反映了该地区民营经济营商环境在时间跨度上的发展差异问题,而二者之间的差距更多地以时间周期的形式表现出来。因而对于营商环境对比评价的研究而言,如何运用有效方法去量化民营经济发展和营商环境状况之间的匹配度问题会更加有效,在此基础上的对比研究也会更具有说服力。

参考文献

[1]世界银行. 2017年营商环境报告:人人机会平等,2016.

[2]粤港澳大湾区研究院. 2017年中国城市营商环境报告,2017.

[3]中国科学技术发展战略研究院. 国家创新指数报告2016-2017,2017.

[4]上海财经大学小企业融资研究中心. 上海市小微企业融资环境综合指数(FEI),2013.

[5]经济学人智库. 营商指标模型[J]. 经济学人,2014.

[6]胡益. 广东营商环境指标体系研究[A]. 广东经济学会. 市场经济与创新驱动——2015岭南经济论坛暨广东社会科学学术年会分会场文集[C]. 广东经济学会,2015:10.

[7]杨涛. 营商环境评价指标体系构建研究—基于鲁苏浙粤四省的比较分析[J]. 商业经济研究,2015(13):28-31.

[8]杨志平. 有关商务环境评价指标体系的研究[J]. 中国经贸,2009(10):160-161.

[9]福建省商务厅与闽南师范大学联合课题组. 福建商务领域民营经济营商环境调查及优化对策[R]. 福建省商务厅,2017.

[10]王舵,张于,黄玥. 营商环境对民营经济发展的影响研究——以石家庄市为例[J]. 统计与管理,2017(12):73-74.

[11]蒋天虹. 中小企业融资模式浅析[J]. 经济与管理,2004(10):42－43.

[12]余文建,邓蒂妮. 辅助性金融机构发展与中小企业融资改善:台湾地区的经验与借鉴[J]. 上海金融,2008(08):81－84.

[13]卢昌彩. 浙江打造全球一流营商环境研究[J]. 决策咨询,2018(03):30－35.

[14]胡大立,彭永昌. 江西民营经济与东部民营经济发展差距分析[J]. 江西财经大学学报,2012(06):77－85.

[15]史长宽,梁会君. 营商环境省际差异与扩大进口——基于30个省级横截面数据的经验研究[J]. 山西财经大学学报,2013,35(05):12－23.

[16]许可,王瑛. 后危机时代对中国营商环境的再认识——基于世界银行对中国2700家私营企业调研数据的实证分析[J]. 改革与战略,2014,30(07):118－124.

[17]王祖强. 浙江民营经济发展新特点与转型升级对策建议[J]. 中小企业管理与科技(中旬刊),2014(12):163－164.

[18]柴杭英,宋树理. 浙江民营经济发展的优势与劣势[J]. 经济研究导刊,2015(07):159－160.

[19]李国慧. 民营经济的营商环境约束及应对策略研究——以潍坊市民营经济营商环境为例[J]. 潍坊学院学报,2017,17(03):4－8.

[20]迟国泰,程砚秋,曹勇. 基于聚类赋权的科学发展评价模型及实证[J]. 运筹与管理,2011,20(5):95－102.

[21]周颖,王洪志,迟国泰. 基于因子分析的绿色产业评价指标体系构建模型及实证[J]. 系统管理学报,2016,25(02):338－352.

[22]耿金花,高齐圣,张嗣瀛. 基于层次分析法和因子分析的社区满意度评价体系[J]. 系统管理学报,2007(06):673－677.

[23]娄成武,张国勇. 基于市场主体主观感知的营商环境评估框架构建——兼评世界银行营商环境评估模式[J/OL]. 当代经济管理,2018(06):60－68.

[24]朱磊. 湖北汉江生态经济带城市营商环境总体分析[D]. 湖北省社会科学院,2015.

[25]金卫华,唐国滔,刘微微. 耕地集约利用评价指标体系研究[J]. 国土资源科技管理,2008,25(6):43－47.

[26]刘成武,李秀彬. 1980年以来中国农地利用变化的区域差异[J]. 地理学报,2006,61(2):139－145.

[27]徐红玳,毛小报. 经济发达地区耕地资源集约利用研究——以浙江省为例[J]. 浙江大学学报(农业与生命科学版),2009,35(4):467－472.

[28]周颖,王洪志,迟国泰. 基于因子分析的绿色产业评价指标体系构建模型及实证[J]. 系统管理学报,2016,25(02):338－352.

[29]李琳,韩宝龙,李祖辉,张双武. 创新型城市竞争力评价指标体系及实证研究——

基于长沙与东部主要城市的比较分析[J]. 经济地理,2011,31(02):224-229.

[30]石忆邵,卜海燕. 创新型城市评价指标体系及其比较分析[J]. 中国科技论坛,2008(01):22-26.

[31]江西省统计局,国家统计局江西调查总队. 江西统计年鉴2003—2017[M]. 中国统计出版社,2015-2017.

[32]中华人民共和国国家统计局. 中国统计年鉴2003-2017[M]. 中国统计出版社,2003-2017.

[33]中华人民共和国国家统计局. 中国环境统计年鉴2003-2017[M]. 中国统计出版社,2003-2017.

[34]浙江省统计局,国家统计局浙江调查总队. 浙江统计年鉴2008-2017[M]. 中国统计出版社,2008-2017.

[35]李静萍. 多元统计分析-原理与基于SPSS的应用[M]. 中国人民大学出版社,2015.

课题组组长:

郭朝晖　南昌大学经济管理学院

课题组成员:

贾孟其　南昌大学产业经济研究生

戴淑燕　南昌大学经济管理学院

余红剑　杭州师范大学阿里巴巴商学院

孙　娟　南昌大学经济管理学院

施瑞龙　浙江省工业经济研究所

陈洪玮　南昌大学旅游学院

陈　芬　南昌大学工商管理研究生

刘小龙　南昌大学工商管理研究生

江西民营经济与安徽民营经济营商环境比较研究

营商环境作为民营企业成长发展的基础土壤，优化提升区域营商环境以促进民营经济发展、推动区域高质量发展成为区域竞争的焦点所在。习近平总书记多次指出“要加快完善公平竞争的市场建设”“改善营商环境和创新环境，降低市场运行成本，提高运行效率，提升国际竞争力”。李克强总理在多个重要场合要求政府官员从原来的习惯“抓项目”转向善于“造环境”、从原来的偏重政策的“洼地”转向倾力打造公平营商环境的“高地”，进一步做好简政放权的“减法”、做强监管的“加法”和优化服务的“乘法”，把工作重点放到为企业发展创造环境上来。十八大以来，以全面深化改革为主要标志，从中央到各省市，都在积极主动地营造更加良好的营商环境，为稳增长、调结构，促进经济发展转型升级赢得先机和创造条件。

目前，江西正处于转型升级的关键时期，在传统优势产业优势减弱、战略性新兴产业弱小的背景下，营造优良营商环境，努力吸引承接省外高层次发展资源、高新技术企业和科技型中小企业，就成为在短期内稳定经济增长、加快经济转型和产业结构升级的重要选择。在推进营商环境改进的过程中，周边省份如安徽省从实际出发，充分发挥政府“这只看得见的手”的作用，勇于探索实践，加强制度设计，下好“先手棋”，增创发展新优势，值得我们学习借鉴。本课题组在大量查阅研究文献、新闻报道、统计资料的基础上，课题组成员两次到安徽与安徽省委党校的相关专家座谈、开展实地调研，深入探讨安徽省近些年来优化民营经济营商环境的制度探索及经验启示，形成了本研究报告。

一、江西民营经济营商环境的基本状况分析

进入新世纪以来，我省持续努力改善民营经济营商环境。与此同时，对营商环境的理解和重视程度也在不断提高，取得了显著的成效。

（一）营商环境的主要内涵及评价体系

通常而言，营商环境是指伴随企业活动整个过程的各种周围境况和条件的总和。著名的"莱索托经济学实验"①直观地体现营商环境的重要性。在营商环境的评价方面，最负盛名的当属世界银行的《营商环境报告》（Doing Business），主要关注政府监管效率、营商便捷度等方面的情况，侧重于客观衡量营商环境②。2018年10月31日，世界银行发布的《2019年营商环境报告：为改革而培训》显示，中国营商环境在全球的排名已从去年的第78位跃升至今年的第46位，提升32位，首次进入世界前50。此外，经合组织（OECD）、经济学人信息部（EIU）、瑞士国际管理发展学院（IMD）等都发布了类似的国别营商环境排行榜。

近年来，国内一些研究团队开始评价城市层面的营商环境。例如，国民经济研究所樊纲团队发布的中国分省企业经营环境指数、中国社科院倪鹏飞团队的城市竞争力报告、新加坡南洋理工大学的连氏中国城市服务型政府指数、中山大学的城市政府公共服务能力评价、中国社科院的中国城市基本公共服务力评价。这些评价的侧重点是城市政府提供的各类公共服务质量，而且侧重点是公民而非企业。此外，一些研究团队针对政商关系和营商环境的某项具体内容进行评价，如中国人民大学国家发展与战略研究院推出了的城市政商关系排行榜。部分省市开始试行当地营商环境的评价工作，国家发改委2018年开始推动营商环境评价指标体系的构建工作③。北上广深等城市都以试评价为契机，推动出台了一系列有针对性的改革举措。

从现实中看，通常可把营商环境分为三类，一是营商软环境指数，主要包括开办企业、执行合同、财产登记、内外资投资增速、税负水平等指标，反映了开办企业、财产登记的便利性，合同执行与财产保护的水平以及企业运行制度交易成本等；二是商务成本指数，是指企业经营活动的生产要素成本及变化，主要包括水价、电价、气价、地价、劳动力成本价格等，商务成本指数是综合性的评分指

---

① 经济学家莱索托带领4名学生分别在市场经济制度完善程度有重大差别的秘鲁和纽约建服装厂，要求在取得许可证的过程中，忠实履行每道手续，不到万不得已不能行贿。结果，在秘鲁花费了289天，且经过2次行贿才获得批准；而在纽约则在没有行贿的情况下，4个小时就办妥了一切手续，后者的效率是前者的700倍。这个社会实验告诉我们，合理的营商环境能显著降低制度性交易成本。

② 目前，该评价体系主要包括10类一级指标，如开办企业、办理施工许可、获得电力、不动产登记、获得信贷、保护少数投资者、纳税、跨境贸易、执行合同、办理破产。这10类指标涵括了企业从生到灭过程中政府应为企业提供的主要服务项目。

③ 国家发展改革委副主任林念修在2018.8.27日举办的全国营商环境评价现场会暨优化营商环境工作推进会上的发言中提到。

标,关键是市场主体运营成本及发展活力;三是政府社会服务指数,使用专业服务(法律)、科技服务、融资服务、医疗服务、教育服务、养老服务等测算,反映了政府专业化服务能力与水平。所以,良好的营商环境,不仅包括经营主体较低的运行成本,获得土地、人才、资本等要素资源的便利性,而且包括稳定公平透明的法规政策、行政服务效率、管理规范高效、创新包容的氛围以及适宜的生活环境。限于研究时限,本课题所关注的民营经济营商环境主要是政府能够直接有所作为的软环境及政府社会服务方面。

(二)江西改善民营经济营商环境的努力与成效

进入新世纪以来,我省持续努力改善民营经济营商环境。尤其是 2016 年之后加大了力度,出台了 100 条政策措施,在全省范围内开展“降成本、优环境”专项行动。通过持续优化发展大环境,江西的投资环境大为改善,投资洼地效应正在形成。粤港澳大湾区研究院发布的《中国城市营商环境报告 2017》显示,2017 年我省南昌市营商环境指数为 0.482,位于全国第 17 位(共 35 个城市),优于合肥同期营商环境指数(合肥为 0.462,全国第 24 位)。同时我们必须看到,南昌市营商环境指数整体优于合肥市的重要原因是前者生态环境优于后者,而在商务成本、市场环境和软环境等方面,南昌市均落后合肥市。今年《小康》杂志、中国小康网推出了“中国营商环境百强区县”榜单,南昌市南昌县是江西省唯一上榜区县,排名第 19 位。安徽也只有一个黄山市徽州区上榜,排名第 77 位。值得关注的是,在“中国营商环境满意度大调查”推出的“中国营商环境百强区县”榜单中,多达 36 个区县入选了“2018 全国百强县”名单之列。在某种意义上说,营商环境既是区域经济发展的推动力,也是区域经济发展的结果。

总体来看,我省民营经济营商环境在持续改善。主要表现在以下四个方面:

首先,行政权力事项方面大幅精简。目前省市县三级行政审批事项分别精简 72%、68% 和 34%,省本级 170 多项政务服务已经实现“一次不跑”办好。覆盖省、市、县、乡四级政府的上下一致、内容衔接的权责清单制度体系全面建成。“减证便民”行动感受明显。如新余等地开展“一窗式”审批服务改革、赣江新区开展投资项目承诺制改革;省直各部门平均审批时间由法定的 23.6 个工作日减至承诺办理时间 13.8 个工作日。

其次,信用法制环境有优化。为维护企业合法权益,我省已设立非公有制企业维权服务中心并正式运行。江西省高级人民法院执行局、江西日报社中国江西网携手 18 家金融机构联合打造的“法媒银”平台上线，在全国首创以“褒扬诚信、惩戒失信”为主题，法院、媒体、金融机构三方联动打击“老赖”的新模式；解决执行难工作已纳入社会综合治理和法治江西建设考评体系，在完善联合信用惩戒机制方面取得初步成效。

再次，降本增效取得了一定成绩。2017 年共为企业减负 1135 亿元，其中税费减免 947 亿元。全省规模以上工业企业每百元主营业务收入成本 87. 13 元，同比下降 1. 13 元，规模以上工业企业利润总额增长 18. 4% 以上；二是融资环境有一定改善。近三年来，全省“百家银行进千企”活动对接企业和项目 5496 个，对接金额 10640 亿元；实施以“财园信贷通”“惠农信贷通”为代表的财政增信“银财合作”模式，截至今年 4 月末，“财园信贷通”累计发放贷款 1689 亿元，惠及企业 4. 3 万户；“惠农信贷通”累计发放 428. 26 亿元，惠及企业 10. 67 万户。企业税负有所下降，融资环境有一定改善。

最后，政府诚信建设有所加强。调研中了解到，为执行《国务院关于清理规范税收等优惠政策的通知》的规定，同时又兑现政府招商承诺，永修、广昌、上高等县积极采取法律允许的其他变通方式弥补相关企业和投资人的损失；当问到当地政府“建立健全信用信息公示机制”和“建立激励和惩戒措施清单制度”如何时，认为“很满意”“较满意”的企业均占多数。

营商环境永远是一个不断更新、完善的过程，也正是因为它的进无止境，才赋予了企业特别是民营企业发展壮大的源泉。在看到我省在优化民营经济营商环境的努力和成效的同时，也必须清醒看到客观存在的问题。比如民营企业的设立手续、投资审批、纳税申报、人才激励、融资渠道等方面都存在不同程度的环节多、效率低的问题。为此，2018 年 9 月省委、省政府下发了《关于加强作风建设优化发展环境的意见》，根据《意见》，我省将以作风建设步步深入为抓手，以改善营商环境为重点，以群众满意、市场主体满意为检验标准，着力打造忠诚干净、担当实干、思路开阔、勇于创新的干部队伍，着力打造忠诚型创新型担当型服务型过硬型政府，着力打造政策最优、成本最低、服务最好、办事最快的“四最”发展环境。

（三）江西与安徽民营经济营商环境的总体比较

近些年来，从中央到地方，各级政府大力简政放权，行政审批事项大幅削减，非行政许可审批彻底终结，减少了政府对市场的微观管理和直接干预，激发市场活力。课题组在文献比较的基础上对江西安徽两省当前民营经济营商环境总体情况进行比较研究。

在营商环境方面，最为全面的文件是2017年9月出台的《安徽省人民政府关于创优“四最”营商环境的意见》。在这份文件中，非常明确地提出了具体的时间目标：努力实现本级公共服务项目1个工作日内、开办企业3个工作日内、不动产权证5个工作日内、工业建设项目施工许可证50个工作日内完成审批手续（“13550”行动）。为了将任务落到实处，各个部门持续推出具体举措。如国土资源管理部门颁布细则，迅速推进，目前，安徽省各级不动产登记机构99个登记大厅全部实现5个工作日办结不动产登记业务，个别地市最快60分钟办结。[①] 安徽省住房城乡建设厅2018年6月8日发布了《关于开展“工业建设项目施工许可证50个工作日内完成审批手续”行动的实施意见》，通过推行集中受理、承诺告知、流程再造、并联审批、多图联审和规范中介服务等措施，实现工业建设项目施工许可证50个工作日内完成审批手续，并将流程具体细化为建设用地规划许可证、建设工程规划许可证核发5个工作日内；修建性详细规划、建设工程设计方案审定10个工作日内；施工图审查7个工作日内，技术特别复杂的不超过10个工作日；施工许可证（含工程质量安全报监）核发5个工作日内。安徽省人民政府办公厅2018年8月13日发布了《关于印发安徽省进一步压缩企业开办时间实施方案的通知》，要求在2018年年底前，全省将企业开办办理环节压减为企业设立登记、公章刻制、发票申领3个环节，将企业开办时间压缩至3个工作日以内；并鼓励各地在结合实际、确保工作质量的前提下，进一步探索压缩企业开办时间工作的创新做法，建立健全长效机制，不断提升全省企业开办便利度。

为了改善营商环境，江西出台了《关于加强作风建设优化发展环境的意见》，坚持从百姓经商兴业第一道门改起，将企业开办时间压缩至5个工作日内；全面推动建设工程领域实行联合勘验、联合图审、联合测绘、联合验收，实行企业投资项目“多评合一”、并联审批，实现工程建设项目全流程审批时间压减一半以上；不动产一般登记、抵押登记业务办理时间分别压缩至15个工作日、7个工作日。

根据以上资料，参考世界银行《2018年营商环境报告：改革以创造就业》相关数据，形成江西营商环境的比较表。

---

① 《统一登记制度 安徽省不动产登记中心打出六张“王牌”》2018－09－26 中安在线 http://ah.sina.com.cn/news/2018－09－26/detail－ifxeuwwr8230921.shtml。

表 1 营商环境比较

项目	全球第一	北京	上海	江西	安徽(2018年目标值)	江西的近期目标
开办企业时间(天)	0.5	5	5	18	3	5
开办企业手续(项)	1	3	3	7	3	—
办理施工许可证所需时间(天)	27.5	44	48	176	50	工程建设项目全流程审批时间压减一半以上
办理不动产所需时间(天)	1	5	5	28	5	15

今年的《政府工作报告》提出,“优化营商环境就是解放生产力、提高竞争力,要破障碍、去烦苛、筑坦途,为市场主体添活力,为人民群众增便利”。全国各地都在大力度出台优化营商环境政策,呈现出前所未有的竞争态势。江西省要努力打造“四最”发展环境省份之一,并做出了具体部署,提出了一些业务办理时限的要求,这些时限要求是对标营商环境世界银行评估指标体系和国内先进标准,也考虑了江西的实际,经过努力是能够做到的。对比分析安徽的相关举措后,江西需要更加积极的态度、更为务实的举措、更为有力的推进,方能保障在新一轮的区域营商环境的竞争中能够迎头赶上。

二、江西省与安徽省民营经济发展状况比较分析

在经济、社会、生态等方面,江西省与安徽省具有高度相似性。就整体而言,江西省与安徽省相比,民营经济发展仍显不足,国有与民营经济两条腿,民营经济这条腿还显得偏短。主要表现在:民营经济发展规模不够大,全国知名的龙头企业、品牌和民营企业家不够多,民营企业结构层次不够高、创新能力不够强,政府支持民营企业发展的力度还不够大,民营企业遇到的“市场的冰山、融资的高山、转型的火山”问题还一定程度存在。尤其是民营企业活跃的新经济新业态发展方面,以科大讯飞集团为代表的民营企业迅速成长为产业领导者,在这些新型经济业态的发展过程中,安徽的经验特别值得江西学习借鉴,对改善我省民营经济营商环境,进而发展我省民营经济具有重要的参考意义。

(一)两省主要经济指标对比分析

2017 年全年生产总值安徽省高于江西省,是江西省的 1.3 倍;财政总收入

安徽省高于江西省，是江西省的1.41倍；规模以上工业增加值安徽省高于江西省，是江西省的1.2倍；社会消费品零售总额安徽省高于江西省，是江西省的1.5倍(详见表2)。

表2 2017年江西省和安徽省省情比较

	江西省	安徽省
总人口(万人)	4622	6255
国土面积(万平方公里)	16.69	13.94
年末城镇人口比重(%)	54.6	53.49
城乡居民收入(元)	31198.1	31640.3
生产总值及增幅(万亿元,%)	2.08;8.9	2.75;8.5
财政总收入及增幅(亿元,%)	3447.4;9.7	4858;11.1
固定资产投资及增幅(亿元,%)	21770.4;12.3	29275.1;11
进出口总额(亿美元)	444.7	536.4
实际利用外资(亿美元)	114.6	159

民营经济是推动地方经济快速发展的重要动力源泉。截至2017年底，中国民营企业的数量超过2700万家，个体工商户超过了6500万户，注册资本超过165万亿元，民营经济占GDP的比重超过了60%，撑起了中国经济的“半壁江山”。江西民营经济与安徽省民营经济发展状况相比较，可以从民营经济总体规模、民营经济对社会贡献、民营企业实力三个方面来进行比较。

(二)两省民营经济总体规模比较

民营经济总体规模主要由民营经济实际增加值及其占全省GDP比重、民营经济对经济增长的贡献率、民营企业注册资金、民营企业户数五个指标来反映(详见表3)。

表3 2017年江西省与安徽省民营经济总体规模比较

	江西省	安徽省
民营经济实际增加值(万亿)	1.24	1.59
民营经济实际增加值占全省GDP比重(%)	59.5	57.8
民营经济对经济增长的贡献率(%)	71.9	55.1
民营企业注册资金(万亿)	1.39	5.8
民营企业(万户)	178.12	284.83

数据来源：江西日报电子版“为民营经济发展‘撑起一片天’”中2017年江西省民营经济

统计数据；2017 年安徽省民营经济数据见安徽省政府官网。

从民营经济总体规模来看，江西省低于安徽省民营经济的总体规模，两省民营经济占各自全省 GDP 比重均超过了 50%，江西省民营经济占 GDP 比重高于安徽省 2 个百分点。

（三）两省民营经济社会贡献比较

民营经济对社会贡献主要由民营企业对 GDP 的贡献、对就业的贡献、对税收的贡献三个指标来反映。安徽省民营经济在全省经济社会发展中的作用越来越大，已成为安徽省经济发展的主引擎、自主创新的主力军、社会就业的主渠道。随着改革开放的逐步深化，个体私营经济在安徽省国民经济中的比重迅速上升。安徽省民营经济实力的增长，也带动了税收贡献的提升（详见表 4）。

表 4　2017 年江西省和安徽省民营经济对社会贡献率比较

	江西省	安徽省
民营企业纳税额（亿元）	2058. 8	2672. 2
民营经济税收占全省税收比重（%）	71. 5	68
民营企业城镇就业人员（万人）	902. 65	102
全年城镇新增就业（万人）	55. 8	68. 2
年末城镇登记失业率（%）	3. 34	2. 88
民营企业城镇就业人口占城镇就业人口比重（%）	80. 4	74. 4

数据来源：江西省和安徽省省政府、省统计局官网公开发表的文件、公报、商务厅公开文件。

民营经济在两省经济社会发展中的作用越来越大。从民营经济对社会的贡献来看，江西省民营企业缴纳税收也低于安徽省份，约少 613 亿元，占 30%，且增长速度也低于安徽省。民营企业固定资产投资额江西低于安徽省，民营经济吸纳的就业人员总数江西省低于安徽省。江西省和安徽省民营经济整体规模和对社会税收的贡献度均低于东部沿海民营经济发达省份。

（四）两省民营经济企业实力比较

民营企业实力主要由民营企业户均产值、户均从业人数、户均资产规模、户均注册资本规模、上规模企业数五个指标来反映。本研究选取上规模企业数来反映，主要根据两省入围 2017 中国民营企业 500 强企业数量、入围中国民营企业制造业 500 强企业数量展开分析（详见表 5）。此外，安徽的文一投资控股集团入围中国民营企业服务业 100 强，排名 53 位。

表 5　两省民营经济企业实力比较

	入围 2017 年中国民营企业 500 强		入围 2017 年中国民营企业制造业 500 强	
	企业总数(家)	企业名称	企业总数(家)	企业名称
江西省	7	正邦集团有限公司	8	正邦集团有限公司
		双胞胎(集团)股份有限公司		江西方大钢铁集团有限公司
		江西方大钢铁集团有限公司		晶科能源有限公司
		晶科能源有限公司		江西济民可信集团有限公司
		江西济民可信集团有限公司		江西博能实业集团有限公司
		江西赣基集团工程有限公司		泰豪集团有限公司
		江西博能实业集团有限公司		煌上煌集团有限公司
				江西自立环保科技有限公司
安徽省	5	安徽省文一投资控股集团	12	安徽蓝德集团股份有限公司
		安徽国购投资集团		安徽中鼎控股(集团)股份有限公司
		安徽蓝德集团股份有限公司		安徽山鹰纸业股份有限公司
		安徽中鼎控股(集团)股份有限公司		铜陵精达铜材(集团)有限责任公司
		安徽山鹰纸业股份有限公司		安徽楚江科技新材料股份有限公司
				安徽丰原集团有限公司
				安徽环新集团有限公司
				安徽天康(集团)股份有限公司
				安徽省司尔特肥业股份有限公司
				阳光电源股份有限公司
				合肥华泰集团股份有限公司
				芜湖双汇食品有限公司

江西有 7 家民营企业进入中国 500 强民营企业榜单数，比安徽省多 2 家；8 家企业进入中国民营企业制造业 500 强，比安徽省少 4 家，安徽省制造业实力略高于江西省。

三、安徽省优化民营经济营商环境的创新举措

营商环境如水，水活则鱼大。优化营商环境就是解放生产力、提高综合竞

争力。尤其是在国内外经济环境错综复杂、民营企业经营压力加大的背景下，建立稳定公平、可预期的营商环境，降低各类交易成本特别是制度性交易成本，对于解决民营企业投资不能投、不愿意投、不敢投和往哪儿投等问题，具有重要意义。安徽省近些年来不断出台新举措，进行了多领域的优化民营企业营商环境的制度探索，取得了不俗的成就。2017 年 10 月安徽省政府印发了《关于创优“四最”营商环境的意见》，提出要建设“全国审批事项最少、办事效率最高、投资环境最优、市场主体和人民群众获得感最强的省份”，营造稳定、公平、透明、可预期的营商环境。这份意见彰显了安徽省的底气和决心，根据调研反馈的信息，《意见》出台后，相关部门细化落实工作目标，在办理施工许可证、办理不动产等地所需时间等方面已经达到了预期。本课题主要从金融制度、土地制度、科技制度、人才制度四个方面深入分析安徽省为优化营商环境所采取的创新举措。

（一）金融制度方面的创新举措

世界银行考察区域营商环境的一个重要指标就是获得信贷。“获得信贷”是衡量企业融资环境的重要指标。然而，在市场经济条件下，信贷的供给是基于风险评估的市场行为，政府的职责是提供信息基础设施，保护债权人、债务人、担保人各方利益。

安徽省围绕服务民营企业融资，积极探索构建符合我国国情、具有安徽特色、能够有效破解民营企业融资难、融资贵难题的“安徽担保模式”，取得了显著成效。从 2013 年起连续 5 年，安徽省每年安排 11 亿元资金，各市、县区等额配套，用于充实县区符合条件的融资性担保机构国有资本金。安徽还在全国率先提出并组织建立政策性融资担保体系，坚持“扶小微、低费率、广覆盖、可持续”的功能定位。安徽在全国首创“4321”的风险分担机制，对于担保贷款出现风险，由担保机构、中央和省财政、银行、所有地本级财政分别按照 4∶3∶2∶1 的比例分担，有效地缓解了民营企业融资担保难问题。在推进民营企业信用体系建设方面，安徽有很多崭新的尝试。2017 年，安徽省铜陵市中小企业信用信息共享服务平台正式上线运行。该信用体系是人行铜陵市中心支行通过引入第三方专业征信公司，以合作共建、商业运营方式，探索出的一种信用体系建设新模式，能够有效破解传统信用体系建设模式弊端。此外，安徽省围绕科技型民营企业组建了 20 亿元规模的政府引导基金，主要用于解决科技型民营企业的融资难。该基金重点投向科技成果转化种子期、初创期的民营企业。

（二）土地制度方面的创新举措

安徽省土地出让弹性机制最早出现在 2016 年《安徽省国土资源“十三五”

规划》,规划中提到“探索创新用地模式,试点实行弹性出让年限以及长期租赁、先租后让、租让结合的土地供应方式。完善用地政策,引导产能过剩行业、僵尸企业退出、转产和兼并重组。”2016 年、2017 年土地弹性出让为 25 宗,出让年限为 20 年、30 年不等。安徽省土地弹性制度的成功在于制度化,安徽省国土资源厅 2016 年出台《关于印发安徽省国有经营性建设用地出让管理办法的通知》(皖国土资规〔2016〕6 号),通知的第十三条规定“鼓励实行工业用地弹性出让年期制和租赁制。建立工业用地‘长期租赁、先租后让、租让结合’供应机制”,降低企业前期投入成本,这是包括江西省在内的其他省份较少出现的制度性安排。

安徽从平台建设、预审流程和审批时限等多个方面,简化用地审批程序,有力降低民营企业用地成本。今年安徽建成省级征地信息公开平台,成为全国首个实现征地信息四级互联共享的省份。通过平台,建设用地审批过程信息可向互联网同步推送,信息公开倒逼审批人员提高审批效率。同时,安徽省国土资源部门力推建设项目用地预审流程优化,简化建设用地预审审查内容,明确程序要求,规范申报材料。

(三)科技制度方面的创新举措

安徽坚持把创新作为引领发展的第一动力,持续加强科技创新能力建设。2017 年,安徽全社会研发经费支出达 542 亿元,占地区生产总值的比重达 1.96%,分别是江西的 2.16 倍和 1.6 倍;专利申请量 12440 件、专利授权量 58213 件,分别是江西的 2.49 倍和 1.76 倍,均居中部地区第 1 位;每万人口发明专利拥有量达到 7.7 件,江西不足 2 件。2017 年安徽区域创新能力居全国第 9 位,连续六年位居全国第一方阵、中部地区前列;而江西区域创新能力虽然上升至全国第 19 位,但远落后于安徽。2017 年底,安徽省高新技术企业达 4310 家,比江西多 1588 家;高新技术产业增加值占全省规上工业增加值的比重为 40.2%,比江西高出 9.3 个百分点。

表 6 2017 年江西、安徽主要创新指标比较

指 标	单位	安徽	江西
R&D 经费(亿元)	亿元	542	250.1
占地区生产总值的比重	%	1.97	1.21
专利授权量	件	58213	33029
技术合同成交额	亿元	249.6	96.2

续表

指 标	单位	安徽	江西
高新技术企业	家	4310	2722
国家级科技企业孵化器	家	25	19
国家工程(技术)研究中心	个	39	8
国家重点实验室	个	25	4
区域创新能力全国排名	位	9	21

数据来源:安徽省、江西省统计局、科技厅等有关专业统计年报整理。

安徽是全国科教资源大省,民营经济作为安徽全省经济发展的主体,能够享受国家科技创新战略平台的先行先试和政策红利。尤其是近年来,安徽系统推进全面创新改革试验,持续实施民营经济提升工程,深入推进科技领域"放管服",深入推进科技成果"三权"管理改革,科技领域权力事项和行政审批事项分别仅保留35项和1项,努力营造支持创新、追求卓越的社会氛围。为破解"科技成果转化难、科研生产两张皮"等问题,安徽先后出台"1+6+2"配套政策,一改过去"科技部门先立项、拨款,企业再做项目、搞研发"的做法,转向企业先投入、市场再评价、市县先补助、省里后补助,只认条件和绩效,注重项目对经济社会发展的贡献,极大地调动了创新主体的积极性。在全国率先实施事业单位"编制周转池"制度和采用年薪制引进高层次人才以及专利权质押融资等改革经验,被国家推广。全面落实研究开发费用税前加计扣除、高新技术企业所得税减免等国家支持企业创新创业的税收优惠政策,科技型中小企业研发费用加计扣除比例由50%提高到75%。合肥、铜陵、芜湖等地推广实施创新券政策,"科技创新券"可用于专利购买、检验检测、技术研发、科技咨询等多项科技创新活动。

(四)人才制度方面的创新举措

良好的营商环境,不仅包括经营主体较低的运行成本,还包括获得土地、人才、资本等要素资源的便利性。在吸引人才发挥人才作用方面,安徽省特别重视创新平台的作用发挥,安徽省委组织部、教育厅、科技厅等七部门联合发布《关于支持各类平台引进高层次人才工作实施办法》,将人才政策重点支持对象转变为各类引才育才平台,包括国家级或省级实验室、研究中心、技术中心、院士工作站等研发平台;各类创新联盟、众创空间、大学科技园、留学人员创业园等产学研平台。这样做的目的在于使人才使用主体(各类平台)与引进主体更契合,防止“引而不用”的现象发生,避免引才经费浪费和引才与育才脱节。

高强度支持引进世界顶级科学家也是安徽省人才政策的一大特色。安徽省政府分别于2009年和2014年同国家外专局签订了两轮引智战略合作协议,打造了“外国专家江淮行”“外专百人计划”等引智特色品牌。此外,早在2013年即与安徽后青春工业设计研究院丹麦办事处、美国GMAC国际公司、马鞍山钢铁股份有限在德国的全资子公司——MG贸易发展有限公司等共同建立第一批9家海外引智工作站,借助安徽省高校、企业的驻外机构和国(境)外人力资源机构的资源、渠道优势,加强对外宣传,通过设立海外引智工作站等吸引海外人才和技术项目。同时开创性推出“海外金蓝领计划”,引进急需紧缺技能型外国人才。

在人才政策制定过程中,“省市联动、形成合力”,推动人才政策服务全省发展大局。2017年5月安徽省委办公厅和省政府办公厅联合发文《关于合肥综合性国家科学中心建设人才工作的意见(试行)》,强调“特事特办、先行先试”,对引进人才薪酬一半由省市按1:1比例承担奖补,对科学中心引进人才开辟“职称绿色通道”等特殊支持。

四、借鉴安徽经验,积极创优江西民营经济营商环境

当前,江西经济正处于爬坡过坎,攻坚拔寨的重要关口,营商环境已成为经济增长的重要制约因素。在全国各省市千方百计改善本地区营商环境的竞争大环境中,我们不能“临渊羡鱼”,而是要加强紧迫感,“退而结网”,通过学习借鉴安徽等省市经验,结合江西实际,努力营造良好的营商环境来吸引更多发展要素、企业流向江西,更好地承接省外产业转移,推动我省民营经济高质量转型发展。

(一)持续开展民营经济营商环境的评估工作

在现行体制下,没有评价体系,就无法进行考核,没有考核压力,就难以推进营商环境的优化。今年的第一次国务院常务会议就将构建营商环境评价机制作为工作重点①。当前各省陆续开展了营商环境的评估工作,我省也在今年上半年开展了相关工作,取得了初步成果。由于民营经济营商环境的优化是持

① 2018年1月3日,国务院总理李克强主持召开国务院常务会议,就进一步优化营商环境提出了三个要求:一是以简政减税减费为重点进一步优化营商环境;二是严格依法平等保护各类产权,全面实施市场准入负面清单制度;三是借鉴国际经验,抓紧建立营商环境评价机制,逐步在全国推行。

续的进程,对相应的政策及其效果进行持续评估势在必行。

首先,对照国内最高标准,看齐国际一流标准,建立适应我省实际情况的评价指标体系。由国家部委推行的营商环境评价体系还在试行过程中,可以在此体系的基础上,根据我省现有经济水平、产业结构基础、改革重点,确定近期适用于我省民营企业营商环境的评价体系。

其次,重视用户体验,开展多元评估。结合正在开展的"五型政府"创建活动,在政府内部开展民营经济营商环境的评比、考核。优化营商环境,需要突出问题导向,自上而下补短板,拿出改善营商环境的"组合拳"。改善营商环境,说到底,还要看企业满不满意、创业方不方便,审批、备案流程有没有新漏洞。对企业需要有正向回馈,加大审批服务改革力度和精准度。所以,改善营商环境,还得从政府内部考核导向转变为"用户评价导向",要注重"用户体验"。增进政府与企业的密切互动、良性反馈。

最后,评价结果及时向社会公众公开。优化营商环境的目的是与外部竞争,重点是内部改革。通过公开评价结果,倒逼各地方各部门对标、对比、对照找差距、定目标,借鉴学习国内一些区域建设良好营商环境的先进经验与做法,努力打造具有竞争力的一流营商环境。

(二)推动建立全省民营企业信用担保体系

利用"大数据"提升信息生产能力,建立具有公信力的信用评级体系。鼓励由政府牵头,推动担保体系建设,让担保为民营企业融资提供支持。在担保公司建设方面,为了使其发挥更好的经济与社会效益,建议政府不宜直接开展担保业务,而应该将注意力集中于:(1)不断完善担保政策体系,加强对担保公司的实时监管;(2)健全激励措施,督促担保公司为民营企业融资提供高效优质的担保;(3)鼓励担保机构完善公司治理结构,推动担保机构的市场化运作;(4)建立"政府扶持、企业主体、市场运作"的多方参与担保机制,灵活建立政府、银行、担保、保险等多方参与的担保模式,通过联合增信,为民营企业融资构建高效、低成本的担保贷款通道。

我省各地可以由财政资金作为母基金,引入社会上的风投基金、股权投资基金,由这些专业公司配套更多的资金,发起设立本地的民营科技企业创业基金,专门投向本地的民营科技企业。风投基金、股权投资基金负责选择民营科技企业,为政府资金提供担保,保证政府资金安全。同时,风投基金、股权投资基金可以利用自身的资源优势,为民营科技企业提供更多的融资渠道,帮助民营科技企业提高经营水平,为民营科技企业上市提供帮助。

（三）细化建设用地弹性出让制度，降低企业用地成本

尽管2016年江西省国土资源厅就出台《关于印发降低企业成本优化发展环境实施意见的通知》（赣国土资字〔2016〕27号），确定了“允许新增工业用地弹性出让”的政策方向，但没有实施细则。建议江西省从以下三个方面，细化建设用地弹性出让制度，提升企业用地效率，降低企业用地成本。一是确立多元化的弹性供地方式。建议将工业用地土地年限由统一50年出让转变为工业用地“弹性年期出让”“租赁方式使用土地”“租让结合”三种供地方式实施工作，让民营企业有更多的选择。二是合理设置弹性供地先后顺序。建议将存在工业用地粗放、低效利用，圈大建小或供而未用、部分开发整体荒芜、土地投入大产业收益少、投资规模小用地效率低等现象的工业用地，现行开展弹性供地，有效减少闲置工业用地，实现企业的优胜劣汰。三是制度化有限初始价格，让民营企业有更多的资金投入到生产经营中。

（四）强化和细化支持政策，出台支持民营企业创新发展的专门政策

近年来，我省也根据国家有关政策、结合本省实际出台了一系列支持创新发展的政策措施，但与安徽相比，我省支持科技创新的政策需要强化、完善和细化，部分政策只有发展导向缺乏可操作标准或实施细则。为此，一是率先出台《江西省支持民营企业科技创新的若干政策》。根据科技部、全国工商联联合出台的《关于推动民营企业创新发展的指导意见》（国科发资〔2018〕45号），借鉴安徽系列“十条”政策的典型经验，在全国率先出台《江西省支持民营企业科技创新的若干政策》，重点在高新技术企业培育、新型研发机构建设、企业科技孵化器发展、科技成果转化、大型科学仪器设备共享、知识产权保护、高层次科技人才引进、科技金融、军民融合等方面，制定财政支持民营企业科技创新的具体奖补支持细则。二是完善支持科技创新配套政策。明确科技成果转化收益用于科技研发团队的奖励提高到不低于70%；企业购置研发设备按其年度实际支出额不超过15%予以补助；对产品研发责任保险等险种，按投保企业实际支出保费的20%以上比例给予补助。境内外高层次科技人才团队在江西创办公司，开展自主科技成果转化、产业化最高给予1000万元奖励。对经认定的新型研发机构，依据绩效评价情况给予最高300万元奖励，等等。三是创新科技资源配置机制。改革科研项目和资金管理方式，推进科技计划整合，促进科技与金融相融合。大力发展风险投资、科技支行、科技担保、知识产权质押贷款等有效方式，引导社会资金参与科技创新创业，支持科技型企业发展。大力推进科技资源开放共享，通过科技成果收益分成的方式配套政策落实，鼓励推进高校、科

研院所更多将大型仪器设备向民营科技企业开放。

（五）积极发挥各类创新平台、人才自组织机构的作用

发挥好各类创新平台作为引才用才主体的作用。一是将原有的院士工作站相关政策扩展应用到各类院士（科学家、专家）工作站（室），扩展支持各类科学家等在江西设立工作站（室）；二是从“单位整体引才”向“平台引才用才”转变，特别是减少人才引进报送层层报送审批的环节，这样做一方面有利于发挥平台主体作用，更加灵活地对接引才对象个性化需求，整合好“引进人才—使用人才—发挥作用”三个环节；另一方面突出“团队”培育，不仅是引进高端人才，更要发挥其“带团队、育人才”的作用。学习借鉴安徽经验，通过科学预测分析江西省人才需求变动趋势，尽快编制《江西省人力资源需求目录（2019—2022）》，并要求各设区市编制子目录，从而引导人才引进培育方向做好人才储备。

发挥人才服务中介机构、自组织机构作用，由政府购买相关人才服务，对各类人才工程申报等事项委托其与人才单位、平台、个人对接，高效率实现人才政策支持目的。围绕各类人才工程成立相应联合会、联谊会等自组织机构，一是建立人才与政府部门的沟通联系通道，将人才需求诉求等传递给人才主管部门；二是开展科研论坛、智库资政、进园入企等活动，发挥人才对企业的知识溢出和跨学科交流作用。

分报告一　借鉴安徽经验优化我省民营企业融资环境

大量的中小民营企业在促进经济增长、转变经济发展方式、促进就业、维护社会稳定等方面发挥不可替代的作用的同时，面临的融资环境却并不理想。中小民营企业因为其规模较小、竞争力相对较弱，具有天然的弱势，较难享受到政府的扶持政策。在当前经济下行压力较大的背景下，我省民营企业经营压力加大，成本上升，融资困难、效益下降。尤其是融资难问题比较突出，成为制约我省民营企业发展的最主要因素。

一、江西省民营企业融资存在的问题

（一）企业有强烈的融资需求，但资金供给相对不足

一是民营企业具有十分旺盛的融资需求。我们在调研中发现，绝大多数企业都有旺盛的融资意愿。以南昌市南昌县中小企业协会的 33 家入会单位为

例，大多数中小规模的民营企业，尤其是食品行业和轻工业行业的相关企业纷纷表示，自身的融资需求只能非常小比率的得到满足，企业自身大量的融资需求被抑制。南昌县的中小企业协会提供的数据显示，虽然逾四成的中小民营企业都不同程度地从银行获得了债务融资，但是其中几乎有超过六成的中小民营企业遭遇过银行的“抽贷”“断贷”。

二是企业的融资难问题与其他问题形成正反馈效应。我们在九江市永修县的调研显示，中小民营企业普遍认为在当前“降成本、优环境”的大背景下，自身依然面临“五大难题”。这五大难题分别是要素成本上升、审批手续烦琐、融资难、市场推广难和招工难。相应的，银行业金融机构工作人员认为，中小民营企业的“五大难题”应该是要素成本上升、融资难、管理运营决策水平低、科技创新匮乏和市场推广难。结合企业主和银行业金融机构的观点，我们认为，民营企业目前面临的前五大难题分别是：各类要素成本上升、融资难、各类审批手续繁杂、企业决策管理水平较低和市场开拓难。

（二）企业面临狭窄的融资渠道，且银行惜贷相对普遍

一是银行惜贷现象在各类民营企业中不同程度的存在。目前，民营企业可以选择的融资方式单一，渠道比较狭窄。主要包括自有、民间借贷、向亲戚朋友借钱以及从银行借款三个渠道进行。调研收集的数据显示，不同金融机构间对民营企业信贷支持力度存在较大差异。例如，永修县农商银行民营企业贷款余额占比2016年末为87.33%、2015年末为100%、2014年末为92.57%，该县农发行民营企业贷款余额占比2016年末为37.33%、2015年末为36.41%、2014年末为34.09%。目前，全省多数银行的存贷比都较低，大量的放贷能力未能得到充分释放，普遍存在惜贷现象。

二是银行“惜贷”的原因比较复杂。既有宏观经济环境的原因，如银监会对银行业金融机构的监管要求等；也与微观经济主体紧密相关，如中小企业抵押物不足，相关的土地权证不完善等。多数银行业金融机构在接受调研的时候提出，在目前经济下行压力不断加大的大趋势背景下，银行普遍选择银根紧缩，降低信贷规模等。金溪县农发行的工作人员就明确表示，为了保证资金的安全，未来三年内打算继续加快信贷规模的收缩步伐。

（三）企业自身的资信千差万别，但金融产品创新欠缺

我省的民营企业大多是中小微企业，面临融资难融资贵问题的也主要是这部分企业群体。一方面，因为中小微企业的资信状况普遍不佳，所以急需银行业金融机构开发有针对性的金融产品。银行业金融机构统一推广的金融产品

往往不具有针对性，灵活性不足，无法满足民营企业多样性、层次性、灵活性的需求。另一方面，金融机构对金融产品的创新力度不足，对金融产品的推广力度不够。大部分民营企业从银行进行融资的渠道主要集中于传统的贷款和票据等，使用供应链融资、国内信用证、进口开证等结算型和创新型金融产品的中小微企业不到10%。

由于民营企业大量的融资渠道都集中在传统融资方式上，因此银行业金融机构针对民营企业的信贷风险逐年增加。截至2016年末，全省银行业金融机构针对中小企业不良贷款余额177.97亿元，较上年度增加31.52亿元；不良贷款率2.32%，比上年度上升0.01个百分点，高于各项贷款不良率0.08个百分点。中小企业不良贷款率攀升，导致银行业金融机构花费大量精力用于处置不良贷款，并产生了惧贷的情绪，影响了民营中小企业贷款可持续发展。

二、借鉴安徽经验优化我省民营企业融资环境的政策建议

基于上述分析，我们对科学应对我省民营企业融资难融资贵所导致的企业经营风险的基本认识是：风险管理是命脉、政府作为是信心、资本市场是杠杆、系统谋划是关键。对照安徽省，我们认为优化有利于我省民营企业融资环境主要有以下几个方面的工作重点。

（一）完善融资支持体系

一是成立民营企业融资扶持的专门协调组织机构。目前针对企业融资的管理体制是按经济类型进行分类管理。这样会导致两个方面的问题：一是职能和机构重复、重叠、重置，导致资源浪费；二是存在管理真空，无法为中小微的民营企业进行有效的融资支持。如在省级层面，农业企业由农业农村厅管理，工业企业由工业与信息化委员会管理，服务业企业由商务厅管理，三次产业中都有民营企业。除此以外，还有科技厅管理科技创新型民营企业。另外，金融办也有很大的一块职能与民营企业融资紧密相关。这种体制就容易导致管理多头、效率低下。对此，建议将上述各部门的融资职能协调组织起来，或指定一个部门，专门为民营企业融资提供服务。例如可以尝试由各地的金融办统一负责民营企业的融资工作，将分散在各部门的民营企业的专项扶持资金有效整合起来，改变以往多头管理，各自为政的现状，为民营企业提供担保或成立民营中小企业发展基金等。

二是建立全省民营企业信用担保体系。利用“大数据”提升信息生产能力，建立具有公信力的信用评级体系。鼓励由政府牵头，推动担保体系建设，让担

保为民营企业融资提供支持。在担保公司建设方面,为了使其发挥更好的经济与社会效益,建议政府不宜直接开展担保业务,而应该将注意力集中于:(1)不断完善担保政策体系,加强对担保公司的实时监管;(2)健全激励措施,督促担保公司为民营企业融资提供高效优质的担保;(3)鼓励担保机构完善公司治理结构,推动担保机构的市场化运作;(4)建立"政府扶持、企业主体、市场运作"的多方参与担保机制,灵活建立政府、银行、担保、保险等多方参与的担保模式,通过联合增信,为民营企业融资构建高效、低成本的担保贷款通道。

近年来,安徽省围绕服务民营企业融资,积极探索构建符合我国国情、具有安徽特色、能够有效破解民营企业融资难、融资贵难题的"安徽担保模式",取得了显著成效。从2013年起连续5年,安徽省每年安排11亿元资金,各市、县区等额配套,用于充实县区符合条件的融资性担保机构国有资本金。安徽还在全国率先提出并组织建立政策性融资担保体系,坚持"扶小微、低费率、广覆盖、可持续"的功能定位。安徽在全国首创"4321"的风险分担机制,对于担保贷款出现风险,由担保机构、中央和省财政、银行、所有地本级财政分别按照4∶3∶2∶1的比例分担,有效缓解了民营企业融资担保难问题。

三是开展民营企业信用数据库建设和信用评级。民营企业自身信用状况不清晰,信息不对称是民营企业融资难的根本原因。由此导致的逆向选择、道德风险等问题,进一步阻碍了银行业金融机构对民营企业的贷款热情。因此,应当基于当地政府,建立健全民营企业的信用数据库,并有针对性地开展民营企业信用评级相关工作。

对此,安徽全省各地在推进民营企业信用体系建设方面有很多崭新的尝试。如2017年正式上线运行安徽省铜陵市中小企业信用信息共享服务平台,该平台不仅能够持续更新数据、交叉比对信息,为每位申请贷款的企业画出一幅真实的信用画像,而且还具备宏观信用分析功能,通过信用平稳度的监测,产生出能够反映辖区经济发展的总体信用状况的全市宏观信用指数,直接为政府主管部门和银行机构提供决策参考。

对此,我省可以尝试借鉴安徽的有关经验,整合分散在各个部门的零碎的民营企业信息,建立民营企业信用数据库。具体可以从民营企业注册开始,为每一家民营企业建立信息档案,收集包括工商部门的企业注册、变更等事项,税务部门的纳税情况,统计局的统计数据,人力资源和社会保障部门的劳资纠纷情况,银行的信贷情况和资金流量,商检、质监等的产品质量情况,安监的安全生产情况,法院的司法案件涉及情况,仲裁以及公正处等信息,从而给每一家民营企业“画出”一幅真实的信用画像,为金融机构开展相关金融业务提供决策参考。

(二)用好财政政策工具

一是从完善财政政策入手,促进民营企业内源融资。如为民营企业贷款提供财政贴息,减少以前广泛使用的对民营企业的无偿资助和拨款补助的方式,多采用贷款贴息、成立资金池提供担保的方式来解决民营企业融资难。我省对民营企业的产业补助资金,虽然也有贴息补助,但主要还是采取项目补助的形式,财政补助资金的放大效应还未得到充分体现,建议扩大产业补助资金以贴息方式补助的覆盖面,充分发挥财政资金“四两拨千斤”的放大效应。

安徽省针对民营企业缺少抵押物、融资风险责任难以分担等因素,创新财政支持方式,统筹整合中央和省级财政资金。2015 年起,安徽在全省 15 个县(市、区)首批试点融资风险补偿基金,撬动银行按照不低于 5 倍放大对农业类民营企业的信贷资金投入。截至目前,安徽试点融资风险补偿基金的县(市、区)已达 24 个。安徽省要求,各县(市、区)要坚持公开、公平、公正和市场化操作原则,县级财政配套资金规模不低于 200 万元,根据各地情况适当给予贷款贴息,并明确银行、担保机构、贷款对象的风险承担比例。

二是加大对金融机构扶持民营企业融资的奖励,发挥财政资金的引导作用,引导各类金融机构坚定服务民营企业的发展方向。对各类积极支持民营企业融资的金融机构(含保险、担保机构)特别对税收缴在地方的地方性金融机构更要加大政策扶持,同时帮助其清收不良贷款,置换不良资产等。

当然,民营企业自身素质是融资的最主要条件。所以,应该鼓励民营企业从内部入手,推动民营企业加强自身建设,开展“个转企”——个体户转制成企业,“下转上”——规模以下企业提升为规模以上企业等民营企业素质提升工程,帮助解决民营企业融资难的问题。

三是成立母基金引进风投资金模式。创业投资公司、股权投资基金可以为初创期、科技型中小企业提供资金,初创期、科技型中小企业通过出让一部分股权实现融资,这是一种中长期融资方式,对民营企业的稳定发展有很大的好处。当被投企业产生良好的经济效益后,甚至实现企业上市时,创业投资公司、股权投资基金可以将持有的股权转让,获取高额收益。

安徽省围绕科技型民营企业组建了 20 亿元规模的政府引导基金,主要用于解决科技型民营企业的融资难。该基金重点投向科技成果转化种子期、初创期的民营企业。基金的运作方式是:一方面与各市联合设立子基金,另一方面通过直投方式来推进重大科技成果转化项目的实施。同时,安徽省继续以参股或债权投入方式,省市共同支持高层次人才团队携带科技成果在安徽省创办企业,每个团队支持力度为600万元至2000万元。为进一步加大民营企业科技成果转化项目与金融机构的对接力度。安徽陆续开通了安徽科技大市场,为金融机构及时、快捷寻找捕捉科技成果转化项目提供线上网络服务。

对此,我省各地可以由财政资金作为母基金,引入社会上的风投基金、股权投资基金,由这些专业公司配套更多的资金,发起设立本地的民营科技企业创业基金,专门投向本地的民营科技企业。风投基金、股权投资基金负责选择民营科技企业,为政府资金提供担保,保证政府资金安全。同时,风投基金、股权投资基金可以利用自身的资源优势,为民营科技企业提供更多的融资渠道,帮助民营科技企业提高经营水平,为民营科技企业上市提供帮助。

(三)探索新型融资模式

一是根据民营企业特点,因地制宜地探索适宜的金融创新模式。尤其是对于战略性新兴产业领域的民营企业,因为其培育及发展壮大是一个长期孵化的过程,需要投入大量的资金。战略性新兴产业具有不同于传统产业的特征,即以市场要素驱动为主、拥有独立自主知识产权、发明式创新、人力资源密集和战略性、指向性、高成长性等特点,从而对融资渠道的选择与创新应用提出了新的要求。对此,可以考虑到战略性新兴产业企业的特点,采用专利权质押、商标权质押等方式应对相关民营企业融资难问题。

安徽省针对科技型民营企业不断创新融资模式,在实践中探索出的专利权质押贷款模式有效缓解了有关企业的融资困难。截至2016年底,安徽省实现专利权质押贷款超过500余笔,融资额超过40亿元,无论是质押融资笔数还是质押融资金额都居中部地区首位。除专利权质押外,安徽省还积极探索专利运营缓解民营企业融资难的其他有效模式。通过宣传引导、扩大试点、设立专项资金等方式,使企业专利质押融资工作上了新台阶。如在安徽省市各级知识产权的协调下,马鞍山市中钢天源公司以1件发明专利评估作价360万元,入股30%,与铜陵上市公司安徽安纳达钛业股份有限公司合资设立了铜陵纳源材料科技有限公司,实现了专利投融资和企业对外技术投资的重要突破。

二是参与场外资本市场融资模式。高度重视对场外挂牌中小企业的培育及其派生的外部效应。很显然,在经济运行处于下行阶段,传统产业的运行和新兴产业的培育发展与风险是相伴生的,这种状况与以银行为主导的金融机制是难以相容的,银行机构的属性使之难以适应并应对产业运行中的风险管理要求，也就是说，仅仅依赖银行业是难以改善当前和今后一个时期中小企业融资难的，为此，必须拓宽金融渠道，从资本市场入手，以改善中小企业杠杆率、提升中小企业资本金实力为重点，改善中小企业风险状况，在这个基础上，再适度配置银行金融资源。而中小企业直接进入主板市场、成为公众企业在短期内并不现实，在场外市场进行市场化“训练”十分必要，场外市场是中小企业成长的“摇篮”。

安徽省高度重视推动中小民营企业与金融机构、资本市场对接，提升企业融资效率，缓解企业融资困难。2018 年 6 月，安徽省工信委对全省中小企业开展融资需求及上市挂牌意向摸排，动员全省各市县的有融资需求及上市排牌意向的民营企业积极填报《全省中小企业融资需求情况》《全省中小企业上市后备资源库》《全省中小企业场外市场挂牌后备资源库》等，得到了全省中小民营企业的积极响应。同时，安徽不断加强与外来资本市场相关机构进行各种方式的合作，例如引入相关证券行业，落户当地，形成长期化合作模式，不断探索完善场外资本市场的融资模式。

三是积极利用互联网金融资源。高度重视互联网金融及其对小额贷款功能的提升作用。当前，互联网金融虽然遇到发展瓶颈，但是在推动普惠金融发展和中小企业融资中仍然还起着一定的重要作用。互联网金融发展对于注册地经济金融都有着明显推动作用。各级政府可以组织中小企业积极对接省内外互联网金融企业，有效解决中小企业的短期融资需求。可以鼓励当地企业建立互联网金融平台；鼓励当地中小金融机构相互合作，实现优势互补；积极引入大数据信息处理相关技术人才及企业，支持大数据存储、网络与信息安全维护等技术领域基础设施建设，鼓励从业机构依法建立信用信息共享平台。

安徽省近年来针对民营企业的融资需求，出台多种政策进行扶持，并以互联网金融为载体发展普惠金融。安徽省出台了《安徽省人民政府关于推进普惠金融发展的实施意见》，提出努力实现互联网金融业的全面覆盖目标，并积极支持互联网金融协会的筹建。与全国范围正常运营网贷平台数量大规模锐减不同，经历过 2013 年、2014 年的摸爬滚打和 2015 年、2016 年的大浪淘沙后，安徽正常运营的网贷平台数量已经渐于稳定。截至 2017 年底，安徽正常运营网贷平台的总量达到 55 家，同比上涨了 19.57%，在 2015 和 2016 年连续两年下降的基础上首先实现回升。这些网贷平台累计成交量已经逼近 500 亿元的新关口，其中大部分资金流向了中小微企业。

分报告二　如何降低民营企业用地成本
——来自安徽省的经验

近年来,为降低民营企业用地成本,我省出台了大量政策、举措,对降低民营企业用地成本具有重要意义。然而,与邻近省份安徽相比,我省在降低民营企业用地成本方面仍存在较大改进空间。本部分首先分析我省民营企业用地成本高的三大难题,然后分析安徽省解决三大难题的政策举措,最后指出江西省应如何借鉴安徽省政策举措。

一、造成我省民营企业用地成本高的三大难题

(一)土地供应量少,存在"卖方市场",民营经济可选择性较低

近年来,我省建设用地供应量大幅度下降,可供民营经济利用的土地不多,供给严重少于需求,造成民营企业用地成本较高。全省建设用地新增规模整体呈下降趋势,土地市场价格偏高。与2017年相比较,2018年较前两年度国有建设用地供应规模增加了近10.72%。然而,增加的土地供给主要用于商品房建设用地、公共管理与服务用地、交通运输用地和水域及水利设施用地。这四类用地较少为民营企业建设用地,特别是小微型民营企业建设用地。民营经济用地集中在商服用地和工矿仓储用地。与2017年相比较,2018年商服用地规模下降了3.32%,工矿仓储用地下降幅度最大,为4.27%。土地供应规模的大幅度缩减,不仅造成土地拍卖价的迅速高企,而且更为严重的是大企业、大项目落户困难。

表1　江西省2016—2018年的国有建设用地供应计划汇总表　单位:万亩

	年度	合计	商服用地	工矿仓储用地	商品住房用地	公共管理与服务用地	交通运输用地	水域及水利设施用地
全省	2016	41.06	4.31	16.65	6.41	1.51	4.90	5.07
	2017	45.22	3.99	17.41	7.06	1.82	5.23	5.54
	2018	45.47	4.17	15.94	8.95	2.16	6.79	6.11

(二)民营企业跨区发展意愿低,土地需求方多,"僧多粥少"

基于生产生活习惯以及便利因素考虑,民营企业"就近"发展的思想比较普遍,不愿跨市,甚至跨乡镇、跨县发展,这里面既有企业自身管理模式等方面的

考虑,也有生产生活环境的适应考虑。企业不愿意跨区域发展,使得在原有规划空间内的土地开发完毕后,企业发展受到限制。以南昌为例,南昌市土地利用总体规划(2006—2020 年)新增建设用地总量控制在 3.6 万公顷以内,到 2020 年建设用地总规模控制在 12 万公顷以内。然而,截至 2017 年 12 月份,南昌市能够用于商业开发的土地储备仅为 400 公顷,年度增加量约为 40 公顷。2017 年南昌共有规模以上中小工业企业接近两千户,然而近 90% 没有开展跨省、跨省法制,业务集中于南昌本地。规模以下企业跨区发展比例较低,仅为 3%。然而小企业规模扩张非常迅速,用地意愿非常迫切。动员其落户鹰潭等土地富裕市县,要么嫌语言不通,要么嫌路途太远,招工困难,生活不便,硬是死盯南昌本土土地。

(三)用地审批程序复杂,交易成本高,推高土地价格

用地审批程序包括招拍挂、土地增值收益、三项基金提取等,较高的交易成本,直接推高了土地价格。从纵向看,工业用地招拍挂前后,地价差距很大。企业净地取得价主要由征地成本、审批费用、出让业务费以及相关开发成本等组成(不包括建设报批过程中的城市建设配套设施费),且净出让金全额缓缴或返借。以南昌市为例,2017 年南昌县土地成交均价为 10 万元/亩,南昌临空经济区土地成交均价为 40 万元/亩,南昌经开区土地成交均价为 30 万元/亩,南昌高新区土地成交均价为 16 万元/亩。如果在考虑到三项基金分配支出、审批费用等相关政策,则企业用地成本将在土地成交价的基础上上调 30% 至 40%。

近年来,江西省国土厅(现为自然资源厅)出台了大量有关建设用地改革创新与简政放权的文件,其中,以《江西省国土资源厅关于国土资源管理改革创新和简政放权的若干意见》(赣国土资发〔2013〕10 号)、《江西省国土资源厅关于进一步改革创新和简政放权的若干意见》(赣国土资发〔2014〕1 号)影响最大。查询江西省国土资源厅(现为自然资源厅)权力清单发现,行政许可(或行政审批)五项,行政处罚 13 项,行政强制一项,行政征收五项,行政裁决两项,行政确认三项,行政奖励两项,其它行政权力 22 项,共计 53 项,除了三项权力外,民营经济建设用地涉及 50 项权力。2018 年 6 月安徽省国土资源厅对权责清单和全省行政许可事项进行了动态调整,新增了《省级权责事项调整意见表》《全省行政许可事项目录清单调整意见表》《新增事项权责清单》《新增事项权力运行流程图》《新增事项廉政风险点情况表》等。与邻近省份安徽等相比,江西省权力规定较为模糊,对权力实施依据、许可流程,特别是提交资料、审批流程、责任人、限定时间等缺乏明细规定,导致行政程序较为繁杂,人为操作空间较大。

二、安徽解决民营企业用地“三大难题”的三个妙招

（一）创新全省范围内建设用地平衡机制，弥补局部土地供给不足，实现土地供应的省域内平衡

为了增加土地供给，安徽省出台《安徽省建设用地年度计划管理办法》（2018）、《关于进一步推进历史遗留工矿废弃地复垦利用试点工作的通知》（2018）、《安徽省国有建设用地使用权和矿业权出让交易监督管理办法》（2017），以求建立了全省范围内的建设用地平衡机制，其核心为增减挂钩机制与抵扣机制，二者用于以弥补局部地区土地供给不足，实现土地的省域内平衡，对江西省借鉴意义最大。

（二）实施省内土地弹性出让政策，缩短土地出让年限，最大化降低企业初始用地成本和提高用地效应

安徽省土地出让弹性机制最早出现在2016年《安徽省国土资源“十三五”规划》，规划中提到“探索创新用地模式，试点实行弹性出让年限以及长期租赁、先租后让、租让结合的土地供应方式。完善用地政策，引导产能过剩行业、僵尸企业退出、转产和兼并重组。”相比较于其他省份，如江西省、广东省，安徽省的土地弹性出让机制较为成功，安徽省国土资源厅统计发现，2016年、2017年土地弹性出让为25宗，出让年限为20年、30年不等。安徽省土地弹性制度的成功在于制度化，安徽省国土资源厅2016年出台《关于印发安徽省国有经营性建设用地出让管理办法的通知》（皖国土资规〔2016〕6号），通知的第十三条规定“鼓励实行工业用地弹性出让年期制和租赁制。建立工业用地‘长期租赁、先租后让、租让结合’供应机制”，这是包括江西省在内的其他省份较少出现的制度性安排。

（三）简化用地审批程序，减少企业交易成本，有力降低民营企业用地成本

安徽从平台建设、预审流程和审批时限等多个方面，简化用地审批程序，有力降低民营企业用地成本。首先，安徽于2018年建成省级征地信息公开平台，成为全国首个实现征地信息四级互联共享的省份。同时，安徽着力优化建设项目用地预审流程，简化建设用地预审审查内容，明确程序要求，规范申报材料。为优化建设用地审批流程，安徽压缩土地征收转用审查时限，报省政府批准用地审查时限由20个工作日压缩至10个工作日，推行网上审查、网上补征。将城乡建设用地增减挂钩建设区征收、工矿废弃地复垦挂钩建设用地、采煤塌陷区村庄搬迁土地整治建设用地等纳入网上审批流程，改造建设用地审批系统，

实现建设用地全业务县级组卷、市级审查、省级审批、网上审查、网上补征，并依托全省征地信息公开平台实现了审批信息网上公开和下载建设用地批复。同时，建立健全建设用地审查报批全过程、高效率、可核实的落实机制，形成完整闭合的责任链条，建立审批更简，监管更强，服务更优的用地审批机制。

三、安徽省经验对我省解决民营企业用地难题的三大借鉴

安徽省与江西省类似，也面临民营企业用地成本高、用地难的问题，通过体制机制创新，特别是转变用地观念、实施集约用地，有效解决民营企业用地难问题。借鉴安徽省工作经验，采取“用好增量、盘活存量、向改革要空间”的工作思路，以及“保落地、保开工、保当期”的工作原则，保障江西省民营经济发展用地，具体可从以下三个方面入手。

（一）构建省内土地平衡调配机制，提高现有土地使用效率，增加民营经济土地可选择性

江西省于 2016 年首次开始尝试城乡建设用地增减挂钩节余指标在省域内流转使用，即在省内建立土地平衡调配机制。但是与安徽省相比较，主要缺陷在于非制度化。江西省目前未能出台《江西省城乡建设用地增减挂钩节余指标交易管理办法》，尽管存在一定程度的经济补偿，但难以实现省内土地市场化调配，都是依据行政命令进行直接、随机调配。建议江西省政府从以下三个方面，强化这方面的工作。一是建立制度化的增减挂钩指标分配模式。建议各级国土资源主管部门，要对项目区整体审批和挂钩指标下达等情况，按月在线报件；要对项目区实施情况，及时登记逐级上报；项目区实施完成后，由省级国土资源管理部门组织验收，并做好成效分析，验收后 10 个工作日之内在线报件；对清理检查中查出的挂钩项目区，要在对项目区进行严肃整改的基础上，将整改合格的项目区全部上图入库。二是建立增减挂钩用地监管系统。建议各地可根据报件增减挂钩监管指标体系建设当地增减挂钩管理系统，并且在统一框架下建库管理，与土地利用总体规划数据、第二次土地利用现状调查等保持统一的数据标准，建立统一的存储环境。三是建设项目管理系统。在江西省国土资源厅建设用地审查报批系统基础上，构建综合性的项目管理系统，将建设用地情况纳入该管理系统。使得县级部门通过管理系统新增建设用地申报功能，并组织增减挂钩项目报件并在线申报；省市两级通过审批功能接收并审核批复报件；县级根据批复组织实施项目并及时记录实施进度，完成项目后，通过系统申请验收；省市两级现场验收后通过验收功能将验收结果备案。

（二）优化建设用地弹性出让制度，多元化构建土地租买制度，提升企业用地效率，降低企业用地成本

相比较于安徽省建设用地弹性出让制度的成功，江西成效不显著，关键原因在于弹性出让制度过于粗糙，缺乏具体的可操作性政策文件，尽管2016年江西省国土资源厅出台《关于印发降低企业成本优化发展环境实施意见的通知》（赣国土资字〔2016〕27号）确定了"允许新增工业用地弹性出让"的政策方向。建议江西省从以下三个方面，细化建设用地弹性出让制度，落实多元化构建土地租买制度，提升企业用地效率，降低企业用地成本。一是确立多元化的弹性供地方式。建议将工业用地土地年限由统一50年出让转变为工业用地"弹性年期出让""租赁方式使用土地""租让结合"三种供地方式实施工作，让民营企业有更多的选择。二是合理设置弹性供地先后顺序。建议将存在工业用地粗放、低效利用，圈大建小或供而未用、部分开发整体荒芜、土地投入大产业收益少、投资规模小用地效率低等现象的工业用地开展弹性供地，有效减少闲置工业用地，实现企业的优胜劣汰。三是制度化有限初始价格。弹性年期出让起始价根据工业用地法定最高出让年限市场评估价格进行修正后确定，修正系数为弹性年期出让年限与法定最高出让年限的比值。即：起始价 =（弹性出让年期 ÷50）× 出让50年市场评估价，按照弹性出让最高年限20年计算，土地价格仅为原来的40%，民营企业有更多的资金投入到生产经营中。

（三）简化土地审批手续，切实降低民营企业用地成本

结合江西省实际情况，江西在土地审批简化方面，有以下两个方面大有作为，对降低企业用地成本具有显著作用。一是优化土地建设用地审查报批系统。建议提高批前、批中、批后信息透明度，取消纸质材料报送环节，实现全程网上申报。二是实行建设用地报件限时责任制。建设用地相关业务处室按照职能分工各司其职，建议在1个工作日内对建设用地报件进行审查，并提出具体的审查意见报服务"窗口"汇总，需补充完善材料的由有关业务处室负责跟踪督促落实。

分报告三　借鉴安徽成功经验，促进我省民营经济科技创新大发展

近年来，江西、安徽两省高度重视科技创新，大力实施创新驱动发展战略，以科技创新为引领，深入推进创新型省份建设，出台了一系列促进科技创新的

政策措施，并取得明显成效，为全省经济社会发展提供了强大的科技支撑。

一、安徽支持民营经济科技创新的主要做法及成效

近年来，安徽充分发挥科教资源优势，坚持把科技创新发展作为核心战略，统筹推进创新型省份、合芜蚌国家自主创新示范区、全面创新改革试验、合肥综合性国家科学中心等重大创新战略平台建设，从合芜蚌地区先行先试政策，到创新型省份获批建设后的“1 +6 +2”政策，到支持科技创新、“三重一创”、制造强省、技工大省建设等系列“十条”政策，相关政策实现了研发、转化、产业化等各个环节全覆盖，逐步构建了具有安徽特色的科技创新制度体系。

2017 年底，安徽省民营高新技术企业数 4072 家，占全省高新技术企业比重达 94.5%。安徽区域创新能力的大幅提升，离不开安徽民营经济的科技创新贡献，离不开良好的民营经济科技创新政策和制度环境。通过梳理近年来两省支持科技创新的一系列政策措施，发现安徽在以下几个方面值得江西学习借鉴。

（一）抢抓国家战略机遇，充分享受国家科技创新战略平台红利

安徽是全国科教资源大省，是首批国家技术创新工程试点省、全国第二家开展国家创新型省份建设试点，拥有合芜蚌国家自主创新示范区、国家创新型试点省、系统推进全面创新改革试验省和综合性国家科学中心四大国家科技创新战略平台。此外，安徽还拥有合肥、马鞍山、芜湖 3 座国家级创新型城市，为全省打造区域创新战略支点提供了重要支撑。民营经济作为安徽全省经济发展的主体，能够享受国家科技创新战略平台的先行先试和政策红利。比如，2011 年 7 月，经国务院批准，合芜蚌试验区参照中关村国家自主创新示范区开展重大政策试点，正式享受与北京中关村同等政策待遇。国家批复安徽省系统推进全面创新改革试验方案，支持其在激发企业创新活力、高校院所源头创新、高层次开放合作、军民深度融合、深化科技管理体制改革等八个方面改革创新。

（二）注重高水平开放合作，支持高质量新型研发体系建设

安徽省坚持数质并重，按照“储备一批、培育一批、推荐一批”的思路，梯次推进企业技术中心建设，系统推进企业技术创新体系建设。先后出台了《支持“三重一创”建设若干政策》《支持制造强省建设若干政策》等政策，奖励企业争创国家级、省级技术中心。2016 年启动组建首批 10 个安徽省实验室和 10 个安徽省技术创新中心，着力打造国家科技创新“预备队”、全省科技创新“先锋队”。同时，支持企业加强与国内外著名科研机构、高等院校、国家重点科研院所、知名跨国公司实验室和国内行业龙头企业科研院所、知名科学家及其科研

团队等开展科技创新和研发转化合作，建设发展了中科大先进技术研究院、合肥工业大学智能制造技术研究院、中科院合肥技术创新院、清华大学公共安全研究院等一批新型研发机构。

（三）强化政策引导支持，实现全创新链“全覆盖”

2014年2月，安徽省委、省政府出台《关于实施创新驱动发展战略进一步加快创新型省份建设的意见》和支持自主创新能力建设等6个实施细则。2015年7月，在试点的基础上进一步修订完善，形成创新驱动发展“1+6+2”①配套政策，在全国率先建立了“企业愿意干、政府再支持，市县愿意干、省里就支持”的推进机制，“省抓推动、市县为主、部门服务”的责任机制，依据市场和创新绩效评价进行后补助的激励机制，统一指南、发布、受理、论证、公布、平台的“六统一”的管理机制。2017年在总结创新型省份建设经验的基础上，又出台《安徽省人民政府支持科技创新若干政策》，以奖励、事后补助、股权投资和债权投入等多种方式，重点支持科技研发、成果转化、企业孵化产业化、创新服务体系建设、知识产权创造保护等，修订和拓展了创新型省份建设相关配套政策措施，不断完善支持科技创新的政策体系。比如，支持科技研发方面，单个企业（项目）补助最高可达500万元；对大型科学仪器设备资源共享共用的，按出租仪器设备年度收入的20%给予设备管理单位补助；对承担省科技重大专项计划、企业研发投入占比不低于60%的，省里给予不高于20%的补助；对新认定的国家级、省级科技企业孵化器或众创空间，分别给予100万元、50万元奖励；高层次人才团队在皖创新创业、转化科技成果，最高支持1000万元。科技成果转化收益用于奖励科研人员和团队的比例不低于70%，并在全国率先探索“人才+成果+金融+基地”的科技成果转化模式。2017年安徽省民营工业企业研发支出227.9亿元，增长20.7%。2018年，合肥市以“1+3+5”政策为基础，“高质量发展30条”和“150条实施细则”，进一步加强了科技、产业等方面政策统筹协调和有效衔接。在政策的推动下，安徽科技自主创新步伐明显加快，涌现了一批具有国际影响的原创成果。

安徽省十分重视科技创新的财政投入和金融创新，主要通过基金扶持、“借转补”、事后奖补和金融产品创新等予以扶持。一是基金扶持方式。基金包括

① “6+2”即《安徽省支持自主创新能力建设实施细则》《安徽省扶持高层次科技人才团队在皖创新创业实施细则》《安徽省促进科技成果转化实施细则》《安徽省大型科学仪器设备资源共享共用补助实施细则》《安徽省加强实验室建设实施细则》《安徽省科技重大专项实施细则》《安徽省推进科技保险试点工作实施细则》和《安徽省创新能力评价实施细则》）。

产业投资引导基金、创业投资引导基金和天使投资基金等方式，主要采用阶段参股模式或直接股权投资模式运行。比如，合肥市明确规定，基金投入占整个产业政策资金的比例不小于35%。二是“借转补”方式。通过“设定具体目标、县区择优申报、市级竞争性分配、预拨专项资金、到期检查验收”的财政资金拨付方式，单个项目扶持额度原则上不低于100万元；主要支持国家级高新技术企业研发项目、科技小巨人、高水平科技合作和重点产业领域关键技术的解决。三是事后奖补方式。项目完成后给予以奖代补的财政资金投入方式，投入占比控制在35%以内，单个项目奖补额度原则上不低于50万元。四是金融创新类产品方式。按照风险可控、绩效优先的原则，设计具有引导、撬动和放大作用的金融创新类产品，根据实际出台政策确定适当比例。主要包括：(1)科技保险基金：用于科技小额贷款保证保险贷款的利息补贴及风险补偿、保险公司承保科技小额贷款保证保险费率补贴。(2)专利质押贷款引导基金：支持企业以专利质押贷款方式融资。(3)创新贷款风险池：政府、担保(保险)公司、银行按一定比例承担创新贷贷款风险，支持高科技企业融资。2017年，合肥创新贷和科技小额贷分别放贷10600万元、1800万元，174家企业利用219项专利质押，获银行贷款20.2亿元，236项专利办理了保险，理赔金额达780万元。安徽在全省推行“4321政银担风险分担模式”，由担保机构、省级及中央财政、银行、县区财政按照4∶3∶2∶1的比例，建立以风险补偿为核心的风险分担机制。省财政每年安排3亿元，建立省级融资担保风险补偿专项基金，暂免收取再担保费。

(四)深化科技管理体制改革，优化民营经济创新发展环境

近年来，安徽系统推进全面创新改革试验，持续实施民营经济提升工程，深入推进科技领域“放管服”，深入推进科技成果“三权”管理改革，科技领域权力事项和行政审批事项分别仅保留35项和1项，努力营造支持创新、追求卓越的社会氛围。为破解“科技成果转化难、科研生产两张皮”等问题，安徽先后出台“1+6+2”配套政策，一改过去“科技部门先立项、拨款，企业再做项目、搞研发”的做法，转向企业先投入、市场再评价、市县先补助、省里后补助，只认条件和绩效，注重项目对经济社会发展的贡献，极大地调动了创新主体的积极性。在全国率先实施事业单位“编制周转池”制度和采用年薪制引进高层次人才以及专利权质押融资等改革经验，被国家采纳推广。全面落实研究开发费用税前加计扣除、高新技术企业所得税减免等国家支持企业创新创业的税收优惠政策，科技型中小企业研发费用加计扣除比例由50%提高到75%。合肥、铜陵、芜湖等地推广实施创新券政策，“科技创新券”可用于专利购买、检验检测、技术

研发、科技咨询等多项科技创新活动。

三、借鉴安徽成功经验,促进江西民营经济科技创新的政策建议

(一)抢抓国家战略平台红利,加快创建鄱阳湖国家自主创新示范区

与安徽拥有四大国家创新战略平台相比,江西国家科技创新战略平台尚未实现实质性突破。目前,鄱阳湖国家自主创新示范区仍处于积极申报创建阶段,国家创新型城市一个都没有。建议以赣江新区为龙头,以 7 个国家高新区为主阵地,以各类创新平台为重要载体,以高校、科研院所为重要基础,加快创建鄱阳湖国家自主创新示范区,为全省所有企业科技创新创造国家战略机遇和红利。一是高位推动,加强与科技部的高层对接。建议成立以省主要领导为组长的鄱阳湖国家自主创新示范区创建领导小组,深化与科技部的高层对接、业务指导,进一步完善《江西省创建鄱阳湖国家自主创新示范区总体方案》。二是主动作为,边申报边创建。国家是按照"成熟一个批准一个"的原则,结合国家重大发展战略和区域布局,建设国家自主创新示范区。在国家未正式批复之前,江西省不能"等",要积极主动作为,着力在高新技术企业培育、高质量新型研发机构建设、国家高新区转型升级、高层次科技人才创新创业、深化科技管理体制创新等为主抓手,建设具有江西特色的创新型现代产业体系,为早日争取国家批复打下坚实的基础。三是突出江西特色,打造国家自主创新示范区江西品牌。比如,突出鄱阳湖生态经济区优势,打响生态科技创新品牌;聚焦赣江新区核心引领,打造全国绿色金融科技等品牌;突出发挥南昌首位带动,建设南昌航空城、中国光谷、世界 VR 产业基地等品牌;加强文化科技创新,唱响景德镇千年瓷都、鹰潭绿色铜都等文化品牌;用好军民融合优势,打造军民科技协同创新江西样板。

(二)突出企业创新主体地位,加大创新型民营企业培育发展

企业是科技创新的主体,要以培育高新技术企业为着力点,加强企业创新能力建设。建立健全财政科技投入增长机制,保持省本级财政科技拨款年均增长 10% 以上,每年从省战略性新兴产业基金或创新型省份专项基金提取一部分专项用于支持民营企业创新发展。一是加大民营高新技术企业培育力度。对新认定的高新技术企业和省"专精特新"企业给予明确的奖补和项目扶持,着力培育一批拥有市场主导权、代表江西形象的民营领军企业,在产业细分领域培育一批"隐形冠军"和"独角兽"企业。二是加强民营企业新型研发机构建设。通过项目资助、事后补助、PPP 等方式,引导扶持民营企业加强"一室一心"以及

产业技术研究院、先进技术研究院、工业研究院等新型研发机构。支持民营企业加强与国内外大院大所、领军企业、行业协会开展战略合作,在航空制造、生物医药、电子信息、虚拟现实、稀土等重点行业、龙头企业、产业基地、产业园区加快组建一批国家级重点实验室、企业技术中心、科技企业孵化器、产学研协同创新平台和产业技术创新战略联盟,探索产学研深度融合的有效模式和长效机制。三是支持民营企业参与国家、省重大科技项目。在省科技计划规划编制、实施方案论证、重大专项实施、政策调研中充分听取民营企业意见和建议。鼓励高等院校和科研院所向民营企业转移转化科技成果,支持科研人员服务企业技术创新。

(三)强化和细化支持政策,出台支持民营企业创新发展的专门政策

近年来,我省也根据国家有关政策、结合本省实际出台了一系列支持创新发展的政策措施,但与安徽相比,我省支持科技创新的政策需要强化、完善和细化,部分政策只有发展导向缺乏可操作标准或实施细则。为此,一是率先出台《江西省支持民营企业科技创新的若干政策》。根据科技部、全国工商联联合出台的《关于推动民营企业创新发展的指导意见》(国科发资〔2018〕45 号),借鉴安徽系列“十条”政策的典型经验,在全国率先出台《江西省支持民营企业科技创新的若干政策》,重点在高新技术企业培育、新型研发机构建设、企业科技孵化器发展、科技成果转化、大型科学仪器设备共享、知识产权保护、高层次科技人才引进、科技金融、军民融合等方面,制定财政支持民营企业科技创新的具体奖补支持细则。二是完善支持科技创新配套政策。明确科技成果转化收益用于科技研发团队的奖励提高到不低于 70%;企业购置研发设备按其年度实际支出额不超过 15% 予以补助;对产品研发责任保险等险种,按投保企业实际支出保费的 20% 以上比例给予补助。境内外高层次科技人才团队在江西创办公司,开展自主科技成果转化、产业化最高给予 1000 万元奖励。对经认定的新型研发机构,依据绩效评价情况给予最高 300 万元奖励,等等。

(四)加大资金支持,降低民营企业科技创新成本

企业研发投入相对不足是制约江西科技创新的主要因素。2017 年安徽全省 R&D 经费高达 542 亿元,是江西的 2.16 倍;全社会研发投入强度为 1.97%,是江西的 1.6 倍。一是加大财政资金支持。从省战略性新兴产业基金和创新型省建设基金中提取一部分用于民营科技创新。设立科技金融专项资金,综合运用创投引导、贷款贴息、风险补偿和保费补贴等方式,借助金融投资机构发掘科技创新的市场价值。建立覆盖企业全生命周期的种子、天使、创投、并购引导

基金，成立统筹创投基金、科技担保、科技租赁、中介服务等业务的科技金融公司。二是推动科技金融创新发展。成立集“投、保、贷、补、扶”于一体的江西省科技金融集团公司，建立省市县三级科技金融服务中心，为科技创新提供一站式、全方位服务。鼓励金融机构、社会资本设立专门服务于科技企业的科技银行、科技保险、科技小贷、科技担保等科技金融专营机构。

（五）深化“放管服”改革，进一步优化民营企业创新环境

一是创新科技管理机制。进一步简政放权，进一步为科研人员松绑助力，进一步完善鼓励科研人员创新创业的相关政策措施。对科教类事业单位实施差异化分类指导，出台《江西省鼓励和支持科研人员离岗创业实施细则》，完善创新型岗位管理实施细则。比如，对离岗创业科技人员将过渡期由 3 年提升至 5 年。建立完善科研人员校企、院企共建双聘机制。二是创新科技资源配置机制。改革科研项目和资金管理方式，推进科技计划整合，促进科技与金融相融合。大力发展风险投资、科技支行、科技担保、知识产权质押贷款等有效方式，引导社会资金参与科技创新创业，支持科技型企业发展。大力推进科技资源开放共享，通过科技成果收益分成的方式配套政策落实，鼓励推进高校、科研院所更多将大型仪器设备向民营科技企业开放。三是加大科技成果转化支持力度。加强与国内先进地区的创新合作，加快承接技术转移转化。培育和发展全省统一的科技大市场，成立公司制企业法人或采取政府购买服务方式进行经营管理，形成线上线下相结合的服务模式，定期开展科技成果路演展示对接交易活动。

分报告四　江西、安徽两省支持民营经济健康发展的人才制度比较研究

2018 年 3 月 7 日，习近平总书记在参加十三届全国人大一次会议广东代表团审议时指出，“发展是第一要务，人才是第一资源，创新是第一动力”。江西省作为后发地区，要实现高质量、跨越式发展目标，首要是聚集人才、用好人才。本部分首先梳理两省人才资源现状，分析背后的影响因素，然后总结评价当前两省出台的一系列人才政策，最后提出学习借鉴安徽人才制度经验，健全完善江西支持民营经济健康发展的人才制度的对策建议。

一、江西、安徽两省人才资源存量、分布及利用情况

截至 2017 年末，江西省常住人口为 4622.1 万人，比安徽省少了将近 1600 万人。根据中央组织部编《中国人才资源统计报告——2015》提供的数据，安徽省和江西省 2015 年人才资源总量分别达 469.7 万人和 480 万人，其中江西省高技能人才总数达 121.3 万人，比安徽省多了 47 万人。这表明，在新一轮人才政策密集出台以前的 2015 年，江西省虽然人口基数更少，但人才资源储备情况总体上略优于安徽省。相对于江西省，安徽省最大的人才资源优势是依托该省高校和科研院所引进了更多高层次人才和外国来华工作专家，例如，截至 2015 年安徽省通过"国家千人计划"引进人才数达 232 人，江西省仅为 14 人，前者是后者的 16 倍。此外，安徽省引入"境外来中国大陆工作专家"达 6676 人，是江西的 2.2 倍。

从民营经济的人才资源储备情况看，安徽省私营企业拥有的管理人才总数比江西多了 20 万人，其中高级管理人员占比也高于江西省；安徽省私营企业拥有的专业技术人员数略少于江西省，其中副高以上职称人才比重比江西省低了 3.6 个百分点。因此，总体上安徽民营经济拥有的管理类人才资源更丰富，这是与安徽强劲的民营经济实力相匹配的，以规模以上私营工业企业为例，安徽拥有 14016 家规模以上私营工业企业，是江西省同类企业数量的 2.5 倍。但从私营企业的技术人才数量看，江西更多且结构更优，这可能是因为江西民营经济占优势的食品制造、有色金属冶炼、医药制造等产业对高级职称人才的需求更多。

二、江西、安徽两省新近出台的人才政策对比评价

2016 年 3 月中共中央印发《关于深化人才发展体制机制改革的意见（中发〔2016〕9 号）》，之后安徽、江西两省分别于 2016 年 11 月和 2017 年 1 月出台各自省份的实施意见。特别是党的十九大以来，两省密集出台了新一轮人才政策。为了科学评价 2016 年以来江西、安徽两省新近出台的人才政策，我们收集整理了相关文件和配套实施细则，从人才引进标准、门槛、目标、载体等方面对照分析。

（一）高层次人才标准与门槛

从高层次人才认定标准与范围看，安徽省的标准有以下特点：

一是涵盖范围更广，既包括国家级人才工程名单的人才，又涵盖中宣部、教育部、农业部等部委认定的高级人才，更包括“非遗”文化传承人；

二是将引才与招商引资结合起来，创造性地将国内行业 100 强企业、中国 500 强企业和行业 100 强企业的二级子公司负责人纳入高层次人才奖励范围；

三是将全国技术能手、省技能大奖、省技术能手等技能人才纳入，这与安徽省 2016 年提出建设“技工大省”的战略目标是一致的，充分体现了在高层次人才认定上“不唯学历”“不唯帽子”“不唯头衔”。相对而言，江西高层次人才标准显得较为陈旧且范围过窄，需要根据新的人才供求形势进行及时修订①。江西设定的高层次人才门槛较低，具有博士学位即可认定为高层次人才，在这一点上安徽的要求是不仅具有博士学位且要求 3 年工作经验。

（二）引进人才支持力度

根据表 1 的统计，安徽、江西两省对第一类别人才的奖励额度相同，均为 20 万元，但安徽的人才认定范围更严格细致，例如国家“万人计划”区分了杰出人才、领军人才、青年拔尖人才三类，分别对应奖励额度为 20、10、5 万元，而江西引入一名国家“万人计划”人才，不论何种类别均奖励 20 万元。这种划分与两省人才底子基础相关。

表 1　安徽、江西两省高层次人才引进奖励资助额度

	安徽		江西	
引进一名相应层次人才给予资助额度（万元）	A 层次	20	第一类	100
			第二类	20
	B 层次	10	第三类	5
	C 层次	5	第四类	2
文件依据	安徽省委组织部等部门 2016 年 6 月印发的《关于支持各类平台引进高层次人才工作实施办法》（皖组通字〔2016〕37 号）		关于印发《江西省高层次人才引进实施办法》的通知（赣才办字〔2015〕16 号）	

① 2017 年底江西省颁布了“引进培养创新创业高层次人才‘千人计划’实施办法（试行）”，但目标是“用 5 年左右的时间，面向省外和国（境）外，重点支持引进 1000 名左右“高精尖缺”优秀高层次人才和 100 个左右高层次创新创业团队，面向省内重点培养 1000 名左右能够突破关键技术、发展新兴产业、引领创新发展的高层次人才”，涵盖范围更明确，但不属于与安徽省对应的“高层次人才”引进奖励计划，因此不在这里对比分析。

(三)引进人才的产业目标

目前人才引进的大趋势是“服务产业发展目标”,瞄准高精尖人次。从两省出台的相关人才专业要求看,均紧密围绕本省产业战略重点。根据两省引进人才的重点产业领域可以看出,产业人才目标重合度非常高,因此作为相邻省份在人才吸引上面临激烈竞争(见表2)。

表2 安徽、江西两省引才产业目标区域

	安徽	江西
重点引进人才产业领域	“主导产业”指电子信息和家用电器、汽车和装备制造、材料和新材料、能源和新能源、食品医药、轻工纺织、现代服务业、文化产业等产业;“战略性新兴产业”指电子信息、节能环保、新材料、生物、新能源、高端装备制造、新能源汽车、公共安全产业等产业	新一代信息技术、生物医药、新型光电、航空制造、新能源、新材料等领域
文件来源	安徽省委组织部、省人社厅、省科技厅、省财政厅联合印发《安徽省创新创业领军人才特殊支持计划》	关于印发《江西省引进培养创新创业高层次人才“千人计划”实施办法(试行)》的通知

(四)引才用智载体比较

在人才载体上安徽省的创新做法有两大方面:一是特别重视创新平台的作用发挥,安徽省委组织部、教育厅、科技厅等七部门联合发布《关于支持各类平台引进高层次人才工作实施办法》,将人才政策重点支持对象转变为各类引才育才平台,包括国家级或省级实验室、研究中心、技术中心、院士工作站等研发平台;各类创新联盟、众创空间、大学科技园、留学人员创业园等产学研平台。这样做的目的在于使人才使用主体(各类平台)与引进主体更契合,防止“引而不用”的现象发生,避免引才经费浪费和引才与育才脱节。

二是高强度支持引进世界顶级科学家,安徽省政府分别于2009年和2014年同国家外专局签订了两轮引智战略合作协议,打造了“外国专家江淮行”“外专百人计划”等引智特色品牌。此外,早在2013年即与安徽后青春工业设计研究院丹麦办事处、美国GMAC国际公司、马鞍山钢铁股份有限公司在德国的全资子公司——MG 贸易发展有限公司等共同建立第一批 9 家海外引智工作站，借助安徽省高校、企业的驻外机构和国（境）外人力资源机构的资源、渠道优势，加强对外宣传，通过设立海外引智工作站等吸引海外人才和技术项目。同时开创性推出“海外金蓝领计划”，引进急需紧缺技能型外国人才。此外，推动建设合肥国家海外人才离岸创新创业基地。

三、完善江西民营经济人才制度的对策建议

当前我省人才政策在加快高质量、跨越式发展上起到了人力资源保障作用，取得了较好的效果。但就支持民营企业发展而言，还存在“靶向性不准、落地较困难、获得感不强”等问题。因此建议出台民营企业专项人才政策：

（一）尽快将国内外知名企业家纳入高层次人才认定范围。当前引才工作是与招商引资工作密不可分的，建议我省学习借鉴安徽成熟经验，把“将国内行业 100 强企业、中国 500 强企业和行业 100 强企业的二级子公司负责人”纳入高层次人才奖励范围，从产业发展需要适当扩大企业家人才的认定范围，真正把招商引资与引才引智两项工作统筹起来。

（二）强化各类创新平台在人才引进培育中的作用发挥。当前我省面临“做大经济总量和提升发展质量”的双重任务，这就要求充分发挥民营经济在“创新驱动发展战略”实施中的作用。关键在于发挥好各类创新平台作为引才用才主体的作用：一是将原有的院士工作站相关政策扩展应用到各类院士（科学家、专家）工作站（室），调研中我们发现，从各地实际情况看仅仅支持院士工作站相对过窄，一些非院士省内外科学家虽然并非从事顶端高科技研究，但其研究成果与企业等更匹配，对企业而言用处更大，因此建议尽快将相关政策扩展为支持各类科学家等在江西设立工作站（室）；二是从“企业整体引才”向“平台引才用才”转变，特别是减少人才引进报送层层报送审批的环节，这样做一方面有利于发挥平台主体作用，更加灵活地对接引才对象个性化需求，整合好“引进人才——使用人才——发挥作用”三个环节；另一方面突出“团队”培育，不仅是引进高端人才，更要发挥其“带团队、育人才”的作用。

（三）提升人才需求与奖补对象匹配度，把用才主体需求真正纳入政策。当前江西支持创新创业的人才政策力度比较大，但存在“瞄准产业领域和科技领域精准度不够”的问题，结果就是“企业想引进的人才不在产业类别里”，“所规

划的科技领域并非高校等科研院所着力突破的学科领域”。关键在于目前的人才政策更多是“中短期政策”而非“中长期规划”，对企业人才需求和高校等科研机构调研不够深入。应借鉴安徽经验，科学预测分析江西省人才需求变动趋势，尽快编制《江西省民营经济人力资源需求目录（2019—2022）》，并要求各设区市编制子目录，引导人才引进培育方向，做好人才储备。

（四）增强人才奖补服务意识，逐步由“申请制”向“主动服务”转变。当前各地人才政策通行的弊病是“多且杂”，作为高层次人才很难迅速找到与自己匹配的奖补政策，也无从查找往年申报情况，从而浪费大量时间精力，甚至会导致人才错过与之相匹配的补助支持。建议逐步由目前的人才通过单位向“各类主管部门”申报制改为“政府购买服务制”，一是完善民营经济各类人才名录，通过微信群、电子邮箱等定向发布各类人才奖补政策，特别是针对民营企业人才确保“无遗漏”；二是发挥人才服务中介机构作用，由政府购买相关人才服务，对民营企业各类人才工程申报等事项委托其与人才单位、平台、个人对接，高效率实现人才政策支持目的。

（五）将人才政策上升为地方法制规定，增强引才目标的获得感。当前江西从全省层面到各地层面都出台了人才子女入学、住房补贴等方面的优惠政策，但主要是以红头文件形式出台，结果就是在具体办理过程中发现落地很难。建议出台人才工作条例等地方性法规，将户籍制度改革、相关长期性特惠性政策等落实到法律层面，以此确保“人才政策应享尽享”。就人才住房政策看，各地均正在加快建设高层次人才公寓，但覆盖面过窄。建议构建梯度人才住房供给体系，一是共有产权房类型，由政府和购房人共有产权，降低购房成本，吸引产业发展所需的高技能人才涌入；二是长租房类型，坚持“租购并举”“租购同权”，引导房地产开发商供给长期租赁住房，落实租房人才在子女教育、落户入籍等方面的权利；三是人才公寓类型，鼓励市场开发高级人才公寓，通过政府购买服务、人才货币化补贴等方式，确保在合理通勤范围内高级人才职住临近便捷；四是企业集体宿舍类型，在代建标准化厂房基础上代建新型职工宿舍，租赁给开发区企业，以此降低技能人才住宿负担成本。

（六）推动成立人才联合会等，发挥人力资本溢出效应。建议围绕各类人才工程成立相应联合会、联谊会等自组织机构，一是建立人才与政府部门的沟通联系通道，将人才需求诉求等传递给人才主管部门；二是开展科研论坛、智库资政、进园入企等活动，发挥人才对企业的知识溢出和跨学科交流作用；三是形成“以人引人”“以团队引团队”的常态化引才机制，充分发挥人才的同学圈、团队圈、科研圈作用，成为江西到省外乃至延伸到海外的引才引智平台。

课题组组长：

郭金丰　江西省委党校江西经济社会发展战略研究所所长、教授

课题组成员：

张文君　江西省委党校江西经济社会发展战略研究所副所长、副研究员

孙志杰　江西省委党校江西经济社会发展战略研究所博士

曾　光　江西省委党校江西经济社会发展战略研究所副研究员

李　维　江西省委党校江西经济社会发展战略研究所博士

尤　鑫　江西省委党校江西经济社会发展战略研究所副研究员

图书在版编目(CIP)数据

新时代江西民营经济高质量发展研究 / 江西省工商业联合会,江西省民营经济研究会主编. —南昌:江西人民出版社,2019.10
ISBN 978-7-210-11415-4

Ⅰ. ①新… Ⅱ. ①江… ②江… Ⅲ. ①民营经济-经济发展-研究-江西 Ⅳ. ①F121.23

中国版本图书馆 CIP 数据核字(2019)第 124157 号

新时代江西民营经济高质量发展研究
江西省工商业联合会　江西省民营经济研究会　主编
责任编辑:何　方
出　　版:江西人民出版社
发　　行:各地新华书店
地　　址:江西省南昌市三经路 47 号附 1 号
编辑部电话:0791-86898846
发行部电话:0791-86898815
邮　　编:330006
网　　址:www.jxpph.com
E-mail:jxpph@tom.com web@jxpph.com
2019 年 10 月第 1 版　2019 年 10 月第 1 次印刷
开　　本:787 毫米×1092 毫米　1/16
印　　张:22.5
字　　数:400 千字
ISBN 978-7-210-11415-4
定　　价:68.00 元
承 印 厂:南昌红星印刷有限公司
赣版权登字—01—2019—475